Michael Töteberg
Filmstadt Hamburg

Michael Töteberg, geboren 1951 in Hamburg, war Lektor im Verlag der Autoren und leitet heute die Agentur für Medienrechte im Rowohlt Verlag. Er veröffentlichte Monographien u.a. über John Heartfield (1978), Fritz Lang (1985) und Federico Fellini (1989), edierte Aufsätze und Drehbücher von Rainer Werner Fassbinder und Wim Wenders und ist Herausgeber von »Das Ufa-Buch« (zusammen mit Hans-Michael Bock, 1992) und dem »Metzler Film Lexikon« (1995).

Michael Töteberg

Filmstadt Hamburg

Von Hans Albers bis Wim Wenders,
vom Abaton zu den Zeise-Kinos:
Kino-Geschichte(n) einer Großstadt

VSA-Verlag Hamburg 1997

Dank an
Hans-Michael Bock, Klaas Dierks,
Volker Reißmann, Jörg Schöning,
Ulrike Theilig, Eggert Woost

Bildnachweis

Umschlagfoto: Bavaria Film
(Götz George in »Schtonk«)

Basis Film Verleih: 210/211, 215
Bavaria Film: 226
Buena Vista International: 218/219
Cinemaxx: 8, 229
Deutsche Wochenschau: 146/147, 149
Detlef Grumbach: 156, 157
Hamburger Filmbüro: 202/203, 204, 206, 216
Josefine Film: 9
Gabriele Koppel: 121
Next Film: 221
NDR: 194/195, 196, 197
Objectiv-Film: 199, 201
Senator Film: 227
Staatliche Landesbildstelle Hamburg: 10/11, 25, 44,
    48, 50/51, 54, 56, 58, 59, 60, 76/77, 81, 166
Staatsarchiv (Reproduktion: Kiemer & Kiemer): 32,
    34, 37, 99, 101, 127, 130/131, 150, 151, 162/
    163, 170, 174, 184/185, 188
Stiftung Deutsche Kinemathek: 14, 15, 18, 19, 20,
    21, 32/33, 39, 42/43, 45, 46, 47, 53, 62/63, 68/
    69, 70, 71, 72, 79, 85, 86/87, 88, 89, 91, 92/93,
    98, 102, 103, 108/109, 110, 111, 112, 116/117,
    118, 119, 120, 123, 124, 126, 128, 129, 132, 135,
    138/139, 142, 143, 154/155, 159, 160, 165, 168,
    172, 173, 175, 176/177, 178, 179, 181, 182, 186,
    187, 189, 190, 191, 192, 209, 213, 214, 224
Studio Hamburg: 200, 222
TFC Trickompany: 223
Michael Töteberg: 140, 153
Michael Töteberg (Archiv) : 16, 17, 22/23, 24, 26,
    27, 28, 29, 30, 36, 41, 55, 57, 64/65, 66, 67, 80,
    82, 83, 95, 97, 104, 106, 113, 114, 115, 122, 141,
    145, 167, 171, 212, 217, 225
WDR: 198

2., überarbeitete und ergänzte Auflage
© VSA-Verlag 1997, St. Georgs Kirchhof 6, 20099 Hamburg
Alle Rechte vorbehalten
Druck: Druckerei Runge, Cloppenburg
Buchbindearbeiten: Buchbinderei Büge: Celle
ISBN 3-87975-707-0

Inhalt

Mönckebergstraße, Sonntag mittag. Die Straße ist abgesperrt, selbst für Busse und Taxis tabu. Ein Knall: Ein silbergrauer BMW 750iL fliegt in hohem Bogen durch die Luft und kracht durch die Scheiben vom Kaufhof. James Bond, der den kürzesten Weg vom Parkdeck genommen hat, steigt aus dem schrottreifen Wagen, rückt die Krawatte zurecht und sagt trocken zur Dame vom Autoverleih: »Den Schlüssel habe ich stecken lassen.« Klappe, Beifall und Jubel, die Szene ist im Kasten. Regisseur Roger Spottiswode ist zufrieden. Stuntexperten hatten die spektakuläre Action präzise vorbereitet und durchgeführt: den Sturz des Autos vom Dach des Atlantic Hotels (in Wahrheit handelt es sich um das Horten-Kaufhaus, und der Wagen wird von Kranseilen gehalten), den Einsatz der Flying Cam, eines kleinen Kamera-Helikopters, der den Sturz aus der subjektiven Sicht Bonds filmte, sowie den Abschuß des präparierten BMW von einer Trucker-Rampe, der im exakt berechneten Bogen in die Kaufhof-Arkaden katapultiert wurde. Ein paar Monate zuvor hatte Bond-Darsteller Pierce Brosnan schon einige Szenen im Terminal 4 des Flughafens absolviert, anschließend dreht man noch im Hotel Atlantic. Dort hat auch Joachim Lechner einen Auftritt, den er souverän meistert: Er spielt einen Wagenmeister, das heißt er macht, was er jeden Tag macht – er bringt einen Hotelgast zum bereitstehenden Auto.

Kaum hatte James Bond die Stadt verlassen, zog Soziologie-Professor Hanno Hackmann um: von den trostlosen Büros, in denen seine Fakultät residiert, in die weit repräsentativeren Räume des Uni-Hauptgebäudes. Hamburg ist nicht Oxford, die zugige Ecke zwischen Philturm, Audimax und Stabi keine ideale Filmkulisse. Sönke Wortmann verfilmt am Ort des Geschehens *Campus*, und Filmarchitekt Thomas Freudenthal läßt zur Freude der Hausmeister zunächst einmal Türen und Fenster streichen. Heiner Lauterbach spielt Prof. Hackmann, während Romanautor Dietrich Schwanitz eine Cameo-Rolle hat. Auch er macht, was er bis zu seiner Emeritierung jeden Tag gemacht hat – in den Gremien intrigante Universitätspolitik betreiben. Schwanitz hat mit zwei Studenten das Drehbuch geschrieben, und er hat dafür gesorgt, daß die Mitglieder der University Players als Kleindarsteller bei der Constantin-Produktion mitwirken. Ansonsten natürlich deutsche Stars wie Axel Milberg, Armin Rhode und Barbara Rudnik; Produzent Bernd Eichinger peilt wieder einen Kino-Erfolg an.

Den Kampf der Ureinwohner St. Paulis gegen den Einzug des Big Business am Kiez inszeniert Dieter Wedel, von einigen Außenaufnahmen abgesehen, auf dem Gelände der Münchner Bavaria. Im Studio 7 hat man für den TV-Mehrteiler *Der König von St. Pauli* die Bar »Blaue Banane« errichtet und vis-à-vis jene Straße, die einst Rainer Werner Fassbinder für *Berlin Alexanderplatz* diente, als orginalgetreu kopierte Kiez-Meile (mit echtem Kopfsteinpflaster und Spelunken wie dem »Goldsack« und der »Feuchten Grotte«) umgebaut. Großes Kino fürs Fernsehen: 23 Millionen Mark (statt der ursprünglich veranschlagten 15 Mio.) verschlingt die Produktion.

Hamburg ist Filmstadt, man kann es im Kino sehen: Der Showdown auf der Köhlbrandbrücke in Katja von Garniers *Bandits*. Das Blankeneser Treppenviertel in dem Kinderkrimi *Schweinesand*. Die Nazizeit in Hamburg, wie es sich Hollywood vorstellt: *Swing Kids*. Als die Beatles den Kiez unsicher machten: der britische Kultfilm *Backbeat*. Die deutsche Beziehungskomödie, produziert von Studio Hamburg: Rainer Kaufmanns *Stadtgespräch*. Aufregender als die Kommerzware der Außenseiterfilm, die schmuddeligen Low-Budget-Produktionen, deren spröder Charme mehr von der Realität der Metropole einfängt als die Hochglanz-Kinostücke.

Bestes Beispiel: *Die Mutter des Killers*, gedreht in Wilhelmsburg und im Schanzenviertel, geschrieben von Lothar Kurzawa und inszeniert von Volker Einrauch. Ihre Produktionsfirma Josefine – Dritte im Bunde ist die Regisseurin Hermine Huntgeburth – residiert in der Sternstraße, nahe dem Schlachthof. Zweimal um die Ecke, am Schulterblatt, gleich zwei Independents, kreative Filmfactorys, die unabhängig von Fernsehsendern, Bertelsmann oder Kirch Kinofilme produzieren: Next und Wüste. In Hamburg leben Drehbuchautoren wie Frank Göhre und Eckhard Theophil, Regisseure wie Rolf Schübel und Lars Becker. Sie machen andere Filme als Hark Bohm oder Jürgen Roland, die früher den Hamburg-Film in Kino und Fernsehen repräsentierten.

»Die Stadt ist voller Geheimnisse«, unter diesem Titel stellte das Metropolis unbekannte Zelluloid-Hamburgensien vor, darunter ausgesprochene Raritäten. Kurt Gerron inszenierte 1932 *Der weiße Dämon*: Hans Albers war Drogenhändlern auf der Spur; er hetzte von Hamburg nach Lissabon, Biarritz und Paris, bis er den Verbrechern das Handwerk legen konnte. Die Zensur verbot den ursprünglichen Titel »Rauschgift« und verfügte Schnittauflagen, konnte den Erfolg aber nicht verhindern.

Multiplex mit acht Kinos und 1.001 Plätzen im Kino 1: Das Cinemaxx am Dammtor-Bahnhof

Ein anderer Film aus der Metropolis-Reihe, ebenfalls nicht ungekürzt in die deutschen Kinos gekommen: Vittorio de Sicas *Die Eingeschlossenen von Altona*, Produktionsjahr 1962. Lauter illustre Namen: in den Hauptrollen Sophia Loren und Maximilian Schell, Drehbuch nach Jean-Paul Sartre, Musik Dimitrij Schostakowitsch, Produzent Carlo Ponti. Der Film emanzipiert sich vom Theatertext, indem er die Villa des Reeders verläßt und den Sohn bei seinem Reeperbahn-Bummel begleitet. Ein paar Besoffene kommen ins Bild, dann ein Mercedes – stopp, die Schere wurde angesetzt. Daß Krupp, Flick und Mercedes Benz im Dritten Reich glänzend verdienten, durfte nicht gesagt werden. Eine Zensur findet bekanntlich hierzulande nicht statt, also mußten die Freiwillige Selbstkontrolle und der Verleih dieses Geschäft besorgen. Schon während der Dreharbeiten in Hamburg bekam de Sica Ärger: Antideutsche Hetze wurde ihm unterstellt, Blohm & Voss verweigerte die Dreherlaubnis auf der Werft.

Um die Historie kümmert sich CineGraph, das Hamburgische Centrum für Filmforschung. Die Gegenwart ist geprägt von filmpolitischen Querelen: Das Filmbüro, einstmals das Modell einer selbstverwalteten Filmförderung, wurde aufgelöst, der Film Fonds in die nun als GmbH geführte Filmför-

derung integriert. Der Weggang des umtriebigen Dieter Kosslick 1991 zur Filmstiftung nach Düsseldorf war ein erstes Zeichen, daß Hamburg seine Vorreiterrolle nicht würde halten können. Mit dem Media 2-Programm der EU kam das Aus für das bisher in der Friedensallee ansässige Efdo, das European Film Distribution Office. Film geht nach Geld, und was die Subventionsmillionen betrifft, so kann Hamburg mit Nordrhein-Westfalen, Berlin-Brandenburg oder München nicht mithalten. Aber es hat die schöneren Locations (und bietet effektive Unterstützung bei der Logistik).

Die Festivalszene wandelte sich ebenfalls. Nach allerlei Turbulenzen hat sich das 1992 neu geschaffene Filmfest inzwischen etabliert. 1997 findet es erstmals im Zentrum (und nicht in den Altonaer Zeisehallen) statt: Im Genehmigungsverfahren für das Cinemaxx wurde ausgedealt, daß während des Festivals mehrere Säle kostenlos zur Verfügung gestellt werden. Zu einem richtigen Festival gehört auch ein Preis: In Hamburg wird der Douglas-Sirk-Preis vergeben, benannt nach dem Hamburger Detlef Sierck, der in Hollywood als Douglas Sirk Karriere machte. Preisträger waren bisher Clint Eastwood, Stephan Frears und Jodie Foster – so lockt man internationale Stars an die Elbe.

Peter Lohmeyer und Michael Altmann in »Mutter des Killers«; Anleger Neuhof als Kulisse

»Schrill und billich« geht es dagegen bei der Trash-Nite des Kurzfilmfestivals zu. Verrücktes, Avantgardistisches, Experimentelles, aber auch kleine perfekte Kunstwerke: Auf dem Kurzfilmfestival bekommt man Filme zu sehen, die selten den Weg ins normale Kino finden. Daß dies nicht so bleibt, ist das Ziel der KurzFilmAgentur. Neben dem Wettbewerb hat das Festival zwei beliebte Reihen: die neuesten No-Budget-Produktionen (mit 300 Mark kann man einen Film machen) und »Der Flotte Dreier« (Höchstlänge drei Minuten). Höhepunkt des Rahmenprogramms: der Weltmeisterschaftsvorlauf der Formel Super 8. Zehn Projektoren auf Rollen ziehen sich an ihren eigenen Filmen Richtung Ziellinie, diesmal macht der Braun Liesegang das Rennen. Festival-Glamour anderer Art herrscht auf den Schwul-Lesbischen Filmtagen. Hier winkt als Auszeichnung ein Preis namens URSULA, Abkürzung für Unser Reizvollster Schwuler Und Lesbischer Amateurfilm.

Und Hamburg ist wieder Kinostadt. Vorbei die Zeit des Kinosterbens, wo große Häuser in viele kleine Schachtelkinos geteilt und aus Vorstadtkinos Supermärkte und Teppichläden wurden. Die Multiplexe – das Cinemaxx am Dammtor, der neue Ufa-Palast am Gänsemarkt, das Grindeltheater, bald das Warner-Multiplex an der Mundsburg – locken die Massen mit neuester Technik ins Kino. Die traditionellen Erstaufführungstheater spielen jetzt, da *Independence Day* und *Air Force One* über die mit Supersound ausgestatteten Leinwände der Multiplexe donnern, die anspruchsvolleren Filme, die bisher in den Programmkinos beheimatet waren. Diese müssen reagieren: Das Abaton, das erste Programmkino in Deutschland, nennt sich nun Arthouse-Cinema (und macht ein gutes Programm wie eh und je); das Alabama, früher in Eidelstedt und jetzt auf Kampnagel, das 3001 in der Schanzenstraße und das Zeise in Ottensen planen Neubauten. Wo derart aufgerüstet wird, bleiben andere auf der Strecke: Ein gnadenloser Verdrängungswettbewerb hat eingesetzt. Trotzdem, es gibt sie noch, das Elbe-Filmtheater in Osdorf oder das Fama in Lurup, alternative Abspielstätten wie das Lichtmeß oder das B-Moovie, ganz zu schweigen vom Minimaxx in Groß-Borstel (12 Plätze, im Keller von Holger Bekker). Vor der Zukunft des Kinos, dessen Tod schon so oft vorausgesagt wurde, braucht keinem bange sein. Wie heißt doch der in Hamburg gedrehte Bond-Streifen: *Tomorrow Never Dies*.

Es begann am Spiel- budenplatz

*Ein Streifzug
durch die Filmstadt*

*Über Schwierigkeiten mit dem
Geburtstagsdatum, schmutziges Geld
und die Carmen von St. Pauli. Harakiri
bei Hagenbeck, der Schimmelreiter in
der Mönckebergstraße. Warum es auf
das Lüften ankommt, und wieso
die Berliner die Hamburger bis auf
die Knochen konservativ fanden.*

Am Anfang der Hamburger Kinogeschichte steht ein Fragezeichen. Eberhard Knopf ist nicht unschuldig daran, denn der Kneipier meldete seine Pinte nicht rechtzeitig an, beantragte erst nachträglich den Gewerbeschein. Auf Grund einer anonymen Anzeige inspizierte am 22. Februar 1901 ein Polizeibeamter die Gastwirtschaft und erwähnte in seinem Bericht »die Vorführung der Lichtbilder«. Höchstens 30 Personen waren anwesend, dabei hatte das Lokal mehr als 300 Plätze. Der Beamte notierte außerdem, daß die Leinwand sich in der Mitte des Raumes befand; sie wurde »in den Pausen soweit hochgezogen, daß ein ungehinderter Verkehr unter derselben stattfinden kann«. (Zuschauer, die auf der andern Seite saßen, die Bilder also spiegelverkehrt sahen, zahlten einen ermäßigten Eintrittspreis.) Ein richtiges »Kinematographen-Theater« errichtete Knopf erst im Oktober 1906, und zwar im Nachbarhaus Nr. 19, wo zuvor »Hagenbeck's Handelsmenagerie« untergebracht war. Dies wäre nun eigentlich der korrekte Termin, aber zu der Zeit gab es bereits fünf Kinos in der Hansestadt.

Die ersten Kinos standen im Vergnügungsviertel und machten ein entsprechendes Programm; die eleganten Filmtheater in der Innenstadt kamen später und wandten sich an die Bildungsbürger: Knopf präsentierte in seinem Bierlokal bevorzugt Sittendramen wie *Frauen am Abgrund* und *Moderne Töchter oder Sklaven der Sinnlichkeit*, während die Passage-Lichtspiele *Atlantis* nach Gerhart Hauptmanns Roman und Max Reinhardts *Insel der Seligen* zeigte. Hießen am Schaubudenplatz die Helden Tom Mix, Harry Piel oder *Willi Vogel, der Ausbrecherkönig*, setzte man in der Mönckebergstraße auf Stars wie Albert Bassermann oder Hans Adalbert von Schlettow, beide anerkannte Theatermimen, die nun auch im Kino zu bewundern waren. Die Bühnen spürten die neue Konkurrenz an den geringeren Kasseneinnahmen, und so kamen die Intendanten 1920 auf eine Idee, wie man die Finanzen aufbessern konnte: Machen wir doch einfach in der vorstellungsfreien Zeit Kino! Damals war das Thalia mit *Das Fest der schwarzen Tulpe* der Vorreiter, Schiller-Theater und Schauspielhaus zogen nach. Das »Fremdenblatt« hatte vor allem hygienische Bedenken – nach dem Kino, vor der Theater-Vorstellung möge man doch gründlich lüften –, während die Film-Branche über die mangelhafte Projektion nur spotten konnte: »So einfach ist der Kinobetrieb denn doch nicht.«

»Hamburg hat wieder – das Bedürfnis danach scheint unersättlich zu sein – ein neues Lichtspieltheater«, stellte das »Fremdenblatt« das am 1. Mai 1913 eingeweihte Passage-Kino vor. Tatsächlich nahmen die Filmtheater sprunghaft zu. Bis zur Jahrhundertwende waren die kurzen Bildstreifen eine Jahrmarktattraktion, eine Einlage im Varieté-Programm. »Wer in Hamburg die Straßen durchwandert, der findet in den Hauptverkehrsadern eine Menge ›Theater lebender Bilder‹ (so werden die Kinematographentheater hier ausschließlich genannt), die alle durch die Bank ein recht gutes Geschäft machen«, berichtete im Mai 1909 das Fachblatt »Der Kinematograph«. Zwei Jahre später mußten 46 Kinos Steuern zahlen (in Berlin aber waren es dreimal so viele). Schon früh setzte die Konzentration ein: Julius Cohn trat die Passage-Lichtspiele 1917 an Hamburgs Kino-König James Henschel ab; 1925 wurde das Filmtheater von Struckmeyer und Behncke übernommen, die wiederum mit dem Emelka-Konzern verbunden waren. Über »Hamburg als Kinostadt« konnte man kurz darauf im Berliner »Film-Kurier« lesen: »Das Abenteurertum unter den Kinobesitzern gibt es hier nicht. Andererseits führt diese Stetigkeit aber zu einer Starrheit, die dem Wesen des Films nicht entspricht.« Nach allerlei Mäkeleien – von schlechter Ausstattung und unzureichender Reklame bis zur distanzierten Haltung der Lokalpresse – kam der Beobachter zu dem Schluß: »Man scheint hier konservativ bis auf die Knochen zu sein.« Jedenfalls waren es die hanseatischen Kaufleute, die ihr Geld lieber in anderen Branchen investierten als sich auf Zelluloid-Geschäfte einzulassen. Hamburg wurde keine Filmmetropole. Von den Vera-Filmwerken einmal abgesehen, konnte sich keine Produktionsgesellschaft in der Stadt wirklich etablieren.

Aber auswärtige Filmteams waren ständig in Hamburg. Denn es gab hier drei Drehorte, auf die der deutsche Film nicht verzichten konnte. Zunächst der Hafen. Viele Filme – Kriminalgeschichten, Liebesaffären oder gleich eine Kombination – spielten an Deck eines den Atlantik überquerenden Passagierdampfers. Irgendwann geht die Reise zu Ende, und am Kai warten schon der gehörnte Ehemann, der besorgte Papa oder die Polizei. Der Drehbuchautor wußte, was verlangt wird – der tollkühne Held hat jetzt seine große Szene, er springt aus einer Höhe von 25 Metern rückwärts vom Schiff ins Hafenbekken. So stand es z.B. im Filmskript *Schmutziges Geld*. Gedreht wurde am Wochenende 12./13. Juni 1928, und die Presse war dabei. Arthur Teuber führte Regie, Oswalde Valenti hieß sein Hauptdarsteller. Er löste die Aufgabe, wie die Journalisten hervorhoben, mit sportsmännischem Geist. Doch »leider

Jenny Jugo in »Die Carmen von St. Pauli«

Kaum zu glauben: »Ein Mädel von der Reeperbahn«

hat sich Valenti beim Aufschlagen auf das Wasser etwas verletzt, und ist er dadurch in große Gefahr gekommen, daß im Augenblick des Absprungs ein Überseedampfer längsseits vorbeifuhr und Valenti von dem Saugwasser desselben angezogen wurde. Es gelang ihm jedoch, nachdem er einige Male untergegangen war, im Crawlstil an eine Barkasse heranzuschwimmen. Da nun nicht genau festgestellt werden konnte, ob der Aufnahmeleiter, Heinrich Gärtner, den Sprung mit der Kamera erwischt hatte, sollte derselbe wiederholt werden.« Glücklicherweise erübrigte sich das; der Schauspieler überlebte die Dreharbeiten. Angemerkt sei noch, daß die Eichberg-Produktion für die Szene die »Monte Cervantes« gechartert hatte. Die Schiffsvermietung war ein lukratives Geschäft. Über zwei volle Seiten inserierte die Hamburger Reederei Hellmuth J. Michaelsen im Fachorgan »Der Film«: »Meinen umfangreichen Schiffspark – Segelschiffe, Dampfer, Motorschnellboote, Dampfpinasse usw. – stelle ich für Filmaufnahmen zur Verfügung. Geschultes Personal, darunter frühere U-Boot-Leute für die schwierigsten Sturmfahrten! Große Dampfer zum Wohn-

aufenthalt für die Mitwirkenden.« Preise werden nicht genannt, aber »günstige Bedingungen« versprochen.

Das Geheimnis von St. Pauli. Ein Mysterium aus dem Hamburger Hafenviertel kam 1926 in die Kinos. Die »Licht-Bild-Bühne« fand Inszenierung und Drehbuch von Rolf Randolf ziemlich fad, machte den Kinobesitzern aber Hoffnung: »Ein Geschäft ist der Film unbedingt.« Darum ging und geht es wohl bei den meisten Filmdramen vom Kiez. Jörg Schöning vom CineGraph, auf das Stichwort St. Pauli angesprochen, holt eine Liste mit 74 Titeln hervor – ohne Anspruch auf Vollständigkeit. »St. Pauli hat Weltruf. Ein Stadtviertel, in dem das Licht nicht ausgeht. Überall winken Vergnügungen, überall ist das Leben in Wirbeln losgelassen und noch in dunklen Seitenstraßen winken geheimnisvolle Kneipen mit geschminkten Frauen und scharfen Getränken«, leitete die schon zitierte »Licht-Bild-Bühne« 1928 ihren Artikel über *Die Carmen von St. Pauli* ein. Regisseur Erich Waschneck hatte das verruchte Milieu breit ausgemalt. Die verführerische Schönheit spielte Jenny Jugo, Willy Fritsch einen braven Steuermann, der ihr verfällt. Finanziert wurde die Geschichte um leichte Mädchen und zwielichtiges Gesindel von dem deutschnationalen Bankier Hugenberg – Produktion: Ufa, Verleih: Ufa, Uraufführung: Ufa-Palast am Zoo in Berlin. Das Lied »Auf der Reeperbahn nachts um halb eins« schrieb Thalia-Schauspieler Ralph Arthur Roberts; den ersten Film mit diesem Titel drehte 1929 Fred Stranz. »Mach' rotes Licht, wir wollen Tango tanzen«, sang Olga Tschechowa als *Ein Mädel von der Reeperbahn* (Außenaufnahmen vor Ort, ansonsten in Prager Ateliers gedreht). Der Film startete am 2. Januar 1931 gleich in vier Hamburger Kinos: in den Schauburgen Millerntor und Hauptbahnhof, in den Harvestehuder Lichtspielen und im Passage-Theater.

Für den deutschen Stummfilm ebenso wichtig wie Hafen und St. Pauli war ein anderer Drehort: Hagenbecks Tierpark. Abenteuerfilme vor exotischer Kulisse waren groß in Mode, doch fuhr deshalb kein Filmteam nach Afrika, Asien oder Amerika – Stellingen tat's auch. Erst hatte der alte Carl Hagenbeck stur jede Drehgenehmigung verweigert, dann schloß er aber doch einen Vertrag mit der Ufa über einen Kulturfilm. Sein Sohn Lorenz baute die Beziehungen zur Filmbranche aus; nun entstanden auch Spielfilme, *Sadja* oder *Die Liebe der Bajadere*, im Tierpark. John Hagenbeck, Stiefbruder von Carl, gründete sogar eine eigene Filmproduktion. Der eigentliche Ansprechpartner für Projekte war

Exotik à la Hagenbeck: Lil Dagover und Carl de Vogt
in Fritz Langs »Die Spinnen«

Johann F. G. Umlauff, erster Schwiegersohn des Fischhändlers Carl G. C. Hagenbeck; sein völkerkundliches Museum am Spielbudenplatz 8 stattete z.B. die Produktionen *Die Fremde*, *Peer Gynt* und *Die Königstochter von Travankore* aus. Sohn Heinrich Umlauff – ein wahrlich weit verzweigter Familienclan – schuf die Kulissenbauten für Hagenbecks Völkerschauen und wurde prompt von der Ufa als Filmarchitekt nach Neubabelsberg geholt.

Genug der Vorreden, schauen wir bei den Dreharbeiten zu. September 1919. Fritz Lang inszeniert *Harakiri*, eine fernöstliche Liebestragödie. »Man filmt an einem typisch japanischen Bambushäuschen, das blütenumrankt vom Felsen herabschaut. Die kleine Japanerin mit den großen, langbewimperten Kinderaugen in dem schmalen Gesicht nimmt Abschied von dem hohen, schlanken Geliebten in der schmucken Marineuniform. Man vernimmt nichts als das monotone Drehgeräusch des Apparates und ab und zu ein halblautes Wort Langs.«. Die kleine Japanerin spielte Lil Dagover, und die ganze

Geschichte war unverkennbar an »Madame Butterfly« angelehnt. Ein B-Picture, das der Regisseur zwischen zwei Teilen seines großen Abenteuerzyklus *Die Spinnen* eingeschoben hatte. Diese Kolportage-Story handelte von der Jagd nach einem Inka-Schatz; der Held Kay Hoog, Sportsmann und Dandy, hetzte um die halbe Welt – von San Francisco zu den Falkland-Inseln und wieder zurück –, kam in Wahrheit aber nicht aus Stellingen heraus. »In einiger Entfernung duckt sich malerisch ein Negerdorf zwischen Palmen und den Überbleibseln üppiger Urwaldvegetation. Das monotone Trommeln auf den Instrumenten der Eingeborenen verrät die Aufregung seiner Bewohner. Unter Fritz Langs Regie bereitet sich ein Überfall auf das Dorf vor...« Die Eingeborenen, »ein Dutzend waschechter Neger«, hatte Hagenbeck ebenso vermietet wie die Löwen und Elefanten. In seinen Völkerschauen präsentierte er Eskimos, Somali, Kalmücken und Sioux-Indianer; die Exoten konnten gegen Eintritt bestaunt werden und wurden auch an den Film ausgeliehen. Die Korrespondentin fand nichts dabei: »Die Schwarzen fühlen sich ehrlich wohl hier draußen. Der Reiz der heimischen Umgebung und die Echtheit der von Heinrich Umlauff gestalteten Ausstattung bringen es mit sich, daß sie sich ihr mit Leichtigkeit anpassen.«

Fritz Lang stand bei der Berliner Decla unter Vertrag; auch die John Hagenbeck-Filmproduktion hatte ihren Firmensitz in der Hauptstadt. Wer beim Film was werden wollte – sei es als Schauspieler, Regisseur oder Produzent –, mußte nach Berlin übersiedeln. Viele gingen – nach Hitlers Machtergreifung meist gezwungenermaßen – noch weiter: von Hamburg nach Hollywood. Beispiel für eine solche Karriere ist etwa Reinhold Schünzel. Oder Douglas Sirk: Geboren in Eimsbüttel, absolvierte Detlef Sierck sein Regiedebüt am Hamburger Schauspielhaus mit einem plattdeutschen Theaterstück, wechselte dann das Metier und drehte in Berlin für die Ufa die Zarah-Leander-Filme *Zu neuen Ufern* und *La Habanero*. 1937 emigrierte er in die USA, wo er seine berühmten, von Fassbinder und Godard bewunderten Melodramen schuf. Als ein Interviewer 1983 ihn fragte, wie er seinen Stil gefunden habe, erinnerte sich der alte Mann an seine Kindheit: »Ich hatte eine Großmutter, eine außerordentliche Frau, die nahm mich eines Tages an die Hand und mit ins Royal, das war eines der ersten Kinos in Hamburg, wo ich aufgewachsen bin; und bei besonderen Gelegenheiten gingen wir ins Central. Es war hinreißend, ständig erklang Musik zu den Stummfilmen. Da erklärte mir meine Großmutter, was du da siehst,

das ist ein Melodram, das heißt ein Drama mit Musik.«

Im Passage-Theater gab es natürlich einen richtigen Orchestergraben; die Opernstars Richard Tauber und Maria Cebotari sangen bei Gala-Premieren. Bei der Eröffnung – gegeben wurde der Monumentalstreifen *Richard Wagner* – sah man Enrico Caruso im Parkett (dem die Musik von Kapellmeister Drache sichtlich mißfiel). Bei Knopf's saß die Kapelle über dem Treppenabgang zur Toilette. Irgendwann schaffte der rührige Unternehmer eine Kinoorgel an (Kostenpunkt: 20.000 Mark). Auch als der Tonfilm aufkam, die Filmtheater umgerüstet werden mußten, konnte man am Spielbudenplatz mithalten. Am 15. Februar 1929 lief das Doppelprogramm *Der Jazzsänger* mit Al Jolson und *Ich küsse Ihre Hand, Madame* (wurde als erster deut-

scher Tonfilm ausgegeben, war aber geschummelt: Gerade mal der Titelsong wurde von Harry Liedtke gesungen, der Rest war stumm). Mitte Dezember erschien in den Tageszeitungen folgende Anzeige: »Betr. der Welt erfolgreichsten Tonfilm *The Singing Fool* mit dem Weltschlager ›Sonny Boy‹. In der Hauptrolle Al Jolson. Wir bringen hiermit zur Kenntnis, daß obiger Film demnächst im Passage-Theater und im Waterloo-Theater gezeigt wird und daß diese beiden Theater das alleinige Aufführungsrecht für Groß-Hamburg erworben haben. Warner Bros., New York.« Der Konkurrenzkampf verschärfte sich. Eberhard Knopf hatte sein Kino in die neue Ära hinübergerettet, dann zog er sich aufs Altenteil zurück. Martha Struckmeyer und ihr Mann übernahmen am 20. Februar 1930 Knopf's Lichtspiele; am Programm änderte sich nichts.

Im Passage dagegen liefen immer häufiger patriotische Streifen: der vaterländische Monumentalfilm *Die elf Schillschen Offiziere, Brandstifter Europas*, ein Beitrag zur Kriegsschuldfrage, und der U-Boot-Spionage-Film *Die unsichtbare Front*. Otto Gebühr als Fridericus Rex in *Das Flötenkonzert von Sanssouci* oder als Blücher in *Waterloo*. Derlei National-Erbauliches hatte in St. Pauli Seltenheitswert; hier war, wie in den Anfangsjahren des Kinos, Wildwest und Klamauk Trumpf. Am 30. Januar 1933, Hitler wurde Reichskanzler, amüsierten sich die Zuschauer bei Knopf's über Pat und Patachon als *Lumpenkavaliere*.

»Morgen wie heute: Filmstadt Hamburg« titelte die Nazi-Zeitung »Hamburger Tageblatt« am 15. März 1936. Die Reichsfilmkammer hatte den alljährlichen Filmball diesmal an die Elbe verlegt. Die Leinwandstars trafen mit dem Sonderzug am Hauptbahnhof ein: Harry Piel, Dorothea Wieck, Marialuise Claudius, Lida Baarova und viele andere. Senator Ahrens stand zur Begrüßung bereit. Demonstriert werden sollte die enge Verbundenheit der Filmschaffenden mit der Volksgemeinschaft. Für das Winterhilfswerk hatte man eine Vorstellung des Jannings-Films *Traumulus* arrangiert, dabei war Erscheinen der Schauspieler Pflicht. Mit ihnen nahmen »der Gaustab und die Kreisleiter der NSDAP, die Kreisamtsleiter der NSB und Vertreter der Wehrmacht zwanglos, in bunter Reihe, unter den Theaterbesuchern Platz, so daß beste und wohlgenützte Gelegenheit zu näherer Fühlungnahme gegeben war«. Auch 1937 gab es wieder einen Filmball im Hotel Atlantic, und der Berichterstatter des »Hamburger Anzeiger« erinnerte an die Veranstaltung vor fünf Jahren: Damals »fauler Zauber«, Vorspiegelung falscher Tatsachen; »was heuer angekündigt

Double-Features waren damals üblich

war, kam«. Unter den Gästen: Willy Birgel, Gustav Knuth, Werner Hinz, Theo Lingen, Carola Höhn, Hans Söhnker und Peter Kreuder. Vier Monate später: die Reichsfilmtage der Hitler-Jugend. Es sprachen Hans Steinhoff, der Regisseur von *Hitlerjunge Quex*, die Schauspieler Mathias Wieman und Heinrich George.

Der geballte Prominentenaufmarsch sollte übertünchen, daß Hamburg eben keine Filmstadt mehr war. Der Versuch, die Vera-Filmwerke wieder aufleben zu lassen, scheiterte am Einspruch der Behörden: Die Nazis konzentrierten die Filmproduktion in Berlin und brachten alle Firmen unter ihre Kontrolle. Nur noch selten hielten Filmteams Einzug in die Hansestadt und bauten ihre Kameras auf. Für *Schwarze Rosen* mietete die Ufa den Dampfer »Mimi Horn« und steuerte Harburg an: Hafenbekken 3 stellte die finnische Küste dar. Es wurden drei Versionen gedreht: War Willy Fritsch fertig, wurde die Szene mit Esmond Knight für die englische, anschließend mit Jean Galland für die französische Fassung wiederholt. Lilian Harvey aber war international, sie spielte alles dreimal. Das Reedermilieu gab den Hintergrund ab in Hans Hinrichs *Fracht von Baltimore,* ebenso in Erich Waschnecks *Zwischen Hamburg und Haiti.* Enttäuschung löste der im Auftrag des Fremdenverkehrsvereins entstandene Tobis-Film *Hamburg und seine Nachbarstadt Altona* aus (Uraufführung am 8.1.1937 im Passage-Theater); St. Pauli kam übrigens nicht vor, denn das Viertel mit dem schlechten Ruf paßte nicht ins Bild vom sauberen Nazi-Deutschland.

Die in der Lokalpresse regelmäßig wiederkehrende Anfrage: »Wo bleibt der Hamburg-Film?« war damit jedenfalls nicht zufriedenstellend beantwortet. Was den Journalisten vorschwebte, machte der Titelvorschlag bereits deutlich: »Hamburg, Sinfonie einer Großstadt«. Endlich kam der Schöpfer des berühmten Berlin-Films: Walter Ruttmann realisierte im Juli 1938 *Weltstraße See – Welthafen Hamburg.* Doch der einstige Avantgardist lieferte eine konventionelle Arbeit ab, die keine individuelle Handschrift aufwies. Statt kühner Komposition, Montage von Bildsequenzen, Übertragung von städtischer Dynamik in filmischen Rhythmus ein betulicher, uninspirierter und seltsam didaktischer Kulturfilm mit Statistiken und touristischen Postkarten-Ansichten. Ruttmann verleugnete sein früheres Werk, stellte sich ganz in den Dienst der Nazis und drehte Kulturfilme über *Deutsche Waffenschmieden* und *Deutsche Panzer.*

Die Kinos aber konnten guten Besuch melden. 1931/32 waren die Zuschauerzahlen zurückgegan-

Walter Ruttmann

Veit Harlans Regieanweisungen für Kristina Söderbaum

gen. Ab 1934 ging es wieder aufwärts; zwölf Millionen Eintrittskarten wurden in diesem Jahr verkauft. Das Passage-Theater präsentierte am 12. Januar eine Uraufführung: *Der Schimmelreiter*, inszeniert von Curt Oertel und Hans Deppe. Die Kritik fand den Storm-Film ausgesprochen zeitgemäß: »›Blut und Boden‹ heißt sein Inhalt, der Führergedanke lebt darin, die Frage der Landgewinnung klingt an, das hohe Lied vom todesmutigen Opfer des einzelnen für das Gemeinwohl bildet den heldischen Ausklang.«

1938 hatte sich die Zahl der Filmtheater weiter vergrößert auf 105; 23 Millionen Zuschauer waren zu verzeichnen. Im nächsten Jahr veranstaltete man (aus Anlaß der Tagung der Reichsfilmkammer) einen »Film-Volks-Tag«, an dem sich fast alle Hamburger Kinos mit »Sonderaufführungen deutscher Spitzenfilme« beteiligten. Als Eintrittskarte genügte die Schrift »Von der Flimmerkiste zur Filmkunst«. Knopf's zeigte *Das Mädchen von gestern nacht*, im Passage konnte man das Melodram *Dreiklang* sehen.

Während des Krieges erreichte der Kinobesuch eine Rekordhöhe: 1942 wurden 35,2 Millionen Karten verkauft, umgerechnet 20,7 Karten pro Einwohner. Danach wurden keine Zahlen mehr veröffent-

licht. Es wären Verlustbilanzen geworden: Die Bombennächte im Sommer 1943 hatten die Kinos nicht verschont; mancher Filmpalast war nur noch Schutt und Asche. Von den sechs Reeperbahn-Kinos stand am Ende nur noch das Knopf's. Das rechte Vorderhaus war ausgebrannt, doch der Zuschauerraum blieb unbeschädigt. Anders als die Theater, die den Betrieb einstellten, spielten die Kinos, sofern noch vorhanden, weiter.

Helmut Käutner, im Herbst mit den Außenaufnahmen zu *Große Freiheit Nr. 7* beschäftigt, hatte Mühe, keine zerstörten Häuser ins Bild zu bekommen. Gustav Knuth: »Wir konnten gar nicht so schnell drehen, wie uns die Bomben die Motive zerfetzten.« Hans Söhnker versprach – nachzulesen im »Hamburger Tageblatt«, 17. Oktober 1943 –, die Uraufführung des Films werde am Ort stattfinden. Der Reichsfilmintendant war derselben Meinung und fügte hinzu: »Wenn als Folge der Terrorangriffe kein luxuriöser Filmpalast mehr vorhanden ist, wird er in fünf oder zehn Nottheatern anlaufen, um gerade der vom Feindterror so hart betroffenen Hamburger Bevölkerung ihren Film zuerst zu zeigen.« Doch während der letzten Monate des Tausendjährigen Reiches bekamen die Hanseaten ihren Hans Albers nicht mehr zu sehen: *Große Frei-*

Kristina Söderbaum in Veit Harlans »Opfergang«

heit Nr. 7 wurde für Deutschland verboten und durfte nur im Ausland gezeigt werden.

Ersatz wurde gesucht und gefunden. Gemeinsam brachten Passage- und Lessing-Theater am 8. Dezember 1944 ein Kitschprodukt von Veit Harlan zur Uraufführung. Hamburg zur Zeit der Cholera bildete den Hintergrund von *Opfergang*. Das schwülstige Melodrama, von einer »schwermütigen Todesmelodie« (Kristina Söderbaum) durchzogen, taugte allerdings kaum als Durchhaltefilm. Das »Hamburger Tageblatt« mußte den Lokalpatriotismus mobilisieren, um dem morbiden Streifen etwas Positives abzugewinnen: »Die schönen und vornehmen Häuser in den Elbgemeinden, die hier Ort des Geschehens sind, grüßen den Seefahrer, der Hamburg elbabwärts verläßt. Mit ihnen wird nun auch dieser Film überall, wo deutsche Filme verbreitet sind, von Hamburg sprechen, wie es gewesen ist, und von seinen Menschen.« Erstens gab es am Jahresende 1944 nicht mehr viele Länder, die auf Novitäten aus deutschen Film-Studios erpicht waren, zweitens glaubte offenbar selbst das Nazi-Blatt nicht mehr an den Endsieg: Der Kritiker sah in dem Film nur noch ein Zeugnis für die Nachwelt. Am 20. März

1945 schlugen noch einmal Sprengbomben in Lichtschacht und Treppenhaus des Passage-Theaters ein, detonierten jedoch nicht. Und so lief das bunte Programm aus verlogenen Träumen, illusionären Scheinwelten und politischer Propaganda weiter, bis die britischen Truppen in die Stadt einzogen. Der Stadtkommandant setzte Struckmeyer und Behncke vor die Tür: Die Militärregierung beschlagnahmte das Kino. Erst 1951 wurde es wieder freigegeben.

Knopf's dagegen gehörte zu den zehn Filmtheatern, die schon am 27. Juli 1945 auf Anordnung der Militärregierung den Spielbetrieb wieder aufnahmen. Den Rahmen steckten die Alliierten fest: Täglich drei Vorstellungen (14, 16, 18 Uhr; bei Stromsperre nur 18.15 Uhr). Auch den Film hatte Martha Struckmeyer nicht selbst ausgesucht. *Gefährtin meines Sommers* – Landarzt liebt Pianistin, und am Schluß kriegen sie sich – gehörte zu dem Paket (eher Päckchen) von fünf garantiert unpolitischen Filmen, das der Kontrolloffizier zusammengestellt hatte. Aber auch als Kinobesitzer selbst auswählen, ihr eigenes Programm machen durften, dominierten bei Knopf's die Schmachtfetzen aus der Vorkriegszeit: *Es war eine rauschende Ballnacht*, Varieté mit Hans Albers oder – zu Weihnachten 1946 – *Ungeküßt soll man nicht schlafen geh'n*. Später kam das amerika-

Hildegard Knef als »Das Mädchen aus Hamburg«

nische Unterhaltungskino dazu; *Tarzan und sein Sohn* tobten sich am Spielbudenplatz aus. Zur Jubiläumsfeier 1950 konnte man treue Stammgäste begrüßen, die fast von Anfang an dabei waren. Martha Struckmeyer machte es wie ihr Vorgänger: Sie gab eine Broschüre heraus und klagte über die zu hohen Steuern.

Auf St. Pauli wurde wieder gedreht, doch Premiere hatten die Filme dann in den Innenstadt-Kinos. Zum Beispiel *Das Mädchen aus Hamburg*, deutsche Erstaufführung am 3. Oktober 1958 im Passage. Die Story: Der Franzose Pierre kehrt nach vielen Jahren in die Hansestadt zurück, wo er einst Kriegsgefangener war. Er sucht das Mädchen Maria, das ihm einstmals Zigaretten zusteckte, findet sie schließlich. Ihre Liebe steht unter einem unglücklichen Stern: Sie arbeitet auf St. Pauli in einer Schlammcatch-Show, er ist inzwischen verheiratet. Im Morgengrauen am Hafen vollzieht sich die Tragödie. Gute Kamera, schwaches Drehbuch und ein Regisseur, der sich auf zwielichtiges Milieu und düstere Atmosphäre verstand: Yves Allégret. Diesmal handelte er sich zornige Verrisse ein: Seit wann gibt es im Freihafen ein Bumslokal, erregte sich ein Kritiker; außerdem könne die Berlinerin Hildegard Knef wohl nur in Frankreich als »Mädchen aus Hamburg« durchgehen...

Im selben Jahr starb Hans Struckmeyer. Knopf's blieb im Familienbesitz; seine Tochter Ellen Dietrich führte die Tradition weiter. Im Passage führte Wilhelm Behncke nun allein die Geschäfte. 179 Filmtheater gab es 1959 in Hamburg, danach ging es rapide bergab: Das große Kinosterben begann. Aus Filmpalästen wurden Teppichboden-Hallen, Supermärkte und Discotheken. Rettung in der Not sollten Edgar Wallace und Karl May, Paukerfilme und Schulmädchen-Reports bringen – es war genau das falsche Rezept. Damit füllte man kurzfristig die Kasse, geriet letztlich aber nur tiefer in die Krise. Auch bei Knopf's buhlte *Das liebestolle Kätzchen* um Zuschauergunst. Mitte der sechziger Jahre wurde der Name dem Programm angepaßt: Eros-Cine-Center. Der absolute Tiefpunkt war 1976 erreicht: Gerade mal 73 Kinos hatten in Hamburg mehr schlecht als recht überlebt. Das Traditionshaus am Spielbudenplatz hieß inzwischen »Hollywood Film-Saloon« und wurde von einem Herrn Bruno Koschmider betrieben. Mit den Tanzschuppen »Fürstenhof« und »Kaisersaal« hatte er Erfolg; nun verpaßte er auch dem heruntergekommenen Kino den Nostalgie-Look. Doch der Laden funktionierte nicht – Folge: wieder ein Kino weniger: »Allotria« und »Knopf's Music-Hall« können wir übergehen, daraus wurde 1988 das Dock's. Seitdem flimmern wieder »Lichtspiele« über die Leinwand: *Taxi Driver, Kinder des Olymp, Alice in den Städten*, sogenannte Kultfilme, aber das Etikett ist egal: Spätes Happy End für Eberhard Knopf.

Auch das Passage holte sich in der Kinokrise Blessuren. 1974 wurde es renoviert und umgebaut, dabei ziemlich verschandelt. Es kam noch schlimmer: Heinz Riech, mit bundesweit 320 Abspielstätten größter Kino-Unternehmer der Republik, schluckte das Erstaufführungstheater in der Mönckebergstraße. Die Riech-Methode war berüchtigt. Aus jedem Filmtheater machte er viele, viele Schachtelkinos: Ufa 1-16 + Atelier, Kinocenter 1-8, Savoy 1-5, Oase 1-5 usw. Er teilte auch das Passage. Eine Zwischendecke wurde eingezogen, der Rang zugebaut; was einst der Balkon war, ist heute Passage 2 und 3. Dann ließ Riech von seinem Opfer ab – vielleicht war das Passage immer ein ungeliebtes Kind des Konzernherrn, weil es nie über drei hinausgelangte. Jedenfalls hielt sich hartnäckig das Gerücht, demnächst werde das Kino dicht gemacht und eine Ladengalerie eröffnet. Überraschend entschieden sich die Eigentümer gegen eine Zweckentfremdung und verpachteten an Riechs Rivalen Hans-Joachim Flebbe, der fünf Millionen DM investierte. Die Sünden der Vergangenheit ließen sich nicht alle wie-

Action-Szene auf der Reeperbahn, 1958

dergutmachen, aber im Mai 1988 erstrahlte das alte Haus in neuem Glanz. Und das Programm, nun, da zitieren wir aus dem »Hamburger Fremdenblatt« anläßlich der Eröffnung 1913: »Wir dürfen nur hoffen, daß man den Menschen die bunte Bewegtheit des Lebens in geschmackvoller Form und unverzerrt bietet.«

Zum Streit um de Sicas »Die Eingeschlossenen« und die FSK-Eingriffe vgl. Hans-Dieter Roos, »Dürfen Ausländer uns kritisieren?« in: »Süddeutsche Zeitung«, 8.12.1962; weitere ebd., 21.10.1963, sowie im »Tagesspiegel«, 22.11.1963. Die Hamburger Premiere war Ende Mai 1965.

– Über »Hamburger Sprechbühnen als Kinos« berichtete »Der Film« am 23.10.1920; vgl. auch »Das Filmexperiment des Hamburger Thaliatheaters« in: ebd., 6.11.1920. – Der zitierte Artikel »Hamburg als Kinostadt« von G. Herzberg in: »Film-Kurier«, 20.3.1926. »Valenti springt« ebd., 19.6.1928; die Anzeige der Reederei Michaelsen, die später als See-Film-Dienst GmbH firmierte, in: »Der Film«, 16.4.1921. – Die »Licht-Bild-Bühne« besprach »Das Geheimnis von St. Pauli« am 2.10.1926, »Carmen von St. Pauli« am 11.10.1928. – Margot Meyer, Hamburg-Korrespondentin der Berliner Filmzeitschriften, berichtete von den Dreharbeiten zu Fritz Langs »Harakiri« im »Film-Kurier«, 27.9.1919; ihr Artikel über die Stellinger Aufnahmen zu »Das Brillantenschiff«, 2. Teil von Langs »Die Spinnen«, in: »Der Film«, 26.10.1919. Vgl. auch den Artikel »Karl Hagenbeck, der Zoo und die Ufa« in: »Licht-Bild-Bühne« 27.7.1925. – Douglas Sirks Kindheitserinnerungen werden zitiert nach: Peter Rüedi, »Imitation of Life. Die langen Abschiede des Douglas Sirk«, in: »Theater heute«, 1983, Heft 6, S. 1-8. – Das Zitat über den Filmball 1936 aus dem »Hamburger Fremdenblatt«, 16.8.1936; über den Filmball im folgenden Jahr schrieb Hans Sommerhäuser im »Hamburger Anzeiger«, 15.3.1937. – »Ein Gespenst, eine Novelle und ein Film« war die Besprechung des »Schimmelreiter«-Films überschrieben, die in der Zeitschrift »Daheim«, 15.2.1934, erschien. – Gustav Knuth schreibt über »Große Freiheit Nr. 7« in seinem Buch »Mit einem Lächeln im Knopfloch«, Hamburg 1974, S. 173-175; der Reichsfilmintendant wird zitiert nach: Kraft Wetzel/Peter A. Hagemann, »Zensur – Verbotene deutsche Filme 1933-1945«, Berlin 1978, S. 73. Der Premierenbericht von der »Opfergang«-Uraufführung im »Hamburger Tageblatt«, 9.12.1944.

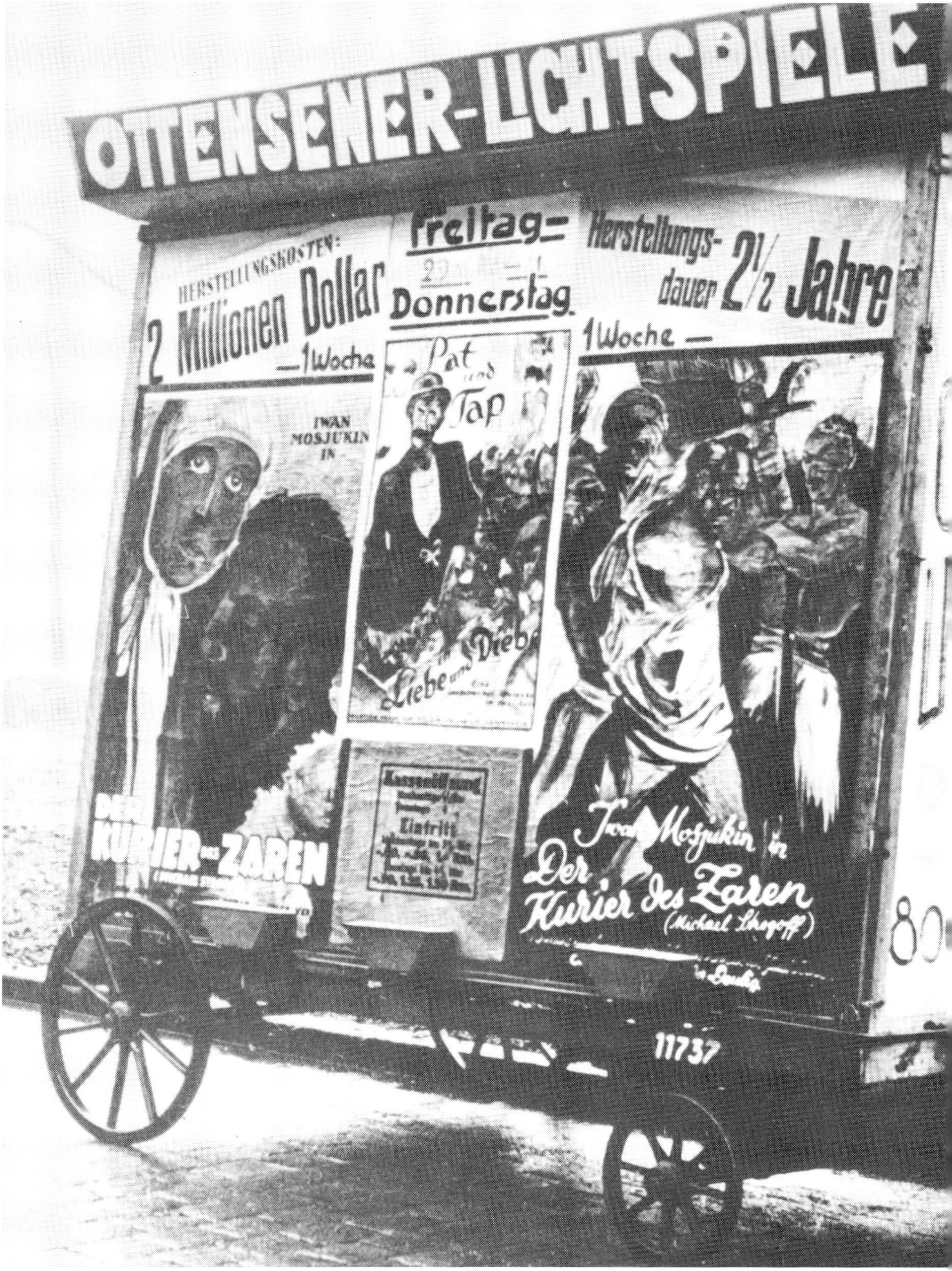
OTTENSENER-LICHTSPIELE
HERSTELLUNGSKOSTEN:
2 Millionen Dollar
—1 Woche
Freitag–
Donnerstag
Herstellungs-
dauer 2 1/2 Jahre
1 Woche —
Pat und Tap
Liebe und Diebe
IWAN MOSJUKIN IN
DER KURIER DES ZAREN
Kassenöffnung
Eintritt
Iwan Mosjukin in
Der Kurier des Zaren
(Michael Strogoff)
11737

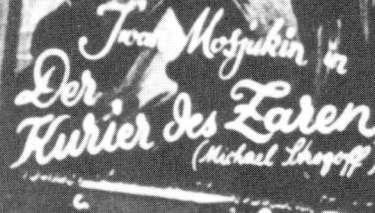

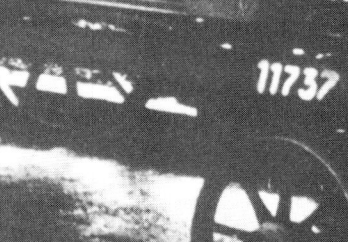

Das Kino-unwesen greift um sich

Vom Kinematographen-Gewerbe zum Lichtspieltheater

Die Herren Gebrüder Skladanowsky lösen ein Problem. Die Lehrer bekommen ein Problem. Das Leben in Hamburg gefährdet die Jugend und die Pädagogik die Arbeitsplätze. Die Sozialisten wollen das Kinowesen kommunalisieren, und dann kommt, wie immer, alles anders, als man denkt.

Die Ottensener Lichtspiele, Papenstraße 17, wurden 1913 eröffnet

D ie interessanteste und amüsanteste Erfindung des 19. Jahrhunderts« versprach eine Zeitungsannonce am 21. Dezember 1895 den Hamburgern. Während des Doms wurde der Öffentlichkeit das Bioskop präsentiert – »die Wiedergabe des Lebens, ein Problem, welches durch die Herren Gebr. Skladanowsky gelöst worden ist«. Das Repertoire reichte von Folklore-Darbietungen und akrobatischen Kunststücken bis zu »das bockende Känguruh«, acht Filmstreifen mit einer Gesamtlänge von 15 Minuten. Fünf Tage gastierten die Skladanowskys im Concerthaus Ludwig; mit demselben Programm waren sie bereits im Berliner Wintergarten erfolgreich aufgetreten.

Die Sache lag offenbar in der Luft. Schon im Mai hatte die Deutsch-Österreichische Edison-Kinetoskop GmbH in den »elegant ausgestatteten Parterreräumen des Hauses Gänsemarkt Nr. 2« fünf Kinetoskope aufgestellt. Durch die Gucklöcher dieser Apparate konnte man »lebende Photographien« sehen, allerdings nur in der Größe des abrollenden Filmstreifens. Alle 14 Tage fand »Bilderwechsel« statt. Der Eintritt betrug 50 Pfennig, doch schon bald gingen die Preise herunter: Eine Erfindung jagte die nächste, das Kinetoskop war überholt und wurde vom Kinetophon abgelöst. Der nächste Schritt: Der »elektrische Schnellseher«, vorgeführt in Heckels Concert-Saal, Große Bleichen 32: bewegliche Bilder in Großprojektion. Der technische Fortschritt marschierte, ein neuer Industriezweig entstand. Die neuesten Modelle führte die Firma Kobrow & Co. in der Kaiser-Wilhelm-Straße; ihre ständige »Automaten-Ausstellung« war offen »zum freien Besuch für jedermann«. Unter Co. verbarg sich Kompagnon G. Hövermann, der viele Jahre lang Generalvertreter für Stollwerck-Schokolade-Automaten gewesen war. Und weil die Kölner Süßwaren-Vertriebsgesellschaft von Lumière in Lyon die Auswertungsrechte am dort entwickelten Kinematographen für das Deutsche Reich erworben hatte, stand das Gerät schon bald nach Patenterteilung in der Kaiser-Wilhelm-Straße. Eröffnung war am Pfingstmontag 1896. Der Andrang war enorm: Presseberichten zufolge kamen mehr als 4.000 Menschen; Schutzleute mußten den Verkehr regeln.

Eine bessere Werbung hätten sich Kobrow & Co. nicht wünschen können; der Apparate-Handel lief wie geschmiert. Bald standen in Vergnügungslokalen und Gaststätten Kinematographen: Ob bei »Sagebiel« in der Drehbahn, in den »Großen Bierhallen« auf St. Pauli oder in »Schwaff's Gesellschaftshaus« in der Neustädter Fuhlentwiete, plötzlich war überall die Vorführung lebender Photographien angesagt. Otto Messter zeigte um die Jahreswende 1896/97 seine Filme im Hansa-Theater (und verbeugte sich anschließend auf der Bühne). Auch die anderen Varietés, das Flora-Theater am Schulterblatt und das Tivoli in St. Georg, nahmen die Neuheit ins Programm auf. Auf dem Dom warben Buden und Zelte mit Bioskopen und Kinematographen um Kundschaft. »Nachmittags eine Auswahl hübscher Weihnachtsmärchen, aber auch abends eine Menge interessanter Vorführungen für Erwachsene (Vestalin, Kriminalsachen usw.).« Oder ein Blick ins Monatsprogramm des Hansa-Theaters April 1897: Erst Bilder vom Kaiser, dann – auf allgemeinen Wunsch – die Pariser Novität *Le Coucher de la jeune Mariée*. Räuberpistolen und Kindereien, Patriotisches und Erotisches: die übliche Mischung, nach diesem Rezept wurde bereits damals Kino gemacht.

Was vor zwei, drei Jahren noch die absolute Attraktion war, verlor rasch an Sensationswert. Als das Publikum langsam ausblieb, schloß Kobrow 1900 seine Ausstellung. Aber Käufer von Kinematographen-Apparaten gab es nach wie vor; Eberhard Knopf z. B. gehörte zu seinem Kundenstamm.

Die Vorgeschichte läßt sich leicht rekonstruieren, denn über die Auftritte von Skladanowsky und Messter brachte die Presse ausführliche Berichte. Die eigentlichen Anfänge liegen jedoch im Dunkeln: Das öffentliche Interesse war derart gesunken, daß keine Zeitung von der Eröffnung des ersten Kinos in Hamburg Notiz nahm.

Für Anzeigen gaben Knopf und Kollegen zunächst kein Geld aus. Erst im »Hamburgischen Correspondenten« vom 22. April 1906 findet sich ein Insert: Das Central Theater am Glockengießerwall 15 stellte sich als »Hamburgs feinstes Theater lebender Photographien« vor. Das war der neue Trend:

Anzeige aus dem »Hamburger Fremdenblatt«, 16. Mai 1895

Das Belle-Alliance-Theater am Schulterblatt, Aufnahme 1908

Weg vom Negativ-Image des schmuddeligen Kinematographengewerbes, der billigen Unterhaltung für Proleten. Schon die Namenswahl dokumentierte den Zug zu Höherem. James Henschel, der erste große Kino-Unternehmer, eröffnete im Dezember das Helios Theater, Große Bergstraße 11-15, und kurz darauf, im Frühjahr nächsten Jahres, das vornehme Belle-Alliance-Theater am Schulterblatt. Das Nobel-Kino – mit 35 qm großer Leinwand und 20 Mann starkem Orchester – hatte 1.000 Plätze, war jedoch »häufig abends, sonntags regelmäßig, so besetzt, daß ein großer Teil des Publikums noch stehend den Vorführungen« zuschaute. Der Erfolg beflügelte Henschel, dem es weder an Ideen noch an Risikobereitschaft mangelte. Das Victoria-Theater, Weihnachten 1906 in der Hammerbrookstaße 76 eröffnet, bot einen neuen Service: »Extra dafür angestellte Damen« geleiteten den Besucher an seinen Platz. Außerdem wurde versichert, daß »Bilder obszönen oder allzu realistischen Inhalts« nicht gezeigt würden.

Solche Erklärungen schienen nötig, denn das »Kinounwesen« hatte einen ausgesprochen schlechten Ruf. Die Polizeibehörden versuchten, mit immer umfangreicheren Verordnungen das Problem der sich rasch vermehrenden Kinematographen-Theater in den Griff zu bekommen. Bau- und sicherheitspolizeiliche Vorschriften wurden erlassen. Trotzdem kam es in St. Pauli und Harburg zu Bränden, denn der damals verwendete Nitrofilm war hochexplosiv. Der Apparat müsse in einem feuergesicherten Raum installiert werden, lauteten die Bestimmungen; außerdem seien »mindestens 50 Liter Wasser in Eimern und Kübeln sowie ein Scheuerlappen« bereitzuhalten. Zur Aufrechterhaltung der Ordnung mußten Aufsichtspersonen angestellt werden; »als geeignet gelten nur volljährige, kräftige und entschlossene Personen«. In jedem Kino vermutete die Polizei einen potentiellen Hort des Verbrechens und der Konspiration. Paragraph 13 der »Verordnung für Lichtspielvorführungen« schrieb deshalb vor: »Die Verdunkelung des Zuschauerraums darf nur insoweit erfolgen, daß die Überwachung der Besucher nicht verhindert wird.« Welche Gefahren damit abgewendet werden sollten, ist einem Schreiben des Polizeiherrn Schröder, datiert 28. Mai 1905, zu entnehmen: »Infolge der Verdunkelung des Zuschauerraumes sind die jugendlichen Besucher leicht unsittlichen Angriffen ausgesetzt.« Ihm selbst waren fünf Fälle bekannt, wo erwachsene Personen sich im Kino an Kindern vergangen hatten (die Verurteilten erhielten Strafen zwischen fünf Tagen und acht Monaten Gefängnis).

Doch gerade die Kinder und Jugendlichen zog das Kino in den Bann. Die Vormundschaftsbehörde berichtete: »Bei den Vernehmungen von Jugendlichen, welche sich des Vergehens gegen das Eigentum schuldig gemacht haben, erhalten wir auf die Frage, was sie mit dem auf unrechtmäßige Weise erworbenen Gelde gemacht haben, regelmäßig die Antwort: ›Wir sind bei den Lebenden gewesen.‹« Und was sahen sie da? Schmutz und Schund. Das rief die Pädagogen auf den Plan. Die Gesellschaft der Freunde des vaterländischen Schul- und Erziehungswesens zu Hamburg legte im Mai 1907 einen Bericht vor, Tenor: »Wie schützen wir die Kinder vor den schädlichen Einflüssen der Theater lebender Photographien?«

Über 200 Filme hatte eine Kommission geprüft und war zu einem niederschmetternden Ergebnis gekommen: »Rührstücke nach Art der Hintertreppen-Romane« wurden moniert, »Rohheiten aller Art, wie Prügelei, Trunkenheit, Tierquälerei etc.; Liebesszenen, in größter Unbefangenheit darge-

Zuerst Schokolade-Automaten, dann Kino-Apparate: Anzeige der Firma Kobrow & Co., 1906

stellt; Verbrechen aller nur erdenklichen Arten« und »Plattheiten bis zum Blödsinn gesteigert«. Auf 40 Seiten wurden Titel aufgelistet, in einigen Fällen mit Inhaltsangaben oder mit Anmerkungen versehen. *Das vergiftete Huhn, Die Matratze der Braut, In flagranti, Zollbeamter und Schmuggler* (Kommentar: »Roh, gemein, grausig«), Die Liebe macht erfinderisch (»Nichts für Kinder!«), *Ein Kuß im Tunnel* (»Das Kindermädchen hält ihrem galanten Nachbarn den unnennbaren Körperteil des Babys zum Kusse hin«), *Tomaten-Schlacht oder Leiden eines Strohwitwers*: Von wenigen Kultur- und Tierfilmen abgesehen, fanden die Lehrer nur Geschmacklosigkeiten, Widerliches und Anstößiges. Ihr Urteil fiel entsprechend hart aus: »Die Lokale sind eine bedauernswerte Erscheinung des Großstadtlebens.« Die Freunde des vaterländischen Schulwesens verabschiedeten eine Resolution und übergaben ihre Broschüre der Oberschulbehörde: mit der Bitte, geeignete Maßnahmen einzuleiten.

Die Kinematographen-Betreiber konterten. Sie luden zu einer Versammlung am 7. Juli 1907. Der Saal in Feldmeyers Gesellschaftshaus war gut gefüllt, allerdings waren die Lehrer deutlich in der Minderheit. Zunächst einmal wurde der Kommissionsbericht verlesen, wobei die Kino-Besitzer für die Kritik nur »ein mitleidiges Lächeln« übrig hatten: »So etwas können aber nur Lehrer schreiben.« Nach ersten Diskussionsbeiträgen trat Siegfried Cohen ans Rednerpult: »Seit einem Jahr toben die Lehrer, als ob sie das Kinematographengewerbe vollständig ruinieren wollten.« Damit müsse Schluß sein. Karl Kaufmann vom Schausteller-Verband wurde deutlicher: »Wenn die Lehrer die Hetzereien nicht nachlassen, will sich der Internationale Kinematographenbund mal in der weiten Öffentlichkeit mit den lohnenden Nebenbeschäftigungen der Lehrer befassen.« Daraufhin verließen die meisten Pädagogen den Saal. Die Regie funktionierte: Die Versammlung nahm mit fünf Gegenstimmen eine Resolution an, in der »mit aller Entschiedenheit gegen die halt- und maßlosen Angriffe« protestiert wurde. Während die Tageszeitungen eher kühldistanziert von der Veranstaltung berichteten, war die »Erste Internationale Kinematographen-Zeitung« mehr als zufrieden: »Ein glänzendes Fiasko der Lehrer.«

Verfasser des nicht gezeichneten Artikels war Siegfried Cohen, Redakteur und Verleger des Blattes. Der umtriebige Journalist, früherer Extrablatt-Schreiber, hatte frühzeitig eine Marktlücke erkannt: Der noch jungen und zukunftsträchtigen Branche fehlte ein Organ. Die erste Ausgabe kam am 5. De-

Internationale Film-und Kinematographen-Zeitung

(Deutsche Kinematographische Rundschau)

Amtl. Organ für die Veröffentlichungen der Polizeibehörde Hamburg (Abt. III.)

Verantwortlicher Redakteur: August Schacht, Berlin W. 35, Steglitzerstrasse 18 (Fernsprecher: Amt Nollendorf 289¹)

Verlag: Adolf Neumann, Hamburg 3, Neuer Steinweg 82 (Fernsprecher: Gruppe 1, 3806)

| Nr. 15 | Abonnementspreis: M 6.—
pro anno, M 1.50 p. Quartal
Zu beziehen d. d. Kaiserl. | BERLIN
HAMBURG, den 12. April 1912 | Inserate: Die viergespalt.
Petitzeile 30 ₰, ¹/₁ Seite
M 60.—, ¹/₂ 35.—, ¹/₄ 20.— | 2. Jahrgang |

Die Unterzeile »Amtliches Organ« entsprach nicht der Wahrheit. Nachdem ein Konkurrenzblatt Einspruch erhoben hatte, hieß es korrekt: »veröffentlicht die von der Polizeibehörde Hamburg genehmigten Filme für Kindervorstellungen«.

zember 1906 heraus; im Editorial hieß es, die Fachzeitschrift wolle »ein Sprachrohr sein zwischen Fabrikanten und Konsumenten«. Der prosperierenden Filmindustrie – Geräte-Herstellern, aber auch Produzenten und Verleihern – bot er sein Blatt als »Inserationsorgan« an: garantierte Auflage 2.000 Exemplare, Anzeigenpreis für die ganze Seite 60 Mark. Vier Monate später, am 3. April 1907, konstituierte sich der Internationale Kinematographen-Bund. Der erste Vorsitzende hieß Karl Marx (und verschwand bald darauf in Amerika). Für den undankbaren Posten des Schriftführers stellte sich Cohen zur Verfügung (dessen Blatt damit zur Verbandszeitung wurde).

Der Interessenverband betrieb Öffentlichkeitsarbeit und gewährte seinen Mitgliedern Rechtsschutz. Die damals auf den Versammlungen ausgeheckten Strategien und nicht immer sauberen Methoden sind heute noch gang und gäbe. Die Annoncenjäger einer Hamburger Zeitung, so wurde geklagt, würden gegen Erteilung eines Auftrages eine wohlwollende Besprechung im redaktionellen Teil versprechen. »Und wenn nicht inseriert wird, dann geht die Schimpferei los.« Es wurde empfohlen, die Namen solcher Blätter verbandsintern zu veröffentlichen und »dieselben einfach kalt zu stellen. Das wird, soweit wir die Zeitungstechnik kennen, sicher wirken.« Eine andere Aufgabe sah der Verband in der »Belehrung über neue Erfindungen«; deshalb organisierte man im Juni 1908 eine 14tägige Kinematographen-Industrie-Ausstellung. Die Reichs-

bahn erklärte sich bereit, alle nicht verkauften Exponate frachtfrei wieder zurück zu befördern. 82 Aussteller beteiligten sich, keine große Firma fehlte: Messter, Gaumont, Pathé Frères, Lux, Deutsche Mutoscop und Biograph GmbH, Liesegang und natürlich Kobrow & Co. Es wurden nicht nur Projektionsapparate vorgeführt; die Palette reichte von Kinostühlen bis zum Feuerlöscher »Fix«. Besonders bestaunt wurde eine »höchst praktische Geräuschmaschine, Bruitophone, die von einer Person zu bedienen ist, wenig Platz wegnimmt und 37 verschiedene Geräusche hervorbringen kann, wie Wind, Sturm, Donner, Eisenbahn, Auto, diverse Pfeif-, Klingel- und Glockenzeichen. Für die Vervollkommnung der Lichtbilder-Vorführungen jedenfalls ein sehr nützlicher Apparat, der bald in keinem besseren Kino-Theater fehlen dürfte.« Wie so häufig, wenn die Branche zusammenkam, endete die Veranstaltung mit einem Mißklang: Als die Medaillen verteilt wurden, protestierten die übergangenen Aussteller; am Schluß mußte sogar die Polizei geholt werden.

Auch innerhalb des Verbandes war man sich nicht einig. Die Standesorganisation wollte gegen die schwarzen Schafe des Gewerbes vorgehen; die Kinobesitzer würden vorhandene Mißstände selbst beseitigen, beteuerten regelmäßig die Vorsitzenden (schon um drohende Eingriffe der Behörden abzuwenden). Es gab Mitglieder, die damit ernst machen wollten und an die Kollegen appellierten: »Bieten Sie dem Publikum gute Bilder und einen guten Aufenthaltsort, dann wird es auch gern einen Groschen mehr zahlen, als bei der Schmutzkonkurrenz

Das Kinounwesen greift um sich ▰▰▰▰▰ **27**

1909 wurde das Reform-Kino in der Wexstraße eröffnet

in einem obskuren Lokal und mit schlechten Bildern einen Groschen weniger.« Cohen machte das Verbandsorgan zum Kampfblatt, James Henschel dagegen fand den Konfrontationskurs falsch: Im eigenen Interesse der Kinobetreiber liege es, die Vorführungen auf ein sittlich hohes Niveau zu heben, und ganz unberechtigt sei die Kritik der Lehrer nicht. Die zerstrittenen Parteien waren kompromißunfähig: Zwei Verbände entstanden, zwei Zeitungen, die sich gegenseitig heftig bekämpften. Inzwischen konnten die Pädagogen einen Erfolg verbuchen: Am 21. Mai 1909 verbot die Polizei Kindern den Kinobesuch ohne Begleitung von Erwachsenen.

Während die »Internationale Kinematographen-Zeitung« noch maulte: »Was gehen die Wünsche des Herrn Oberschulrat den Theaterbesitzer an?«, hatten Henschel und der Lokal-Verband der Kinematographen-Interessenten längst Verhandlungen mit Schulinspektor Fricke aufgenommen. Das Ergebnis kam einer teilweisen Aufhebung der Polizeiverordnung gleich: In den dem Lokal-Verband angeschlossenen Kinos war der Besuch von Kindern werktags von nachmittags vier Uhr bis abends sieben Uhr gestattet, sonntags bis fünf Uhr; im Gegenzug verpflichteten sich die Kino-Unternehmer, nur solche Filme zu zeigen, die für Kinder geeignet sind. Ein von der Oberschulbehörde eingesetzter Ausschuß für Kinematographie überprüfte sowohl

die Filme wie die Kinos. Damit wurde eine – juristisch sicher problematische – Zensur unter Jugendschutz-Gesichtspunkten installiert, der sich in den folgenden Jahren mehr und mehr Filmtheater unterwarfen: Hatten anfangs 19 Kinos ihren Beitritt zum Lokal-Verband erklärt, so veranstalteten 1911 bereits 38, zwei Jahre später 56 Kinos die offenbar recht einträglichen Kindervorstellungen.

In dem Bericht der Lehrer-Kommission wurde das Kinounwesen nicht bloß verdammt; es hieß auch, »daß der Kinematograph als ein vorzügliches Veranschaulichungsmittel dem Schul-Unterrichte große Dienste leisten könnte«. Ein Pädagoge setzte diese Idee in die Tat um: Ferdinand Frohböse schnitt aus französischen Kopien Unterrichtsfilme zusammen (*Schauspiele der Erde*, *Das Meer* oder *In der Polarwelt*), packte seine Apparatur auf den Blockwagen und fuhr in die Schulen, um diese Werke nebst Erläuterungen vorzuführen. Seiner Initiative war es zu verdanken, daß bald auch regelrechte Schulvorstellungen z. B. im Reform-Kino, Wexstraße 5, stattfanden. Der streitbare Frohböse, nach dem Ersten Weltkrieg von der Behörde für die Film- und Bildarbeit freigestellt, wurde Erster Vorsitzender im Ausschuß für Kinematographie. Reibereien mit den Kinobesitzern waren an der Tagesordnung; auch wurden die Bestimmungen trotz Strafandrohung selten eingehalten. So erlebte Frohböse 1914 eine herbe Enttäuschung: 21 von 27 kontrollierten Kinos zeigten in den Nachmittagsveranstaltungen nicht genehmigte Filme: Vor allem die kleineren Filmtheater in den Außenbezirken nahmen es meist nicht so genau.

»Wir sind aus dem Primitiven heraus; ein neues, höheres Niveau ist erreicht«, konstatierte »Der Kinematograph« 1912. In diesem Jahr wurde erstmals eine Übersicht nach Stadtteilen veröffentlicht. St. Georg (9 Kinos mit 3.850 Plätzen) und St. Pauli (7 Kinos mit 4.800 Plätzen) führten die Statistik an. Es folgten die Arbeiterbezirke: Barmbek verfügte über 6 Kinos (3.150 Plätze), Eimsbüttel über 5 Filmtheater (2.300 Plätze). Berücksichtigt wurden auch die preußischen Städte Altona (7 Kinos, 3.650 Plätze) und Wandsbek (2 Kinos, 600 Plätze). Die neu hinzugekommenen Kinos zeichneten sich durch ihre luxuriöse Ausstattung aus. Das Metropol-Theater, Glockengießerwall 20, und das Uhlenhorster Lichtspielhaus, Winterhuder Weg 106, zählten sich zu den »vornehmst eingerichteten« Kinos. Übertrumpft wurden sie vom 1913 errichteten Lessing-Theater am Gänsemarkt. »Fahrstuhl und Liftboy befördern die Besucher in die oberen Ränge. Der Innenraum ist auf Dunkelblau abgestimmt, die Einrichtung von

Das Lessing-Theater, 1913 am Gänsemarkt errichtet, setzte ganz auf vornehme Eleganz

ausgesuchtem Geschmack.« James Henschel baute sein Imperium aus: Der Zuschauerraum des Waterloo-Theaters, Dammtorstraße 14, war ganz »in Rokoko gehalten, für das Auge angenehm getönt«; die Kapelle hatte die Direktion vom Alsterpavillon wegengagiert. Die hochgesteckten Erwartungen des Kino-Unternehmers erfüllten sich: »Hier stellte sich bald ein festes Stammpublikum der gehobenen Stände ein.«

Die Konkurrenz war groß; bereits bestehende Filmtheater mußten, um mithalten zu können, renoviert werden. Selbst das American-Kino auf der Reeperbahn erhielt nun ein elegantes Vestibül mit elektrisch beleuchtetem Springbrunnen. Nach dem Umbau wurde das Belle-Alliance-Theater am 26. August 1911, dem Tag der Altonaer Kaiserparade, wiedereröffnet. Ende September dann die erste Vorstellung im Reichs-Theater, Fruchtallee 136; »das Gebäude«, lobte die »Deutsche Kinematographische Rundschau«, »ähnelt in seinem Äußeren einem richtigen Theater«. Dieser Vergleich kehrte regelmäßig wieder in den Zeitungsberichten. Bei der feierlichen Einweihung des Lichtspielhauses am

Millerntor – ein Ensemblemitglied des Deutschen Schauspielhauses sprach den Prolog, es folgte das Largo von Händel und die Jubelouvertüre von Weber – bemerkten die »Altonaer Nachrichten« erstaunt: »Beim Eintritt in das Gebäude glaubt man zuerst wirklich, in einem erstklassigen Theater zu sein.« Man war es nicht, sondern nur in einem Kino. Aber dort konnten nun auch das Bürgertum und die besseren Kreise verkehren: die Filmtheater waren »nicht mehr der Rendezvousplatz allerlei Volks«.

Sogar Mitglieder der Bürgerschaft ließen sich bei der Eröffnung des Elite-Theaters blicken. Es galt als »Zierde des Steindamms«, doch hinter der »sehr gefälligen Fassade« sah der Kinoalltag aus wie überall. Täglich wurde durchgehend zwölf Stunden gespielt (von 11 bis 23 Uhr). Der Eintritt kostete 34 Pfennig – ein Pfennig mehr, und der Unternehmer hätte Lustbarkeitssteuer zahlen müssen (5 Pfennig bei Eintrittspreisen von 35 bis 95 Pfennig; darüber galt die Regelung: für jede weitere angefangene 50 Pfennig je 5 Pfennig). Das Programm, rund drei Stunden, begann mit einem »Musikpiece« und der Wochenschau, danach folgten bunt gemischt Humoresken, Naturaufnahmen und Melodramen. Die Kopien teilte man sich mit einem Kino in der Nachbarschaft: War dort der 3. Akt durch, brachte ein Pendler die Filmrolle rasch zum Steindamm, wo bereits der 2. Akt lief. Dabei kam es nicht selten zu Pannen, und der Vorführer half sich dann, indem er die Geschwindigkeit manipulierte. Der Streifen wurde schon einmal mit 50 statt 24 Bildern in der Sekunde durchgejagt. Oder, wenn der Nachschub ausblieb, verlangsamte er das Tempo, und die Tragödie auf der Leinwand nahm mit 15 Bildern ihren Lauf. Der Mindestlohn eines »Kinooperateurs« betrug 30 Mark.

Das sozialdemokratische »Echo« machte seine Leser am 11. September 1911 »darauf aufmerksam, daß in den meisten Kinos Hamburgs, Altonas und Umgebung ganz traurige Lohn- und Arbeitsverhältnisse herrschen«. Ein Herr Böckmann habe in seinem Vitaskop-Theater einen 14jährigen Jungen als Vorführer angestellt. Die Kinoangestellten, im Deutschen Transportarbeiterverband organisiert, appellierten an die Solidarität: »Arbeiter! Wenn Ihr ein Kino besucht, geht dahin, wo man den Angestellten menschenwürdige Zustände bietet.«

Die Kriegsjahre gingen nicht spurlos an der Branche vorüber. Deutschtümelei war angesagt: Das American-Kino nannte sich nun Theater am Nobistor, und das Barkhof-Theater versicherte im Programmheft, daß »englische, russische und französische Filme nicht gespielt« werden (und zeigte stattdessen einen amerikanischen Streifen). Die Beschränkung führte nicht gerade zur Hebung des Niveaus; schlichte Hausmannskost überwog. Im Lessing-Theater stand am 10. September 1914 auf dem Programm: Wochenschau (u.a. »Der eiserne Hindenburg« und »unsere Feldgrauen« in Warschau), die heitere Komödie *Yvette heiratet* (französisches Produkt?), die Heldentaten des amerikanischen Detektivs *Sexton Blake*, als Kulturfilm *Das Hamburger Marine-Lazarett* und abschließend der Schwank *Rennfieber* (mit bekannten Künstlern vom Carl-Schultze-Theater). Auf der letzten Seite die Voranzeige: *Der Herzdoktor*, »ein ganz überraschend feinsinniges, dabei pikantes Lustspiel«. James Henschel baute indessen weiter: In der Hamburger Straße errichtete er – Kosten 550.000 Mark – das Palast-Theater, machte in Hammerbrook zwei kleinere Kinos auf und eröffnete am Eppendorfer Baum das Harvestehuder Lichtspielhaus (allein die Inneneinrichtung verschlang 250.000 Mark). Der Geschäftsmann, von der Branche als »ein Titan an Energie und Arbeitskraft« gefeiert, war ein Kriegsgewinnler: Er übernahm im dritten Kriegsjahr auch noch das Passage- und das Lessing-Theater.

Das Kino-Ereignis der Saison 1917 fand im Neuen Operettentheater statt. Wo sonst die »Lustige Witwe« und die »Dollarprinzessin« über die Bühne wirbelten, sahen nun Schulklassen, Militäreinheiten, angeblich auch »das große Publikum« den vaterländischen Film *Ostpreußen und sein Hindenburg*. Bei der Premiere war Bürgermeister von Melle anwesend, und Vizeadmiral Kirchhoff sprach von den »gewaltigen Kämpfen und Siegen unserer Helden«. Laut Bericht im »Hamburgischen Correspondenten« führte er aus, »daß es in dieser schweren Warte- und Duldezeit unsere größte Sorge sei, wie es um die Schaffung eines starken Friedens bestellt ist, also um ein größeres, erweitertes Deutschland«. Das war ganz logisch, denn: »Nur wir Deutschen sind das Volk, das den Frieden erhalten wird, denn wir kennen ein sittliches Gebundensein.« Es kam ganz anders: Der Krieg ging verloren, auch an der Kino-Front. Der Reichskanzler in Berlin wußte das und setzte einen Brief auf. »Unsere Feinde haben seit Beginn des Krieges mit unleugbarem Geschick alle Propagandamittel ausgenutzt, um die Stimmung der Massen im Inland und im neutralen Ausland in deutschfeindlichem Sinne zu bearbeiten«, schrieb er im März 1918. »Deutschland und seine Verbündeten konnten dem zunächst nichts entgegenstellen, da die deutsche Filmindustrie in sich zersplittert war und fast völlig unter ausländischem Einfluß stand. Hierin Wandel zu schaffen, die deutsche Filmindustrie für den Propagandagedanken im mi-

Postkarte von 1914

litärischen und öffentlichen Interesse dienstbar zu machen und sie hierzu leistungsfähig zu gestalten, erschien unter diesen Umständen als dringendes Bedürfnis...« Kurz, mit 25 Millionen Mark habe man die Ufa ins Leben gerufen, und er bitte u.a. auch den Hamburger Senat um Unterstützung. Der Patriot Henschel machte sein letztes Geschäft: Er übergab seinen Filmtheater-Park komplett der Ufa.

Ferdinand Frohböse dagegen kämpfte unermüdlich weiter gegen den Kinoschund. Er trat in der Nachkriegszeit auf Dutzenden von Versammlungen auf und versuchte, Eltern und Jugendliche als Verbündete zu gewinnen. Die Filmbranche konnte über solche Aktivitäten nur spotten: »Die Hamburger Jugendlichen als Kinoretter«, höhnte ein Berliner Fachblatt. Immerhin, der unbeirrbare Pädagoge erreichte, daß in der Hansestadt ein Staatliches Lichtbildamt geschaffen und ihm die Leitung übertragen wurde.

Mehr Sorgen bereiteten der Branche die revolutionären Ideen, die im Arbeiterrat Groß-Hamburg ausgeheckt wurden. Die Unabhängigen Sozialisten hatten den Antrag eingebracht: »Das gesamte Kinowesen des Landes Hamburg wird kommunalisiert.« Gefordert wurde die »Ablösung und Enteignung der privatmonopolisierten Filmindustrie«. Auch die SPD war für eine grundsätzliche Neuregelung der Vergnügungssteuern: Volksbühnen und Arbeiterbildungsvereine sollten Ermäßigungen erhalten, aber »Schundkinos, die nur von lüsternem und verschwendungssüchtigem Volk besucht werden«, mit noch höheren Steuern belastet werden. Die Branche konnte bald aufatmen: Aus den Kommunalisierungsplänen wurde nichts. Das Geschäft lief weiter und zwar besser als je zuvor.

Denn das einzige Ergebnis der Novemberrevolution war die Aufhebung der Zensur. So sah das Kinoprogramm in der Adventszeit 1919 aus: Das Bahnhof-Theater im Bieberhaus präsentierte *Das rosa Strumpfbändchen*, *Der Liebesathlet* und *So mögen die Karten entscheiden* (»Packendes Drama aus dem Leben eines Säufers in vier sich steigernden Akten, in dem Spiel um Haus und Hof und – die eigene Tochter«). Knopf's zeigte *Der Frauenspekulant* und *Casanova*, das Millerntor-Theater *Der rote Klub* und *Ihre Durchlaucht die Filmdiva*. Das Ottensener Lichtspiel-Theater hatte sich das Alleinaufführungsrecht für Altona von *Opium* gesichert. Das Central Theater in Altona brachte das Sittendrama *Das Mädchen und die Männer*, außerdem *Weib gegen Weib*; das gleichnamige Kino in Eimsbüttel widmete sich dem Thema Prostitution mit *Menschen, die sich verkaufen*. Neu eröffnet hatten die Freiheit-Lichtspiele, Große Freiheit 58/60. Hier lief der erste Schwulenfilm *Anders als die anderen* (mit Anita Berber, Conrad Veidt und Reinhold Schünzel). Doch mit der Freiheit war es bald wieder vorbei: Ein halbes Jahr später wurde das Reichslichtspielgesetz erlassen und die Filmzensur wieder eingeführt.

Über »Die Anfänge der Kinematographie in Hamburg« informiert Rüdiger Wagner in: »Hamburger Filmgespräche«, Bd. IV, Hamburg 1972, S. 11-24. Zur Vorgeschichte vgl. Tilo R. Knops, »Augenaufschlag des Bürgertums oder Illusionierung der Massen? Vom Panorama zum Film«, in: Inge Stephan/Hans-Gerd Winter (Hrsg.), »Heil über Dir, Hammonia«, Hamburg 1992, S. 292-318. Jörg Schöning, »Von den ›Lebenden‹ zum ›Lichtspielhaus‹«, in: Volker Plagemann (Hrsg.), »Industriekultur in Hamburg«, München 1984, S. 320-323, behandelt die Entwicklung bis 1912. Eine Selbstdarstellung der Firma Kobrow & Co. in: Der Staat Hamburg. Historisch-biographische Blätter«, XIV. Lieferung, Berlin 1905/06; Hermann Lobbes, »James Henschel erzählt: Hamburgs Kino-Geschichte«, in: »Licht-Bild-Bühne«, 16.8.1930. – Das Schreiben des Polizeiherrn Schröder an die Behörde für Schankkonzessionswesen datiert vom 28.5.1905, der Brief der Vormundschaftsbehörde an die Polizeibehörde vom 3.4.1908; beide in den Akten des Staatsarchivs. – Der »Bericht der Kommission für ›Lebende Photographien‹« erschien Hamburg, Mai 1907 (als Manuskript gedruckt). Hingewiesen sei auch auf Hermann M. Popert, »Hamburg und der Schundkampf«, Bd. II: Filmfragen, Hamburg 1927. Der Artikel »Ein glänzendes Fiasko der Lehrer« in: »Erste Kinematographen-Zeitung«, 17.7.1907. Zeitungsberichte über die Protestversammlung u.a. in »Hamburgischer Correspondent« und »Hamburger Echo«, 10. bzw. 11.7.1907. – Ausführliche Berichte über die I. Internationale Kinematographen-Industrie-Ausstellung Hamburg 1908 in: »Der Kinematograph«, 1908, Heft 77, 78 und 80; der Prospekt (mit den Bedingungen für die Aussteller) im Staatsarchiv. – Die zitierte Beschreibung des Lessing-Theaters stammt von Emil Hartmann, »Hamburg«, in: »Der Kinematograph«, 1.8.1917; über die Eröffnung des Lichtspielhauses am Millerntor berichteten die »Altonaer Nachrichten« am 17.4.1912. – Über die Premiere von »Ostpreußen und sein Hindenburg« vgl. »Hamburgischer Correspondent« (dort das Zitat), »Hamburger Nachrichten« und »Hamburger Fremdenblatt«, 2.7.1917. – Das Schreiben des Reichskanzlers 12.3.1918, im Staatsarchiv; über Frohböses Aktivitäten z.B. »Die Jugend und das Kino. Eine Kundgebung der gesamten Jugend Hamburgs«, in: »Hamburger Echo«, 21.9.1919. Die Kommunalisierungspläne des Arbeiterrats gibt der Artikel »Verstaatlichung des Kinos«, in: »Hamburgischer Correspondent«, 29.10.1919, wieder.

Die Polizeibehörde Hamburg.   Nr. 14.

Ausweis.

Der nebenstehend abgebildet

Inhaber dieses Ausweises

Herr Hans Sievers

ist gemäß § 7 der Polizeiverord-

nung, betr. Zulassung von Kindern

und Jugendlichen zu öffentl. Licht-

spielvorführungen, v. 3. Dez. 1921, mit

der Überwachung der Lichtspielvor-

führungen beauftragt. Ihm — Ihr ist

jederzeit zu allen Vorstellungen

der freie Zutritt zu gestatten.

Hamburg, den 5. Januar 192

Abt. III. (Gewerbepolizei).

(Unterschrift)

Zensoren, Bürokraten und Hilfs- sheriffs

Akteneinsicht im Staatsarchiv: Polizei und Justiz im Kino

Von einer Seuche ist die Rede. Schutzmann Grimm III verpaßt eine Chance, und Kinder sitzen im falschen Film.

Bis auf den letzten Platz besetzt: Vorführung »lebender Photographien« in Knopf's Lichtspielhaus. Darüber der eingezogene Ausweis des »Film-Wüterichs« Hans Sievers.

Der Polizeichef faßte noch einmal zusammen: »Unter diesen Umständen muß die Polizeibehörde es nach wie vor als ihre Aufgabe betrachten, die Vermehrung solcher Lokale, in denen lebende Photographien vorgeführt werden, auf jede gesetzlich zulässige Weise zu erschweren.« Hamburg, den 28. Mai 1905, unterzeichnet: Der Senator und Polizeiherr Schröder.

Doch alle bürokratischen Hindernisse, Vorschriften und Restriktionen halfen nichts: Die Kinoseuche breitete sich aus, die Behörden waren machtlos dagegen. Man mußte die Taktik ändern: Es galt vor allem, die bestehenden Filmtheater zu kontrollieren, die Einhaltung der Jugendschutz-Bestimmungen und sicherheitspolitischen Verordnungen strengstens zu überwachen und bei Übertretungen entsprechende Maßnahmen zu ergreifen. Die Direktive klang gut, doch bei der Umsetzung kam es laufend zu Pannen: Die Polizisten waren schlichtweg überfordert.

Schutzmann Grimm III kehrte am 16. März 1913 zurück vom Streifengang und erstattete auf der Wache Bericht. Ein unbekannter Mann, der seinen Namen nicht nannte, hatte ihn auf dem Steindamm angesprochen: Im Elite-Theater ständen die Leute auf den Gängen, man könne gar nicht herauskommen. Nicht auszudenken, was bei Ausbruch eines Feuers passieren würde. Vier Tage später suchte Wachtmeister Hoffmann das Kino auf und verhörte den Besitzer Adolf Günther. Der stritt alles ab: Es habe wohl gerade Programmwechsel stattgefunden, wobei die bisherigen Zuschauer das Lokal verlassen, neue gekommen und sich Plätze gesucht haben. Nie im Leben sei sein Kino überfüllt gewesen, das sollte man ihm erstmal nachweisen.

Resigniert schrieb der Polizeibeamte Urban unter das Protokoll »Ruhen lassen« und legte die Geschichte zu den Akten. Beim Bezirksbureau St. Georg löste der Vorgang Empörung aus: »Wenn der Schutzmann Grimm III den Tatbestand sofort festgestellt hätte, wäre ein Anhalt zum ev. weiteren Vorgehen gegen den Inhaber des Lichtbildtheaters gegeben gewesen. Es liegt eine Verfügung des Herrn Polizeipräsidenten vom September 1912 vor, wonach gegen solche Übertretung mit aller Strenge vorgegangen werden soll. Es wird stets die höchste Strafe verfügt. gez. Petersen.« Abteilung VII wies die Vorwürfe zurück: »Der Schutzmann konnte weitere Feststellungen nicht vornehmen, da die Beaufsichtigung der Theater und Kinos nicht zu seiner Aufgabe gehört.« Nun schaltete sich der Polizeipräsident Roscher höchstpersönlich ein und bat die Abteilungen III und V um Stellungnahme. Regie-

rungsrat Schulz von der Gewerbepolizei: »Die Hinzuziehung der uniformierten Beamten der Schutzmannschaft ist zwecks Vermeidung unnötigen Aufsehens nicht als zweckmäßig erachtet worden.« Die Schutzpolizei betonte noch einmal, ihr Mann habe sich an die Dienstanweisung gehalten. Und außerdem: »Die Wachen sind auch über die in Frage kommenden Bestimmungen gar nicht orientiert.« Tatsächlich reichte es nicht, nur hereinzuschauen und zu prüfen, ob die Sitzplätze alle besetzt waren. Man mußte schon über jedes Kino Bescheid wissen und dann die Leute im Gang abzählen. Im Colosseum, Süderstraße 81, hatte man acht Stehplätze genehmigt, im Bach-Theater durften 28 Personen auf der Empore stehen, in den Harvestehuder Lichtspielen, Eppendorfer Baum 35, waren 200 Stehplätze zugelassen ...

Auf die Mitwirkung der Bevölkerung konnte man auch nicht bauen. »Das Bezirksbureau in St. Georg hat kaum noch Papier genug«, spottete die »Kinematographen-Zeitung« über den Rentier Wolff, »um alle Protokolle aufzunehmen über Denunziationen, die der Volksretter täglich über die Stätten erstattet, in denen nach seiner Meinung die Sitten und der Anstand mit Füßen getreten werden.« Das Branchenblatt verspottete den früheren Malermeister als »Ritter von St. Georg«, machte ihn nach Strich und

Ein wachsames Auge auf alle Filmaktivitäten: die Politische Polizei in Hamburg

Faden lächerlich, um am Schluß zu fragen: »Aber warum denn soviel Geschrei wegen eines Pfannkuchens? Was ist uns denn Herr Wolff.«

Die ersten Strafanzeigen verliefen oft im Sande einfach deshalb, weil die Gesetze nicht auf das Kinematographengewerbe zugeschnitten waren. Mancher Angeklagte kam vor Gericht mit der Argumentation durch, die Bestimmungen für Theater paßten eben nicht für Filmvorführungen. Doch neue Vorschriften wurden erlassen, die Überwachung verstärkt. Auch die Kinobesitzer ließen sich etwas einfallen. Nicht nur im Elite-Theater gab es ein Vorwarnsystem: Sobald an der Kasse die Beamten auftauchten, informierte ein Klingelzeichen den Mann im Bildwerferraum. Dann wurde der Film schnell gestoppt, und das Licht im Zuschauerraum ging an: Programmwechsel. Trotzdem gelang es der Polizei immer öfter, Verstöße vor allem gegen die Jugendschutz-Bestimmungen zu ahnden. Besonders die Vorort-Kinos machten ihr Geschäft mit Kindern und Jugendlichen, die gerade die nach Meinung der Erwachsenen für sie ungeeigneten Streifen sehen wollten. Oberwachtmeister Brandt besuchte am 5. Oktober 1919 zuerst das Kaiser-Kino in der Fuhlsbütteler Straße, anschließend kontrollierte er die Hansa Lichtspiele in der Dehnhaide und siehe da: Statt des angezeigten und genehmigten Films *Der unterbrochene Ringkampf* lief in der Kindervorstellung *Die Pantherbraut*, ein indisches Abenteuer des Joe Deebs. Der Besitzer redete sich damit heraus, er habe den falschen Film geliefert bekommen. Die Strafen in solchen Fällen waren drakonisch. Weil sie Kindern Eintrittskarten zu nicht jugendfreien Werken wie *Der Fehltritt*, *Quo vadis* und *Arabella* verkauft hatten, wurden die Kinobetreiber Christian Rexrodt, Oskar Taetz und Wilhelm Wenninger 1926 zu 60 Reichsmark oder ersatzweise sechs Tagen Haft verurteilt. (Wenningers Strafe wurde auf dem Gnadenwege herabgemildert auf 10 RM bzw. 2 Tage Haft.)

Die Polizei forderte von der Oberschulbehörde Hilfstrupps an: 20 ausgewählte Lehrer – auf Platz eins der Liste stand natürlich Ferdinand Frohböse – erhielten Anfang 1922 einen mit Lichtbild versehenen Ausweis: Als Beauftragte der Gewerbepolizei sei ihnen »jederzeit zu allen Vorstellungen der freie Zutritt zu gestatten«, um sich überzeugen zu können, daß keine Kinder die falschen Filme zu sehen bekommen. Sonderlich erfolgreich war die Aktion nicht, aber die Ausweise waren begehrt. Im September 1933 bemühte sich z.B. Alfred Pohl-

mann, Geschäftsführer des Kampfbundes für Deutsche Kultur, um die braune Legitimationskarte – vergeblich, denn es wurden keine neuen Beauftragten ernannt und die ausgeteilten Karten eingezogen. Der letzte Ausweis wurde aber erst im Frühjahr 1937 zurückgegeben: Margarethe Heer war 15 Jahre lang kostenlos in Kinos gegangen, ohne je eine Anzeige erstattet zu haben.

Andere waren eifriger, und mancher Kinobesitzer fühlte sich geradezu verfolgt. Es kam zu heftigen Zusammenstößen im Foyer, und am Ende sah man sich vor Gericht wieder. In Sachen Steigerwald gegen Weber (und umgekehrt: sie hatten sich gegenseitig verklagt) fällte das Amtsgericht ein salomonisches Urteil: »Angeklagter und Widerbeklagter werden der gegenseitigen Beleidigung für schuldig, aber für straffrei erklärt.« Die Kosten durften sich die beiden Streithähne teilen. Was war passiert? Weber wollte die Blumenburg in der Hoheluftchaussee kontrollieren, doch Kino-Chef Steigerwald verweigerte ihm den Zutritt: Zunächst einmal möge Weber erklären, warum er, wenn er in drei Filmtheatern Jugendliche finde, nur zwei anzeige. Der Lehrer nannte seinen Kontrahenten daraufhin einen »unverschämten Patron«, mußte aber unverrichteter Dinge abziehen.

Vom »Tagewerk eines Kino-Schnüfflers« berichtete der »Film-Kurier« im Februar 1925. Gegen die Kontrolle sei an sich nichts einzuwenden, nur müsse sie von dem befugten Beamten in loyaler Weise ausgeübt werden. Leider sei dies nicht der Fall. »So hat es sich ein Volksschullehrer und Polizeispitzel in Eimsbüttel – er heißt Hans Sievers – anscheinend zu seiner täglichen Aufgabe gemacht, in den Kinos zwischen den Sitzplätzen umherzuschleichen und auf Jugendliche zu fahnden. Hat er einen solchen jungen Menschen erwischt, so bringt er ihn sofort auf die Polizeiwache, indem er ihm sogar im Falle eines Widerstandes den Gebrauch seiner Schußwaffe androht.« Im Konkurrenzblatt »Film-Journal« kam man zu dem Schluß: »Diese Subalternen vom Schlage des Herrn Hans Sievers, denen Polizeimarke und Schußwaffe zu Kopfe gestiegen sind: von Beruf Lehrer, von Natur Leuteschinder: sie sind der Krebsschaden des öffentlichen Dienstes.« Einen Monat später war der »Filmwüterich« wieder Thema: Sievers hatte diesmal im Victoria-Theater in der Hammerbrookstraße Skandal gemacht; die Vorstellung mußte unterbrochen werden. Die Behörde wurde direkt angegriffen, weil sie dem befremdlichen Treiben des Lehrers nicht Einhalt gebot. Die Presse nahm sich den Mann vor: »Herr Sievers ist auch nicht unfehlbar. Herr Sievers hat

Nr. 10   10 Pfennig

Film-Journal

Hamburger Lichtspiel- und Theaterwoche
Erstes Hamburger Filmorgan für Publikum und Fachwelt

2. Jahrgang
Erscheint wöchentlich
Donnerstags

Verlag und Redaktion: Johanniswall 20 (Verlängerung v. Lange Mühren, nahe Döhl.)
Fernsprecher: Elbe 4528. Bank-Konto: Darmstädter- und National-Bank A.-G., Hamburg,
Rathausmarkt unter Heinrich J. Pinkpank. Druck: Hamburger 8 Uhr-Abendblatt,
Hamburg, Alter Steinweg 16. — Anzeigen-Annahme: Johanniswall 20

Hauptschriftleitung: Heinrich J. Pinkpank, für den redaktionellen Teil verantwortlich:
Martin Beheim-Schwarzbach, für den Anzeigenteil verantwortlich: Paul Schäffer,
alle drei in Hamburg. — Bezugspreis: vierteljährlich Mark 1.—, Einzelpreis 10 Pfennig,
Anzeigenpreis: Reklamezeile Mark 1.50, Kleinzeile im Anzeigenteil 30 Pfennig.

Donnerstag
5. März 1925

Wir brauchen „Meckerer!"

Das ewige Klagelied — Der Filmwüterich verursacht Skandal im Viktoria-Theater — Offener Brief an die Oberschulbehörde
Marcella Albani's großer Erfolg in Hamburg

Der fehlende Mann

Von Dr. Roland Schacht

An den europäischen Fürstenhöfen des fünfzehnten, sechzehnten und noch des siebzehnten Jahrhunderts bestand eine überaus anziehende und wohltätige Einrichtung: die Hofnarren. Das waren durchaus nicht immer nur Verwachsene oder Zwerge, Akrobaten oder Jongleure, sondern […] je nachdem der Fürst […]

hätte, das wären die Könige der Filmindustrie!

Wie oft haben wir nicht, Industrievertreter und Kritiker, zusammen in jenen […] dunklen gefängnispartien […]

schläge beim Schneiden. Es ist durchaus nicht immer ausgemacht, daß seine Anregungen befolgt werden. Das kränkt ihn nicht, so wenig wie er die Absicht hat […] und Rat […]

Marcella Albani in Hamburg
„Guillotine".
Elite- und Atlantic-Theater, Steindamm.

Wir haben diese wundervolle Künstlerin schon ein paar Male auf der Leinwand gesehen — nicht gerade oft, aber doch so, daß wir den lebhaften Wunsch nach einem Wiedersehen hatten. Und nun ist uns dieses Wiedersehen vergönnt, und in schönerer Form, als wir zu hoffen gewagt hatten. Marcella Albani selbst, an der Seite […]

Redakteur des »Film-Journals«: der Schriftsteller Martin Beheim-Schwarzbach

schon einmal vernehmlich nach Sprit gerochen.« Die Polizei mußte reagieren; als ihr Beauftragter war Sievers untragbar geworden, er mußte den Ausweis abgeben. Trotzdem konnte er es nicht lassen, Hilfssheriff zu spielen. Zwei Jahre später wurde Sievers wegen »betrügerischer Ausnutzung seines Beamtenkredits« zu Gefängnis verurteilt. Anlaß für das »Film-Journal«, mit Unschuldsmiene zu beklagen, »daß man einem anständigen Gewerbe Leute auf den Hals schickt, die nicht stubenrein sind«.

Offiziell fand in Hamburg nur eine Zensur unter dem Aspekt Jugendgefährdung statt, doch die Politische Polizei legte z.B. eine spezielle Akte »Spionage-Film« an. 1913 hatte das Genre Konjunktur. Beschränken wir uns auf einen Fall: *Der Feind im Land* mit Henny Porten in der Hauptrolle, Untertitel: »Erinnerungen aus den Kriegsjahren 1870 und 1871«. Obenauf ein Zeitungsausschnitt. Der »Hamburgische Correspondent« wurde deutlich: »Die Wiedergabe dieses französisch-chauvinistischen Dramas sollte in deutschen Kinos verboten sein, ist auch, wie wir hören, hier in Hamburg verboten worden.« Da waren die Herren Redakteure falsch informiert – oder wollten sie der Behörde einen Wink geben? In den nächsten Tagen schob man mehrere Artikel nach, berichtete etwa aus Lübeck, daß 80 Schüler die Vorstellung durch Pfiffe und Absingen des Deutschlandliedes gestört hatten.

»Nun erfahren wir aber, daß derselbe Film, der deutsche Truppen als ›Feind im Land‹ verunglimpft, auch in einem Lichtspiel-Theater in Hamburg vorgeführt wird«, entsetzten sich die »Hamburger Nachrichten« und empfahlen dem Kinounternehmer, den Film schleunigst wieder abzusetzen. »Die Verunglimpfung unserer siegreichen deutschen Krieger durch französische Weinerlichkeit ist denn doch eine schwere Verletzung unseres Nationalgefühls, und die Hamburger werden, sofern sie jenes Lichtspiel-Theater besuchen, sich solche Darbietungen ebenso wenig gefallen lassen wie die Lübecker Jugend.«

Die Stimmungsmache blieb nicht ohne Wirkung – bei der Polizei trafen anonyme Anzeigen ein. »Auf diesem Film wird die deutsche Armee verhöhnt und in gemeinster Weise beleidigt. Wir bitten Sie, die Aufführung zu verbieten, wie im übrigen Deutschland geschehen. Wo bleibt die Censur – oder ist hier keine? Mehrere Patrioten.« (Bei anonymen Anzeigen wurde immer der Briefumschlag mit zu den Akten gelegt; nur die Briefmarken hat ein Sammler säuberlich abgetrennt.) Das geforderte Verbot erfolgte nicht. Nun wurde »die Auflehnung nationaler Kreise gegen das Machwerk« organisiert: Freitagabend im Scala-Theater, Grindelallee 116, lautete die Parole. Die Aktion war ein Schlag ins Wasser, wie ein Leserbriefschreiber bekannte: »Der

Besitzer hatte vorher von unserer Absicht erfahren und zwei Schutzleute hereingeholt, hatte auch den Saal mit typischen Grindelianern vollgestopft, die uns entgegentraten.« Die Rechtspresse konnte schreiben: Polizei schützt Aufführung deutschfeindlicher Kinodramen. Doch am Dienstag darauf lief der Film im Apollo- und im Tivoli-Theater an: Henny Porten war den Hamburgern wichtiger als das Vaterland, mach was dagegen.

Ein Jahr später war Krieg. Hamburgs Kinos gerieten unter Altonaer Kommando: Generalleutnant von Kries übernahm die militärische Kontrolle der Lichtspielaufführungen. Per Befehl verbannte er »die banalen und realistischen Schauerromane und Rührstücke, den wässerigen Kitsch und die albernen Schmarren« aus den Kinos; stattdessen sollten »vaterländische und sonstige gediegene Bilder ernsten und heiteren Charakters die Vaterlandsliebe und die guten Sitten« erhalten und fördern. Ausländische Filme wurden bei den Verleihern beschlagnahmt; am Niveau der einheimischen Produktion änderte sich nicht allzu viel. Der Kinobesuch nahm sogar noch zu, die Zahl der Filmtheater stieg weiter an. Und der Ausschuß der Lehrer bewertete jetzt Filme wie *Des deutschen Heeres Entstehung von der Germanenzeit bis zur Gegenwart* als ganz besonders geeignet für Kindervorstellungen.

Nach dem Reichslichtspielgesetz von 1920 oblag die Zensur der Berliner Filmprüfstelle; der Ortspolizei blieb nur noch die Aufgabe, die Zensurkarten abzuheften und auf die Einhaltung der Verbote zu achten. Regional zum Einsatz kommende Kulturfilme waren zu begutachten, auch konnte man Anträge auf Nachzensur in Berlin stellen. Das eigentliche Betätigungsfeld der Hamburger Zensoren war die Kino-Reklame.

Arthur Graf hatte für seine Kammer Licht-Spiele – modernes Luxus-Kino, 700 Plätze, Grindelallee 6 – einen amerikanischen Reißer ins Programm genommen: *Wo die Lampen düster brennen*. Auf dem Plakat schilderte er das Werk in Stichworten: »Ein Blick hinter die geschlossenen Türen Chinas. Frauen werden als Tee in Kisten importiert. In den Opiumhöhlen San Franciscos. Frauen und Mädchen werden meistbietend verauktioniert. Das Haupt der Würger. 6 sensationelle Akte.« Damit kam er bei der Polizei nicht durch, also ließ er drucken: »Unser Plakat über den jetzigen Spielplan wurde von der Polizei nicht zensiert. Näheres in der Tageszeitung!« Schon am nächsten Tag erhielt er Post. Oberregierungsrat Kähne belehrte ihn: »Diese Reklame

Aus den Polizeiakten 1929. Diesmal bot die Vorstellung keinen Anlaß zu Beanstandungen.

bedarf nach § 5 des Lichtspielgesetzes vom 12. Mai 1920 der Genehmigung der Polizeibehörde. Da diese Genehmigung nicht erteilt ist, haben Sie sich gemäß § 19 a.a.O. strafbar gemacht. Außerdem verstößt das Plakat gegen die öffentliche Ordnung. Es wird daher angeordnet, daß Sie sämtliche Exemplare dieses Plakates unverzüglich, spätestens bis Dienstag, den 27. November 1923, morgens 8 Uhr, wieder entfernen. Falls Sie dieser Anordnung nicht nachkommen, wird für jedes Plakat, das entgegen dieser Anordnung zu der angegebenen Zeit noch an Ihren Geschäftsräumen oder an den Anschlagsäulen angebracht ist, eine Geldstrafe bis zum Betrage von 500 Goldmark gegen Sie festgesetzt werden.«

Nein, spaßen ließen die Herren nicht mit sich. Die Polizei hatte den Kinobesitzer nun auf dem Kieker. Er wollte das Plakat zu *Königin Karoline von England* aushängen, doch wiederum verweigerte man ihm den Zensurstempel. Die Gründe für die Ablehnung wurden nicht mitgeteilt. (Wir wissen mehr als der Betroffene: Auf dem Plakat in der Polizeiakte sind die Worte »Sittenskandal«, »Ehe mit dem Skandalprinzen« und »Mätressenwirtschaft« rot unterstrichen.) Graf gab nicht klein bei: Er setzte ein gepfeffertes Protestschreiben auf und drohte mit gerichtlicher Klärung. Und tatsächlich – der Kinobesitzer verklagte bei nächster Gelegenheit die Behörde. Diesmal ging es um den Film *Ausgerechnet Wolkenkratzer*. Wieder hatte er sich als Werbetexter betätigt: »Lachstürme! Schreien! Brüllen! Jubeln! Trampeln! Kreischen!« Dann hatte er noch eine Reklamepostkarte drucken lassen mit dem Bild, wo Harold Lloyd an dem Zeiger der Fassadenuhr hoch über New York hängt, und dazu gedichtet: »Die Haare stehen Ihnen buchstäblich zu Berge! Nervenschwachen wird von der Besichtigung abgeraten!« Plakattext und Postkarte, so meinten die Zensoren im Prozeß, ließen eine »Überreizung der Phantasie« bei Jugendlichen befürchten. Am 2. Juni 1924 verkündete das Verwaltungsgericht Hamburg das Urteil: Die Beanstandungen der Zensurbehörde sind unberechtigt. Die Kosten des Verfahrens hat die verklagte Polizeibehörde zu tragen.

Blättern wir die Akten rasch durch. Antrag auf Freigabe des FKK-Streifens *Frohe Menschen in Luft und Sonne*, gedreht in einem Volksdorfer Privatpark – abgelehnt. Filmwerkstatt Jam Borgstädt, Kurzfilm *Bilder vom Verkehrsstreik in Hamburg* – genehmigt. Edlow Film, Kurzfilm *Einweihung des Polizeistadions in Groß-Borstel* – keine Einwände, immerhin hatten die Polizeisportler den HSV mit 1:0 abserviert. Delikater dagegen *Der Kriminalfall in Hannover*, hergestellt vom Filmhaus Krüger & Co. in den Großen Bleichen: Der Dokumentarstreifen über den Massenmörder Haarmann wurde erst erlaubt und dann verboten; die Inhaltsangabe (»Abfischen der Leine nach Knochenresten«) läßt allerdings Gruseliges erwarten. Viel Aufregung gab es um einen Werbefilm der Wurstfabrik Karl Schrader, wo ein Knackwurst essender Polizist in Uniform gezeigt wurde; leider gab es, nachdem der Film in Berlin die Zensur passiert hatte, keine rechtliche Handhabe gegen diese Unterhöhlung staatlicher Autorität.

Der Deutsche Fleischerverband wandte sich mit Schreiben vom 18. August 1925 an den Senat: »Seit einiger Zeit läuft in Berlin ein Film betitelt *Die freudlose Gasse*, welcher als ein direkter Hetzfilm gegen das Fleischergewerbe bezeichnet werden muß ...« Werner Krauß spielte in G.W. Pabsts Meisterwerk einen Wiener Metzger, der die Not der Inflationszeit ausnutzt und gegen ein Stück Fleisch sich Liebesdienste erpreßt. Der Film (mit Asta Nielsen und Greta Garbo) war übrigens seit einer Woche in der Schauburg Mönckebergstraße sowie im Waterloo-Theater zu sehen und hatte hervorragende Kritiken erhalten. Doch die Schlachter fürchteten um ihren Ruf und forderten den Senat auf, bei der Berliner Filmprüfstelle einen Antrag auf Widerruf der Zulassung zu stellen. Die Angelegenheit beschäftigte die höchsten Gremien der Stadt, schließlich fand man, nachzulesen in den Senatsprotokollen vom 4. September, eine Kompromißformel: Die Forderung nach Verbot ginge zu weit, aber den Berlinern könne man empfehlen, eine Szene im 2. Akt zwischen Titel 10 und 11 herauszuschneiden.

Weniger Verständnis hatte die Polizei, als die Kommunisten gegen die »Verhöhnung Sowjetrußlands« durch den Film *Der Todesreigen in Rußland* 1922 protestierten. Das antibolschewistische Schauerdrama wurde in der »Hamburger Volkszeitung« aufgespießt; der Artikel schloß: »Das Stück wird vom 8. bis 10. August im St. Georg-Theater aufgeführt. Arbeiter, merkt euch das.« Am nächsten Abend, kurz nach acht, standen rund 500 Demonstranten vor dem Kino in der Langen Reihe und verlangten Absetzung. Eine Kommission wurde gebildet, die mit dem Geschäftsführer verhandelte. Die telefonisch herbeigerufenen Schutzleute zogen ihre Gummiknüppel und prügelten auf die Menge ein. Vier Verhaftungen wegen Aufruhrs und Nötigung wurden vorgenommen. Darunter war auch der Redakteur der »Volkszeitung«. Seinen Artikel wertete das Gericht als Aufruf zum Landfriedensbruch: Vier Monate Gefängnis.

Protest vom Deutschen Fleischerverband: »Die freudlose Gasse« von G.W. Pabst, 1925

Gegen Ende der Weimarer Republik verschärften sich die politischen Auseinandersetzungen. Hamburg war jedoch nur ein Nebenschauplatz zu den Kämpfen in der Hauptstadt. In Berlin sprengten die Nazis – u.a. durch Aussetzen weißer Mäuse im Kino – die Vorstellungen von *Im Westen nichts Neues*; prompt wurde mit dem Argument, Ruhe und Ordnung seien nicht zu gewährleisten, der Film verboten. In der nächsten Woche, am 17. Dezember 1930, stellte die SPD-Jugendorganisation von Hamm, Horn und Borgfelde eine Protestkundgebung auf die Beine; in der Turnhalle am Ausschläger Weg sprach u.a. Schulrat Kurt Zeidler. Wer den – keineswegs tendenziösen, sondern den Krieg realistisch schildernden – Film sehen wollte, mußte ins Ausland reisen. In Hamburg fand man einen anderen Weg, um das Verbot zu unterlaufen: § 2 des Lichtspielgesetzes erlaubte die Vorführung für »be-

stimmte Personenkreise«, und so lief die Remarque-Verfilmung im Juni/Juli 1931 als geschlossene Veranstaltung im Emelka-Palast sowie in den Schauburgen Barmbek und Uhlenhorst. Die Mitglieder des Allgemeinen Deutschen Gewerkschaftsbundes, des Reichsbanners, des Arbeitersportkartells, der Volksbühne und diverser anderer Organisationen konnten gegen Vorlage ihrer Mitgliedskarte das inkriminierte Werk sehen: Der Kinobesuch wurde zur Demonstration gegen die Filmprüfstelle, die dem braunen Mob nachgegeben hatte.

Die Polizei hatte in jeder Versammlung ihre Spitzel und war über alles bestens informiert. Nicht in der Landesbildstelle oder im Hans-Bredow-Institut, nein, in den Polizeiakten findet man die umfangreichste und ergiebigste Ausschnittsammlung zum Thema Film. 1927 sorgte eine Meldung aus dem fernen Odessa für publizistische Kontroversen. In der Ukraine hatte man aus Larissa Reisners Reportage *Hamburg auf den Barrikaden* ein Drehbuch

Kinos in Hamburg 1913

Alster-Lichtspiele, Große Bleichen 36
Alster-Theater, Alsterdorfer Straße 84
Alte Blumenburg, Hoheluftchaussee 117
American Kino, Reeperbahn 159
Apollo-Theater, Süderstraße 56
Astra-Theater, Müggenkampstraße 4
Atlantic-Theater, Steindamm 22
Bach-Theater, Bachstraße 72
Bahnhof-Theater, Kirchenallee
  Bieberhaus
Balkes Lichtspiele, Hamburger
  Straße 170
Barkhof-Theater, Mönckebergstraße 8
Barmbeker Lichtspielhaus, Steilshooper
  Straße 11
Barmbeker Reform-Lichtspieltheater,
  Von-Essen-Straße 103
Blumenburg, Hoheluftchaussee 97
Burg-Theater, Hamburger Straße 21
Casino-Theater, Borstelmannsweg 156
Central-Theater, Eimsbütteler
  Chaussee 63
Central-Theater, Wandsbeker
  Chaussee 162
Colosseum, Süderstraße 81
Elite-Theater, Steindamm 32
Elysium, Gärtnerstraße 92
Eppendorfer Lichtspiele, Lehmweg 41
Germania-Theater, Billhorner Röhren-
  damm 83
Gewerkschaftshaus, Besenbinderhof 56
Hafen-Kino, Schaarsteinweg 18
Hammer-Lichtspiele, Mittelstraße 17
Hammonia-Theater, Alter Steinweg 73
Hansa-Lichtspiele, Grevenweg 131
Hansa-Lichtspiele, Steindamm 51
Hansa-Lichtspiele, Wandsbeker
  Chaussee 68
Hansa-Lichtspielhaus, Dehnhaide 3
Harvestehuder Lichtspiele, Eppendorfer
  Baum 35
Kaiser-Kino, Fuhlsbüttler Straße 118
Kammer-Lichtspiele, Grindelallee 6
Kino-Palast, Billhorner Röhrendamm 168
Knopf's Lichtspiele, Spielbudenplatz 19
Lessing-Theater, Gänsemarkt 41
Luisen-Theater, Weidestraße 148/50
Millerntor-Theater, Millerntorplatz 1
Mühlenkamp-Theater, Mühlenkamp 30
Neues Reichs-Theater, Neuer
  Steinweg 70
Neues Theater, Wandsbeker Chaussee 1
Palast-Theater, Hamburger Straße 5
Park-Theater, Eidelstedter Weg 9
Passage-Lichtspiele, Mönckeberg-
  straße 17
Reform-Kino, Wexstraße 5
Reichshalle, Spielbudenplatz 20
Reichs-Theater, Fruchtallee 136
Reichskino, Mittelstraße 75

Royal-Theater, Eppendorfer Weg 25
Scala-Theater, Grindelallee 116
St. Georg-Theater, Lange Reihe 29
Tivoli-Theater, Billhorner Röhrendamm
  121
Tivoli-Theater, Eiffestraße 584
Tivoli-Theater, Spielbudenplatz 27
Traum-Theater, Hamburger Straße 181
Uhlenhorster Lichtspiele, Winterhuder
  Weg 106
Union-Theater, Eppendorfer Landstraße
  26
Union-Theater, Spielbudenplatz 8
Universum, Spielbudenplatz 21
Urania-Theater, Heussweg 30
Victoria-Lichtspiele, Lockstedter Weg 41
Viktoria-Theater, Hammerbrookstraße 76
Waterloo-Theater, Dammtorstraße 14

Böckmann, Heinrich, Spielbudenplatz 21
Göhrendt, Albert, Billhorner Röhrendamm
  102
Heinsen, August, Niedernstraße 4
Meyer, Georg, Steindamm 7
Muss, Heinrich, Steindamm 77
Muss, Heinrich, Wexstraße 23
Widderich, Julius, Steindamm 9

(Quelle: Akten der Gewerbepolizei)

gemacht und die revolutionären Ereignisse vom Oktober 1923 zu einem Film verarbeitet. Angeblich wurde sogar das Rathaus im Studio nachgebaut, und deutsche Kommunisten, die an der Odessaer Parteihochschule studierten, wirkten in den Massenszenen mit. Für das »Hamburger Fremdenblatt« zeichnete der Streifen ein »hetzerisches Zerrbild«, die »Volkszeitung« dagegen war von dem »neuen großartigen Russenfilm« begeistert – nur gesehen hatte ihn keiner, und er wurde auch nie in Hamburg gezeigt.

Ein anderer sowjetischer Film, der die revolutionären Ereignisse in Odessa 1905 zum Thema hatte, lief trotz massiver Behinderungen jahrelang in der Hansestadt. Die Reaktion startete eine regelrechte Kampagne, was dem Erfolg keinen Abbruch tat. Der »Hamburgische Correspondent« brachte 1928 eine Glosse: »Der Schauburg am Millerntor blieb es vorbehalten, die wirksamste Methode zu entdecken, um die gefährliche Demagogie des Sowjetfilms *Panzerkreuzer Potemkin* zu paralysieren. Was keiner Zensur der Filmprüfstelle gelang, das Kino löste das Problem mit einem Schlage und sehr wirksam: Es stellte einfach in der gestrigen ersten Vorstellung einen neuen Rekord in der Vorführungszeit auf.« Man habe den ganzen Film in weniger als einer dreiviertel Stunde über die Leinwand gejagt – ein Beamter der Gewerbepolizei vermerkte handschriftlich am Rand: »Stimmt« – und die bolschewistische Tendenz sei fortgezaubert gewesen.

Nach außen trat die Polizei lediglich als Ordnungsmacht in Erscheinung. Durch eine Vielzahl von bürokratischen Regelungen hatte sie sich ein Instrumentarium geschaffen, das ihr Kontrolle und Einflußnahme sicherte. Sollte auf einer politischen Kundgebung auch ein Film gezeigt werden, so bedurfte dies einer besonderen Genehmigung. Es gab eine Art Sperrstunde für Filmveranstaltungen; sogenannte Nachtaufführungen nach 23 Uhr wurden nur auf Antrag und dann höchst selten gestattet. Fragte deshalb z.B. der Volksverband für Filmkunst bei der Gewerbepolizei an, wurde sofort die Staatspolizei informiert und ein Dossier angelegt. (Kriminaloberskretär Lüthje vermerkte als neuesten Erkenntnisstand in der Akte: »Auch die Kommunistin, früher Mitglied der Hamburger Bürgerschaft, Edith Hommes hat ihren Beitritt erklärt, deren Name aber nicht mit veröffentlicht worden ist.«) Sonntags von 10 Uhr bis halb 12, während der Zeit des Gottesdienstes, waren Filmvorführungen prinzipiell verboten. In der Vorweihnachtszeit 1933 bat die

Fester Programmpunkt bei Agitprop-Veranstaltungen: die Aufführung von »Russenfilmen«

NSDAP Kreis Harvestehude, um eine Ausnahmegenehmigung. Staatsrat Dr. Becker, Verbindungsreferent in der Gauleitung, leistete dem Parteifreund Schützenhilfe. Doch der zuständige Polizeibeamte berief sich auf die Vorschrift: Die Nazi-Veranstaltung wurde nicht erlaubt.

Der ungezeichnete Artikel »Der Ritter von St. Georg« erschien in: »Erste Internationale Kinematographen-Zeitung«, Heft 9, 22.4.1908. – Über den Fall Hans Sievers vgl. »Film-Kurier«, 1925, Heft 33, und »Film-Journal«, 5.2.1925, 5.3.1925 und 16.9.1927. – Die zitierten Zeitungsartikel zu »Der Feind im Land« standen im »Hamburgischen Correspondent«, 23.9.1913, und in den »Hamburger Nachrichten«, 1.10.1913; der Leserbrief ebd., 12.10.1913. – Über die Demonstration gegen »Der Todesreigen in Rußland« berichteten die »Hamburger Nachrichten« unter der Überschrift »Krawall in einem Kino« am 10.8.1922; Prozeßberichte ebd., 22.4.1923, und in der »Hamburger Volkszeitung«, 23.4.1923. – Einen ausführlichen Bericht von der Protestversammlung gegen das Verbot von »Im Westen nichts Neues« im »Hamburger Echo«, 18.12.1930. – Meldungen über den sowjetischen Film »Hamburg« im »Hamburgischen Correspondent«, 20.7.1927, und in der »Hamburger Volkszeitung«, 26.7.1927; das »Hamburger Fremdenblatt« veröffentlichte am 15.9.1927 einen Korrespondentenbericht aus Moskau: »Vom russisch-revolutionären Standpunkt aus betrachtet, mag der Versuch als gelungen gelten: der Film macht revolutionäre Stimmung.«

Emil Jannings im Glashaus

*Hamburgs einzige Produktionsstätte
in den zwanziger Jahren:
Die Vera-Filmwerke*

*Ein Banker mischt mit. Ein Apache
auf der Alsterkrugchaussee erregt
mehr Aufsehen als ein Harakiri bei
Hagenbeck. Das Geheimnis der drei
Kreuze wird zum Schluß gelüftet,
Mimi besiegt einen berühmten Ringer,
aber nur die Reklame überlebt.*

*Emil Jannings spielt den Apachenluden in »Columbine«,
am Boden Margarete Lanner.*

In Hamburg wurde kürzlich das erste große Film-fabrikations-Unternehmen gegründet. Die Firma nennt sich Vera-Filmwerke GmbH und macht sich zur Aufgabe, wirklich gute, künstlerisch völlig einwandfreie Werke herauszubringen«, meldete 1919 das Branchenblatt »Der Film«. Für Montag, den 30. Juni, hatte die Direktion Pressevertreter zu einer Besichtigung des Ateliers in der Alsterkrug-chaussee 192-202 geladen. Die Gäste waren beeindruckt.

»Die Vera hat ihr eigenes Lichtwerk, das alles: Atelier, Bureaux, technische Räume etc., speist und ganz unabhängig von den städtischen Werken ist, und eine eigene Kopier- und Trockenanstalt. Das ganze Unternehmen liegt in einem prachtvollen Park, der direkt am Wasser liegt. Herrliche Garten-Partien für die mannigfaltigsten Aufnahmen sind vorhanden, und verschiedene Boote, wie ein Kanu, ein Punt, ein Paddelboot und ein Ruderboot, laden zur Fahrt ins Filmland ein. Das Atelier selbst ein nicht allzu großes Glashaus, aber dafür technisch einwandfrei! Eine riesige Versenkung, die im Bedarfsfalle als Schwimmbassin gefüllt werden kann, und eine Unzahl Jupiter-Atelier-Lampen. Neben dem Glashaus befinden sich die Garderoben für die Solisten und die Komparserie, die jedoch noch nicht ganz fertiggestellt sind.«

Als die Filmerei dann losging, blieben die Fachleute nicht lange unter sich. »Vom frühen Morgen an pilgerte alt und jung zu der an der Alsterkrug-chaussee gelegenen Fabrik der Vera-Filmwerke hinaus, um dem interessanten Schauspiel eines Automobilrennens beizuwohnen.« Dem Hilfsregisseur gelang es nur mit Mühe, die Chaussee freizuhalten, denn gleich sollten hier gemäß Skript die rasenden Rennautos vorbeischießen. »Kaum war das Ereignis gedreht, als das Publikum wie wild auf das Gitter zustürzte, das die parkartigen Anlagen der Fabrik umgibt. Hier gab es vorläufig nichts zu sehen als auf einem blumengedeckten Tisch funkelnde Ehrenpreise, hübsche Korbmöbel, ein Fräulein, das im Schweiße seines Angesichts Kissen heranschleppte, und den Hilfsregisseur, der sich im Hintergrund zwischen rotleuchtenden Johannisbeerbüschen die Kraft zu weiterer Arbeit sammelte und damit ein sehr saures Lächeln auf die Gesichter am Gitter zauberte. Dann erschien eine elegante Gesellschaft von Damen und Herren, allen voran die erklärten Lieblinge der Hamburger, die entzückende Lotte Klinder, der diesmal stark melancholisch angehauchte Artur Schröder vom Thalia Theater und die stets zu schlagfertigen Bemerkungen aufgelegte Gertrud Arnold vom Schauspielhaus. Und nun durfte die staunende Menge das Schauspiel der Preisverteilung miterleben. ›Der Weg hat sich doch gelohnt‹, erklärte eine dicke Hamburgerin, ›wenn man nu bloß wüßte, wo man die Filmerei lernen kann!‹«

Das Atelier der Vera-Filmwerke in der Alsterkrugchaussee

In Berliner Filmkreisen wurde die Hamburger Konkurrenz spöttisch belächelt. Man wußte ja: In der Hansestadt herrschte halt kein Filmklima, alle groß angekündigten Projekte waren nach kurzer Zeit geplatzt. Als die Vera-Filmwerke aber mit einem Stammkapital von einer Million ins Handelsregister eingetragen wurden, als die Firma gar – gegen ein jährliches Fixum von 70.000 Mark – den Regisseur Paul Otto vom Berliner Theater in der Königgrätzer Straße wegengagierte, da horchte die Branche auf. »Schrankenlose Großzügigkeit und eine fachmännische erstklassige Oberleitung« attestierte der »Film-Kurier« dem jungen Unternehmen, das sein Büro direkt in der Innenstadt (Trostbrücke 1) hatte und in Berlin eine Exportfiliale (Friedrichstraße 247) eröffnete. Hinter der Produktionsfirma stand nicht, wie man an der Spree munkelte, ein reicher Reeder, sondern ein Bankier: Willi Sick, Inhaber der Nordischen Bank- und Handelskommandite Sick & Co. Im Februar 1921 wurde das Grundkapital verdoppelt auf zwei Millionen und die GmbH in eine AG verwandelt. Die Aktien waren auf 1.000 Mark ausgestellt, die Ausgabe erfolgte – gegen Bareinzahlung – zum Kurs von 110 %. Sick brachte die Geschäftsanteile der bisherigen GmbH ein und erhielt dafür 996 als voll bezahlt geltende Aktien. (Die finanz- und steuertechnischen Tricks – die alte Vera wurde umbenannt in Alster Film mit dem einzigen Zweck, diese Gesellschaft allmählich abzubauen – sollen hier nicht ausgebreitet werden. Versichert sei: der Bankier verstand sich auf solche Transaktionen.) Schon einen Monat später las man in den Wirtschaftsnachrichten, das Kapital werde nochmals erhöht auf drei Millionen.

Opus No. 1 hieß *Der Tod und die Liebe*. Um die reichlich verworrene Handlung nachzuerzählen, benötigte das Programmheft volle fünf Seiten: Prinz Tantara kommt nach Deutschland, um den Tod seiner Schwester zu rächen. Er glaubt, der Handelsbevollmächtigte Horst Enking habe sie ermordet, raubt dessen Braut Ellinor und entführt sie nach Hamar. Am Ende kann das wieder vereinigte Brautpaar fliehen, und der Fürst begeht Harakiri. Ein »Drama aus zwei Welten« also, wobei der indische Teil in Stellingen bei Hagenbeck gedreht wurde. Die Illusion gelang nicht so recht: »Die gemalten Berge, die man durch das Fenster des Fremdenhauses (nicht Freudenhauses!) sieht, wirken allerdings ebenso belustigend wie die hamburgischen Physiognomien vieler Inder«, meinte der »Film-Kurier« nach der Pressevorführung im Lessing-Theater. Den jungen Prin-

»Künstler!aunen«, eine Produktion der Vera-Filmwerke aus dem Jahr 1920

zen, die Hauptrolle, spielte der Regisseur selbst; die anderen Darsteller kamen von den Hamburger Bühnen und waren, wie die Kritik anmerkte, offensichtlich »Neulinge vor der Linse«. Der Gesamteindruck: Durchschnitt. Die Fachpresse hatte allerlei Verbesserungsvorschläge parat, stellte gnadenlos Anfängerfehler heraus. Zum Beispiel die Formulierung der Zwischentitel: »Im Bemühen, der Logik zu ihrem Rechte zu verhelfen, verfiel man in den Fehler zu vieler Titel, von denen einige sehr wenig geschickt abgefaßt waren und wie eine Konjugation des Satzes: Ich bin ein Kind des Todes! anmuteten. Alle Augenblicke war ich, du oder er ein Kind des Todes.« Die Berliner Premiere fand Anfang Oktober 1919 im Tauentzienpalast statt. »Der Hamburger wird gewiß den etwas ausgedehnten Alsterrundfahrten und Hafenbesichtigungen mit lokalpatriotischer Begeisterung folgen«, räumte das Branchenorgan »Der Film« ein, fand aber auch sonst ziemliche Längen und empfahl, ein Drittel zu streichen: »Vier Akte hätten genügt.«

Im selben Jahr produzierte die Vera noch drei Filme: *Erdgift*, *Brutal* (Jugendverbot) und das Weihnachtsspiel *Kinderherzen*. Es gab Hausregisseure und Hausdichter; bald bildete sich eine Art Ensemble heraus. Die weibliche Hauptrolle hatte Margarete Lanner gepachtet. Häufig wirkte Ralph Arthur Roberts vom Thalia Theater mit; auch Erich Ziegel, Intendant der Hamburger Kammerspiele, trat vor die Filmkamera. 1920 entschloß man sich, nicht allein auf die einheimischen Theaterleute zu bauen, sondern holte sich Berliner Stars dazu: Für *Der Staatsanwalt* wurde Werner Krauß engagiert, für

»Das blonde Verhängnis« rief die Feuerwehr auf den Plan – blinder Alarm.

Liebestaumel Conrad Veidt (Außenaufnahmen am Poppenbüttler Markt). Im Juli dann gab es die Sensation: Emil Jannings kam in die Alsterkrugchaussee, um in *Columbine* den Apachenluden zu spielen.

30 Jahre später erinnerte sich Lissy Reincke: »Ich war damals Dramaturgin bei der Vera und hatte energisch, aber leider vergeblich gegen das schaurige Manuskript, das schlimmste Hintertreppe war, protestiert.« Es geht um Liebe, Laster, Leidenschaft: Die Hure Nedda lebt mit Carlo zusammen, sie ist sein Lockvogel. Er will den Schauspieler Henry Benard ausrauben, doch Nedda warnt das Opfer; zum Dank bringt dieser sie an die Bühne. Sie wird ein gefeierter Theaterstar und verliebt sich in den reichen Amerikaner Croft. Carlo, inzwischen aus dem Gefängnis entlassen, stachelt Henrys Eifersucht an... Das Drehbuch hatte der Holländer Jaap Speyer verfaßt; Regie führte Martin Hartwig. Bei der Vorbesprechung erklärte Jannings: Er werde – und bitte schon jetzt um Entschuldigung – in einer Szene Fräulein Lanner eine kräftige Ohrfeige geben. »Während Speyer frohlockte: ›Bravo, Jannings! Du kannst gar nicht brutal genug sein!‹ fragte die Lanner ganz entsetzt: ›Um Gottes willen, wann denn? Ich muß mich doch darauf einstellen!‹ Aber Jan-

nings lehnte die Bekanntgabe des Termins mit der größten Liebenswürdigkeit ab. Er verhalf der Lanner und damit dem ganzen Film zu einer Echtheit, die viel von dem grauslichen Manuskript wiedergutmachte. In jeder Szene, in der die Lanner mit Jannings spielte, lauerte die Angst vor der Ohrfeige in ihren Augen. Besser konnte die Abhängigkeit der Kreatur von ihrem Zuhälter gar nicht zum Ausdruck gebracht werden.«

Übrigens entging sie der Ohrfeige: Als Jannings am letzten Drehtag heftig ausholte, duckte sie sich schnell weg. Die allerletzte Einstellung galt der »Privataufnahme«. Wie damals üblich, erschienen im Vorspann statt der Angabe des Hauptdarstellers zunächst drei Kreuze, und erst am Schluß, nachdem die Namen aller Beteiligten genannt waren, kamen die drei Kreuze noch einmal, und das Geheimnis wurde gelüftet. Es folgte die Aufnahme: Jannings privat, im Anzug, freundlich lächelnd, und dann die Überblendung auf ihn in der Maske: Verwandlung in den Miesling Carlo, der frech und unverschämt grinste.

Die Aktionäre konnten mit dem Geschäftsjahr zufrieden sein: 12% Dividende wurden gezahlt, der Ausbau des Ateliers und eine weitere Kapitalerhöhung beschlossen. Die Jahresproduktion lag bei

Bei »Jimmy Ein Schicksal zwischen Mensch und Tier« unterlag der Meisterringer Fred Marcussen dem Bären.

zehn Spielfilmen; die Bandbreite reichte von *Der Mohr, die Liese und das Affenhaus* bis zu *Strandgut der Liebe* (neun Meter mußten auf Verlangen der Zensur herausgeschnitten werden).

Die Filmleute sorgten dafür, daß die Zeitungen ständig etwas zu berichten hatten. Großer Circusbrand in Stellingen, meldete die Lokalpresse Anfang Oktober 1921. Der genarrte Leser erfuhr erst im letzten Absatz: »Das Ganze wurde von den Vera-Filmwerken für ihren Circusfilm *Das blonde Verhängnis* gekurbelt; Jaap Speyer führte die Regie. Daher kam es auch, daß die Feuerwehr, die hilfsbereit herbeieilte, sehr energisch daran gehindert wurde, gegen den Brand vorzugehen.« Zwei Wochen später die Notiz: »Graf Luckner als Filmschauspieler«. Der Seeheld des 1. Weltkriegs hatte eine Rolle in *Mabel und ihre Freier* übernommen. Diesmal führte eine Frau Regie: Eva Christa, die Hauptdarstellerin.

Bei der Dreharbeiten zu *Jimmy. Ein Schicksal von Mensch und Tier* kam es zu einem Unglück. Weltmeisterschaftsringer Fred Marcussen sollte mit dem sibirischen Braunbären Mimi kämpfen. »Als ein Teil dieses Kampfes gefilmt wurde und Mar-

cussen eine hohe Strickleiter emporkletterte, wurde er schon auf halber Höhe von dem ausgehungerten Bären eingeholt und heruntergezerrt, nachdem sich zuvor ein furchtbarer Kampf in der Höhe abgespielt hatte. Auf dem Erdboden angelangt, entspann sich ein förmlicher Ringkampf auf Leben und Tod. Durch die furchtbare Anstrengung des Kampfes und die gewaltige Umklammerung des starken Tieres unterlag Marcussen, der durch einen Blutsturz ohnmächtig geworden war. Endlich gelang es der Dompteuse, den Bären am Nasenring zu fassen, als er sich bei schnell hingestreutem Futter gütlich tun wollte.« Diesmal ging die Publicity nach hinten los – die Presse kommentierte, daß »Sensationen, die mit der Körperschädigung der Mitwirkenden erkauft werden, nicht Aufgabe des Films und schon gar nicht einer Filmkunst sind« –, und die Vera-Direktion dementierte sofort: Der Bär sei keineswegs ausgehungert gewesen. Der sensationelle Streifen war jedenfalls ein Kassenknüller und, wenn man den Anzeigen glauben darf, ein Exportschlager: Angeblich wurde er sogar nach Kuba, Japan und Britisch-Indien verkauft.

Die Bilanz, vorgelegt auf der Generalversammlung am 29. April 1922, wies u.a. folgende Posten auf: Grundstück und Atelier 514.346 Mark (dage-

Emil Jannings im Glashaus

gen Hypothekenschulden in Höhe von 354.000 Mark), Steuerrückstellung 350.317 Mark, Tantieme an den Aufsichtsrat 74.847 Mark. Die Manuskripte wurden mit einer Mark bewertet. Wichtigster Punkt auf der Tagesordnung war das Thema Investitionen, denn »nur qualitativ hochwertige Filme können auf Verkauf ins Ausland rechnen«. Das Zauberwort hieß »Großfilme«, und gleich zwei gingen in Produktion: *Don Juan* (mit Hans Adalbert von Schlettow) und *Die Schuhe einer schönen Frau* (mit Käthe Haak, Hans Brausewetter und Rudolf Forster). Der Reingewinn im abgelaufenen Geschäftsjahr belief sich auf knapp 1,2 Millionen. Wobei zu berücksichtigen ist: Die rapide Geldentwertung hatte bereits eingesetzt, die Kapitalerhöhung auf neun Millionen besagte nicht allzu viel. Ein Jahr später, die Inflation hatte sich beschleunigt, betrug das Stammkapital 18 Millionen, und 30 % Dividende kamen zur Ausschüttung.

Eine besondere Spezialität der Vera waren die Singspiele. Obwohl der Tonfilm noch in weiter Ferne war, sangen die Schauspieler bei den Aufnahmen. Der Kapellmeister wurde mit aufgenommen und erschien rechts unten im Filmbild: An ihm orientierten sich später im Kino das Orchester und die Sänger, um Übereinstimmung mit den Lippenbewegungen der Darsteller auf der Leinwand zu erzielen – eine Art umgekehrtes Playback-Verfahren. Ein solch »reizendes Singspiel« war der Streifen *Heinrich Heines erste Liebe*. Im Atelier hatte

Architekt George Meyer das Haus Salomon Heines nebst Biedermeiergarten nachgebaut. Das Drehbuch sah vor: Geburtstagsmorgen. An der Tür zu Mathildens Schlafzimmer steht Ottilie mit ihren kleinen Geschwistern. Lustig singen die Kinder: »Schier 25 bist du heut', stets froh sei dein Geschick«, und Mathilde intoniert leise: »Wenn ich in deine Augen seh...«

Die Vera-Filmwerke überstanden die Inflationszeit, waren aber angeschlagen. Hartnäckig hielt sich das Gerücht, die Firma werde umgestellt und fortan für den Rundfunk arbeiten. Ende Mai 1924 konnte der Korrespondent des »Film-Kuriers« Befürchtungen zerstreuen: »Nach einer Unterhaltung mit Direktor Prasse in dem neuen Heim der Vera, das sich in dem ersten Hamburger Wolkenkratzer (hier nennt man das neue schöne ›Ballinhaus‹ bescheiden nur: Turmhaus) befindet, kann man mit Genugtuung feststellen: hei lewet noch.« Aber die Gesellschaft zog sich aus der Spielfilm-Produktion zurück, verlegte sich ganz auf – mit staatlicher Unterstützung realisierte – Kulturfilme.

Der Artikel nannte Beispiele: »Da ist mit Professor Dr. Weygandt von der hiesigen Universität, der zugleich Direktor der Staatlichen Irrenanstalten in Friedrichsberg ist, ein 2000-Meter-Film gedreht worden, der die moderne Irrenpflege in anschaulicher Weise illustrieren wird. Ferner ist in Arbeit ein 1000-Meter-Film über ›Modernen Strafvollzug‹, hergestellt in den Fuhlsbütteler Strafanstalten und

Trick=Zeichen=Filme

Artilex, Chem. Fabrik G. m. b. H.	Hamburg
Panagiotis Avramikos	Hamburg
Balkan In= und Export=Gesellschaft	Hamburg
Bavaria=Brauerei	Altona
Cabaret Libelle	Hamburg
Dreiring=Werke G. m. b. H.	Crefeld
Corsetthaus Gazelle	Hamburg
Großeinkaufsgesellschaft Deutscher Konsumvereine	Hamburg
Hamburger Sparkasse von 1827	Hamburg
Handelsgesellschaft »Produktion« m. b. H.	Hamburg
Harburger Gummiwarenfabrik Phönix A.=G.	Harburg
Indanthren=Haus G. m. b. H.	Hamburg
Internationale Galalith=Ges. Hoff & Co.	Harburg
Kraftfahrzeug=Versicherungs=Vermittlungs=A.=G.	Berlin
Landwirtschaftliche Versuchsstation	Hamburg=Horn
Norddeutsche Verlagsanstalt Engel & Co.	Hamburg
Erich Schüler, Lederwarenfabrik	Hamburg
M. Steiner & Sohn A.=G. (Paradies=Betten)	Hamburg
Hugo Stinnes A.=G.	Hamburg
Vereinigte Düngerfabriken E. V.	Hamburg
Gustav Welscher, Waschanstalt	Hamburg
G. D. Wempe A.=G., Uhren und Goldwaren	Hamburg
Zigarettenfabrik Juhasz	Altona
Brüder Zweig, Damen=Garderoben	Hamburg

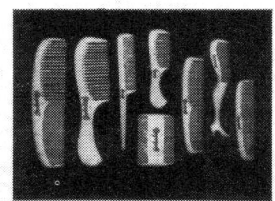

Die Vera-Filmwerke setzten nach der Inflation ganz auf Werbung.

zur Erläuterung der neuen humanen Methoden des gegenwärtigen Leiters dieser Anstalt bestimmt.« Was der Vera-Direktor dagegen verschwieg, waren die in großer Zahl hergestellten Werbe- und Industriefilme.

Im Glashaus trieben nun nicht länger *Banditen im Frack* oder *Sklaven der Rache* ihr Unwesen, sondern es wurde *Der richtige Weg* aufgezeigt, *Hilfe in der Not* versprochen und etwas für die Volksgesundheit getan *Trinkt gesunde Milch!* Auftraggeber waren Leder-Schüler, die Kaffeefirma Darboven, Kaufhaus Karstadt, Phönix Gummiwarenfabrik, die Pianofabrik Steinway & Sons und viele andere Hamburger Firmen. In einem dieser Streifen trat Paul Kemp auf. Er hatte einen Besoffenen zu markieren, der morgens auf der Alster rudert und dabei prompt ins Wasser fällt. Kemp: »Im Film sah das Ganze dann wirklich hochdramatisch aus. Als sich die Wellen über meinem Kopf schlossen, liefen mir noch im Parkett Schauer über den Rücken. Und oben rechts erschienen, einkopiert, ›Frau und Kind‹ – Mutter verzweifelt die Hände ringend: ›Um Himmelswillen, und unser Vater ist nicht versichert!‹«

Mit einem Prospekt warben die Vera-Werke in eigener Sache. Dem potentiellen Kunden wurden die Vorzüge erläutert: »Die Zeitungsannonce kann überschlagen, das Plakat oder sonstige Druckreklame kann übersehen werden, jedoch – die Filmreklame muß beachtet werden, weil sie dem Beschauer im Rahmen einer geschlossenen Vorstellung präsentiert wird.« Die Broschüre zählte die verschiedensten Möglichkeiten vom Trickfilm bis zur Spielszene auf und brachte eine fünfseitige Liste von Referenzen. Am Schluß stand die eindrückliche Warnung: »Legen Sie aber die Anfertigung Ihrer Reklamefilme nur in die Hände einer Herstellungsfirma von Ruf! Sie bewahren sich vor Enttäuschung und Schaden, wenn Sie die besonders in der Preislage häufig verlockend erscheinenden Angebote kleiner Unternehmer ablehnen.« Dabei backte man selber jetzt eher kleine Brötchen. Von Millionen war nicht mehr die Rede, aber langsam sanierte sich die Vera. 1927 wurde ein Gewinn von 698 Mark, 1928 von 10.742 Mark erwirtschaftet, so daß der Verlustvortrag sich auf 57.483 Mark verringerte. Doch bevor die Firma schuldenfrei war, machte das Bankhaus Sick & Co. Bankrott. Die Aktien gingen auf die Sächsische Staatsbank über. Nur noch selten wurde das Atelier genutzt, und es wären große Investitionen erforderlich gewesen, um es für den Tonfilm umzurüsten. Der neue Inhaber spielte eine

Zeitlang mit dem Gedanken; die Verhandlungen zogen sich hin, dann wurde die Genehmigung versagt. Im Juni 1937 wurde das Atelier in der Alsterkrugchaussee abgerissen.

Den Zensurlisten, der zuverlässigsten Quelle für den Filmhistoriker, ist zu entnehmen: zwischen 1919 und 1930 stellte die Vera 152 Filme her. Einige kann man in der Landesbildstelle anschauen. *Hamburg, die schöne Stadt an der Alster*, Länge sieben Minuten, Aufnahmeleitung Lissy Reincke: zwei Männer kommen aus dem Hauptbahnhof, fragen auf der Straße den Schutzmann, der zum Bieberhaus weist: Dort im Pavillon des Fremdenverkehrsvereins wird man ihnen gern Auskunft über die Sehenswürdigkeiten geben. Der Rest ist wie immer: Rathausmarkt, Jungfernstieg, Uhlenhorster Fährhaus, Hafen. Oder der Industriefilm mit dem Bandwurmtitel *Die Bedeutung der GEG in der genossenschaftlich durchgebildeten und zentral zusammengefaßten Bedarfswirtschaft.* Der Film beginnt mit einer kleinen Zeichentrick-Sequenz: Viele kleine Punkte stellen den unorganisierten Verbraucher dar. Bei den organisierten Verbrauchern bilden sich Verbindungslinien, und große Fabriken entstehen.

Die Ironie der Geschichte ist, daß fast nur die Werbefilme der Vera die Zeiten überdauert haben. Die Spielfilme sind – bis auf wenige, irgendwo in Filmarchiven lagernde Ausnahmen – verschollen. Die einzige erhaltene Kopie von *Heinrich Heines erste Liebe* befindet sich in Moskau.

Von der Eröffnung der Vera-Filmwerke berichtete »Der Film« am 5.7.1919; der zitierte Drehbericht stammt aus dem »Film-Kurier« vom 29.7.1919. – Die Inhaltsangabe zu »Der Tod und die Liebe« in: »Der Film«, 7.9.1919; Kritiken in: ebd., 20.9. und 5.10.1919 sowie »Film-Kurier«, 20.9.1919. – Lissy Reinckes Erinnerungen an die »Columbine«-Dreharbeiten in: »Hamburger Abendblatt«, 7.1.1950. Die angedrohte Ohrfeige erwähnt bereits Margot Meyer (»Film-Kurier«, 13.7.1920). Die Meldung »Großer Circusbrand – für einen Film« ebd., 13.10.1921. – »Der Film« berichtete in der Ausgabe vom 10.7.1921 über den »Kampf zwischen Bär und Ringkämpfer«; die Richtigstellung der Filmfirma erschien 14 Tage später.- Über die Vera-Singspiele vgl. Walther Hansemann, »Heideröslein‹ an der Oberalster«, in: »Film-Echo«, 1947, Heft 14; Bild und Textbeispiel aus »Heinrich Heines erste Liebe«im »Hamburger Echo«, 24.11.1951 (dort wird die Produktion fälschlich auf 1926 statt 1921 datiert). – Das zitierte Gespräch mit Direktor Prasse aus dem »Hamburger Brief«, »Film-Kurier«, 31.5.1924. – Paul Kemps Erinnerungen »Blühendes Unkraut. Heiteres aus meinem Leben«, Bonn 1953, behandeln auf S. 107-109 seine Vera-Erlebnisse. – Das Zahlenmaterial zur Geschäftsentwicklung nach den Veröffentlichungen in der Fachpresse; für die Recherche habe ich Jörg Schöning zu danken.

Gesellschafts-
anzug erbeten

Die Zeit der großen Filmpaläste

Die Hafenlore kommt aus Leipzig, die Hanseaten sind aus Berlin, und sogar die Marsmenschen verschwinden aus Hamburg. Zu Kriemhilds Rache kommt die Prominenz, und die weiße Hölle vom Piz Palü ist von 2.667 Plätzen aus zu besichtigen. Aber die Hölle bleibt nicht weiß.

Aus dem City Theater am Steindamm wurde die Schauburg St. Georg

Von heute ab alle Kinos geschlossen!« lauten die Schlagzeilen der Hamburger Tagespresse am 1. September 1922. Seit zwei Jahren brodelte der Streit um die Lustbarkeitssteuer, nun kochte er über: Die Belastung nahm existenzbedrohende Formen an. 50 Prozent der Kasseneinnahmen, rechneten die Kinobetreiber vor, gingen an die von den Kommunen erhobene Lustbarkeitssteuer, dazu kamen noch Umsatz-, Gewerbe- und Einkommensteuer. Unter diesen Umständen könne man kein Filmtheater rentabel führen, klagten die Unternehmer; billiger sei, den Laden gleich dichtzumachen. Bereits im Juni hatten die 1.400 Hamburger Kinoangestellten ein Kündigungsschreiben erhalten, doch damals war die Schließung im letzten Moment noch einmal abgewendet worden: Der Senat hatte einer Halbierung der Steuersätze während der Sommermonate zugestimmt. Im September aber sollten wieder die regulären Sätze gelten; ein Gesuch um Stundung durch die Finanzdeputation wurde von Bürgermeister Stolten abgelehnt. Der Norddeutsche Lichtspielverband – Vorsitz: Hugo Steigerwald von der Eppendorfer Blumenburg – beschloß: Ab kommenden Freitag Kinostreik.

Ausgelöst wurde die Misere durch die rapide Geldentwertung: Die Zeiten, wo man für 34 Pfennig sich ein paar schöne Stunden machen konnte, waren vorbei: Die Innenstadt-Kinos nahmen für die besseren Plätze bis zu 40 Mark. Unter 15 Mark – bis zu dieser Grenze betrug die Lustbarkeitssteuer 30 Prozent; alles darüber wurde mit 50 Prozent belegt – gab es höchstens in einem Vorstadt-Kintopp 1. Reihe Sperrsitz. Eine Anpassung der Steuersätze an die Inflation unterblieb – in Hamburg kassierte der Fiskus, anders als in Altona und Wandsbek, kräftig ab. Als dann die Filmtheater ihre Pforten schlossen, sprach der Senat von einem »Steuerstreik« und lehnte kategorisch jede Verhandlung ab.

Auch in Berlin, Bremerhaven und anderen Städten kam es zu ähnlichen Auseinandersetzungen, doch nach zwei, drei Tagen einigten sich Politiker und Filmwirtschaft auf einen Kompromiß. In der Hansestadt dagegen verhärteten sich zunehmend die Fronten. Staatliche Pressestelle und Lichtspielverband bombardierten die Zeitungen mit ihren Darstellungen (und Gegendarstellungen). Die Unternehmer betonten, mit 30 Prozent Höchstsatz (wie in Bayern üblich) wären sie einverstanden. Der Senat wies darauf hin, daß dies eine Entscheidung der Bürgerschaft sei; außerdem würden, sobald man einmal bei den Kinos nachgegeben habe, sofort Tanzpaläste etc. dieselben Forderungen anmelden. Nach fünf Wochen – der Stadt waren inzwischen

rund sechs Millionen Mark Lustbarkeitssteuer entgangen – tat sich dann etwas: Der Senat signalisierte Entgegenkommen; allerdings müßten zuvor die Kontrahenten ihre Aktion abbrechen. Die Kinobesitzer hatten gesiegt: Am Freitag, dem 6. Oktober, spielten die Filmtheater wieder. Die meisten Inhaber hatten die Zeit genutzt und ihr Haus gründlich renoviert. An den Kassen hingen neue Preistafeln: In den Erstaufführungstheatern kostete der billigste Platz jetzt 50 Mark, der beste 100 oder gar 120 Mark.

Eine Woche später richtete Alexander Zinn von der Staatlichen Pressestelle ein Rundschreiben an die Theater-Intendanten. Er wollte wissen, »ob Sie die Wiedereröffnung der Kinos in Ihren Einnahmen merken«. Hermann Röbbeling, Direktor des Thalia Theaters, antwortete prompt. »Besonders die Abendkasse, die während des Monats September außerordentlich stark war, hat seit dem 7. Oktober sehr nachgelassen.« Wofür er eine plausible Erklärung anbot: »Regelmäßige Theaterbesucher benutzen den Vorverkauf, und nur das sogenannte Lauf-Publikum, das à tout prix eine Unterhaltung für den Abend sucht, entschließt sich erst spät und notgedrungen, ins Theater zu gehen.« Diese Erfahrung hatte jede Bühne gemacht, und Zinn faßte in einem Bericht an den Senator zusammen: »Alles was der Senat tut, um den Kinos das Leben zu erleichtern, erschwert das Leben der Theater.« Andererseits konnte, das übersah der Hobby-Dramatiker Zinn, es nicht Ziel der Kulturpolitik sein, daß die Leute »notgedrungen« ins Theater gingen, wenn sie eigentlich ins Kino wollten.

Mit Denkschriften und Protestaufrufen warnten die Theaterleute immer wieder vor der unliebsamen Konkurrenz als »Kulturpest«. Daß aber ein Schauspieler mit Hinweis auf die hehre Kunst eine Filmrolle ablehnte, davon hörte man nichts. Ralph Arthur Roberts, Oberspielleiter beim Thalia Theater und von der Vera oft für Nebenrollen engagiert, dachte sogar an die Gründung einer eigenen Produktionsfirma. Doch Filmkarriere machte er erst später in Berlin. Ebenso Gustaf Gründgens – er soll bei der Vera über Probeaufnahmen nicht hinausgekommen sein.

Bei den anderen Adressen war noch weniger zu holen; so manche Pressemeldung erwies sich als Windei. Königstraße 51 hatte sich die Filmkunst Elbe GmbH eingemietet; Geschäftsführer waren der Kaufmann Emil Dessau und der Schriftsteller Werner Peters. Das Kapital sollte ein Konsortium aufbringen; Sachleistungen wurden ebenfalls genommen: »Der Gesellschafter Abter bringt in die Ge-

Dreharbeiten im Berliner Studio: Gerhard Lamprecht inszeniert 1925 »Hanseaten«. Die Außenaufnahmen wurden in Hamburg und Vegesack gedreht.

sellschaft ein die ihm eigentlich gehörigen, zum Betriebe einer Filmaufnahmeanstalt notwendigen Lampen, Fundus, Kulissen und was sonst dazugehört, einschließlich des auf seinen Namen eingetragenen Warenzeichens ›Bismarck‹.« Es fand keine Verwendung: Die Firma hat nie eine Produktion auf die Beine gestellt. Drei Streifen stellten die Vulkan-Filmwerke in Altona, Reichenstraße 26, her: *In letzter Stunde*, *Unter Masken* und *Vergilbte Blätter* (es handelte sich um die Aufzeichnungen eines Gefängnisarztes). Hendriks & Schröder, anfangs nur im Verleihgeschäft aktiv, verfilmten eine angeblich wahre Begebenheit aus dem Leben der Hauptdarstellerin Ida Renato: *Das Schicksal einer Patriziertochter*. Auf spektakuläre Stoffe setzte das Filmhaus Krüger & Co.: *Die Flucht aus dem Heere der Heimatlosen* (gemeint war die Fremdenlegion) wurde prompt von der Zensur verboten. Die Trauneck-Filmgesellschaft, Atelier in der Ritterstraße, stellte einen Star groß heraus: Traute Trauneck. Nach der

Premiere von *Am Spieltisch des Lebens* schwärmte die »Neue Hamburger Zeitung«: »Beredte Augen, ausdrucksvolles Mienenspiel, eine biegsame Figur und vor allem starkes natürliches Temperament.« Doch auch als *Die Gassenkönigin* – »Film-Kurier«: »publikumstarker Kitsch« – drang ihr Ruhm nicht über die Elbe hinaus. Nein, von Weltstadt war nichts zu spüren: Die Filmszene in Hamburg hatte einen unverkennbar provinziellen Anstrich.

Die einheimischen Produzenten überließen das Feld bald auswärtigen Firmen. Die Leipziger Hegewald-Film drehte den Zweiteiler *Hafenlore*; Gerhard Lamprecht realisierte für seine Berliner National-Film *Hanseaten*. Den Hamburgern blieb der Kultur- und Industriefilm. Die lukrativsten Aufträge vergab die Hapag, die mit großen Reisefilmen für ihre Ozeanriesen warb. Die Film-Fabrik Elsa Wolde, einzige Kopieranstalt am Ort, produzierte unter dem Signet Edlow-Film Werke wie *Nuki und Niki*, *Heinerles Himmelfahrt* und *Bismarcks Auferstehung*, *Was interessiert die Hausfrau?* und *Wie Demsy boxt*. Völlig verschollen ist leider – Herr

Ein Platz für glanzvolle Premieren: Das Lessing-Theater am Gänsemarkt

Däniken, übernehmen Sie – ein von Herbert E. Kä-
selau hergestellter Streifen: *Mars-Menschen in
Hamburg* (1927, 356 Meter).

Als Filmemacher etablieren konnte sich nur Jam
Borgstädt (Jam stand für Johannes Albert Meno).
Er war Kameramann, bevor er seine Kosmos Film
– zunächst in der Leibnizstraße 6, später Wandsbeker Chaussee 1 – aufmachte. Mehr als 50 Werke,
überwiegend kurze Dokumentarstreifen aus zwei
Jahrzehnten, umfaßt seine Filmographie: über Gym-
nastik, Turnen und Körperkultur, den Tag der Haus-
musik und die Fabrikation sanitärer Anlagen, über
Schulheime, Ferienkolonien und die Begräbniskasse
von 1924. In einer Sonntagsmatinee zeigte das Lessing-Theater den Heimatfilm *Stadt Hamburg an der
Elbe Auen*: neben den üblichen Sehenswürdigkeiten Bilder vom Gängeviertel, dem Gemüsemarkt,
den Kontorhäusern und ein Ausflug nach Neuwerk.
Ein anderer Strang war seine politische Filmarbeit:
Er drehte *Wir marschieren trotz alledem* für den
SPD-Bezirk Nordwest, filmte Veranstaltungen der
Sozialistischen Arbeiterjugend und die Beerdigung
von Otto Stolten, Hamburgs ersten sozialdemokratischen Bürgermeister, schuf mit *Des Geistes
Schwert* eine mit Rahmenhandlung und Trickse-
quenzen aufgelockerte Einführung in den Marxis-
mus. Trotzdem blieb er immer ein eigenwilliger

Außenseiter und Traumtänzer (sein letztes Projekt
war ein plattdeutscher Spielfilm).

»Es ist im ›Film-Kurier‹ lange nicht mehr ausführlich von hamburgischen Dingen die Rede gewesen«, rechtfertigte sich ein gelangweilter Korrespondent Anfang Februar 1924, »das resultiert aber
eben auch aus der Tatsache, daß aus Hamburg wenig oder nichts zu sagen war, was in Berlin oder gar
in Hollywood interessieren könnte. Aber die Hamburger Goldmark ist gutes Geld«, besser jedenfalls
als die Papiermilliarden der Inflationszeit. Die Preise normalisierten sich: In den Premieretheatern kosteten die Karten von einer Mark aufwärts, in den
Vorortkinos galten die Preisgruppen 60, 70 und 80
Pfennig. Einen Monat später, die Berliner Uraufführung hatte längst stattgefunden, sollte Fritz Langs
Nibelungen starten, und Hugo Streit, der Hamburger Ufa-Direktor, verschickte Einladungskarten.
»Gesellschaftsanzug erbeten« stand da, außerdem
»Nach Beginn der Ouvertüre bleiben die Saaltüren
geschlossen«. Eine Filmpremiere als Festakt, als
nationale Weihestunde: Diesmal hatte der Korrespondent etwas zu berichten: »Spitzen der Behörden, Männer der Wissenschaft, Kunst und Presse
mit ihren Damen füllten das prunkvoll erleuchtete
Haus des Lessing-Theaters, und als das Dunkel auf
den Saal herniedersank und der *Siegfried*-Film ab-

zurollen begann, war die Stimmung fast andächtig zu nennen, mit der die Gästeschar das herrliche Werk aufnahm.« Neun Wochen lief Teil eins des Nationalepos am Gänsemarkt und wanderte dann in die Ufa-Kinos in Barmbek, Eppendorf und Eilbek, während nun im Lessing-Theater *Kriemhilds Rache* Einzug hielt. Und wieder war, angeführt von Bürgermeister Petersen, eine illustre Gesellschaft versammelt. Hamburgs Beitrag zum Film beschränkte sich allerdings auf die Rüstungen und Waffen der Hunnen: Sie stammten aus den Werkstätten des Museums von Heinrich Umlauff.

Die statistische Übersicht, die 1926 veröffentlicht wurde, zeigte keine großen Veränderungen: St. Georg führte weiterhin nach der Anzahl der Kinos (8), St. Pauli nach der Platzzahl (4.092). Auch außerhalb konnte man die Abenteuer der Leinwandhelden bestaunen: In Bergedorf gab es die Hansa-Lichtspielbühne, in Finkenwerder die Elbhof-Lichtspiele, und in Geesthacht standen zwei Kinos zur Auswahl. Andererseits verfügten ganze Stadtteile – Veddel und Horn, Borgfelde und Alsterdorf – über kein einziges Filmtheater. Die Kinos ballten sich an wichtigen Straßenzügen und Verkehrsknotenpunkten; am Steindamm, in der Hamburger Straße und am Billhorner Röhrendamm standen jeweils drei Kinos. Das kleinste war das (bald darauf geschlossene) Monopol-Theater in der Von-Essen-Straße (154 Plätze), das größte befand sich zwei Ecken weiter in der Bachstraße (1.314 Plätze). Die Premierentheater in der Innenstadt konnten in dieser Hinsicht nicht mithalten: »Von den bekannten Kinos haben Lessing-Theater, Passage und Schauburg etwas weniger als 1.000 Plätze«, bemerkte der »Hamburger Anzeiger«. »Hamburg kann damit in keiner Weise mit Berlin konkurrieren, dessen neue Filmpaläste bis zu 3.000 Besucher aufnehmen können.«

Das sollte sich rasch ändern, und es lief ab wie im Kino. James Henschel hatte zwei Schwiegersöhne: Hermann Urich-Sass und Hugo Streit. Beide Herren waren bis vor kurzem noch leitende Ufa-Angestellte, doch Einheirat verpflichtet: Auch bei Kino-Königen entstehen durch Familienbande Imperien. Der Henschel Film- und Theaterkonzern wurde gegründet; in wenigen Jahren überflügelte er in Hamburg die mächtige Ufa. Erster Schritt: Übernahme der seit 1920 bestehenden Schauburg am Hauptbahnhof. Das war, verglichen mit dem anderen Kino in der Mönckebergstraße, keine First-Class-Adresse: »In der Schauburg zieht nur der knallige Abenteuerfilm«, beobachtete der »Film-Ku-

Anzeigen im »Hamburger Echo«, 25.11.1929

rier«; »der Passage-Besucher will – fast hätte ich gesagt: Literatur, aber so weit sind wir noch nicht – er will etwas Ruhiges, Gediegenes für Herz und Gemüt.« Der nächste und entscheidende Schritt: Der Henschel-Konzern baute und zwar riesig große Filmpaläste, wie es sie bisher in Hamburg noch nicht gab.

An der Ecke Reeperbahn/Zirkusweg – galt als tote Gegend, zuletzt war hier ein Rummelplatz – errichteten die Jung-Unternehmer die Schauburg am Millerntor mit 1.800 Plätzen. Kosten rund eine halbe Million Reichsmark, Bauzeit vier Monate: ein modernes Kino ohne historisierenden Zierat, ganz Neue Sachlichkeit. Ende Februar 1927 war die Eröffnung. Der Prolog bemühte Goethe: »Zum Sehen geboren, zum Schauen bestellt«. Ein Hafenfilm der Hapag gefiel den Lokalpatrioten; vom Rang wurde gerufen: »Nieder mit Preußen! Hoch Hamburg!« Anschließend eine Uraufführung: *Laster der Menschheit* mit Werner Krauß und Asta Nielsen, die persönlich erschienen war: »In kostbarem Gewand, über die Stirn ein Goldband gespannt, geruhte sie von der Rangloge aus im Kreise ihres Männerstaates dem Spiele auf der weißen Wand zuzuschauen.« Im Film ging es um Morphium, Kokain und Opium; die Geschichte endete schrecklich tragisch, und so wurde gleich noch ein amerikanisches Lustspiel nachgeschoben: *Ja, der Sonnenschein.*

Natürlich war wieder tout Hambourg erschienen – die kommunistische »Volkszeitung« lästerte: »Die Eröffnung eines Lichtspielhauses ist heute ein gleiches Ereignis wie der Stapellauf eines Riesendampfers.« Doch bei allem Sarkasmus, eine gewisse Anerkennung konnte auch sie dem Neubau nicht versagen: »Jedenfalls ist das Kino gut, viel zu gut für das ausgesprochen schlechte Publikum, das wir gestern, glücklicherweise nur einmal, dort sahen. Pelze, Brillanten, Schminke behinderten – gottlob – die Aussicht auf die pp. Gesichter.« Vielleicht dachten die Hausherren gar ähnlich: Bildungsdünkel kannten sie nicht. Sie machten ein populäres Programm fürs breite Publikum und wußten, mit den sogenannten besseren Kreisen allein ließ sich ein solches Kino nicht füllen. Ihre Schauburgen vermieteten sie regelmäßig an den Volksfilmverband, und die größten Anzeigen setzten sie ins »Echo«. Der Spott der Branche – die »Licht-Bild-Bühne« sprach vom »demokratischsten Kino der Welt«, weil alle Plätze gleich komfortabel gepolstert waren – konnte ihnen egal sein.

Das erste Großkino des Henschel-Konzerns: die Schauburg am Millerntor

Ein wahrer Bau-Boom brach aus. Kurz zuvor hatte das Capitol in der Hoheluftchaussee (1.222 Plätze) eröffnet, kurz danach begann der Umbau des Waterloo-Theaters. Praktisch entstand ein neues Kino: Das Hinterhaus wurde abgerissen, den früheren Zuschauerraum verwandelten die Architekten in eine pompöse Eingangshalle, und die Platzzahl hatte sich mehr als verdoppelt. Bauherr war die Firma Hirschel & Co.; die ungenannten Gesellschafter hießen Hermann Urich-Sass und Hugo Streit. Vier Monate später schieden sie aus, und Hirschel reichte das Traditionshaus weiter an die Emelka. Dahinter verbarg sich die Münchner Lichtspielkunst AG; die süddeutsche Produktionsfirma, der das Atelier in Geiselgasteig gehörte, eiferte der Ufa nach und baute sich eine Kinokette auf. Zur Einweihung des Emelka-Palastes, Ecke Heußweg/Osterstraße, kam im März 1928 Lilian Harvey. Die Platzzahl in Hamburg hatte sich um weitere 1.600 erhöht. Währenddessen war der Henschel-Konzern nicht untätig: Noch im selben Jahr kamen neu hinzu: Schauburg Barmbek (Dehnhaide 91/95) und Schauburg Hammerbrook (Süderstraße 7), im nächsten Jahr Schauburg Nord (Fuhlsbütteler Straße 165), Schauburg Wandsbek (Hamburger Straße 7; Gast bei der Eröffnung: Henny Porten); und – dies kein Neubau, sondern eine Übernahme – Schauburg Uhlenhorst (Winterhuder Weg 106). Machte zusammen noch einmal 5.306 Plätze. »Zuviel Kinos in Hamburg«, stöhnte die Presse, doch längst bestimmte nicht mehr wirtschaftliche Vernunft, sondern der Konkurrenzkampf die Expansionspolitik der Konzerne.

Die Ufa holte bereits zum nächsten Schlag aus. Am Gänsemarkt entstand ein großer Bürokomplex, das Deutschlandhaus. Die Debewa (die Deutsche Beamten-Warenversorgungs GmbH) bezog Büroräume, und die Rolandbetriebe machten ein Restaurant auf, vor allem aber sollte das Haus das größte Kino Europas beherbergen: den Ufa-Palast mit 2.667 Plätzen. »Beim Projekt lag die Idee des amerikanischen ›Movietheaters‹ zugrunde«, erklärte Dipl.-Ing. W. Unruh den »Hamburger Nachrichten«, »jener großen Häuser wie Roxy und Paramount in New York, mit mehreren tausend Sitzplätzen, in denen in ununterbrochener Folge Film, Sketsch, Konzert, Ballett, Varieté usw. auf einer meist sehr breiten, aber wenig tiefen Bühne sich abspielen.« Eine richtige Bühne mit Schnürboden und allen Raffinessen – die Ufa wollte große Revuen veranstalten und beantragte eine Operetten-Konzession.

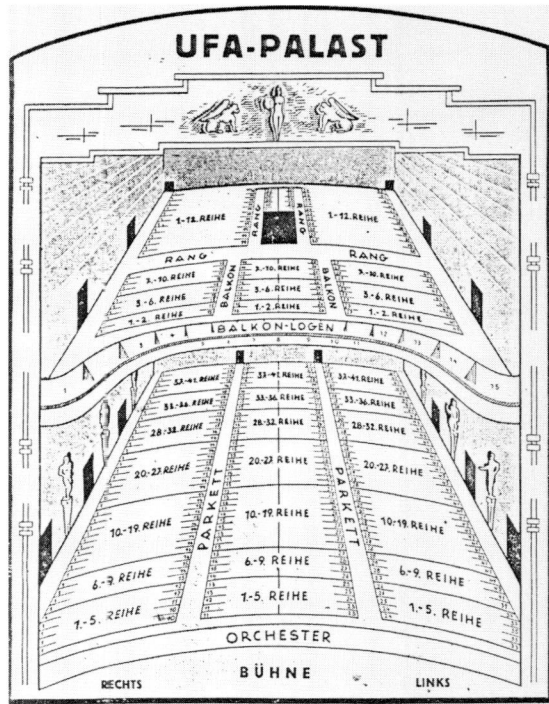

WOCHENTAGSPREISE:

Parkett 37.-41. Reihe	.	.	.	.	1.20	Rang 1.-12. Reihe	.	.	1.20
33.-36. und 1.-5. Reihe					1.40	Balkon 7.-10. Reihe	.	.	1.40
28.-32. Reihe	.	.	.	.	1.80	3.-6. Reihe	.	.	1.80
20.-27. und 6.-9. Reihe					2.—	1.-2. Reihe	.	.	2.—

Knapp 2700 Plätze hatte der Ufa-Palast im Deutschlandhaus

Doch die Politiker spielten nicht mit, erlaubt wurde nur ein Varieté-Vorprogramm.

Ende 1928 konnte mit den Ausschachtungsarbeiten begonnen werden; zuvor mußten 250 Mieter aus dem Sanierungsgebiet ausquartiert werden, auch die »Alte englische Apotheke« fiel der Spitzhacke zum Opfer. In drei Schichten rund um die Uhr waren teilweise bis zu 1.500 Arbeiter beschäftigt; der Bau kostete rund sechs Millionen Mark (und, aber das stand nur in der »Hamburger Volkszeitung«, vier Menschenleben). Dann lud die Direktion zur Ortsbesichtigung. Die Senatoren Hirsch, Matthaei und Schönfelder und Professor Fritz Schumacher von der Baubehörde kamen, sahen sich um und sparten nicht mit Lob. »Man betritt ebenerdig vom Valentinskamp die sehr geräumige Kassenhalle in römischem Travertin und gelangt von hier aus auf zwei direkten Treppen zum mittleren Rang und durch zehn Doppeltüren in die zweigeschossige Wandelhalle des Parketts«, schilderte ein Journalist den ersten Eindruck. »Die Wände des Theaters sowie die Rangbrüstung sind mit kaukasischem Nußbaum verkleidet, die Flächen selbst sind mit vergoldeten

Schauburg Hammerbrook in der Süderstraße 7 eröffnet

Schauburg Altona

Bändern aufgeteilt.« Mit Kunst am Bau wurde nicht gespart; die Figuren über dem Bühnenrahmen hatte Professor Edwin Scharff geschaffen. Glanzvolle Eröffnung war am 21. Dezember 1929. Nach einem Varieté-Programm gab es das Bergsteiger-Drama *Die weiße Hölle vom Piz Palü* in Anwesenheit von Regisseur Arnold Fanck und der Hauptdarstellerin Leni Riefenstahl.

Vier Tage später, am ersten Weihnachtstag, die Einweihung der Schauburg Hamm. Hier ging es volkstümlicher zu. Für die Kinder gab es Kuchen, für die Erwachsenen ein originelles Preisausschreiben (mit erstaunlicher Resonanz: 14.637 Einsendungen). Die Schauburgen veranstalteten ständig irgend etwas: So wurden Exposés für einen Kurzfilm über Alt-Hamburg gesucht und die drei besten Manuskripte prämiiert. Oder man organisierte einen Talent-Wettbewerb. Noch unentdeckte Filmstars durften sich vor der Kamera produzieren; die Aufnahmen liefen im Vorprogramm, und das Schauburg-Publikum ermittelte die Siegerin. (Sie erhielt ein von Steinway gestiftetes Klavier; weitere Preise waren u.a. eine Autofreifahrt, ein Elektrola-Sprechapparat und eine »Tapete, komplett«.) Kein Zweifel, der Henschel-Konzern verstand sich auf Reklame-Aktionen, aber er brachte auch eine Programmzeitschrift heraus. Der neue Chaplin kam tra-

ditionell immer in den Schauburgen, auch zeitkritische Filme wie *Giftgas* mit Fritz Kortner oder die Russenfilme. Während die Ufa-Kinos natürlich zuerst Ufa-Filme spielen mußten, waren Urich-Sass und Streit unabhängig in ihrer Programmgestaltung.

Mit der Schauburg Hamm hatten sie wieder die Nase vorn, aber schon baute die Ufa an der Mundsburg (aus dem Kino wurde das heutige Ernst-Deutsch-Theater). 1930 gab es in Groß-Hamburg rund 70 Kinos mit 50.000 Plätzen; gut die Hälfte davon entfiel auf die Filmpaläste der Konzerne. Die kleineren Theater konnten kaum noch mithalten, denn jetzt mußten sie auch noch in den Tonfilm investieren. Die neuen Klangfilm-Apparate kosteten viel Geld, und auch die Leihmieten für Tonfilme lagen um 35 bis 45 Prozent höher als die bisherigen Sätze. (Dafür gab man das sogenannte »Zwei-Schlager-System« auf und zeigte nur noch einen Hauptfilm.) Die Zeichen standen auf Sturm, als der Reichsverband der Deutschen Lichtspieltheater-Besitzer Ende August seine Jahrestagung in Hamburg abhielt.

Verbandspräsident war der Münchner Kommerzienrat Ludwig Scheer; früher gehörte er dem Aufsichtsrat der Emelka an, inzwischen betrieb er u.a. das Reform-Kino in der Wexstraße. In seiner Grundsatzrede übte er scharfe Kritik an den Tonfilm-Produktionen; ein Seitenhieb galt der *Dreigroschenoper*-Verfilmung (sozusagen prophylaktisch, die Dreharbeiten hatten noch nicht einmal begonnen). Bei der anschließenden Vorstandswahl wurde der konservative Bayer per Akklamation im Amt bestätigt. Nach zwei Filmvorführungen und einem Vortrag (»Erste Hilfe bei Betriebsstörungen und deren Vermeidung«) ging man zum geselligen Teil über: zum Tee ins »Alkazar« auf der Reeperbahn, abends Festbankett im Uhlenhorster Fährhaus. Uneingeweihte Beobachter meldeten ihrer Redaktion: harmonischer Verlauf, die übliche Vereinsmeierei. Sie täuschten sich – der Verband überstand die Zerreißprobe nicht. Am nächsten Morgen platzte die Bombe: Einige Mitglieder erklärten ihren Beitritt zu dem neuen, von Scheer heftig befehdeten Schutzverband. Nur eine kleine Minderheit, aber eben die einflußreichsten und mächtigsten Kino-Unternehmen: Die Ufa vorneweg, doch auch der Henschel-Konzern machte mit. Die Großkinos – sie kontrollierten drei Viertel aller vorhandenen Plätze – sahen ihre Interessen nicht mehr im Reichsverband vertreten.

Der Tonfilm war nicht aufzuhalten. In Hamburg begann die neue Ära mit der Einladung des Deutschen Lichtspiel-Syndikats zu einer »Tonfilm-Interessentenvorführung« am 23. Januar 1929. Gezeigt wurden in der Schauburg am Millerntor der Spielfilm *Ich küsse Ihre Hand, Madame* (die Tonpassage dauerte exakt zwei Minuten und zwölf Sekunden) und fünf Kurzfilme. In einer Hamburger Hafenkneipe spielte *Das letzte Lied*, doch die Tresen-Gespräche, meinten die Zeitungsleute anderntags, seien ein einziger breiiger Lärm gewesen, allein das Sirenenheulen habe echt geklungen. Am 13. März, einen Tag nach der Berliner Uraufführung, präsentierte die Hapag im Passage-Theater ihren Film *Melodie der Welt*. Regisseur Walter Ruttmann wollte den »visuellen Rhythmus des Universums« einfangen, montierte religiöse Zeremonien, Eßrituale, Markt- und Militärszenen, »die sich in fremder und doch wesensähnlicher Form auf der ganzen Welt wiederholen«, und kombinierte dies mit einer raffinierten Tonmontage (Straßenlärm, Schiffslaute, Maschinengeräusche). Die Aufnahmen stammten von der letzten Weltreise des Luxus-Dampfers »Resolute«; ein paar Einstellungen wurden im Atelier gedreht, so der Tempeltanz des Malaien O. Idris, Dozent für indogermanische Sprachen an der Hamburger Universität. Eigentlich war es nur ein – zugegeben: höchst unkonventioneller – Werbefilm für

Auch Wandsbek hatte seine Schauburg, Hamburger Str. 7

die Hapag-Touristik, aber wieder einmal traf sich im Kinofoyer die hanseatische Prominenz. »Eine Autoanfahrt wie vor Berliner Theater-Premieren« beobachtete das »Fremdenblatt«.

Ruttmanns Experimentalfilm war nur sparsam mit Ton, ansonsten mit Musik unterlegt. Der »erste deutsche hundertprozentige Ton- und Sprechfilm« schilderte eine Schiffskatastrophe: Die Premiere von *Atlantic* teilten sich Ufa und Henschel. Am 19. November kam das sensationelle Werk im Lessing-Theater und in der Schauburg am Millerntor heraus. Nach vier Wochen wanderte der Kassenknüller weiter in die Henschel-Kinos Eppendorf, Wandsbek und Hamburger Straße; die anderen Schauburgen mußten sich zunächst noch mit *Das Schweigen im Walde* begnügen.

Ein Jahr später war mehr als die Hälfte aller Theater auf Tonfilm umgerüstet, doch statt Euphorie herrschte inzwischen Katzenjammer. Mit einem offenen Brief, abgedruckt in der »Licht-Bild-Bühne«, wandte sich der Henschel-Konzern an die Produzenten: »Die Devise der Fabrikanten darf nicht sein: schnell, billig und schlecht, vielmehr muß jeder neue Tonfilm ein neues Ereignis sein!« Stattdessen brachten die neuen Filme nur die alten Klischees, die das Großstadt-Publikum längst langweilten. »Wir verbluten uns an Euren Feld-, Wald- und

Schauburg am Millerntor, 1938

Wiesen-Filmen«, klagten die Kino-Unternehmer. »Auch am Rhein trinkt man nicht egal weg Wein, in Wien singt man nicht immer und ewig Heurigenlieder, Eure Kasernenluft ist muffig und verbraucht, und mit hundert noch so süßen Revuebeinchen und -brüstchen lockt man nicht einmal mehr den Kanzleirat Bemmchen aus Kötschenbroda hinter dem Ofen hervor, geschweige denn kann man allabendlich 10.000 Plätze in einer Stadt wie Hamburg damit füllen.«

Die Kulturfilm-Freunde hatten ihren eigenen Filmpalast. Begonnen hatte es an einem Sonntag im September 1920 mit einem Programm im Bahnhofskino (Bieberhaus); einige Jahre war man Gast in der Universität, im Curiohaus oder auch in der Detaillistenkammer. Endlich konnte die Deutsche Kulturfilm-Gesellschaft im Oktober 1927 die Urania Filmbühne eröffnen. Aus einem Saal im CVJM-Heim Fehlandstraße 40 war das erste täglich spielende Kulturfilm-Kino Deutschlands (660 Sitzplätze) geworden. »Freude, Unterhaltung, Bildung« lautete hier das Motto. Spitzenreiter mit 40 Vorstellungen war der Dokumentarstreifen *Zwischen Skagerrak und Imatra*; Sven Hedin, Bengt Berg, Colin Roß und viele andere stellten ihre Arbeiten vor. Treibende

Kraft des Unternehmens, das sogar eigene Filme wie *Das Milchwunder* oder *Kanada – so groß wie Europa* produzierte, war der rührige Dr. Lichtwarck. 1930 feierte die Gesellschaft ihr zehnjähriges Jubiläum (und diesmal hieß es auf der Einladungskarte: »Kein Zwang, auch nicht bezüglich des Anzuges«). Drei Jahre später waren Braunhemden zumindest nicht unerwünscht. Walter Stang, in SA-Uniform, umriß die volkskulturelle Bedeutung des Theaters und des Lichtspiels »namentlich jetzt, wo nach dem Willen Adolf Hitlers alle beide von unlauteren und undeutschen Einflüssen gesäubert würden.« Sein »Siegheil auf den Führer wurde jubelnd aufgenommen. Die SA-Kapelle intonierte das Horst-Wessel-Lied, dessen erste Strophe von der stehenden Festgemeinde gesungen wurde. Dann begann das Festspiel. Wahrlich, einen passenderen Vorwurf hätte Dr. Lichtwarck nicht finden können als diesen Film: *Das schöne und schaffende Deutschland*.«

»Der Gründer der Schauburgen gestorben«, meldeten die Zeitungen am 28. Januar 1933. Hermann Urich-Sass wurde nur 48 Jahre alt; die Beerdigung fand auf dem Israelitischen Friedhof Ohlsdorf statt. In der Reichspogromnacht demolierten Nazi-Horden auch die Henschel-Kinos. Hugo Streit verließ Deutschland.

Im Staatsarchiv liegt eine Sonderakte. Obenauf ein Schreiben von Rechtsanwalt Dr. Benkemann, datiert 3. Januar 1934. Er machte die Gewerbepolizei darauf aufmerksam, daß im Straßenverzeichnis des neuesten Adreßbuches eingetragen ist: »Drehbahn 1: ›Theaterbetrieb der Ufa‹ und ›J. Henschel GmbH‹.« Benkemann hatte gründlich recherchiert: »Die Firma J. Henschel GmbH hat zwei Geschäftsführer: Rudolf Grimmer und Paul Lehmann, beide in Berlin und angeblich zwei Telephonanschlüsse: 34 02 70 und 34 02 71. Unter beiden Anschlüssen meldet sich aber niemand.« Er wählte dann eine andere Nummer. »Die Grundwert AG, die Eigentümerin des Hauses, in dem sich der Ufa-Palast befindet, habe ich telephonisch fragen lassen, wer ihr Mieter wäre, der dort den Ufa-Palast betriebe. Die Antwort lautete: Ufa Theater Betriebsgesellschaft in Hamburg. Eine solche Firma gibt es aber gar nicht: Die Grundwert AG müßte doch eigentlich wissen, wer ihr Mieter ist; da es nach ihrer Angabe eine Firma ist, die gar nicht existiert, hoffe ich, daß die Polizeibehörde sich für diese reizenden Zustände interessiert. Unter welchem Namen und für welche physische Person ist denn nun eigentlich der Gewerbebetrieb des Ufa-Palastes zugelassen?«

Prompt stellten die Beamten Nachforschungen an. Die Hamburger Ufa-Filiale war natürlich keine eigenständige Gesellschaft, sondern Teil der Ufa-Theater-Betriebs-GmbH Berlin. Die James Henschel GmbH hatte 1924 ihr Gewerbe abgemeldet, als sie die Kinos an die Ufa abtrat. Aber ihr gehörten immer noch die Grundstücke, auf denen z.B. das Lessing- und das Passage-Theater standen. Die Behörde rotierte: Briefe wurden zwischen Hamburg und Berlin gewechselt, in Archiven nach alten Geschäftsunterlagen gesucht, das Amtsgericht eingeschaltet. Währenddessen ließ der Rechtsanwalt nicht locker: »Da ich bis jetzt keine Antwort erhalten habe«, hakte er nach, »bitte ich ergebenst um Bescheid, wie weit die Ermittlungen inzwischen gediehen sind.« Es stellte sich heraus, die Firmen waren korrekt eingetragen nach § 14 der Reichsgewerbeordnung. Die Akte wurde geschlossen, doch es bleiben Fragen offen: Wer steckte hinter dem Rechtsanwalt? Wollte da jemand den Henschel-Besitz »arisieren«?

Der Artikel »Von heute ab alle Kinos geschlossen!« stand im »Hamburger Anzeiger«, 1.9.1922; weitere Artikel zum Kinostreik ebd., 4.9.1922; »Hamburgischer Correspondent«, 9.9 1922 und »Hamburger Fremdenblatt«, 29.9.1922 – Das Rundschreiben Zinns und die Antworten der Theater-Direktoren im Aktenbestand der Staatlichen Pressestelle (Staatsarchiv); vgl. auch das Kapitel »Die Konkurrenz der Lichtspieltheater« in: Zentrum für Theaterforschung der Universität Hamburg (Hg.), »Theaterstadt Hamburg«, Reinbek 1989, S. 131-135. – Die Meldung über die Elbe Filmkunst GmbH stammt aus »Der Film«, 14.6.1919. – Eine ausführliche Beschreibung des Films »Des Geistes Schwert« bietet das Werbefaltblatt, abgedruckt in: »Film und revolutionäre Arbeiterbewegung in Deutschland 1918-1932«, Berlin/DDR 1978, Bd. II, S. 456-462. Jam Borgstädt (1891-1938) unternahm Mitte der zwanziger Jahre eine Filmexpedition, aus der 1926 der Film »Abessinien, das Land der Somalis und Ambaren« entstand. 1935 kam eine erweiterte Fassung unter dem Titel »Abessinien – im Schatten des Goldenen Löwen« heraus und erhielt das Prädikat »volksbildend«, verschwand aber nach dem Einmarsch Mussolinis in Äthiopien wieder aus den Kinos. Über sein letztes Projekt vgl. »Borgstädt: Ich will einen Bossdorf verfilmen«, in: »Hamburger Tageblatt«, 27.2.1937. – Der zitierte Bericht über die Hamburger »Nibelungen«-Premiere aus dem »Film-Kurier«, 21.3.1924; die Gegenüberstellung Passage/Schauburg Hauptbahnhof ebd., 19.2.1924. Zur Kino-Saison 1929/30, der Eröffnung des Ufa-Palastes und den ersten Tonfilm-Premieren siehe den Beitrag von Hans-Michael Bock in: »Vorwärts und nicht vergessen«, Berlin 1982, S. 298-301; über den Henschel-Konzern vgl. Otto Meyer, »Als die Kinos noch Paläste waren«, in: taz, Hamburg-Ausgabe, 10.2.1990. – Die Baugeschichte des Ufa-Palastes ist ausführlich dokumentiert in Roland Jaeger: »Block & Hochfeld. Die Architekten des Deutschlandhauses«, Berlin 1996; der Emelka-Palast ist dargestellt in dem Katalogbuch zu dem Architekten »Karl Schneider«, hrsg. von Robert Koch/Eberhard Pook, Hamburg 1992. – Asta Nielsens Auftritt bei der Schauburg-Eröffnung nach: »Hamburger Nachrichten«, 25.2.1927; einen Tag später erschien der zitierte Kommentar in der »Hamburger Volkszeitung«. Die spöttischen Bemerkungen über die »demokratische« Polsterung in: »Licht-Bild-Bühne«, 19.2.1927. Die Beschreibung des Ufa-Palastes wurde entnommen dem Artikel »Das größte Theater Europas«, erschienen in: »Hamburger 8-Uhr-Abendblatt«, 20.12.1929. – Die Rede Ludwig Scheers ist nachzulesen in: »Deutsche Filmzeitung«, 1930, Heft 34, S. 2-4. – Texte und Materialien zu »Melodie der Welt« in: Jeanpaul Goergen, »Walter Ruttmann«, Berlin o. J., S. 86f. und 126-128. Auf eine vom »Hamburger Anzeiger«, 4.5.1929, veranstaltete Umfrage: »Hat der Tonfilm eine Zukunft?« antworteten neben Max Reinhardt, Conrad Veidt u.a. auch Ruttmann und sein Komponist Wolfgang Zeller. Der offene Brief des Henschel-Konzerns erschien unter dem Titel »So geht es nicht weiter!« in: »Licht-Bild-Bühne«, 8.11.1930. – »Das schöne und schaffende Deutschland. Jahresfest der Urania« erschien in den »Hamburger Nachrichten«, 8.10.1933. Bereits am 24.6.1933 kündigte das Blatt eine »Neuordnung der Urania Filmgesellschaft« und deren Zusammenarbeit mit dem Kampfbund für Deutsche Kultur an.

Zwei Russen in Hamburg

Der Besuch Eisensteins und die Folgen

Ein Brief hat Wirkung. Ein Mann schwänzt drei Arbeitstage, ein Polizeispitzel schreibt mit, ein Verein wird gegründet, und ein Deserteur wird revolutionär.

Sergej Eisenstein bei der Arbeit

Werter Genosse Eisenstein, ich schreibe Ihnen als 1. Vorsitzender des hiesigen Volksfilmverbandes und Redakteur der ›Hamburger Volkszeitung‹ und hoffe, daß Sie gesundet sind. Seien Sie bitte so liebenswürdig und senden uns einige Zeilen, die wir in bezug auf Ihren Vortrag am Sonntag in unserer Presse ausnutzen können. Sie werden in der größten Schauburg Hamburgs sprechen, und mindestens 1.600 Arbeiter und Intellektuelle werden kommen. Erfüllen Sie bitte unseren Wunsch – werden Sie gesund (unbedingt), und seien Sie herzlich gegrüßt. Rot Front! Willi Bredel.« Sergej M. Eisenstein tat, wie ihm geheißen. Am 20. Oktober 1929 sprach er in der überfüllten Schauburg am Millerntor.

Kein anderer Film war in der Weimarer Republik so umkämpft: *Panzerkreuzer Potemkin* wurde verboten, von der Zensur verstümmelt, wieder verboten, schließlich doch freigegeben. Dann versuchten es Reichswehr und Marine mit illegalen, nie ganz aufgedeckten Schmiergeldaktionen. Ufa und Phoebus, die über die größten Kinos verfügten, erhielten stattliche Summen, damit sie den Film nicht nahmen. Es half alles nichts. *Panzerkreuzer Potemkin* kam zunächst nur in einem Berliner Vorortkino heraus, schlug aber sofort ein.

Auch die Hamburger Premiere fand nicht im vornehmen Lessing-Theater, im Waterloo oder den Schauburgen statt. Atlantic- und Elite-Theater, Steindamm 22 und 32, kündigten für Dienstag, den 11. Mai 1926, »eine wahre Begebenheit, entnommen aus den Geheimakten des russischen Marine-Archivs« an; arglos hatte man den russischen Revolutionsfilm mit dem amerikanischen Sensationsfilm *Im gelben Viertel von Neuyork* zusammen gespannt. Tags darauf tobte in der Presse ein heftiger Meinungsstreit. Der Kritiker des »Hamburgischen Correspondenten« sah den »schlimmsten Hetzfilm, der je in Deutschland gezeigt wurde«, das »8-Uhr-Abendblatt« dagegen »eine kaum vergleichbare Höchstleistung. Lebenswahrheit ist mit vollendeter Ausdruckskunst vereinigt«. Ähnlich positiv war Heinrich Braunes Besprechung im sozialdemokratischen »Echo«. In den »Nachrichten« meldete sich General a.D. Hellfritz zu Wort: »Gegen dies vaterlandsfeindliche Treiben muß auf das entschiedenste Einspruch erhoben werden. Alle vaterländisch gesinnten Kreise Groß-Hamburgs fordern daher die Beseitigung dieses kommunistischen Propagandafilms vom Spielplan.« Tatsächlich wurde der Film erst einmal wieder verboten, doch auf die Dauer ließ sich der Siegeszug von Eisensteins Meisterwerk nicht aufhalten.

Drei Jahre später. Der Regisseur war inzwischen weltberühmt, seine Kunst hatte überall Bewunderung und Anerkennung gefunden. Vor zwei Monaten hatte er die Sowjetunion verlassen, um sich in Westeuropa und Amerika über die Tonfilm-Technik zu informieren. (In der SU gab es die entsprechenden Apparate noch nicht, doch Eisenstein, Alexandrow und Pudowkin hatten bereits ein »Manifest über den Tonfilm« verfaßt). Der Regisseur reiste zwei Tage vor der Veranstaltung aus Berlin an: Er wollte Hamburg kennenlernen. »Aber nicht nur die City mit ihren modernen Kaufmannshäusern«, erinnerte sich Bredel später, »nicht nur die Alster mit ihren Villen und Gärten, sondern auch den Arbeiterstadtteil Barmbek, in dem im Jahre 23 die Barrikadenkämpfe geführt worden waren, und den Industrievorort Schiffbek, der fest in der Hand der revolutionären Arbeiter war, auch die Reeperbahn auf St. Pauli, den Hafen und das anmutige Blankenese. Ich schwänzte drei Tage in der Fabrik, um den Fremdenführer zu spielen.«

Im Gepäck hatte Eisenstein einige Filmrollen: Er führte in der Schauburg Ausschnitte aus *Panzerkreuzer Potemkin, Zehn Tage, die die Welt erschütterten* und – vor 14 Tagen erst in Moskau uraufgeführt – *Die Generallinie* vor. Fast alle Hamburger Zeitungen schrieben ausführlich über die Sonntagsmatinee. »Eisenstein erläuterte, der russische Film sei nicht die Schöpfung eines Genies, sondern das kulturelle Produkt der sozialen Umwälzungen in der Sowjetunion und schilderte dann die Mitwirkung der breiten werktätigen Massen bei der Herstellung«, referierte ein Berichterstatter, der nicht von

Umkämpfte Filmpremiere: 1926 kündigten das Atlantic- und

der Presse kam: Im Kino saß ein Polizeispitzel und machte eifrig Aufzeichnungen. »Besonderen Beifall erntete Eisenstein bei seinen Erklärungen über das Zustandekommen der russischen Massenaufnahmen, bei denen teilweise 3 bis 4.000 Arbeiter bewaffnet würden«, heißt es im vertraulichen »Lage-Bericht Nr. 4« der Politischen Polizei. Bewaffnete Arbeiter, so der sowjetische Gast, seien die Spezialität des russischen Hauses, und sicher würden auch bald die Hamburger diese Spezialität zu schätzen wissen... Der Saal lachte, man klatschte und sang zum Schluß die Internationale; der Spitzel fand das höchst »bemerkenswert, weil hier die kommunistische Einstellung des Verbandes und seiner Mitglieder besonders auffällig in Erscheinung trat«. Auch die Journalisten der bürgerlichen Blätter waren befremdet, »enttäuscht und ernüchtert« von Eisensteins Auftrittt. Der »Hamburger Anzeiger« meinte: »Ein etwas schauspielernder, sehr beweglicher Mann, der eine hemmungslose Reklame für das geistige und wirtschaftliche Leben der Sowjetunion machte. Mehr geistreich als überzeugend. Aber vielleicht war Eisenstein, mit einem dreifachen ›Heil Moskau‹ empfangen, ein Opfer seines Milieus: Der Volksfilmverband, einst eine neutrale Organisation gegen den Filmkitsch, für den geistig und geschmacklich lebenswahren Film, ist heute rettungslos ins Fahrwasser der Kommunistischen Partei geraten.« Zwar widersprach der Volksfilmverband und betonte die Überparteilichkeit seiner Arbeit, aber die Einschätzung ist, zumindest für die Hamburger Ortsgruppe, durchaus zutreffend. Bei der Taufe hatte viel Prominenz Pate gestanden:

Käthe Kollwitz, Kurt Tucholsky, Asta Nielsen, Ernst Toller und andere gehörten zu den Gründungsmitgliedern. Man wollte, so der Vorsitzende Heinrich Mann, eine »Volksbewegung gegen den schlechten, unwahren und reaktionären Film« initiieren.

Die erste öffentliche Veranstaltung in Hamburg fand am 15. April 1928 statt: Der Schauspieler Gustav von Wangenheim las Heinrich Manns Rede »Film und Volk«, die geplante Vorführung von »Zeitbericht – Zeitgesicht« mußte jedoch entfallen – der aus Wochenschaumaterial montierte Film hatte die Zensur nicht unbeschadet passiert. 50 Pfennig Monatsbeitrag waren zu entrichten. Die Vorstellungen waren immer gut besucht (Eintrittskarte für Nicht-Mitglieder: RM 1,25); oft reichte ein Kino nicht aus, in Harburg wurde ein Extra-Programm eingerichtet. Nach eineinhalb Jahren sah die Bilanz recht positiv aus: 28 Veranstaltungen und ein ausgeglichener Kassenstand (das meiste Geld, rund 10.000 RM, ging für die Anmietung der Filmtheater drauf).

Auch in Hamburg hatte man bekannte Namen aus Wissenschaft und Kultur für einen Ehrenausschuß gewinnen können: Professor Pauli von der Kunsthalle, Friedrich O. Fischer, den Intendanten des Altonaer Stadttheaters, den Völkerrechtler Rudolf von Laun, Richard Meyer, Direktor der Kunstgewerbeschule, und andere bekannte Persönlichkeiten. »Bürgerliche Reklameschilder« nannte das »Echo« diese Methode; für das SPD-Blatt war der Volksfilmverband eine kommunistische Tarnorganisation. Fortan nahm die Zeitung keinerlei Notiz mehr von den Veranstaltungen; selbst der Eisenstein-

das Elite-Theater »Panzerkreuzer Potemkin« an

Besuch wurde mit keiner Zeile gewürdigt. Im ersten Jahr nahm die KPD – aus politischer Taktik – kaum Einfluß auf den Verband; erst 1929 wurde die Ortsgruppe auf Parteilinie gebracht. Dies war vor allem das Werk von Willi Bredel.

Der Arbeiterkorrespondent war zugleich Filmkritiker der »Hamburger Volkszeitung«. Seine Artikel schrieb er mit dem Holzhammer. Bürgerliche Filme wurden prinzipiell verrissen, sowjetische immer gelobt. »Und das ist das Wesentliche. ›Profit‹ steht über jeder Kamera des bürgerlichen Films. ›Einstellung‹ über jeder russischen. Und zwar die Einstellung zum Sozialismus.« Mit der Eigenproduktion des Volksfilmverbandes ging er scharf ins Gericht: Bei Leo Lanias und Phil Jutzis *Hunger in Waldenburg*, im Palast-Theater Barmbek und in der Münzburg Altona gezeigt, vermißte er die revolutionäre Perspektive und griff deshalb die Verbandsleitung in Berlin frontal an.

Der Agitprop-Mann mit dem Proletkult-Konzept bestimmte bald die Politik der Hamburger Ortsgruppe. Bürgerliche Linksintellektuelle, als »Kunstfortschrittler« verspottet, wurden herausgedrängt; angeblich »stieg bis zum März 1929 die Mitgliederzahl auf 1.500, wobei fast ausschließlich Arbeiter aufgenommen wurden«. Auf der Mitgliederversammlung im Oktober 1929 – gekommen waren rund 100 Leute, darunter viele Jungkommunisten und ein Polizeispitzel – hielt Bredel das Hauptreferat. Er kündigte eine Korrektur der bisherigen Arbeit an: »Der Vorstand sei in seinem Kampf gegen die kapitalistische Filmindustrie unterlegen«, notierte der Spitzel, »er müsse sich deshalb darauf beschränken, durch Vorführung guter (russischer) Filme eine geschlossene Bewegung gegen Kitsch und Schund zu sein.« Immerhin, die sowjetische Filmkunst jener Jahre, oft in westeuropäischer Erstaufführung, brachte der Verband nach Hamburg. Die bedeutendsten Regisseure holte man: Alexander Dowschenko stellte *Arsenal* vor, Wsewolod Pudowkin *Sturm über Asien* und Dsiga Wertow den ersten russischen Tonfilm *Enthusiasmus* (es gab zwei zeitversetzte Vorstellungen, so konnte der Filmschöpfer erst in der Schauburg Barmbek und eine Stunde später in der Schauburg am Millerntor sprechen). Ab Februar 1930 erschien – Eisenstein hatte dies bei seinem Besuch angeregt – die »Sozialistische Film-Kritik«. Bredel hat das Blatt redigiert, blieb aber ungenannt im Impressum: Er saß im Knast, ein Gericht hatte ihn wegen einiger Zeitungsartikel zu zwei Jahren Festungshaft verurteilt.

Im Mai 1931 kam Pudowkin wieder nach Hamburg: Er bereitete seinen Film *Der Deserteur* vor.

Sergej Eisenstein in der Karikatur von Isaac Schmidt

Geplant war eine Gemeinschaftsproduktion von Meshrabpom, Moskau, mit Prometheus, Berlin. Die Geschichte spielte in der unmittelbaren Gegenwart. Der Werftarbeiter Karl Renn, durch einen langen, aussichtslos scheinenden Streik zermürbt, resigniert und zweifelt an der Sache des Proletariats. Die Partei schickt ihn als Mitglied einer Delegation in die UdSSR. Er beschließt, dort zu bleiben, treibt als Aktivist die Industrialisierung voran und wird ein vorbildlicher Brigadearbeiter. Als Renn erfährt, sein Hamburger Freund und Genosse ist im revolutionären Kampf gefallen, geht er in die Heimat zurück. Das klingt nach einem simplen Klassenkampf-Epos, doch Pudowkin ging das Projekt anders an. *Der Deserteur* war sein erster Tonfilm, und hier konnte er nun die gemeinsam mit Eisenstein entwickelten Thesen aus dem Manifest praktisch erproben. Bisher hatte der technische Fortschritt nur einen künstlerischen Rückschritt gebracht: Die expressive Bildsprache des Stummfilms wurde aufgegeben, der Naturalismus kehrte zurück. Die sowjetischen Filmkünstler wollten diesen Weg nicht beschreiten: Die Zukunft des Tonfilms liege im kontrapunktischen Gebrauch der visuellen und akustischen Elemente. Die Asynchronität von Bild und Ton wurde zum künstlerischen Prinzip erhoben.

Zuerst machte Pudowkin die Aufnahmen im Hafen: Arbeiter beim Übersetzen. Der Elbtunnel: hier werden die von auswärts herangekarrten Streikbrecher durchgeschleust. Blutige Zusammenstöße zwischen Demonstranten und Polizei auf der Straße. Die Arbeitsvorgänge auf der Werft. Material für Zwischenschnitte: morgens in der Straßenbahn, das Vergnügungsviertel im nächtlichen Lichterglanz, die Hochbahn von schräg unten. Das Filmteam hatte

Wsewolod Pudowkin, Karikatur von Isaac Schmidt

chiven. Selbst in dickleibigen Darstellungen der sowjetischen Filmgeschichte findet *Der Deserteur* keine Erwähnung.

Dabei hat der Film nichts von seiner Sprengkraft eingebüßt. Er verblüfft und irritiert noch heute. Als *Der Deserteur* 1989 im deutschen Fernsehen gesendet wurde, mochte man ihn nicht ohne eine gewisse Vorwarnung zeigen. In zwei Sätzen stellte die Ansagerin Pudowkins Theorie der Asynchronität vor und wandte sich dann direkt an den Zuschauer: »Erschrecken Sie also nicht.«

noch nicht alle Szenen im Kasten, da mußten sie zurückkreisen. Die Dreharbeiten mußten abgebrochen, der Rest in Leningrad aufgenommen werden.

Radikal und virtuos setzte Pudowkin sein ästhetisches Konzept um: Dynamischer Rhythmus und assoziative Montage, kurze, sich überstürzende Bildfolgen, scharfe Schnitte und verfremdete Töne. Wirkung erzielte er durch Konfrontation. Die Tonspur diente nicht als akustische Illustration der im Bild gezeigten Vorgänge, sondern wurde zu einer zweiten Ebene, nach eigenen Gesetzen strukturiert und komponiert wie ein Musikstück. Während der Demonstration ist die Luft erfüllt vom Widerhall verschiedenster Geräusche: Radiofetzen, Autohupen, Hurrarufe, Straßenlärm, das laute Schwirren eines Flugzeugpropellers. Neben solchen Orchesterstücken gab es solistische Einlagen. Ganz am Anfang des Films, frühmorgens am Hafen, eine Sirenen-Symphonie: Sechs Dampfer im Umkreis mehrerer Kilometer tuten. Dann plötzlich ohne Übergang Stille, stumme Sequenzen. *Der Deserteur* ist ein kühnes, wirklich revolutionäres Experiment.

Er stieß auf Ablehnung, wurde als Formalismus gebrandmarkt. Pudowkin habe die volkstümliche Kunstform den »Massen entfremdet und sie zum Privileg eines kleinen Häufleins ästhetisierender Kenner« gemacht. Die Kritik sprach dem Experiment jeden Wert ab. »Das Thema war politisch nicht richtig angefaßt, es fehlte eine klare ideologische Lösung«, heißt es in A. Marjanows Pudowkin-Monographie, »deshalb standen auch die Fehler des Films von vornherein fest.« Der Regisseur mußte Selbstkritik üben, sein Werk verschwand in den Ar-

Willi Bredels Erinnerungen an den Eisenstein-Besuch sind nachzulesen in seinem Buch »Unter Türmen und Masten«, Berlin/DDR und Weimar 1977, S. 316-320. Der eingangs zitierte Brief stammt aus: Hans Michael Bock, »Gegen Schwertergeklirr und Wogenprall!« in: »Vorwärts und nicht vergessen«, a.a.O., S. 312-316; dort auch weitere Dokumente zur Hamburger Ortsgruppe des Volksfilmverbandes. – »Panzerkreuzer Potemkin« wurde am 16.5.1926 im »Hamburger Echo« besprochen; die Verbotsforderung von General a.D. Hellfritz stand in den »Hamburger Nachrichten«, 15.5.1926. Auszüge aus Rezensionen der bürgerlichen Presse, polemisch kommentiert, publizierte die »Hamburger Volkszeitung«, 19.5.1926. – Von den Akten der Politischen Polizei aus der Zeit der Weimarer Republik sind nur jene Berichte zugänglich, die an die Bremer Kollegen geschickt wurden. Die zitierten Passagen stammen aus dem Lage-Bericht Nr. 4, datiert 31.12.1929. Der Presse-Resonanz auf die Veranstaltung widmete der Volksfilmverband ein Flugblatt; Wiederabdruck in der Sammlung »Film und revolutionäre Arbeiterbewegung in Deutschland 1918-1932«, a.a.O., Bd. II, S. 297f. Einen eigenen Bericht über die Veranstaltung brachte das Verbandsorgan »Film und Volk«, 1929, Heft 9/10; die Zeitschrift liegt als Reprint vor (Köln 1975). – Der Kassenbericht der Hamburger Ortsgruppe in: ebd., 1929, Heft 11/12. Die genannten Mitglieder des Ehrenausschusses (und weitere Namen) in: »Hamburger Volkszeitung«, 19.3.1928. Die Angaben wurden vom Kriminalobersekretär Lüthje am 23.3.1928 überprüft und bestätigt (Akten der Gewerbepolizei). Über die Haltung der SPD zum Volksfilmverband vgl. Jürgen Kinter, »Arbeiterbewegung und Film (1895-1933)«, Hamburg 1985, S. 257-260. – Bredels Erklärung, was das Wesentliche beim Film sei, stammt aus dem Artikel »Das größte Filmwerk«, in: »Hamburger Volkszeitung«, 5.4.1928; Wiederabdruck in: ders., »Publizistik«, Berlin/DDR und Weimar 1976, S. 54-56. – Pudowkin schildert seine Methode der Asynchronität am Beispiel von »Der Deserteur« in seinem Buch »Über die Filmtechnik«, Zürich 1961, S. 215-238. A. Marjanow, »Pudowkin. Kampf und Vollendung«, erschien deutsch Berlin/DDR 1954 (Zitate S. 264, 268). Für die Korrektur einiger Daten ist Thomas Tode zu danken.

Morgen beginnt das Leben

Die späte Wiederentdeckung des Regisseurs Werner Hochbaum

Eine Faust, eine rote Fahne und der Unterschied zwischen Bouillonkeller und Köminsel. Eine Razzia auf St. Pauli wird verboten, ein Regisseur kaltgestellt, und morgen ist übermorgen.

Kurz vor dem Happy End: »Ein Mädchen geht an Land« mit Elisabeth Flickenschildt, Herbert A. Böhme u.a.

Ein Hamburger ›Russen‹-Film« war die Vorankündigung im »Anzeiger« überschrieben. Den Hintergrund bildete der Hafenarbeiter-Streik im Winter 1896; statt Schauspieler agierten Laien: Die Arbeiter spielten sich selbst, die älteren hatten am Kampf noch teilgenommen. Proletarisches Milieu, authentisch dargestellt – die Methode war von sowjetischen Meistern abgeguckt. Russenfilm hieß auch: Bildmontage und dynamischer Erzählrhythmus, entfesselte Kamera. Hier ein exemplarischer Ausschnitt des Films: Zwischentitel »Weihnachten«, ein steinerner Löwenkopf, ein Mann mit einem »Streik«-Plakat. Schiffe im Hafen, Barkassen im Fleet; Eisschollen treiben im Wasser, sonst rührt sich nichts. Blick durchs Fenster in eine Wohnung: Eine alte Frau schmückt den Weihnachtsbaum, ein kleines Mädchen schaut zu; ihre Mutter liegt krank im Bett. Der Mann kommt, will das Glitzerzeug herunterreißen, läßt es dann aber – mit Blick auf das Kind – bleiben. Überblendung: Großaufnahme »Verhaftungs-Befehl«. Die Polizisten (mit Pickelhaube) rücken aus. Wieder bei der Familie: Man sitzt bei Tisch, es gibt Fisch und Kartoffeln. Die Polizisten platzen herein. Der Arbeiter leistet Widerstand, dabei fällt der Weihnachtsbaum um, der Christengel liegt am Boden. Während des Kampfes schlägt der Mann auf einen aus der Wand ragenden Nagel, der seine Hand durchbohrt. Im Polizeigriff wird er abgeführt und zur Wache gebracht; dort ist er nicht der einzige. Überblendung auf die Kaiser-Wilhelm-Büste.

Brüder hatte am 28. April 1929 Uraufführung in den Schauburgen. Der eine ist klassenbewußter Arbeiter, der andere Polizist. Dieser läßt den Bruder durch die Hintertür entkommen und quittiert den

Dienst. Das Streikkomitee beratschlagt. Es klopft – Polizei steht vor der Tür, will den flüchtigen Rädelsführer wieder festsetzen. Die Arbeiter sehen sich an. Zwischentitel: »Wir schützen dich«, Großaufnahme: eine Arbeiterfaust. Doch der Mann lehnt ab, er geht mit. Später in der Zelle: Die Frau besucht ihn, steckt ihm heimlich etwas zu. Ein Zeitungsausriß (aus dem »Echo«): Der Streik mußte nach elf Wochen abgebrochen werden. »Bei dem Ringen hat nicht das Recht, sondern die Macht gesiegt.« Trotz alledem, der Kampf war nicht umsonst: Am Schluß steigt eine (handkolorierte) rote Fahne empor und flattert im Wind. Kreisblende, Ende. Ein politisches Lehrstück, das die Niederlage nicht verschwieg, aber eine bessere Zukunft verhieß. »Die rote Fahne und ein bißchen Propaganda für das ›Echo‹, das sich damals noch nicht sein kleines Bürgerbäuchlein angemästet hatte, beenden als Apotheose diesen Aufguß Eisensteinscher Konsistenz«, meinte der konservative »Hamburgische Correspondent« und gab Entwarnung: »Der deutsche revolutionäre Film hat ganz bestimmt noch gute Weile. Eine mißratene Schwalbe macht noch keinen Sommer und ein Hochbäumchen noch lange keinen Eisenstein!«

Werner Hochbaum hatte Kritiken im »Echo« veröffentlicht, wobei er häufig prinzipielle Fragen anschnitt: Er schrieb über »Filmprobleme« und die »Filmkrisis«, über »Idee und Praxis. Was man im Kino nicht mehr sieht«, über Kinder vor der Kamera, die Arbeit im Kollektiv und das »Spiel mit dem Requisit« (das Chaplin in *Goldrausch* mustergültig vorexerziert habe). Leben konnte man von solchen Artikeln nicht; Hochbaum schlug sich mühsam durch. »Ich weiß nicht, wie er sich über Wasser gehalten hat«, erinnerte sich der »Echo«-Redakteur Heinrich Braune. »Es war meist so, daß er vorbeikam, kettenrauchend, mit nikotingelben Fingern, und sagte: Ich muß endlich mal wieder was zu Mittag essen.«

Braune verschaffte ihm die ersten Kontakte. Für die SPD drehte Hochbaum mehrere Filme, die im Wahlkampf eingesetzt wurden. *Vorwärts* zeigte Bilder vom Hamburger Gewerkschaftskongreß. *Wille und Werk* strich die Vorzüge des sozialdemokratisch regierten Altona heraus und prangte die Kieler Mißwirtschaft an; bei den Dreharbeiten im Kriegshafen wurden die Filmleute verhaftet. *Zwei Welten* kontrastierte das Proletarier-Dasein (die Arbeiter-Szenen wurden aus *Brüder* genommen) mit dem Leben der Reichen (probeweise legte ein Industrieller in diesem Film von 1929 schon einmal die Armbinde mit dem Hakenkreuz an). Auch *Brüder*

Werner Hochbaum

Der eine ist Polizist, der andere Streikführer der Hafenarbeiter: »Brüder« von Werner Hochbaum, gedreht mit Laiendarstellern

war kein Produkt der Filmindustrie und für eine Gegenöffentlichkeit bestimmt: Finanziert wurde der Film vom Deutschen Verkehrsverein, der Hafenarbeiter-Gewerkschaft; die Idee stammte von Adolph Kummernuss, dem späteren ÖTV-Vorsitzenden. Rund 60.000 Zuschauer sahen den Film in den ersten drei Tagen in den Schauburgen; außerhalb Hamburgs lief der Film jedoch nicht in den normalen Kinos. Der Fiuli, der Film- und Lichtbilddienst der SPD, nahm ihn in seinen Verleih; 21 Kopien wurden verkauft, 185 Ausleihen bis Ende des Jahres verzeichnet (Leihmiete für einen Tag 35 Mark, für sechs Tage 100 Mark). Auch der Verkehrsverbund zeigte den Streifen auf seinen Veranstaltungen und verlieh ihn an andere Gewerkschaften; im Jahrbuch 1930 wurden 61 Termine genannt.

Hochbaum gründete 1929 eine eigene Produktionsfirma. Finanzielle Unterstützung erhielt er von einem Bürgerschaftsabgeordneten der SPD, dem Rechtsanwalt Dr. Herbert Pardo. (Ein Name, der immer wieder auftaucht. Pardo war der Hamburger Filmanwalt. Er verhandelte für den Lichtspielerverband mit dem Senat während des Kinostreiks; er vertrat die Ufa, als ihr Antrag, im Ufa-Palast auch Operetten aufzuführen, abgelehnt wurde. In der Emigration half er Arnold Zweig bei »Das Beil von Wandsbek«; nach dem Krieg vertrat er vor Gericht die jüdischen Nebenkläger im Harlan-Prozeß.) Schon 1928 träumte Hochbaum in einem »Echo«-Artikel von einem Hamburg-Film. Ein avantgardistisches Großstadt-Porträt, ähnlich wie Ruttmanns Berlin-Opus, schwebte ihm vor. Der Fluß der Bildfolge sollte den Takt der stampfenden Maschinen aufnehmen, der »rhythmische Schnitt« der rastlosen Arbeit entsprechen und ein einkopiertes Pendel »akustische Assoziationen« (Stummfilm!) auslösen. »Die Aufnahmen werden aus charakteristischen Perspektiven vorgenommen. Die Handelshäuser müssen den Eindruck von Massigkeit und ragender Bedeutung hervorrufen, die Eisenbahnzüge fahren schräge über das Bild, um mit dem ansteigenden Rhythmus in visuellen Beziehungen zu bleiben.« Der Regisseur hatte den Film schon ganz genau im Kopf. Voller Enthusiasmus führte er Journalisten durch das inzwischen verwaiste Vera-Filmstudio und versuchte, sie für sein Projekt zu begeistern. (In dem veralteten Atelier an der Alsterkrugchaussee hatte er für *Brüder* die Szenen auf der Wache inszeniert; die Arbeiter-Wohnung dagegen war »echt«, sie gehörte dem Darsteller.) Eine kleine

Notiz, erschienen August 1930 im Fachblatt »Film-Atelier«, berichtete, demnächst werde im Auftrag der Stadt ein Hamburg-Film gedreht. »Dem Regisseur und Produzenten Werner Hochbaum zur Seite steht als Kameramann Eugen Schüfftan.« Prompt beschwerte sich die Meridian Filmgesellschaft, Hasselbrookstraße 171, beim Senat, daß ein »der Filmindustrie fernstehendes neues Unternehmen« beschäftigt werde. Doch die Meldung war verfrüht, alle Aufregung umsonst: Hochbaum konnte seine Pläne nicht verwirklichen. Hamburg war keine Filmstadt mehr, für einen Regisseur war hier nichts zu holen. Im Sommer 1932 ließ er seine Firma aus dem Handelsregister löschen und ging nach Berlin.

Und kam gleich wieder zurück, um für die Berliner Orbis den Film *Razzia in St. Pauli* zu drehen. Das Buch hatte er selbst geschrieben. Ein Minimum an Handlung: Ein Tag im Leben einer Prostituierten. Ballhaus-Else will den versoffenen Musiker Leo verlassen und mit dem Matrosen Karl abhauen, doch der wird von der Polizei geschnappt. Am nächsten Tag erwacht Else wieder in Leos Bett, und die Welt ist grau wie immer. Draußen marschieren die Hafenarbeiter zur Werft, im Off singt Ernst Busch: »Am Morgen durch die große Stadt, wo Staub statt Tau vom Himmel fällt...« Erneut konfrontierte Hochbaum arm und reich (»So leben die einen. Und so leben die anderen«), aber diesmal verzichtete er auf Agitprop-Töne. Der Film ist eine melancholische Ballade, ein Wechselbad virtuos eingefangener Stimmungen: Tristesse und Euphorie, Sehnsucht und Hoffnungslosigkeit. Unverkennbar, daß der Regisseur vom Kiez fasziniert war. »Man merkte, daß er das Milieu nicht von außen nach innen schilderte, daß es ein Gesinnungsfilm für ihn war«, berichtete Wolfgang Zilzer, der den Kneipenmusiker darstellte. »Wir haben in Hamburg gedreht. Seine Mutter war auch dabei, sie hat, glaube ich, zum Teil das Geld gegeben. Der Film spielte in einer Schifferkneipe, wo ich der Klavierspieler war, und die Leute, die drinsaßen, haben nur sich selbst gespielt.« Angehörige der Unterwelt, Nutten und Zuhälter, aber auch Ordnungshüter, alle machten mit. »Die mitwirkenden echten Ganoven verdarben nichts«, so der »Kinematograph«, »tapfer hielt sich die ebenfalls mitwirkende Hamburger Ortspolizei.« Uraufführung war am 20. Mai 1932 in Berlin, und der »Vorwärts« meinte: »Endlich ließ die Industrie mal wieder eine echte Filmbegabung an die Arbeit kommen.«

Die Hamburger Genossen waren anderer Ansicht, als *Razzia in St. Pauli* eine Woche später in den Schauburgen am Millerntor und am Hauptbahnhof

anlief. Heinrich Braune nahm Hochbaum übel, daß dieser die »Verbindungen, die ihn geistig und filmisch förderten«, gelöst hatte. Das Blatt, für das der Regisseur einst geschrieben hatte, distanzierte sich: »Dieser Film entspringt ganz seiner eigenen Initiative, er steht vor uns als das Produkt eines zu allem bereiten Opportunismus.« Der »Echo«-Redakteur fand Photographie und Musik gut, Regie und Drehbuch nannte er charakterlos – Hochbaums ehemaliger Förderer hatte offenbar noch eine persönliche Rechnung zu begleichen. Ebenfalls ein Verriß in der »Hamburger Volkszeitung«; die Kommunisten hatten mit dem Lumpenproletariat nichts am Hut. (Richtig war jedoch die Beobachtung, daß einige zwielichtige Gestalten »einen Dialekt sprechen, wie er in einem Bouillonkeller an der Spree, aber nicht in einer Köminsel an der Elbe zu Hause ist«. Die Atelierszenen hatte Hochbaum im Berliner Studio gedreht, deshalb wurde in der Kongo-Bar berlinert.) Bei den Rechten fand der Film selbstverständlich keinen Beifall. »Dreimal Heil! So weit sind wir

Eine Frau zwischen zwei Männern: »Razzia in St. Pauli« mit Gina Falckenberg, Wolfgang Zilzer und Friedrich Gnaß

jetzt, daß schon ›echte Ganoven‹ und ›Mädchen aus der Freiheit‹ in Tonfilmen auf der Leinwand mitmimen dürfen«, empörten sich die »Nachrichten«, laut Eigenwerbung »die führende Tageszeitung der großen nationalen Bewegung«. »Was soll das alles? Ist es so nötig, daß die Hamburger Bevölkerung diesen Dreck zu sehen kriegt?«

Morgen beginnt das Leben hieß Hochbaums nächster Film. Aber erst einmal begann die Nazi-Zeit: Der Regisseur wurde mehrfach verhaftet und verhört, *Razzia in St. Pauli* am 7. Dezember 1933 von der Filmprüfstelle verboten.

Nachdem Heinrich George bei *Schleppzug M 17* geholfen hatte, ging Hochbaum nach Wien, wo er *Vorstadtvarieté* drehte. Im Auftrag der Progress Film inszenierte er *Die ewige Maske*; für dieses psychologische Arzt-Melodrama erhielt er eine Auszeichnung bei den Filmfestspielen in Venedig 1935 und 1937 in Amerika den National Board of Review Awards. Daraufhin engagierte ihn die Ufa. Er war nun ein vielbeschäftigter Regisseur: Auf den Zirkusstreifen *Leichte Kavallerie* folgte der Kostümfilm *Der Favorit der Kaiserin*, auf die Komödien *Hannerl und ihre Liebhaber* und *Man spricht über Jacqueline* das Psycho-Drama *Schatten der Vergangenheit*. Im Mai 1938 war er wieder in Hamburg.

In der Ufa-Dramaturgie lag schon lange das Buch *Ein Mädchen geht an Land*, ein Kolportage-Roman von Eva Leidmann. Kein Stamm-Regisseur wollte das Projekt übernehmen. Hochbaum reizte der Stoff wegen des Schauplatzes, und er hatte eine Besetzungsidee: Er holte sich fast ausschließlich filmunerfahrene Schauspieler von den niederdeutschen Bühnen. Vom Ohnsorg-Theater Heidi Kabel, Hans Mahler und Erich Feldt, vom Ernst-Drucker-Theater am Spielbudenplatz Friedrich Schmidt und Bruno Wolffgang, vom Volkstheater in Altona Herbert A. Böhme. Die Hauptdarstellerin war eine Blankeneser Lotsentochter: Elisabeth Flickenschildt.

Die Story war reinste Groschenheft-Poesie. Erna Quandt ist sieben Jahre nicht von Bord gekommen; dann bleibt ihr Verlobter auf See, sie muß das Schiff verlassen und sucht sich in Blankenese eine Stellung bei dem Reeder Sthümer. Dessen Frau, eine lebenslustige Wienerin, ist das genaue Gegenteil von der nüchternen Norddeutschen: Lisa ist leichtlebig, kokett, laszv; Erna grundanständig, mütterlich und gänzlich humorlos. Urkomisch die Szene, wo die Wienerin im todschicken Matrosenanzug vor dem Spiegel sich in Pose wirft. Bis zur Karikatur getrieben Ernas Marotte, jede Situation mit einem maritimen Spruch zu kommentieren. Natürlich bringt sie mit ihrer geraden Art nebenbei auch noch die Ehe der Sthümers ins rechte Lot. Doch auch Erna ist nicht vor Anfechtungen und Enttäuschungen gefeit. Sie gerät an den Heiratsschwindler Jonny Hasenbein, der in der Michaelisgasse ein »Photographisches Atelier« betreibt. Er trifft sich mit ihr am Millerntor, zeigt dem Mädel das nächtliche Hamburg (auch Café Keese inklusive Tischtelefon fehlt nicht). Jonny ist eigentlich kein schlechter Mensch; er hat Skrupel, Erna fachgerecht auszunehmen. Sie stehen vor dem Reisebüro, in der Schaufensterscheibe spiegeln sich ihre Gesichter. Zur See möchte er fahren, seufzt Jonny, dann wäre er den ganzen Schiet los. Aber seine Kumpane setzen ihn unter Druck. Als er verhaftet wird, will Erna in die Elbe. Doch – ersparen wir uns die Nacherzählung – sie wird gerettet, und es gibt ein ordentliches Happy End. Auf der Inhaltsebene erzählt der Film Trivialgeschichte; die Moral ist ebenso bieder wie die zitierten Kalendersprüche von Gorch Fock. Die Bilder sprechen eine andere Sprache. In den Traumszenen, wo das Buddelschiff sich in den fliegenden Holländer verwandelt, in den mit ästhetischer Raffinesse montierten Impressionen aus St. Pauli unterlief Hochbaum die offizielle Ufa-Ideologie.

Ein Mädchen geht an Land fand den Beifall des Führers (Hitler ließ sich alle neuen Filme auf dem Obersalzberg zeigen), wurde aber trotzdem nicht groß herausgestellt. Uraufführung war am 30. September 1938 im Lessing-Theater; zwei Tage zuvor sprach Hochbaum vor der Hamburger Arbeitsgemeinschaft Film in der Universität. Die Besprechungen waren lau: Kritik war abgeschafft und durch »Kunstbetrachtung« ersetzt worden. Mit einer Ausnahme. Die Formulierungen, die Werner Kark im »Tageblatt« benutzte, wichen deutlich ab von dem üblichen Sprachgebrauch im Dritten Reich. Er lobte die »außerordentlich kühnen« Bildmontagen und Traumsequenzen, wertete den Film als ein »typisches Werk des jungen ›Avantgardisten‹« und hob positiv hervor, daß die Flickenschildt so gar nicht der »normierten Schönheit« anderer Ufa-Produktionen entsprach. Karks Rezension läßt aufhorchen. Derart subversive Töne las man damals nicht in den Zeitungen: »Werner Hochbaum hat einen industriellen Auftrag erhalten, den Leidmann-Roman zu verfilmen, und er hat dabei – um einen Ausspruch von Frank Wysbar aus seiner Hamburger Filmrede zu gebrauchen – ein gut Teil künstlerischer Konterbande an das neue Ufer seiner künstlerischen Arbeit hinübergetragen.«

Wysbar hatte, was der Journalist offenbar nicht wußte, Berufsverbot. Hochbaum bekam den Auftrag, einen Propagandafilm herzustellen, dann wurde auch er kaltgestellt: Ausschluß aus der Reichsfilmkammer. Ihm wurde nahegelegt, sich »freiwillig« zur Front zu melden. Der Regisseur landete bei der Veterinär-Kompanie der 163. Infanterie-Division; nach zwei Jahren wurde er 1941, sein Lungenleiden hatte sich rapide verschlechtert, als dienstuntauglich entlassen. Doch Arbeit fand er nicht mehr; unter fremdem Namen verkaufte er Drehbücher.

Gleich nach dem Zusammenbruch des Nazi-Regimes entwickelte er vielfältige Aktivitäten und Initiativen. Er verfaßte programmatische Artikel für die »Tägliche Rundschau« (die Zeitung der Roten Armee), nahm an den Vorbesprechungen zum Aufbau der DEFA teil, gründete zusammen mit Alf Teichs die Produktionsfirma Demo-Film, die noch 1945 zwei Kurzfilme realisierte. Doch die Regie mußte er wegen Krankheit abgeben; auch den antifaschistischen Film *Der Weg im Dunkeln* konnte er nicht mehr verwirklichen. Anfang 1946 sprach er anläßlich der Premiere von *Befreite Musik* über die »Umrisse des heute im deutschen Film Möglichen«. Ein Morgen gab es für ihn nicht: Werner Hochbaum starb am 15. April 1946.

Exakt 44 Jahre nach der Uraufführung tauchte der verschollen geglaubte Film *Brüder* wieder auf: Das Staatliche Filmarchiv der DDR präsentierte ihn in Ost-Berlin, und auch westdeutsche Kritiker waren sich einig: Neben *Kuhle Wampe* und *Mutter Krausens Fahrt ins Glück* ist dies der dritte wichtige Film über Arbeiter in der Weimarer Republik. Langsam kam das Gesamtwerk wieder zum Vorschein. Die Viennale veranstaltete 1976 eine umfangreiche Werkschau, und nun wurde der Regisseur als »genialer Cineast und Streiter für die Filmkunst« gerühmt. Zwei Jahre später Retrospektive im National Film Theatre in London. Die »Times« nannte *Brüder* »a full-length film of astounding maturity and brilliance«. Oder über *Razzia in St. Pauli*: » It is a densely atmospheric re-creation of the sleazy night world of Hamburg in the early Thirties.« Der Neorealismus sei hier grandios vorweggenommen.

Die Filmhistoriker korrigierten ihre Darstellungen: Hochbaum machte posthum Karriere. Und löste eine gewisse Ratlosigkeit aus. Die »Frankfurter Rundschau« fragte: »Was tun mit Entdeckungen?« Die Antwort kann nur lauten: Sie öffentlich zeigen (und nicht in den Archiven verstecken). Das »Metropolis« bringt immer wieder Hochbaum-Filme.

Die Landesbildstelle verfügt über eine Kopie von *Brüder*. *Razzia in St. Pauli* und *Ein Mädchen geht an Land* sind bei der Stiftung Deutsche Kinemathek im Verleih. Für ein Kunstwerk ist es nie zu spät: Morgen beginnt das Leben.

Die wichtigste Sekundärliteratur zu Werner Hochbaum: Peter Spiegel (Hrsg.), »Werner Hochbaum«, Wien 1976. Herbert Holba/David Robinson, »The Enigma of Werner Hochbaum«, in: »Sight and Sound«, 1976, Heft 1, S. 98-103. Ulrich Kurowski, »›Halt es fest, das Glück...‹«, in: »Film- & Ton-Magazin«, 1977, Heft 6, S. 69-73. Manfred Lichtenstein, »Der Filmregisseur Werner Hochbaum«, in: Horst Knietzsch (Hrsg.), »Prisma 9«, Berlin/DDR 1978, S. 263-280. Frank Arnold, »Porträt eines zu Unrecht vergessenen Regisseurs«, in: »Film-Korrespondenz«, 14.4.1981. Lina Schneider: »Wo Staub statt Tau vom Himmel fällt«, in: »Die Zeit«, 30.12.1983. Klaus Kreimeier: »Vaterlandsloser Gesell«, in: »Frankfurter Rundschau«, 13.4.1996. – Die eingangs zitierte Ankündigung von »Brüder« nach dem »Hamburger Anzeiger«, 30.4.1929. Kritiken: ebd., 4.5.1929; »Hamburger Echo«, 27. und 29.4.1929; »Hamburgischer Correspondent«, 30.4.1929; nach der Wiederentdeckung: »Süddeutsche Zeitung«, 25.1.1973; »Frankfurter Rundschau«, 10.2.1973. Ein Interview mit Adolph Kummernuss und die Verleihzahlen bei Jürgen Kinter, a.a.O., S. 302-307. – Über den »Hamburg-Film, der nie gedreht wurde«, vgl. Hans-Michael Bock, a.a.O., S. 308-309. – Kritiken zu »Razzia in St. Pauli«: »Berliner Börsen-Courier«, 21.5.1932; »Berliner Tageblatt«, 21.5.1932; »Der Abend« (Spätausgabe des »Vorwärts«), 21.5.1932; »Hamburger Echo«, 28.5.1932; »Hamburger Nachrichten«, 29.5.1932; »Hamburger Volkszeitung«, 1.6.1932. Das Zitat von Wolfgang Zilzer aus einem Gespräch mit Gero Gandert, abgedruckt in: Stiftung Deutsche Kinemathek (Hrsg.), »Wolfgang Zilzer (Paul Andor)«, Berlin 1983. – Schon vor Drehbeginn wurde in der Lokalpresse über »Ein Mädchen geht an Land« berichtet; vgl. »Hamburger Tageblatt«, 10.3.1938. Drehberichte am 19.5.1938 im »Hamburger Anzeiger« und »Hamburger Tageblatt«. Vor der Premiere ein weiterer Artikel im »Hamburger Anzeiger«, 10.9.1938; über Hochbaums Rede in der Universität berichtete das »Hamburger Tageblatt«, 30.9.1938. Filmkritiken: »Hamburger Nachrichten« und »Hamburger Tageblatt«, beide 1.10.1938; »Deutsche Allgemeine Zeitung«, 14.10.1938. – Ausführlichere Artikel zu den Hochbaum-Retrospektiven in: »Frankfurter Allgemeine Zeitung«, 10.8.1976; »Süddeutsche Zeitung«, 3.3.1977; »Frankfurter Rundschau«, 16.3.1977; »Neue Zürcher Zeitung«, 20.12.1979; »Sonntag«, 26.7.1981. Vita, Biblio- und Filmographie sowie Kurzessay im Filmlexikon »Cine-Graph«, München 1984.

Kinos in Hamburg 1930

Alster-Lichtspiele, Alsterdorfer Str. 62-64
Alstertal-Lichtspiele, Ratsmühlendamm 17
Alte Blumenburg, Hoheluftchaussee 117
Apollo-Theater, Süderstraße 56
Astra-Theater, Müggenkampstraße 4
Atlantik-Theater, Steindamm 22
Bach-Theater, Bachstraße 72
Balkes Lichtspiele, Hamburger Straße 170
Burgtheater, Billhorner Röhrendamm 79-83
Capitol-Lichtspiel-Theater, Hoheluftchaussee 52
Central-Theater, Eimsbütteler Chaussee 63
Central-Theater, Wandsbeker Chaussee 162
City-Theater, Steindamm 9
Colosseum-Lichtspiele, Süderstraße 81
Elite-Theater, Steindamm 32/34
Elysium-Theater, Gärtnerstraße 92
Emelka-Palast, Osterstraße 124
Europa-Palast, Am Markt 28
Ferry-Theater, Spielbudenplatz 23/25
Hammer Lichtspiele, Mittelstraße 75
Hammonia-Theater, Alter Steinweg 73/77
Hansa-Lichtspielbühne, Steindamm 51
Hansa-Lichtspiele, Grevenweg 131
Hanse-Lichtspiele, Wandsbeker Chaussee 68/74
Harvestehuder-Lichtspiele, Eppendorfer Baum 35
Kaiser-Theater, Eppendorfer Weg 33
Kammer-Lichtspiele, Grindelallee 6-8
Kino-Palast, Billhorner Röhrendamm 168
Knopf's Lichtspielhaus, Spielbudenplatz 19-20
Lessing-Theater, Gänsemarkt 46a
Lichtspiele am Zoll, Bramfelder Straße 42
Metropol-Lichtspiele, Mittelstraße 17
Merkur-Theater, Scharsteinweg 6/8
Millerntor-Theater, Millerntorplatz 1
Mühlenkamp-Lichtspiele, Mühlenkamp 34
Neues Reichstheater, Neuer Steinweg 70/71
Odeon-Lichtspiele, Hamburger Straße 181
Ose-Palast, Hamburger Straße 5
Palast-Theater, Hamburger Straße 5/9
Passage-Theater, Mönckebergstraße 17
Piccadilly-Lichtspiele, Mittelstraße 45
Reform-Kino, Wexstraße 5
Reichs-Theater, Fruchtallee 136
St. Georg-Theater, Lange Reihe 29
Scala-Lichtspiele, Fuhlsbüttler Straße 118
Schauburg am Hauptbahnhof, Mönckebergstraße 6 und Spitalerstraße 7

Schauburg am Millerntor, Reeperbahn 1
Schauburg Barmbeck, Dehnhaide 91/95
Schauburg Hamm, Hammer Landstraße 12
Schauburg Hammerbroock, Süderstraße 73/77
Schauburg-Nord, Fuhlsbüttler Straße 165
Schauburg Uhlenhorst, Winterhuder Weg 106
Thalia-Lichtspiele, Grindelallee 116/118
Theater am Nobistor, Reeperbahn 161
Theater-Blumenburg, Hoheluftchaussee 97
Tivoli-Lichtspiele, Fischerstraße 584
Tivoli-Lichtspiele, Billhorner Röhrendamm 121
Ufa-Palast, Valentinskamp, Deutschlandhaus
Union-Theater, Spielbudenplatz 8
Urania-Theater, Heußweg 30
Victoria-Theater, Lockstedter Weg 41-43
Viktoria-Lichtspiele, Hammerbrookstraße 76
Walhalla-Lichtspiele, Weidestraße 148
Waterloo-Theater, Dammtorstraße 14

Kinos in Altona 1930

Alt-Heidelberg-Lichtspiele, Große Gärtnerstraße 5/7
Altonaer Lichtspiele, Bürgerstraße 68-70
Belle-Alliance-Theater, Schulterblatt 115
Bio-Theater, Große Roosenstraße 32/34
Central-Theater, Große Bergstraße 125/127
Elite-Theater, Bahrenfelder Straße 134
Hansen-Kino, Schulterblatt 49
Helios-Theater, Große Bergstraße 11/15
Holsten-Theater, Holstenstraße 139
Kursaal-Lichtspiele, Schulterblatt 155
Lichtburg, Adolfstraße 93
Münzburg-Lichtspiele, Große Johannisstraße 87
Ottensener Lichtspiele, Papenstraße 17
Tosca-Lichtspiele, Holländische Reihe 38

Kinos in Wandsbek 1930

Harmonie-Lichtspiele, Hamburger Straße 38-39
Kristall-Palast, Lübecker Straße 39
Schauburg, Hamburger Straße 7
Union-Kino, Feldstraße 148

(Quelle: Jahrbuch der Norddeutschen Filmindustrie)

Volksgenossen – ins Kino!

Die Filmstadt in der Nazi-Zeit

Morgenrot im Ufa-Palast. Wasser hat Balken, und Witze über Germanen sind nicht erlaubt. Der Bügermeister besucht einen Kameradschaftsabend mit Filmleuten und befreundet sich mit Veit Harlan. Das Schauspielhaus wird zum Kino und tritt damit in den Kriegsdienst ein. General Knochenhauer lädt zur Filmpremiere.

Der Ufa-Palast im Fahnenschmuck: Gegeben wird »Olympia, Der II. Teil – Fest der Schönheit« von Leni Riefenstahl

U-Boot-Krieg im Ufa-Palast. Man ist in eine U-Boot-Falle der Engländer geraten, es stehen nicht genügend Tauchretter zur Verfügung – Kapitänleutnant Liers und der Erste Offizier sind bereit, mit dem Schiff unterzugehen. Alle oder keiner, die Mannschaft lehnt ab. Über so viel Opferbereitschaft gerät der Erste Offizier ins Schwärmen: »Solche Menschen! Ich könnte zehn Tode sterben für Deutschland, hundert!« Liers ist dagegen die Haltung der Kameraden suspekt: »Zu leben verstehen wir Deutsche vielleicht schlecht, aber sterben können wir fabelhaft.«

Morgenrot hieß der Ufa-Film, der die Legende vom heroischen U-Boot-Krieg in suggestiven Bildern feiert, aber auch die Fragwürdigkeit des Heldentodes thematisiert. Die Uraufführung des Films, dessen Titel plötzlich eine neue Bedeutung gewann, fand zwei Tage nach der Machtergreifung statt. Bei der Premiere in Berlin saß der Führer neben Minister Hugenberg, dem die Ufa gehörte. In Hamburg kam *Morgenrot* am 16. Februar 1933 heraus, Rudolf Forster, der Darsteller von Kapitänleutnant Liers, war anwesend. Noch war die Presse nicht gleichgeschaltet. Der bürgerlich-liberale »Hamburger Anzeiger« begann seine Kritik süffisant: »Die Ufa bringt in jedem Jahr einen sogenannten nationalen Spitzenfilm heraus, womit sie nach einem anstrengenden Dienst am Amüsierbedürfnis des Publikums ihre politische Pflicht erfüllt.« *Yorck* im Vorjahr sei weit besser gewesen als *Morgenrot*. Die Hamburger strömten in die Schauburg St. Pauli oder ins Waterloo-Theater, wo der amerikanische Großfilm *Menschen im Hotel* lief, eine Verfilmung des Romans von Vicki Baum mit Greta Garbo und Joan Crawford. Nach drei Tagen bereits 20.378 Besucher: *Menschen im Hotel* wurde verlängert, während *Morgenrot* in die kleineren Ufa-Kinos wanderte, um im Ufa-Palast der Tonfilm-Operette *Ich und die Kaiserin* – Regiedebut des jüdischen Filmkomponisten und Kabarettisten Friedrich Hollaender – Platz zu machen.

Die Kinobesitzer hatten Sorgen, sie trafen sich am 23. Februar 1933 in der Detaillistenkammer. »Hamburg berät«, berichtete das Branchenblatt »Film-Kurier« von der Sitzung. Hitler war seit drei Wochen Reichskanzler, in zwei Wochen war Reichstagswahl. Der Wahlkampf fand auch in den Filmtheatern statt. »Es steht natürlich jedem Theaterbesitzer frei, ob und an wen er sein Theater für Veranstaltungen vermieten will, doch riet Herr Steigerwald seinen Kollegen, immer mit größter Überlegung zu handeln und besonders bei politischen Parteien keine zu bevorzugen, sondern in solchen Fällen jeder Partei sein Theater zu immer gleichen Vermietungsbedingungen zu überlassen.« Schöne Worte, an die sich keiner der Versammelten hielt. Hermann Urich-Sass hatte seine Schauburgen der revolutionären Linken geöffnet, Hans Struckmeyer spielte im Passage-Kino Nazi-Filme, und Hugenbergs Ufa-Kinos unterstützten nach Kräften die Deutschnationalen. Am 3. März 1933 veranstaltete der Ufa-Palast eine »Vaterländische Feierstunde« für die Kampffront Schwarz-Weiß-Rot. Die Vorführung von politischen Filmen in den regulären Vorstellungen sollte, so lautete der Beschluß, in Zukunft von Hamburger Kinobesitzern abgelehnt werden. Einig war man sich in der Empörung über die unliebsame Konkurrenz: Im Gewerkschaftshaus wurden sonntags attraktive Spielfilme wie *Der blaue Engel* gezeigt und zwar zu Eintrittspreisen zwischen 10 Pfennig (mittags) und 30 Pfennig (abends): immer ausverkauft, kein Wunder, dagegen wollte man vorgehen. Wie bei jeder Versammlung wurde lamentiert über die Lustbarkeitssteuer, wobei »der Hoffnung Ausdruck gegeben wurde, daß die jetzige Regierung sich der Nöte des Lichtspielgewerbes nicht verschließen werde«.

Ein Jahr später traf man sich wieder in der Detaillistenkammer, diesmal im Großen Saal. Vor Beginn der Sitzung gab es Marschmusik, gespielt von der Standartenkapelle 43. Der Berichterstatter des Branchenblattes lobte die neue Zeit: »Man steht heute nicht mehr wie früher bei solchen Versammlungen in Gruppen und Grüppchen ›meckernd‹ und unzufrieden und gelegentlich kleine Hetzreden vom Stapel lassend beisammen, heute herrscht ein anderes Bild. Der Wille zur Gemeinschaft war zu spüren, man hatte trotz der noch nicht überwundenen Schwere der Sorgen zukunftsfrohe Gesichter, man sprach über das tatkräftige Eintreten der Reichsregierung für den Film und über den in Aussicht gestellten Fortfall der Lustbarkeitssteuer. Mit Beifallsklatschen wurden bei ihrem Eintreten die Reichsverbandsführer und der Vorstand des Landesverbandes begrüßt.« Der erste Vorsitzende hieß Hans Struckmeyer: Er hatte schon vor der Machtergreifung Nazi-Filme im Passage-Kino gespielt, er brauchte sich nicht umzustellen. Der Redner pries die »positive Mitarbeit des Staates«, wie sie die neuen Gesetze vorsahen, es folgte das Treuegelöbnis zum Führer, und mit Deutschland- und Horst-Wessel-Lied ging die Versammlung der Kinobesitzer zu Ende.

Die neuen Machthaber waren dem Medium aufgeschlossen: Sie wußten den Film als Instrument zur Beeinflussung der Massen einzusetzen. Propagandafilme waren die Ausnahme, mit scheinbar unpolitischen Unterhaltungsfilmen wurde die Bevölkerung bei Laune gehalten. Der Hamburger Filmball, in den vergangenen Jahren eher eine trostlose Veranstaltung, auf der die angekündigte Prominenz nicht erschien, wurde ab 1936 neu belebt und als großes Volksfest organisiert. Die Reichsfachschaft Film sorgte dafür, daß die Stars wirklich kamen: Lida Baarova und Henny Porten, Harry Piel und Theo Lingen, Gustav Knuth und Willy Birgel. »Der Filmschauspieler unserer Zeit will nicht mehr als Volksgenosse sein, und es liegt nur in der großen Linie zum wirklichen Volksfilm, daß sich der tägliche Kinobesucher und der Darsteller der Leinwand nun auch einmal persönlich kennenlernen«, erläuterte Reichsfachschaftsleiter Carl Auen im »Anzeiger«. Zum Filmball, der im Hotel Atlantic stattfand, gehörte auch eine Sondervorführung für das Winterhilfswerk im Ufa-Palast, »bei der die Berliner Gäste nicht nur anwesend sein werden, sondern sich mitten zwischen die vom WHW geladenen Volksgenossen setzen werden«. Gezwungen ungezwungen ging es zu, die Fans sammelten Autogramme (und hofften auf einen Tombola-Gewinn), die Lokalpresse jubelte.

In einer Matineeveranstaltung im April 1934 stellte die Ufa ihren neuen Kulturfilm *Wasser hat Balken* vor. Der Film war in Zusammenarbeit mit der Hapag entstanden, und einleitend berichtete der Ufa-Vertreter auf der Veranstaltung von den vielfachen technischen Schwierigkeiten, die zu überwinden waren. Von den politischen Auseinandersetzungen im Hintergrund sagte er nichts. Die Kammer für Filmwertung hatte das beantragte Prädikat »volksbildend« verweigert. Offiziell moniert worden war die Betonung des Luxuslebens an Bord. Mit Rückendeckung des Bürgermeisters Krogmann wurde der Hamburgische Vertreter beim Reich vorstellig: Es entspreche keineswegs der »nationalsozialistischen Weltanschauung, wenn man dem schlimmsten deutschen Erbfehler, dem Brotneid, glaubt, Konzessionen machen zu müssen«. Der Hapag ging es darum, Komfort und Luxus ihrer Passagier-Dampfer herauszustreichen, schließlich wollte man die gut betuchten Touristen gewinnen – der Kulturfilm war ein verkappter Werbefilm. Man müsse international konkurrenzfähig bleiben, argumentierte der Hamburger Lobbyist und machte detaillierte Vorschläge, wie ohne große Kosten der Film gerettet werden könnte. Die Szene, wo Passagiere in der III.

Auf Feindfahrt gegen Engelland: »Morgenrot« von Gustav Ucicky

UFA-PALAST

FILM- UND VARIETÉ-PROGRAMM

Attraktion des Ufa-Palastes: Varieté-Programme

Klasse beim Frühstück gezeigt werden, sollte einen neuen Satz erhalten: »Aber auch dem kleinen Mann, dem deutschen Auswanderer, bietet das deutsche Schiff um wenig Geld liebevolle Aufnahme.« In der Ballszene I. Klasse wurde eine Rechtfertigung eingeschoben: »Das Wohl unserer Wirtschaft verpflichtet die deutsche Schiffahrt, den Ansprüchen der eleganten Welt in jeder Weise zu genügen.« Neu eingefügt wurden Bilder von der Hakenkreuzflagge – am Bug, denn am Heck hing allein die Landesflagge. Die Schwierigkeiten wiederholten sich bei anderen Hapag-Filmen. Die Reederei geriet mit ihren Reisefilmen immer wieder in Konflikt mit den Machthabern: Fernweh und Weltoffenheit paßten kaum zur propagierten Heimatliebe und Schollenverbundenheit.

Das Varieté-Programm vor der Filmvorführung gehörte zu den Attraktionen des Ufa-Palastes. Man konnte dem Hansa-Theater Konkurrenz machen: die Hudson-Wonders (vierzehnjährige Wunderkinder) Smoll (Rollschuh auf Händen), Presco & Campo (Exzentriker), Lai Foun (asiatische Artistik), Little Esther (»Der kleine Negerstar«), die Singing Babies (kein Kommentar) usw. Artisten sind ein internationales Völkchen, schon die Künstlernamen haben den Reiz des Exotischen – trotzdem sollten es

während der Nazizeit arische Volksgenossen sein. Für jeden Künstler mußte zuvor bei der Gewerbepolizei die Auftrittserlaubnis eingeholt werden, und die Durchsicht der Akten raubt einem manche Illusion. Die Geschwister Swenson z.B. entpuppen sich als Charlotte und Bianca Knopfnatel, geboren in Neukölln.

Obwohl die Operetten-Konzession nie erteilt wurde – die Ufa unternahm ebenso regelmäßige wie erfolglose Vorstöße –, kam es vor, daß man auf den Film ganz verzichtete, den Abend als Modenschau aufzog oder Dom-Buden aufbaute. So auch im April 1935. »Varieté in Reinkultur, ein kleiner Film als Vorspiel nur«, reimte der Rezensent im »Film-Kurier«. Er meinte, versehentlich in einen Jahrmarktsrummel hineingeraten zu sein. »Das sonst so seriöse Ufa-Sinfonie-Orchester marschierte als ›Herrenpartie‹ in den Zuschauerraum. Kein Tonfilm läuft ab, das köstliche Panoptikum einer Kintoppschau von Anno dazumal mit Erklärer und Klaviermusik erzeugt zwerchfellerschütterndes Lachen. Anschließend wirbelt ein buntes, vielseitiges, tempoerfülltes und auf einem artistisch hohem Niveau stehendes Varieté-Programm vorüber, das den Besucher kaum zum Atmen kommen läßt.«

Doch nicht allen gefiel der April-Scherz. NSDAP-Ortsgr. Prop. Leiter O. Braun schrieb an die Gau-Propagandaleitung und legte das Programmheft bei. Man möge doch einmal die Seite mit dem Foto von Violet, Ry und Norman aufschlagen: »Ohne über die Rassenzugehörigkeit zu sprechen, darf gesagt werden, daß der Gesichtsausdruck des Partners nicht gerade anständig ist.« Überhaupt würden sich die Herren Künstler durch das Programm »jüdeln«. Besonders mißfiel dem Nazi der Auftritt von Hugo Fischer-Köppe. »Er erscheint nach No. 5 des Programms mit langwallendem Germanenbart, persifliert Hermann den Cherusker und erzählt zur Erheiterung des anwesenden Publikums von den alten Germanen und ihrem Leben, welches nach seiner Ansicht darin bestand, daß diese große Mengen Meth tranken, im übrigen auf der faulen Bärenhaut lagen, was nach seiner Meinung ja bekannt sein dürfte, und zuweilen den Wald, das Feld und ihre Frauen bestellten.« Statt dieser Verhöhnung der Stammväter, empörte sich der Parteigenosse, solle man lieber einmal den Film *Altgermanische Bauernkultur* vorführen. Der Beschwerdebrief blieb nicht ohne Folgen. Zwei Tage später konnte Oberregierungsrat Jansen melden: »Auf das gefl. Schreiben vom 11. April 1935 teile ich ergebenst mit, daß ich die beanstandeten Darbietungen von Violet, Ray & Norman und Fischer-Köppe bereits inzwischen

Ufa-Palast: Die Bühne war groß genug für Ballett- und Kabarettauftritte

unterbunden habe.« Denunziationen mußte jeder Kinobesitzer fürchten; der Sonderstreifendienst der Hitler-Jugend z.B. »überholte« regelmäßig die Kinos und machte der Polizei Meldung.

Trotz Gleichschaltung wurde bis Kriegsbeginn einigen Filmtheatern eine Sonderstellung zugestanden. Im Waterloo-Theater am Dammtor liefen MGM- und Paramount-Filme, der neueste Fall des »Dünnen Mannes« ebenso wie *Broadway-Melodie 1938*, hier gab es regelmäßig die Fox-Wochenschau und im Programmheft auf der Rückseite zur Legitimation einen Artikel »Der amerikanische Film in der deutschen Wirtschaft«. »A typical German programme« dagegen beschrieb Winifred Holmes in der Londoner Zeitschrift »Sight and Sound«. Auf der Durchreise war der Engländer im Hamburger Ufa-Palast gelandet, hatte Werbe-, Aufklärungs- und Kulturfilme, die Deutsche Wochenschau und den Zarah-Leander-Film *Der Blaufuchs* über sich ergehen lassen und war zu dem Schluß gekommen: »So it seems as if the two worlds of political thought – Dictatorship and Democracy – will have to remain separated even in the universal medium of the screen.«

Die Kinos waren ausverkauft, doch die Volksgenossen blieben unter sich: Der deutsche Film hatte sich selbst isoliert. Die kreativsten Köpfe, Schauspieler, Regisseure und Kameraleute, durften nicht mehr beschäftigt werden und wurden in die Emigration getrieben; die deutsche Filmindustrie, die vor kurzem noch Hollywood Paroli geboten hatte, lieferte nur noch Mittelmaß. Vergleiche konnte aber niemand mehr anstellen, denn ausländische Produktionen wurden kaum noch im Lande gezeigt.

Vermischte Meldungen aus dem Filmjahr 1938: Nachdem die Uraufführung am Geburtstag des Führers in der Reichshauptstadt stattgefunden hatte, folgte am 1. Mai die feierliche Hamburg-Premiere von Leni Riefenstahls *Olympia*-Film im Ufa-Palast; anwesend waren Reichsstatthalter Kaufmann und Bürgermeister Krogmann, General Knochenhauer sowie die Hamburger Olympia-Teilnehmer.

Juni: »Auf der Alsterseite, gegenüber dem Hotel Vier Jahreszeiten, sammelten sich die neugierigen Hamburger und ließen den Eingang nicht aus den Augen. Nicht häufig haben die Einwohner der Hansestadt die Gelegenheit, Filmleute bei der Arbeit zu sehen.« Erich Waschneck drehte *Zwischen Hamburg und Haiti*, erste Szene: Gustav Knuth und Gisela Uhlen lernen sich im Alsterpavillon kennen.

Anzeige im Hamburger Tageblatt vom September 1938

August: In der Barmbeker Bachstraße wurde der Olympia-Palast eröffnet – 1912 als Bach-Theater gegründet, als Primus-Palast fortgeführt und nun nach völligem Umbau vom Gauobmann der Deutschen Arbeitsfront eingeweiht.

September: Uraufführung von *Schatten über St. Pauli*, Gustav Knuth diesmal als Barkassenführer, in einer Nebenrolle als aufgeweckter Junge Klaus Detlev Sierck – sein Vater hatte sich zu dieser Zeit schon aus Deutschland abgesetzt. Ende des Monats eine zweite Uraufführung: *Ein Mädchen geht an Land*. Die Hamburger Ufa lud die Presse zu einer Zusammenkunft mit Regisseur Werner Hochbaum in den Club »Blauer Peter«.

November: Luis Trenker sprach in Hamburg vor zweitausend Arbeitern über seine Filmarbeit, Wolfgang Liebeneiner dozierte im Waterloo-Theater über das Wesen des deutschen Films. Am 12. November erließ Goebbels eine Verordnung: Juden dürfen keine Kinos mehr besuchen. »Übertretungen ziehen für die Veranstalter und besonders für die Juden schwere Strafen nach sich.« In deutsche Kinos konnten sie sich nicht mehr wagen, es blieb ihnen nur die Filmbühne im Jüdischen Gemeinschaftshaus (den heutigen Kammerspielen), bis Ende 1941 auch diese letzte Zufluchtstätte von den Nazis geschlossen wurde.

Bürgermeister Carl Vincent Krogmann, mit weniger Macht und Kompetenz ausgestattet als der Gauleiter und Reichsstatthalter Kaufmann, umgab sich gern mit Filmschaffenden. Sein Tagebuch liegt im Staatsarchiv. »Nachmittags Presseempfang im Streit's Hotel für den Filmregisseur Veit Harlan und seine Mitarbeiter, u.a. seine Frau Kristina Söderbaum und Irene von Meyendorf. Die Schauspieler sind in Hamburg, um Szenen für die Farbfilme *Immensee* und *Opfergang* zu drehen«, notierte er am 23. Oktober 1942. Die beiden Farbfilme wurden – aus Kostengründen – parallel gedreht, u.a. am Dovenfleet. Zehn Tage später, am 2. November, gab es wieder einen Premierentermin: *Die Entlassung* im Ufa-Palast, anschließend Empfang im Hotel Vier Jahreszeiten. »Als Vertreter des Gauleiters Kaufmann begrüßte Bürgermeister Krogmann die Gäste herzlich und würdigte die eindrucksvolle Behandlung der Persönlichkeit Bismarcks.« Das höchste deutsche Prädikat »Film der Nation« hatte Propagandaminister Goebbels dem Film Wolfgang Liebeneiners zuerkannt. Was Krogmann wirklich von dem groß herausgestellten Historienfilm hielt, vertraute er dem Tagebuch an: »Ich finde den Film reichlich grob. Vielleicht ist es aber für die große Masse des Publikums das richtige.«

Im Sommer 1943 gab es in Hamburg über 100 Kinos, nach den Bombennächten Ende Juli nur noch zwanzig. Hamburg lag in Schutt und Asche. »Auch das kleine Kino an der Ecke bei der Straßenbahnhaltestelle ragte mit rußgeschwärzten Mauern tot und leer in den falben Abendhimmel. Die Schaukästen waren zersplittert, im Zuschauerraum lag hoher Brandschutt, und die Wand, die jahrzehntelang Verzauberung ausgestrahlt hatte, war nackt und ausgeglüht.« Bernhard Meyer-Marwitz trauerte nach der Bombardierung im »Hamburger Anzeiger« seinem Vorstadtkino nach. In der Innenstadt waren nur drei Kinos – Ufa-Palast, Passage und Urania – übrig geblieben, sie begannen Mitte August wieder

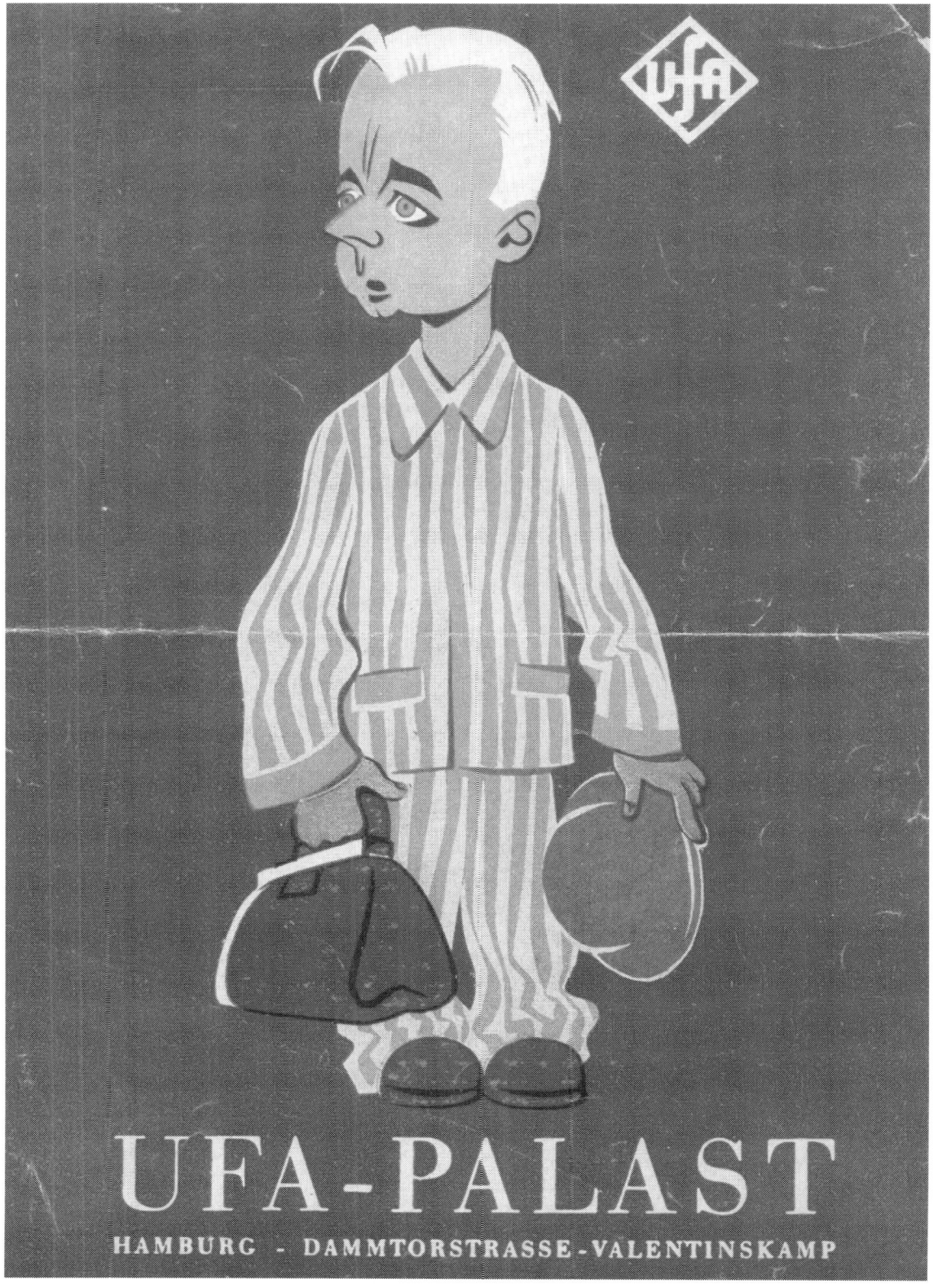

UFA-PALAST

HAMBURG · DAMMTORSTRASSE · VALENTINSKAMP

Werbezettel des Ufa-Palastes von 1941: Heinz Rühmann als Gasmann Knittel in Carl Froelichs »Der Gasmann«

zu spielen. Die Zeitungen, zu dünnen Notausgaben geschrumpft, brachten fast täglich die Rubrik »Blick in den Kino-Spielplan«: Der Betrieb wurde unter allen Umständen aufrecht erhalten, die Nazis hatten erkannt, wie wichtig der Film gerade in diesen Zeiten war.

Im September/Oktober 1943 fanden die Dreharbeiten zu *Große Freiheit Nr. 7* statt. Der Bürgermeister ließ es sich nicht nehmen, die Aufnahmen bei Sagebiel zu besuchen und anschließend mit Hans Albers, Ilse Werner und Regisseur Käutner essen zu gehen. Die Dreharbeiten, speziell die Barkassenfahrt im Hafen, gestalteten sich schwierig. Aus den Tagesberichten des Produktionsleiters: »Donnerstag, 2.12.1943. Einstellung 449: Da um 10 Uhr 55 Fliegerwarnung mit Vernebelung, konnten die Aufnahmen erst um 13 Uhr begonnen werden. Die Aufnahmen wurden um 14 Uhr 30 abgebrochen, da durch überkommene Welle schwerer Schaden an Stativ und Kamera. Filmverbrauch: 250 m.« Ursprünglich waren 94 Drehtage kalkuliert; am 4. Dezember, inzwischen hatte man den 134. Drehtag hinter sich und war noch immer nicht fertig, reiste das Team aus Hamburg ab. Zuvor hatte der Bürgermeister noch an einem »Kameradschaftsabend mit den Filmleuten« im Atlantic teilgenommen.

Häufig war der Vertreter der Deutschen Filmvertriebs GmbH – unter diesem Dach hatten die Nazis alle bisherigen Verleihfirmen wie die Ufa zwangsvereinigt – bei Bürgermeister Krogmann. »14.1.44. Herr Steinkamp mit dem Direktor des Waterloo-Theaters wegen evtl. Zurverfügungstellung der Musikhalle für Filmaufführungen.« »24.2.44. Herr Steinkamp wegen Zurverfügungstellung von Gefangenen, um das Waterloo-Theater wieder aufzubauen.« Die noch bestehenden Kinos waren überlaufen, und der Mangel mußte verwaltet werden. »Kinobesuch etwa auch auf Marken?« überlegte das »Hamburger Tageblatt« am 15. April 1944. Ab Ende September hatten die Kinos am Wochenende bevorzugt für Erwerbstätige zur Verfügung zu stehen: »Ein freihändiger Kartenverkauf findet nur noch in beschränktem Umfang statt.«

Irgendwann, in friedlicheren Zeiten, spielte der belanglos-harmlose Unterhaltungsfilm *Ein Mann mit Grundsätzen?*, den Geza von Bolvary mit Hans Söhnker im letzten Jahr in der Hansestadt gedreht hatte. Die Zuschauer im Passage-Kino berührte weniger die konventionelle Liebesgeschichte als die Kulisse, als der Film im Mai 1944 gezeigt wurde. »Das Hamburger Publikum hatte verständlicherweise Spaß am Milieu ... und betrachtete die Aufnahmen heute vernichteter Stätten mit einiger Wehmut«.

Premieren wurden nach wie vor gefeiert, allerdings unter besonderen Umständen: Herr Steinkamp schickte dem Bürgermeister am 8. Oktober eine Einladung zur Erstaufführung von *Die Degenhardts* im Passage-Kino und anschließendem Beisammensein »im engsten Kreise mit Herrn George um 19.30 Uhr in der ›Rose‹ im Ratsweinkeller«. Garantieren konnte Steinkamp nichts – »Es ist möglich«, hieß es im P.S., »daß aus Luftschutzgründen die Uhrzeiten eine Änderung erfahren können. In diesem Falle werden Sie – notfalls fernmündlich – unterrichtet werden.«

»Alarm unterbricht Kino – was dann?« Mit dieser Frage beschäftigte sich die »Hamburger Zeitung« am 5. August 1944. »Infolge Fliegeralarm müssen manchmal Kinovorführungen unterbrochen oder können nicht durchgeführt werden. Der Preiskommissar hat jetzt in einem Erlaß die Frage geklärt, in wieweit in solchen Fällen das Eintrittsgeld zurückzuerstatten ist.« Alle Möglichkeiten wurden bis ins Kleinste geregelt. Bei Ausfall der Vorstellung hatte der Kinobesitzer innerhalb von drei Tagen die Karten umzutauschen. Dauerte der Fliegeralarm nicht länger als 20 Minuten, war das Kino verpflichtet, nach einer Pause von 10 Minuten nach Entwarnung den noch nicht gezeigten Teil des Programms vorzuführen. Eine nachfolgende Vorstellung durfte aber deswegen nicht – etwa durch Wegfall des Kulturfilms – gekürzt werden. Waren Wochenschau und Kulturfilm bereits gelaufen und fiel nur der Spielfilm aus, hatte der Zuschauer keinen Anspruch auf Entschädigung. Ausweichspielstätten und Notbehelfe wurden eingerichtet, Vorführerschnellkurse von der Reichsfilmkammer durchgeführt. In das Haus des Jüdischen Kulturbundes, 1941 geschlossen, hatte sich die Kammerspielbühne des Theaters eingenistet; im Oktober 1944 wurde daraus ein Schmalfilm-Kino. Der Ufa-Palast war fast vollständig zerstört, aber Foyer und Erfrischungsraum waren unversehrt geblieben und wurden als Behelfskino genutzt.

»Hamburg hat ein Filmtheater mehr«, verkündete die »Hamburger Zeitung« am 29. Januar 1945. Das Schauspielhaus – wie alle Theater hatte es am 1. September 1944 den Spielbetrieb eingestellt, waren die Ensemble-Mitglieder zur Wehrmacht oder in die Rüstungsindustrie abkommandiert worden – war zu »Hamburgs neuestem Lichtspielhaus« geworden. Heinz Rühmanns Film *Der Engel mit dem Saitenspiel* (der Schauspieler führte hier auch Regie) war der Eröffnungsfilm, die Hamburgerin Susanne von Almassy spielte ihre erste Filmrolle. Das traditionsreiche Haus sei damit, so las man im Feuilleton, »mit der gleichen Selbstverständlichkeit wie ehemals seine Künstler und Techniker in den Kriegsdienst getreten«.

Nicht im Kino, sondern in der Gaufilmstelle Rothenbaumchaussee sah sich Bürgermeister Krogmann am 20. Oktober 1944 den inzwischen fertig gestellten Film *Große Freiheit Nr. 7* an – kein Kommentar im Tagebuch, aber Reichsstatthalter Kaufmann muß getobt haben. Jedenfalls war er es, der beim Reichsfilmintendanten vehement gegen den Film intervenierte. *Opfergang* war inzwischen auch fertig – der Bürgermeister besuchte am 8. Dezember die Uraufführung und die anschließende Premierenfeier. »Sehr interessante Ausführungen von Veit Harlan über seinen neuen Film ›Kaufmann von Venedig‹«, hielt er im Tagebuch fest. Am nächsten Morgen waren Harlan und Söderbaum zum Morgenkaffee bei Krogmann, in Zukunft sah man sich öfter. Bemerkenswert die Eintragung am 8. März 1945: »Prof. Harlan, welcher das Gefühl hatte, er würde durch die Staatspolizei beobachtet.« Der Regisseur von *Jud Süß* hatte noch mit immensen Aufwand den Durchhaltefilm *Kolberg* gedreht, der am 30. Januar per Fallschirm über der eingeschlossenen »Atlantikfeste« La Rochelle abgeworfen und vor den Soldaten zur Uraufführung gebracht wurde. Der Hamburger Bürgermeister bekam eine Einladung zu einer speziellen Vorführung – in Anwesenheit von Harlan und Söderbaum – am 15. März 1945 im Sitzungssaal des Stellvertretenden Generalkommandos, General Knochenhauerstraße 14. Die monströsen Schlachtszenen in *Kolberg*, die schwül-morbide Atmosphäre in *Opfergang*, die Lust an der Destruktion und die Todessehnsucht, erinnern an die Sätze in *Morgenrot*, dem ersten Film nach Hitlers Machtergreifung: Sterben können die Deutschen fabelhaft.

Ausgewertet wurden die Aktenbestände der Gewerbepolizei (Ufa-Palast), des Hamburgischen Gesandten beim Reich, Peter Ernst Eiffe, sowie das Tagebuch des Bürgermeisters Krogmann; alle drei Quellen befinden sich im Staatsarchiv Hamburg. – Über die Sitzung der Arbeitsgemeinschaft der Lichtspieltheaterbesitzer Groß-Hamburgs berichtete der »Film-Kurier« am 25.2.1933. Die Arbeitsgemeinschaft, ein freier Zusammenschluß, wurde bald darauf aufgelöst; die Kinobesitzer hatten sich im Reichsverband Deutscher Filmtheater zu organisieren. Der Artikel »Die große Versammlung der Norddeutschen«, Berichterstatterin war wieder Ingrid Binné, erschien in »Film-Kurier, 23.2.1934. – Winifred Holmes' Artikel »Hamburg Cinema« erschien 1939 in Heft 29 von »Sight and Sound«. – Die Tagesberichte von den Dreharbeiten zu »Große Freiheit Nr. 7« befinden sich im Bundesarchiv Koblenz. – Das Zitat aus der Besprechung von »Die Degenhardts«: »Hamburger Anzeiger«, 6.5.1944. – Das Feuilleton »Geliebtes altes Vorstadtkino« von Bernhard Meyer-Marwitz erschien im »Hamburger Anzeiger«, 15.9.1943, Inge Behnkes Artikel »Staatliches Schauspielhaus als Filmtheater« in der »Hamburger Zeitung«, 29.1.1945.

Monströse Schlachtszenen in Veit Harlans »Kolberg«

Die Tränen sind vergebens

»Große Freiheit Nr. 7«:
Von den Nazis verboten,
von den Sittenwächtern bekämpft

Der blonde Hans kassiert ab, der Kiez
ist nur für den Export, und auch die
Kirche rät lieber ab.

Der blonde Hans einmal nicht als unwiderstehlicher
Herzensbrecher. Szene mit Hilde Hildebrand
und Ilse Werner

n Hans Albers' Vertrag fehlte ein Passus, der hier angebrachter gewesen wäre als bei jeder anderen Produktion: die Katastrophen-Klausel. Die Filmleute hatten Große Freiheit und Hippodrom im Berliner Studio nachgebaut: Drehbeginn war am 5. Mai 1943 in Babelsberg, ab Mitte Juli in den Ufa-Ateliers Tempelhof: Ende des Monats gab die Fachpresse eine kleine, doch entscheidende Titeländerung bekannt. »Der von Helmut Käutner inszenierte erste Farbfilm der Terra, der bisher nach seinem Schauplatz, einer Seitenstraße der Reeperbahn, ›Große Freiheit‹ betitelt wurde, stand in der letzten Zeit im Mittelpunkt von Erwägungen, ob sein Titel außerhalb Hamburgs richtig verstanden würde«, berichtete der »Film-Kurier«. Indem man die Hausnummer 7 anhängte, wurden auch »Mißverständnisse« anderer Art, politisch unliebsame Assoziationen z.B., vermieden. Noch bevor die Aufnahmen abgeschlossen waren, schlugen Bomben ein: Von der Dekoration blieb nichts übrig. Die Bauten mußten neu errichtet werden, diesmal in Prag, wohin das Team auswich. Mitte Oktober dann die Außenaufnahmen in Hamburg. Hier wurde ein besonderes Kunststück verlangt: Die zerbombten Häuser und Straßenzüge durften nicht ins Bild kommen, auch nicht die über dem Hafenbecken ausgebreiteten Tarnnetze. Und auf noch etwas achtete Käutner: Keine Hakenkreuze – alle Schiffe, die im Film zu sehen sind, haben die Hamburger Flagge gesetzt. Anfang Dezember 1943 war *Große Freiheit Nr. 7* abgedreht, doch die Endfertigung verzögerte sich. Hans Albers, in dessen Vertrag die gerade für solche Fälle vorgesehene Katastrophen-Klausel fehlte, kassierte: Monatlich 40.000 RM bis zur Fertigstellung standen ihm zu, am Ende hatte er insgesamt 460.000 RM verdient.

Es gilt, einige liebgewordene Legenden zu korrigieren. *Große Freiheit Nr. 7* war durchaus ein Prestige-Projekt: Einer der ersten deutschen Farbfilme, die dazu benötigten Rohstoffe standen auf der Liste der kriegswichtigen Materialien, und ohne die Unterstützung von Goebbels hätte der Film gar nicht in Produktion gehen können. Natürlich schäumte der Propagandaminister, als er von der astronomisch hohen Gage für Albers erfuhr, sorgte aber trotzdem bei Max Winkler, dem Reichsbeauftragten für das

Die Reeperbahn als Studiokulisse, aufgebaut im Prager Atelier

deutsche Filmwesen, dafür, daß der Star sein Geld ausgezahlt bekam. Richtig ist: Hans Albers, durch seine ungeheure Popularität geschützt, hatte keinen Hehl aus seinen Antipathien gegen die Nazis gemacht. Helmut Käutner war per Jahresvertrag angestellt bei der Terra, deren Produktionschef Alf Teichs ein »überzeugter Nazi-Verächter« war, wie Axel Eggebrecht bezeugt.

Am 15. August 1944 war der Film endlich fertig. Großadmiral Dönitz soll im Namen der Marine heftig protestiert haben (ein deutscher Seemann sei nicht dauernd besoffen und gebe sich nicht mit Animierdamen ab), angeblich intervenierte auch die NS-Frauenschaft. Dokumentarisch belegt sind diese Darstellungen nicht. Aktenkundig dagegen der Einspruch des Hamburger Gauleiters Kaufmann. Daraufhin ordnete Goebbels Schnitte an.

Die Exportprüfung hatte früher stattgefunden; Einwände waren nicht gemacht worden. Während die für das Ausland bestimmten Kopien bereits in Arbeit waren, beschäftigten sich Teichs und Käutner damit, die gewünschten Änderungen vorzunehmen. Der Film wurde am 15. Dezember uraufgeführt, kam in Schweden, Dänemark und in der Schweiz (dort unter dem Titel ›La Paloma‹) heraus. In einem Aktenvermerk der Terra hieß es: »*Große Freiheit Nr. 7* angelaufen, Inlandsfassung in Umarbeitung.« Doch auch die neue Version gab Goebbels nicht frei: Der Film blieb gesperrt.

Die Deutschen bekamen ihn erst zu sehen, als die Alliierten die Kinos wieder öffneten. Erstaufführung war am 9. September 1945 in West-Berlin. Sechs Wochen später standen die Hamburger vor dem Waterloo-Theater Schlange: Mit Zigaretten und Schokolade wurden die Kassiererinnen bestochen; die Karten gingen unter der Hand weg. Schwarzhändler erzielten bis zu 300 Reichsmark (Der Normalpreis betrug 3 Mark). Bei der Premiere sprach Gustav Knuth – auch Hans Söhnker und Ilse Werner waren anwesend – einen Prolog, in dem unter dem Motto »Jungs, holt fast« zu tatkräftigem Optimismus angesichts der Not aufgerufen wurde. Die beiden von der Militärregierung herausgegebenen Zeitungen brachten positive, aber nicht euphorische Kritiken. Die »Neue Hamburger Presse« urteilte: »Knalliges und Sentimentales sind im Sinne der

Hans Albers bei der Hafenrundfahrt

Auf der Barkasse weht die Hamburg-Flagge: Regisseur Helmut Käutner achtete darauf, daß bei den Aufnahmen keine Hakenkreuzfahne ins Bild kam

Paloma-Melodie wirkungsvoll gemischt.« Das »Nachrichten-Blatt« merkte an, der Film zeige »nur Ausschnitte St. Paulis und will auch keine Totalität. Männer der See und des Hafens müssen nicht so sein (man kann ruhig darüber reden), auch die Frauen nicht«. Damals interessierten Feuilleton-Meinungen jedoch wenig: *Große Freiheit Nr. 7* traf unverkennbar den Nerv der Zeit.

Am selben Tag verurteilte ein Militärgericht drei U-Boot-Kommandanten zum Tode. In Finkenwerder wurde der Bunker gesprengt (vorsichtshalber hatten die Leute in ihren Wohnungen die Fensterscheiben herausgenommen). Auf der Reeperbahn war es ruhig: Die Tanzschuppen geschlossen, an den Schießständen keine Luftgewehre mehr (Dosenwerfen war ein schlechter Ersatz). Polizeiaktion gegen Schieber und Schwarzhändler in St. Georg: Die Bremer Reihe wurde abgeriegelt. 1.700 Menschen eingekesselt und gefilzt. Im Kino sang Hans Albers: »Wein nicht, mein Kind, die Tränen, die sind vergebens.« Eine poetische Ballade: Vom Ex-Matrosen, der als Stimmungssänger im Hippodrom auftritt, sich in das Mädchen Gisa verguckt und bei ihr nicht landen kann, der wieder hinausfährt, denn »Seemannsbraut ist die See«, und Anita kann ihn nicht halten. Das Leben: La Paloma. »Einmal muß es vorbei sein, nur Erinnerungen an Stunden der Liebe bleiben an Land noch zurück.«

Der blonde Hans war hier nicht Draufgänger, sondern ein gebrochener Held. Er zeigte seine Wunden und Narben, Verletzungen, die in den Nachkriegsjahren alle kannten. Vor der bunten Fassade des Amüsierbetriebs legte Käutner eine kollektive Stimmungslage bloß; kein anderer St.-Pauli-Streifen erreichte diese Qualität: der Kiez als Seelenlandschaft. Dieser Film, in dem der Krieg völlig ausgeblendet scheint, nahm unterschwellig den Trümmerfilm vorweg: die Auflösung der Moral, den Zusammenbruch der bürgerlichen Werte. Die Ufa-Ideologie hatte penetrant die Familie propagiert – treue Ehegatten, tragische Verwicklungen, und der Verführer war immer ein Schuft. Diese heile Welt existierte längst nicht mehr, Tugend, Sitte und Anstand waren entthront. (Die enge Kleinstadt, in der die sozialen Normen noch herrschen, ist die Hölle, aus der Gisa flieht.) Die Große Freiheit wurde zum symbolischen Ort, mit ihm verband sich die Sehnsucht nach dem kurzen, rauschhaften Glück und die schmerzliche Erfahrung, daß es nicht festzuhalten ist: »Beim ersten Mal, da tut's noch weh...«

»Die Wirkung des Films ist zersetzend.« Dieses Urteil stammt nicht aus der Nazi-Zeit. Konfessionelle Kreise wetterten gegen die Unmoral, die etwa in der Liedzeile zum Ausdruck komme: »Was kann es denn Schöneres geben, als in Hamburg ein Mädchen für Geld!«. Das Vokabular entstammte der NS-Terminologie, die Denkart unterschied sich auch nicht wesentlich. Diese Herren waren ebenfalls mit der schon gereinigten Fassung nicht einverstanden: »Die Wirkung des Films ist zersetzend, vor allem

Hannes holt Gisa aus der süddeutschen Kleinstadt

auf das jüngere Publikum. Sie bleibt es auch nach Herausschneiden der unappetitlichen farbigen Fleischklumpen-Szenen im Bett der ›Liebenden‹. Die ganze Atmosphäre ist eindeutig außerhalb aller gesunden Ordnung«, befand der »Filmdienst der Jugend« in Heft 2 von 1948. Abweichende Meinungen ließ man nicht gelten. »Wer diesen Liebesmaterialismus damit zu entschuldigen sucht, der Film schildere ja nur die Wirklichkeit des Lebens, der ist hemmungslos angeknackst.« Ein regelrechter Feldzug wurde gegen den Film organisiert. Zum Beispiel in Mönchengladbach: 15.000 Mark wollte die Stadt dem Filmverleih zahlen, wenn er auf die Vorführung von *Große Freiheit Nr. 7* verzichtete. Jugendverbände hatten Demonstrationen angekündigt, schließlich wurde der Film erst – entgegen der FSK-Freigabe ab 16 – für Personen über 21 Jahre zugelassen. Kurz zuvor hatten die Kinos in Köln den Film absetzen müssen.

Später korrigierte die katholische Kirche ihre Einschätzung. Zehn Jahre nach der Uraufführung gab sie bekannt: »Die Prüfung der jetzt vom Viktoria-Verleih ausgewerteten neuen Fassung durch einen Prüfausschuß der Katholischen Filmkommission für Deutschland am 17. Mai 1954 ergab, daß die *Große Freiheit Nr. 7* beträchtlich gekürzt in die Theater gelangt. Die vorgenommenen Schnitte berühren auch die moralische Seite des Films. Die frühere

Klassifikation 4 (abzulehnen) wurde deshalb gemildert in 3 (abzuraten).«

Zu kaum einem anderen Film gibt es so viele Anekdoten und Legenden. Hartnäckig hält sich, auch in den Schauspieler-Memoiren, die Vorstellung, die Hamburger Außenaufnahmen hätten inmitten des Bomben-Infernos im Sommer 1943 stattgefunden. Eine Rekonstruktion der Dreharbeiten und des Verbots anhand der Unterlagen des Bundesarchivs in Koblenz bieten Kraft Wetzel/Peter A. Hagemann, a.a.O., S. 71-74; ihnen folgt diese Darstellung. – Der deutsche Text zu »La Paloma« und der Liedtext »Beim ersten Mal« stammen von Helmut Käutner. – Den Prolog zur Waterloo-Premiere verfaßte der Journalist Alfred Merwick. Er publizierte auch – am 17.10.1945 in der »Neuen Hamburger Presse« – den ersten Nachkriegs-Artikel zu der einschlägigen Frage: »Kann Hamburg Filmstadt sein?‹ – Die beiden zitierten Kritiken erschienen in: »Hamburger Neue Presse«, 20.10.1945, und »Hamburger Nachrichten-Blatt«, 22.10.1945. Zwei Kritiken zur Wiederaufführung (gezeigt wurde diesmal die längere Version): »Hamburger Abendblatt« und »Hamburger Echo«, beide vom 2.8.1950. – Zu den Auseinandersetzungen in Mönchengladbach vgl. »Der Kurier«, Berlin, 14.2.1948. Das revidierte Urteil der Katholischen Filmkommission wurde 1954 im »Filmdienst« unter der Nummer 3312 (das erste Urteil hatte die Prüfnummer 26) veröffentlicht. – Hingewiesen sei auf Dietrich Kuhlbrodts Beitrag in: Stiftung Deutsche Kinemathek (Hrsg.), »Das Jahr 1945«, Berlin 1990, S. 182-185.

Trümmer und Träume

Hamburgs zweite Chance: Neubeginn in der Nachkriegszeit

Kino ist schöner als draußen. Die höhere Gewalt hat einen neuen Namen. Der erste Mann bringt den dritten nach Hamburg, das Herz muß wieder in sieben Kinos schweigen, und auch die Lüge steht auf dem Programm.

»In jenen Tagen«: Carl Raddatz und Bettina Moissi in dem Film von Helmut Käutner

Am 3. Mai 1945, ab 13 Uhr, herrschte in Hamburg Ausgangssperre: Einmarsch der britischen Besatzungstruppen. In der nächsten Woche wurde aus dem Lessing-Theater am Gänsemarkt das »White Knight Cinema«, und auch Passage-Theater und Urania Filmbühne wurden kurz darauf zu Truppenkinos. Alle anderen Kinos blieben – wie die Theater, Varietés und Vergnügungslokale – bis auf weiteres geschlossen. Es dauerte nahezu drei Monate, bis das »Hamburger Nachrichten-Blatt«, die Zeitung der alliierten Militärregierung, verkündete: »Der Oberkommandierende der britischen Besatzungstruppen hat beschlossen, daß die Lichtspielhäuser in der britischen Besatzungszone so bald wie möglich für die deutsche Zivilbevölkerung wieder geöffnet werden sollen. Dementsprechend ist angeordnet worden, daß mit Genehmigung der Militärregierung in Hamburg ab Freitag, den 27. Juli, 10 Lichtspielhäuser für die deutsche Zivilbevölkerung wieder geöffnet werden.«

Selten gab es vor Hamburger Kinos solch ein Gedränge: Schon vier Stunden vor Kassenöffnung standen die Menschen Schlange. Das »Nachrichten-Blatt« brachte anderntags eine Reportage direkt vom Ort des Geschehens: »Der Kinobesitzer ist ganz außer Atem vor Aufregung. Er läßt sein Taschentuch gar nicht mehr aus der Hand, mit dem er sich alle zehn Sekunden über die Stirn fährt. ›Am Montag haben wir erfahren, daß unser Kino wiedereröffnet wird‹, sagt er. ›Wir haben die Maschinen geölt, den Saal gesäubert, die Decke repariert, um das Kino in einen würdigen Zustand zu versetzen. Der Hunger der Menschen nach einer Filmvorführung ist anscheinend so groß, daß sie jede Disziplin vergessen. Wir werden numerierte Plätze ausgeben.‹ Bei der Eröffnung des Atlantik-Kinos am Steindamm hatten sich vor Beginn der ersten Vorführung etwa 2000 Menschen eingefunden – dabei hat das Kino nur 500 Plätze. Der Ansturm war so lebhaft, daß die Eingangsgitter eingedrückt wurden; Polizei mußte eingreifen und Ordnung schaffen.« Ein besonderes Programm konnten die Kinos nicht bieten: Aus dem Filmstock der einstigen Traumfabriken Tobis und Terra hatten die britischen Filmoffiziere vier garantiert harmlose und schon leicht verstaubte Lustspiele herausgesucht und zur Vorführung freigegeben.

Sämtliche Filme waren, ohne Rücksicht auf die Besitz- und Eigentumsverhältnisse, beschlagnahmt worden und mußten, bevor sie wieder öffentlich gezeigt werden durften, die Zensur der »Information Control Division« passieren. Die Film Section – Major Chapman und Captain Killinger – hatte sich im Ufa-Haus in der Rothenbaumchaussee einquartiert. Sie beschränkte sich darauf, den Nachlaß des alten deutschen Films zu verwalten. Die Chance, das Kino als Ort der Aufklärung zu nutzen, nach zwölf Jahren Faschismus hier ein Stück Reeducation zu betreiben, wurde nicht wahrgenommen. Einen Versuch in dieser Richtung gab es im März 1946. In allen Kinos lief der Dokumentarfilm *Die Todesmühlen* mit Aufnahmen, die amerikanische Kameraleute kurz nach der Befreiung der KZ-Häftlinge gedreht hatten. Das »Hamburger Echo«, seit April 1946 wieder auf dem Markt, schrieb: »Die Hamburger nahmen den dokumentarischen Filmstreifen voll stummer Erschütterung hin.« Erich Kästner, ein kritischer Beobachter, schilderte die Reaktion des Publikums: »Was sagen die Menschen, wenn sie wieder herauskommen? Die meisten schweigen. Sie gehen stumm nach Hause. Andere treten blaß heraus, blicken zum Himmel und sagen: ›Schau, es schneit.‹ Wieder andere murmeln: ›Propaganda!‹« Die Wahrheit über die Nazi-Verbrechen wollte kaum jemand erfahren; stattdessen flüchtete man in Traumwelten und machte sich ein paar schöne Stunden im Kino, während draußen alles in Schutt und Asche lag. Das alte Illusionskino, das schon im Krieg für Ablenkung von der schlimmen Wirklichkeit gesorgt hatte, feierte nun erst recht Triumphe.

Ein Blick auf das Kino-Programm jener Jahre läßt daran keinen Zweifel. Die erste Aprilwoche 1946 mag als Beispiel dienen. Angeführt wird die Spalte der Kino-Anzeigen von den Alster-Lichtspielen: *Rätsel um Beate*, Produktionsjahr 1938, handelte von einer kleinstädtischen Liebesaffäre (im Mittelpunkt eine Industriellenwitwe und das Töchterchen vom Generaldirektor der Porzellanwerke). Im Astra-Theater am Müggenkamp lief *Ein fröhliches Haus*, im Bach-Theater Rahlstedt die Schulkomödie *Unser Fräulein Doktor*. Die Billstedter Lichtspiele präsentierten einen bayerischen Bauernschwank (*Die keusche Sünderin*, gedreht 1943); die Kinozuschauer in Blankenese konnten sich an einer Klamotte von und mit Theo Lingen erfreuen (*Es fing so harmlos an*, uraufgeführt Oktober 1944). Alle Genres des Unterhaltungskinos waren vertreten: das sentimentale Rührstück (*Heimatland* in den Farmsener Lichtspielen), der humorvoll-biedere Familienfilm (*Hurra, ich bin Papa!* im Bram-Theater, Hamburger Straße), die frivole Verwechslungskomödie (*Mein Mann darf es nicht wissen* in den Finkenwerder Lichtspielen). Die Lichtburg Iserbrok brachte den Abenteuerfilm *Der Tiger von Eschnapur*, das Kino in Poppenbüttel die Agentenstory *Rote Orchideen*, und in

Langenhorn stand wieder einmal *Der Edelweißkönig* nach Ganghofer auf dem Programm. Das Kulturgut des Bildungsbürgers wurde in melodramatisch aufbereiteten Künstlerbiographien vermittelt, so das Schicksal Clara Schumanns (*Träumerei* in den Volksdorfer Lichtspielen) oder Mozarts (*Wen die Götter lieben* im Kino-Palast Altona). Am Ende der Inserate die Winterhuder Lichtspiele, wo ein Klassiker aus der Stummfilm-Zeit gegeben wurde: *Varieté* mit Emil Jannings.

1946 gab es in der Stadt bereits wieder 63 Kinos mit 28.673 Sitzplätzen. An den Kassen wurden mehr als 22,6 Millionen Karten verkauft; laut Statistik ging jeder Hamburger in diesem Jahr mindestens 16mal ins Kino. (Manche kamen nicht allein wegen des Films. Der Winter 1946/47 war besonders streng, das Heizmaterial allgemein knapp – im Kino war es warm.)

Für das Programm waren die britischen Filmoffiziere unmittelbar verantwortlich: Die Militärregierung übernahm den Verleih in eigene Regie. Der von ihnen gegründete »Filmverleih für Hamburg und Schleswig-Holstein« verfügte über knapp 2 000 Kopien aus der alten deutschen Produktion. Novitäten kamen zunächst nur aus dem Ausland. Zur Wiedereröffnung des Waterloo-Theaters am 20.

September 1945 zeigte man Alexander Kordas *Rembrandt* mit Charles Laughton in der Titelrolle. Der Film stammte zwar aus dem Jahr 1937, aber für Hamburg war er neu: Nach fünf Jahren konnte man erstmals wieder eine englische Produktion sehen. Vier Wochen lief der Film in immer ausverkauften Vorstellungen. Doch solche Highlights waren eine Ausnahme. Was an englischen und amerikanischen Filmen in die Kinos kam – französische und russische Produktionen hatten dagegen Seltenheitswert –, erwies sich in der Regel als recht dürftige Dutzendware. Die Verleihpolitik der Film Section wirkte gerade auf diesem Gebiet ohne Konzept.

Das magere Angebot wurde von Presse und Politikern beklagt. Das »Hamburger Echo« führte aus: »Wir sind lange von der Weltfilmproduktion isoliert gewesen, und auch vor dem Kriege wurde die Einfuhr durch Goebbels so geregelt, daß viele der besten Filme in Deutschland nicht gezeigt wurden. Wir hofften, sie nach dem Kriege sehen zu können. Bisher warten wir aber vergeblich. Es werden englische und amerikanische Filme hier gezeigt, aber man scheint sorgsam bemüht, uns nicht mit Qualität zu verwöhnen.« Bürgermeister Brauer wandte sich mit einem Schreiben an Mr. Balfour von der Information Control Division. Die Antwort fiel

Träume aus Trümmern: Die Zweigstelle Hamburg der Internationalen Filmallianz

barsch aus: »Die Belieferung Deutschlands mit englischen Filmen ist vornehmlich eine Devisenfrage. Deutschland ist gegenwärtig und in absehbarer Zeit nicht imstande, die englischen Produzenten in einer annehmbaren Währung zu bezahlen. So stehen die deutschen Kinobesucher vor der Wahl, entweder auf englische Filme zu verzichten oder sich mit den Filmen, die augenblicklich angeliefert werden können, zu begnügen.«

Den Engländern war, auch wenn sie die deutsche Kritik kühl zurückwiesen, durchaus bewußt, daß sie den Filmvertrieb neu organisieren und auf eine handelsrechtliche Grundlage stellen mußten. In der Militärverwaltung gab es offenbar konkurrierende Konzepte, nicht geklärte Zuständigkeiten und auch interne Machtkämpfe zwischen den verschiedenen Dienststellen. Aber schließlich wurde am 1. Januar 1947 die Atlas Filmverleih GmbH gegründet, die die alleinigen Auswertungsrechte an den Filmen der Alliierten und des ehemaligen, jetzt unter Treuhandverwaltung stehenden Ufa/Ufi-Konzerns übernahm. Das Kapital für diese Gesellschaft (100.000 Reichsmark) stellte die Finanzkasse Hamburg zur Verfügung; sie durfte Aufsichtsratsmitglieder in Vorschlag bringen, alle personellen Entscheidungen mußten jedoch von der Film Section genehmigt werden. Friedrich Bauer und Hans Blumenhagen waren die Geschäftsführer des Atlas Verleihs, Walter Koppel gehörte zu den Aufsichtsratsmitgliedern. Die Kinos konnten jetzt aus dem Filmstock von rund 4.000 Kopien wählen; für einen Spielfilm hatten sie 45%, für die Wochenschau nochmals 5% von den Netto-Kasseneinnahmen abzurechnen. Bisher liefen alle ausländischen Filme in Originalsprache mit deutschen Untertiteln. »Das deutsche Publikum fühlt sich dabei benachteiligt«, monierte der »Spiegel« am 8. Februar 1947, »und den Filmen gereicht es auch nicht zum Vorteil.« Damals begannen die Amerikaner in Geiselgasteig mit der Synchronisation ihrer Filme. Zwei Monate später stellte der Atlas Filmverleih in den vollbesetzten Capitol-Lichtspielen die erste in Hamburg erarbeitete deutsche Fassung eines englischen Films vor. Die Produktion *Zum halben Wege* war nicht weiter bemerkenswert, die deutsche Sprecherriege schon: Ida Ehre, Eduard Marks und Robert Meyn.

Hergestellt wurde die deutsche Fassung von der Firma Rhythmoton, die ihren Betrieb im ehemaligen Gasthof »Ohlstedter Hof« eingerichtet hatte. Den Tanzsaal verwandelte man in ein Synchronstudio (und wo früher die Kegelbahnen waren, befand sich nun der Vorführraum). Rhythmoton war personell verbunden mit dem Alster Film-Atelier, dieses wiederum mit dem Atlantik Film Kopierwerk – ein Miniatur-Filmzentrum, beheimatet im Ohlstedter Schulweg Nr. 4 und 9 (heute Melhopweg). Die festliche Einweihung – mit Ansprachen und Musik, gegeben wurde »Aufschwung« von Robert Schumann – fand am 6. Mai 1946 statt. Das Datum läßt stutzen: Das Kopierwerk arbeitete bereits einige Monate, als am 13. Januar 1947 von der Militärregierung die Urkunde der Registrierung ausgestellt wurde.

Aber das Behelfsatelier und der filmtechnische Betrieb wurden gebraucht, denn nun sollte die neue deutsche Produktion in Gang kommen. Die erste Spielfilmlizenz erhielt Ende Mai 1946 der umtriebige Helmut Käutner. Seine Camera Filmproduktion zog in die Heimhuder Straße 72; auf dem Briefpapier der neuen Firma wurde vermerkt: Lizenz Nr. C 81 F der brit. Militärregierung. Käutner drehte bereits, als Walter Koppel die Lizenz für die Real-Film überreicht wurde; die Urkunde war datiert 10. Januar 1947.

Nun ging es Schlag auf Schlag: Am 1. April wurde Rolf Meyers Junge Film-Union lizenziert, am 1. August die Kosmos Film, mit der Hans Borgstädt an die Kulturfilmproduktion seines Vaters anknüpfte. Filmlizenz Nr. 5 ging an Ida Ehre und ihre Kammerspiel-Film; die Theater-Chefin, von Käutner vor die Kamera geholt, hatte eigene Filmpläne. Gründungsfieber brach aus: Bis zum 30. April 1949 wurden 26 Lizenzen an Hamburger Produzenten erteilt. (Die vielen Firmen, die keine Produktion auf die Beine stellen konnten und deshalb ihre Lizenz zurückgaben, sind in dieser Zahl nicht enthalten.) Es wurden auch Lizenzanträge abgelehnt: Harry Piel, der früher seine Sensationsfilme in Serie produzierte, bemühte sich in Hamburg vergeblich darum, seine Ariel Film wiederauferstehen zu lassen. Piel, NSDAP-Mitglied seit 1933, wurde jede Tätigkeit beim Film zunächst untersagt. Nicht in allen Fällen wurden politisch belastete Filmleute abgewiesen. Alf Teichs, ehemals Chef der Terra, gründete mit Heinz Rühmann die Comedia-Film, Sitz Hamburg und Berlin. Bekannte Namen tauchen in der Liste auf, aber auch Traumtänzer und Spekulanten. Branchenfremde Neulinge versuchten ihr Glück: Es herrschte Goldgräber-Mentalität wie einst in den Kindertagen des Films. Dubiose Geschäftsleute gingen auf Dummenfang. So lud die Afa – hinter der Abkürzung verbarg sich die Alliance-Film Ahrensburg – zu einer »Pressekonferenz« auf dem Hotelschiff St. Louis: Es könnten sich noch Gesellschafter und stille Teilhaber an dem zukunftsträchtigen Unternehmen beteiligen... (Von der Firma hörte man

Was bringt der Film im August 1947?

nie wieder etwas, sie besaß nicht einmal eine Lizenz.)

Andere hochfliegende Pläne scheiterten an höherer Gewalt – das war in den Nachkriegsjahren die Militärregierung. Die ersten Filme der neuen Produzenten wurden von Friedrich Bauer sehnsüchtig erwartet, schließlich wollte er nicht immer nur die abgespielten Kopien aus Ufa-Zeiten und die Luschen der angloamerikanischen Produktion vertreiben. Als Käutner endlich *In jenen Tagen* abgedreht hatte, zahlte Bauer sofort 400.000 Reichsmark für die Verleihrechte. Der Auswertungsvertrag mit der

Camera Filmproduktion sah eine Staffelung vor: Bis zu einer Verleiheinnahme von 1,4 Millionen RM sollte der Produzent 82%, bis zu 2,1 Millionen RM 78% und danach 70% erhalten. Der schöne Vertrag war bald Makulatur: Im Oktober 1947, ein Vierteljahr nach der Käutner-Premiere, begannen die Engländer mit der Reorganisation des Verleihwesens. Die Film Section verteilte Lizenzen an deutsche Verleihfirmen und wies den Firmen als Grundstock eine Anzahl von Filmen nebst Kopien zu: Herzog Film erhielt 199 Kopien, Lloyd Film 300, Panorama 160 usw. Damit wurde der Atlas Filmverleih praktisch liquidiert; Bauer blieb gerade noch die Wochenschau. Kurz zuvor hatte der erste ausländi-

sche Verleih seine deutsche Filiale in Hamburg eröffnet: die German Branch of Eagle Lion Distribu-
tors Limited, London. Gestartet wurde mit David
Leans Dickens-Verfilmung *Geheimnisvolle Erb-
schaft* im Waterloo-Theater; vor der Erstaufführung
stellten sich die Repräsentanten des Konzern-Ab-
legers im »Patzenhofer« der Presse vor. Das wäre
nicht nötig gewesen, denn die leitenden Herren
waren alle vor Ort bereits bekannt: Major Killinger
und andere britische Film-Offiziere hatten den
Dienst in der Army quittiert und waren in die Dienste von J. Arthur Rank getreten.

Die Besatzungsmacht fand es an der Zeit, die Initiative für den Wiederaufbau der Filmindustrie in
deutsche Hände zu legen und förderte die Gründung von Fachverbänden der einzelnen Sparten. Im
März 1947 erschien die erste Nummer des Bran-
chenorgans »Film-Echo«. Redaktionsadresse war
Dammtorstraße 14, Waterloo-Theater; dort befand
sich auch die Hauptgeschäftsstelle des Wirtschaftsverbandes der Filmtheater e.V. (Britische Zone). Im
Editorial zur ersten Ausgabe hieß es: »Das Dritte
Reich hinterließ auch auf allen Schaffensgebieten
des Films eine chaotische Unordnung.« Das sollte
nun anders werden, und dazu leistete das Blatt seinen Beitrag. Den Hauptteil nahmen amtliche Be-
kanntmachungen und Berichte von Versammlungen
der Verbände ein. Zunächst schlagen wir aber die
letzten Seiten auf, denn in den Kleinanzeigen spiegelt sich der Alltag. Rubrik »Stellenangebote«: Der
Verleih Schorcht, Mittelweg 173, und Lloyd, Ra-
boisen 5, suchten Filmkleberinnen, das Atlantik
Kopierwerk Fotolaboranten, das Alster Film-Atelier eine Telefonistin. Unter den »Stellengesuchen«
folgende Annonce: »Ehemaliger Offizier sucht Stellung als Geschäftsführer oder Theaterleiter. Pol.
unbelastet, kaufm. org. Vorbildung, publikumsge-
wandt, sicheres Auftreten, zielbewußt, 33 Jahre, le-
dig, große Erscheinung.« Schließlich die Tausch-
Anzeigen: Zwei neuwertige Ernemann-Projektoren
gegen eine Kinobestuhlung (8.400 Stühle) oder ein
Opel-Kadett (zugel., in gut. Zustand) für eine Kino-
Apparatur.

Am 11. September 1947 kamen im kleinen Sit-
zungssaal der Börse 20 Produzenten aus Hamburg,
Berlin und Göttingen zusammen. Auf der ersten
Mitgliederversammlung des Verbandes der Filmpro-
duzenten wurde Walter Koppel (Real-Film) zum
Vorsitzenden, Helmut Beck (Produktionsleiter der
Camera Film) zu einem seiner Stellvertreter ge-
wählt. Außerdem bildete man Ausschüsse für Dra-
maturgie (Alf Teichs), Wirtschaft (Jochen Matthes),
Technik (Bruno Jensen, Atlantik Kopierwerk) und

*Gleich nach '45 wieder im Geschäft: Regisseur Wolfgang
Liebeneiner*

Kulturfilm (Hans Borgstädt). Zu den Aufgaben des
Dramaturgie-Ausschusses gehörte u.a. die Formulierung von Grundsätzen, die bei der interzonalen
Schaffung eines Zensur-Codes Berücksichtigung
finden sollten (daraus wurde später die »Freiwillige Selbstkontrolle« der Filmwirtschaft). Am 21.
Oktober 1947 erfolgte beim Hamburger Amtsgericht die Eintragung des Wirtschaftsverbandes der
Filmtheater ins Vereinsregister. Erwartungsgemäß
wurde bei der ersten Mitgliederversammlung Waterloo-Direktor Heinz B. Heisig, der schon dem
Gründungsausschuß angehörte, in den Vorstand
gewählt. Schließlich trat am 25. November – wiederum im »Patzenhofer«, Dammtorstraße – der Verband der Norddeutschen Filmverleiher zusammen.
Adolf Bejöhr wurde zum Vorsitzenden gewählt; in
der Hagedornstraße, unweit vom NWDR-Gebäu-
de, richtete man das Büro ein. Diese Serie von Ver-
bandsgründungen fand ihren Abschluß mit der ersten Sitzung des (auf Grund der Verordnung Nr. 109
der Militärregierung einberufenen) Beratenden
Filmausschusses für die Britische Zone. Die Tagung
fand Anfang August 1948 im Phönixsaal des Hamburger Rathauses statt; gekommen waren u.a. die
Kultusminister von Nordrhein-Westfalen, Niedersachsen und Schleswig-Holstein. Senator Harten-
fels umriß eingangs die Aufgaben des neuen Gre-

miums: Lizenzierung der Produzenten von Spiel- und Kulturfilmen sowie der Verleihfirmen, Registrierung der Filmtheater. Kurz, die Information Control Division trat die bisher von ihr wahrgenommenen Aufgaben an ein Organ der demokratischen Selbstverwaltung ab. In den Ausschuß, der sich aus je zehn Mitgliedern der Filmwirtschaft und der Öffentlichkeit zusammensetzte, wurden auf der konstituierenden Sitzung u.a. Koppel, Heisig und Bejöhr gewählt, aber auch ein gewisser »Bernhard Minetti, Filmschauspieler, Hamburg«.

»Hamburg wird Filmstadt«, frohlockte das »Hamburger Echo« bereits am 8. Mai 1946, als man von der Eröffnung des Alster Film-Ateliers berichten konnte. Einen Monat später, Käutner erhielt die erste Spielfilmlizenz, schrieb die Zeitung von der »zweiten Chance«: »Regisseure wie Wolfgang Liebeneiner und Filmautoren wie Axel Eggebrecht werden in Hamburg bleiben, wenn Aufgaben für sie bereitgehalten werden.« Im Jahr darauf, Anlaß war die Tagung der sozialistischen Arbeitsgemeinschaft Film in Nienstedten, klang es schon weit nüchterner: »Und der Satz, daß Hamburg sich anschickt, eine Filmstadt zu werden, gehört dahin abgeändert, daß sich die Produzenten anschicken, Hamburg zu einer Filmstadt zu machen. Denn außer dem freundlichen Interesse, das diesen Plänen von der Hamburger Verwaltung entgegengebracht wird, ist von sachlicher Förderung bisher wenig zu merken.« Und wiederum ein halbes Jahr später, am 12. März 1948, setzte man ein dickes Fragezeichen: »Filmstadt Hamburg? Eines scheint gewiß: Wenn es dazu kommen soll, so muß es bald sein. Filmleute haben ein leichtes Gepäck. Sie fühlen sich dort zu Hause, wo man ihnen Arbeitsmöglichkeiten gibt.« Damit war es aber nicht gerade gut bestellt.

Hamburg hatte seine Chance. Die einstige Filmmetropole Berlin war viergeteilt: Die Ateliers lagen größtenteils in der sowjetischen Zone, wo die DEFA sofort die Produktion aufnahm; in den Westsektoren wurde erst nach der Blockade der Aufbau der Filmindustrie forciert. Das Bavaria-Gelände in Geiselgasteig bei München gaben die Amerikaner zunächst nicht frei. So hatte die Hansestadt eine günstige Ausgangsposition, zumal es viele Künstler und Filmleute gegen Kriegsende an die Elbe verschlagen hatte. Sie warteten, Käutner ist dafür ein Beispiel, nur darauf, wieder drehen zu können. Die Stadtväter machten es ihnen nicht gerade leicht – Käutner kämpfte zwei Jahre lang um eine Zuzugsgenehmigung. Hamburg war, sieht man von der

Jeden Abend schraubte Walter Koppel die Glühbirne heraus und nahm sie mit nach Hause. Links Produktionschef Gyula Trebitsch

längst vergangenen Episode Vera-Filmwerke ab, nie Filmstadt gewesen: Es gab keine Tradition, an die man anknüpfen konnte; weder Studios noch Fachleute waren vorhanden, es fehlte schlicht die Infrastruktur. Seinen Film *In jenen Tagen* drehte Käutner auf der Straße; danach ging er, inzwischen besaß er auch eine amerikanische Lizenz, mit allen folgenden Filmen nach Geiselgasteig. Walter Koppels Real-Film und Rolf Meyers Junge Film-Union mußten zunächst im 105 qm großen Ohlstedter »Puppenstubenatelier« arbeiten, wo Schauspieler und Teammitglieder sich auf die Füße traten (und der Beleuchter, wollte er die oberen Scheinwerfer ausrichten, auf dem Bauch herumkriechen mußte). Man improvisierte, aber ein Dauerzustand konnte das nicht sein.

Währenddessen prüften Senat und Bürgerschaft immer neue mögliche Standorte für einen modernen Atelierbetrieb. In der Diskussion waren leere Fabrikhallen in Altona und Bergedorf, die Hanseatischen Kettenwerke in Ochsenzoll, das Segelfliegerheim in Neugraben, die Rahlstedter Graf-Goltz-Kaserne und die Reithalle an der Flottbeker Chaussee. Gutachten wurden angefertigt, Besichtigungstermine angesetzt. Bei der Suche nach dem zukünftigen Hamburger Babelsberg war die Lokalpresse immer dabei. Irgendwann wurden die Journalisten das Thema leid. »Früher sprach man in Hamburg von Stapelläufen«, schrieb Eberhard von Wiese 1948. »Heute diskutiert man Film-Projekte. Man diskutiert sie bereits drei Jahre lang. Mit den Stapelläufen ging es glatter.« (Derselbe Gedanke muß dem Senat gekommen sein: Von den sieben Millionen Mark, die man eigentlich für den Studiokomplex reserviert hatte, war nach ein paar Monaten die Hälfte bereits für Schiffbau und Hafen ausgegeben.)

Von Kunst und Kultur war nicht die Rede, wenn in Hamburg über Film gesprochen wurde. Allein der ökonomische Nutzen interessierte. Die Haltung der Politiker ist in den zeitgenössischen Zeitungsberichten nachzulesen. »Man ist im Rathaus übrigens der Ansicht, daß Hamburg Theaterstadt sei, und man glaubt, daß auf dem Gebiete der Filmarbeit die private Initiative vorherrschen müsse« (»Hamburger Freie Presse«, 15. November 1947). Real-Film und Junge Film-Union schufen sich ihr eigenes Ateliergebäude und bauten es kontinuierlich aus; sie nutzten es für ihre laufenden Projekte oder vermieteten es an andere Produzenten. Koppel und Meyer hatten die Atelierfrage für sich längst gelöst, als der Senat 1950 noch immer über eine genossenschaftlich organisierte Ateliergesellschaft debattierte. Filmfirmen, die schlechtere Startbedingungen hatten, konnten nicht mithalten und blieben auf der Strecke.

Nach mehreren mißglückten Anläufen produzierte Hans Borgstädt 1948 *Die Andere*. Das Schauspieler-Aufgebot konnte sich sehen lassen: Inge Meysel (damals noch nicht die Mutter der Nation), Joseph Offenbach, Peter Mosbacher, Carl Voscherau und Roma Bahn als dämonische Wahrsagerin. Die Dreiecksgeschichte mit Happy-End, nicht besser und nicht schlechter als andere deutsche Nachkriegsproduktionen, entstand im Ohlstedter Behelfsatelier. Es blieb der einzige Spielfilm der Kosmos Produktion; Borgstädt zog sich zurück auf Kulturfilme, die er in seiner Wandsbeker Privatwohnung oder nachts im NWDR-Studio realisierte.

Auch Ida Ehre hatte große Filmambitionen. Sie wollte die Stern-Säle in der Großen Freiheit in ein Atelier verwandeln; daraus wurde nichts, und schon stand in den Berliner »Nachrichten für den Außenhandel« Ende Juli 1948 die Notiz: »Filmgesellschaft stellt die Produktion ein.« Die Meldung war verfrüht; für 1949/50 kündigte die Kammerspielfilm GmbH zwei Projekte an. Nach einer Novelle von Stefan Zweig und in Koproduktion mit der Wiener Ringfilm wurde im Bunker auf dem Heiliggeistfeld *Das gestohlene Jahr* gedreht; Oskar Werner, 27 Jah-

re alt und schon ein Star, spielte einen jungen, hochbegabten Komponisten. Das zweite Projekt Ida Ehres war die Verfilmung von Wolfgang Borcherts »Draußen vor der Tür«. Die Uraufführung des Heimkehrer-Dramas hatte Wolfgang Liebeneiner an den Hamburger Kammerspielen inszeniert; er übernahm auch die Regie der (arg verharmlosenden) Filmversion unter dem Titel *Liebe 47*. Abgesehen von einigen Außenaufnahmen, die dem Film heute dokumentarischen Wert verleihen – die Trümmerlandschaft, die gesprengte Werft von Blohm und Voß, der Glockenfriedhof im Hafen –, wurde in Göttingen gedreht, Produzent war die dortige Filmaufbau: In der alten Universitätsstadt hatte man schnell und unbürokratisch eine Flugzeughalle umgebaut zu einem Atelierkomplex, und rund 100 Spielfilme made in Göttingen füllten bis in die sechziger Jahre hinein die Kinos.

»Hamburg möchte so gern Filmstadt werden«, mokierte sich der »Spiegel« am 29. März 1947, »aber es hat sich bisher die goldenen Felle des Geschäfts fortschwimmen lassen.« Das stimmte nicht ganz. Am Geschäft war man schon interessiert, nur die Investitionen für die Zukunft, die überließ man privater Initiative. Die Film-Finanzring GmbH – eine Art Filmbank, die Kredite für einzelne Produktionen bereitstellte – wurde im Juli 1948 gegründet. Geldgeber waren Überseekaufleute, das Startkapital betrug 260 000 Reichsmark. (Das reichte nicht, wie sich bald herausstellen sollte.) Die Verbände der Filmwirtschaft hatten ihren Sitz in Hamburg, alle großen Verleihfirmen verlegten ihre Zentrale (zumindest für die britische Zone) in die Hansestadt. Nach Rank kamen die Amerikaner: MPEA – Abkürzung für: Motion Pictures Export Association – war ein Zusammenschluß von Metro-Goldwyn-Mayer, Columbia, United Artists u.a. (Als man nach der Währungsreform in Deutschland wieder »richtiges Geld« verdienen konnte, brach die Verleihgemeinschaft schnell wieder in Einzelfirmen auseinander.) Geradezu ein gesellschaftliches Ereignis wurde die Eröffnung der deutschen Filiale von London Film Productions im April 1949. Das Büro wurde provisorisch im Afrikahaus, Große Reichenstraße 27, eingerichtet, weil die Räume im Südseehaus am Hauptbahnhof noch nicht bezugsfertig waren. In der ersten Verleihstaffel brachte die Deutsche London Film u.a. *Der Dieb von Bagdad* mit Conrad Veidt, *Anna Karenina* mit Vivian Leigh und *Lord Nelsons letzte Liebe* mit Laurence Olivier.

Der größte Star jedoch, den die Gesellschaft aufbot, war der Produzent selber: Am 23. Oktober kam

Auf Schritt und Tritt von Zeitungsleuten verfolgt: Orson Welles in Hamburg

Sir Alexander Korda höchstpersönlich nach Hamburg. Auf einer Pressekonferenz teilte der Filmmogul mit, er werde demnächst in Deutschland drehen. Im Gepäck hatte er einen Film, der drei Monate später in der wiedereröffneten Urania-Filmbühne wochenlang für ein ausverkauftes Haus sorgen sollte: *Der dritte Mann*. Ende Januar 1950 besuchte Regisseur Carol Reed eine Vorstellung in der Fehlandstraße; sein bescheidener Auftritt war der Lokalpresse ein paar Zeilen wert.

Dagegen wartete eine ganze Meute von Journalisten und Bildreportern auf dem Hauptbahnhof, als am 14. August Orson Welles eintraf. Er flüchtete sofort in ein Taxi und ließ sich zum Hotel Atlantic fahren. Auch in den nächsten Tagen verfolgten die Zeitungsleute den – in Wahrheit keineswegs publicityscheuen – Star auf Schritt und Tritt. Notfalls wurde gedichtet; Zitat aus dem »Hamburger Abendblatt«: »Um 11 Uhr ging Orson Welles auf sein Zimmer. Er saß noch eine halbe Stunde am geöffneten Fenster und sah über die Alster zum Jungfernstieg hin...« Monatelang war von deutschen Filmplänen die Rede, wurde der Vertragsabschluß über gleich drei Projekte mit der Hamburger Neo-Produktion gemeldet. (Die Firma war eine Gründung des Strumpffabrikanten Michael Margaritoff, der bereits einige Werke der Jungen Film-Union finanziert hatte. Der erste Neo-Streifen war *Der Mann, der sich selber sucht*, eine belanglose Kriminalkomödie mit bewährten Altstars.) In allen drei Filmen sollte Welles Drehbuchautor, Regisseur und Hauptdarsteller sein; man wollte jeweils zwei Fassungen, deutsch und amerikanisch, drehen. Das erste Manuskript, »Die schwarze Tulpe«, liege bereits vor, mit den Aufnahmen werde Anfang Dezember begonnen – muß man noch sagen, daß keines der Projekte verwirklicht wurde?

Die Pläne Ingmar Bergmans waren da schon ernster zu nehmen. In *Durst*, einem seiner ersten Filme, hatte er eine Zugfahrt durch die Ruinenlandschaft Deutschlands mit einer beklemmend neorealistischen Studie über den Geschlechterkampf verknüpft; auch das zerstörte Hamburg taucht in dem 1949 gedrehten Film kurz auf. Bergman war außerhalb Schwedens noch völlig unbekannt, als der Verleger Ernst Tessloff sich für den jungen Regisseur einsetzte. Er besaß einen kleinen Verleih (Akros-Film) und beschloß, alle Bergman-Filme nach Deutschland zu bringen. Den Anfang machte *Hafenstadt*, Erstaufführung 15. November 1951 im Bali, den vor zwei Jahren eröffneten Bahnhofslichtspielen. Die Kritik war wohlwollend: »Man spürt bereits bei den ersten Szenen (grandiose Hafenbilder) dieses schwedischen Films, daß sein Regisseur Ingmar Bergman keine Spekulation mit schwülen Sensationen beabsichtigte, sondern daß es ihm darum ging, ein Kunstwerk zu schaffen. Wenn es noch nicht restlos geglückt ist, so verspricht es doch besseres für die Zukunft« (»Hamburger Echo«). Bergman kam zur Premiere, ließ sich im Studio der Alster-Film die Synchronfassung von *An die Freude* vorführen und kündigte an, im nächsten Jahr mit deutschen Nachwuchsschauspielern in Hamburg zu drehen. Produzent sollte die Akros-Film sein. Die Idee war aus der Not geboren: Die schwedische Filmindustrie befand sich in einer Krise; für Bergman gab es keine Arbeitsmöglichkeit, er mußte Werbespots für eine Seifenfabrik herstellen. Als dann jedoch das Ende der Misere abzusehen war, begrub der Regisseur seine Hamburger Filmpläne und blieb in der Heimat.

Der Glanz und Glamour, in dem sich die neu ernannte Filmstadt sonnte, war nur geborgt: Die Prominenz kam angereist, um ein bißchen Promotion zu machen. Im Oktober 1950 war Jean Cocteau zu Gast. Aus diesem Anlaß sollte im Esplanade-Theater *Orphée* gezeigt werden, doch die deutsch synchronisierte Kopie war falsch zusammengeklebt: Das versammelte Publikum und der anwesende Dichter mußten nach Hause geschickt werden. Pannen und Peinlichkeiten solcher Art konnten schon einmal passieren, aber in der Regel wurden die aus-

»Der Verlorene«: Regisseur und Hauptdarsteller Peter Lorre

ländischen Berühmtheiten mit offenen Armen empfangen. Die Haltung gegenüber den heimkehrenden Emigranten war weitaus reservierter.

Der Schauspieler Peter Lorre – Filmdebüt: der Kindermörder in Fritz Langs Klassiker *M* – hatte 1933 Deutschland verlassen und in Hollywood seine Karriere fortgesetzt. Er spielte in Alfred Hitchcocks *Der Mann, der zuviel wußte* und in John Hustons *Malteser Falke*; Josef von Sternberg gab ihm die Raskolnikov-Rolle in seiner Verfilmung von *Schuld und Sühne*, und in *Casablanca* trat er als verängstigter Emigrant auf. 1950 schrieb Brecht ein Gedicht »An den Schauspieler P.L. im Exil«: »...Zurückgerufen / Wirst du in das Land, das zerstört ist. / Und nichts anderes mehr / Können wir dir bieten, als daß du gebraucht wirst. / Arm oder reich / Gesund oder krank / Vergiß alles / Und komm.« Und Peter Lorre kam – nicht nach Berlin, um bei Brecht Theater zu spielen, sondern nach Hamburg, um hier seinen Film *Der Verlorene* zu drehen.

Die Story in Umrissen: In einem Flüchtlingslager treffen sich unverhofft zwei Männer wieder, die sich andere Namen und eine neue Identität besorgt haben, in dieser Nacht aber von der Vergangenheit eingeholt werden. Der unpolitische Wissenschaftler Dr. Rothe (Peter Lorre) forschte während des Krieges in einem Hamburger Institut für die Nazis; sein Mitarbeiter Hoesch (Karl John), ein auf ihn angesetzter Gestapo-Spitzel, eröffnete ihm eines Tages: Rothes Verlobte Inge verrate die Forschungsergebnisse an die Alliierten, außerdem betrüge sie ihn... »Schluß machen!« fordert Hoesch, und Rothe, außer Sinnen, erwürgt seine Verlobte in ihrer Wohnung. (Lorre hatte den Mord in eine fiktive Margarethenstraße gelegt; als er während der Dreharbeiten in Hamburg wohnte, nahm er sich ein Zimmer im Schanzenviertel: Margaretenstraße Nr. 6.) Hoesch sorgt dafür, daß die Tat vertuscht wird, in den Akten als Selbstmord erscheint – Rothe arbeitet an kriegswichtigen Experimenten. Doch der Wissenschaftler kann nicht weiterleben wie bisher, und er tötet wieder: Bei einem Bombenangriff hasten die Fahrgäste aus der Hochbahn in den Luftschutzbunker, allein Rothe und eine Frau bleiben im Zug. Sie wird sein zweites Opfer. Nach dem Krieg taucht er als Arzt in einem Flüchtlingslager unter, und nun sitzt er dem Mann gegenüber, der aus ihm einen Mörder gemacht hat. Hoesch schlägt Rothe einen Pakt des Schweigens vor, doch der »Totmacher« zieht den Revolver und erschießt seinen Peiniger. Stumm, einsam, ein wahrhaft Verlorener, geht er im Morgengrauen auf den Bahngleisen entlang, bis der Frühzug ihn überrollt.

»Das Untier« lautete der Arbeitstitel. Am Manuskript – es wurde bis zum Schluß daran gefeilt – wirkte Axel Eggebrecht, Lorres Freund aus alten Berliner Tagen, mit. Im November 1950 begannen die Dreharbeiten. Die Außenmotive fand man in Hamburg, nur das Flüchtlingslager wurde im Bendestorfer Atelier der Jungen Film-Union nachgebaut. Die letzten Aufnahmen drehte man im Bunker auf dem Heiligengeistfeld. Immer neue Unfälle und Katastrophen waren dafür verantwortlich, daß der Drehplan nicht eingehalten werden konnte. Karl John brach sich ein Bein, wochenlang mußte man die Arbeit unterbrechen. Als Produzenten hatte Lorre einen anderen Remigranten gewonnen: Arnold Pressburger, der über 100 Filme betreut hatte und nun nach 16 Jahren aus Hollywood zurückkehrte. Er erlebte das Ende der Dreharbeiten nicht: Der Filmpionier starb am 17. Februar 1951 in einer Hamburger Klinik an einer Gehirnblutung. Im Kopierwerk verbrannte die Rohschnittfassung – ein herber Rückschlag, denn rund 30 000 Meter Film mußten neu gesichtet und geschnitten werden.

Trotzdem gelang es Lorre, seine einzige Regiearbeit ohne Kompromisse zu Ende zu bringen. Er knüpfte an die formale Meisterschaft des deutschen Films der zwanziger Jahre an: Harte Konturen, expressive Gestaltung, ein Spiel von Licht und Schatten, eine tief pessimistische Studie über den Verfall der Moral unter einem Unrechtsregime. Der Film wurde, obwohl einige Leute querschossen, auf dem Festival in Venedig uraufgeführt. In Hamburg lief er am 13. November 1951 in drei Kinos gleichzeitig an, in der Urania-Filmbühne, den Capitol Lichtspielen in der Hoheluftchaussee und im Europa-Palast in der Jarrestraße. Und er wurde ein Flop, der deshalb gleich wieder aus den Kinos verschwand.

Der Verlorene zählt, so steht es in jedem Filmlexikon, zu den eindrucksvollsten und wichtigsten Werken des deutschen Nachkriegskinos. Nur sehen wollte ihn damals kaum jemand. Lorre hatte auf ein Comeback in der Heimat gehofft; nun wartete er vergeblich auf neue Angebote. Offenbar wurde er doch nicht in Deutschland gebraucht. Enttäuscht und resigniert flog er zurück in die Staaten. Den Anschluß hatte er verpaßt; zuletzt sah man ihn, einen traurigen Clown, neben der überdrehten Ulknudel Jerry Lewis in *Die Heulboje*.

Karl Rothe hat seinen Peiniger Hoesch erschossen. Peter Lorre in seinem Film »Der Verlorene«

Optimismus war gefragt in jenen Tagen, nicht Vergangenheitsbewältigung. *Morgen ist alles besser*, ein anspruchsloses Familienrührstück, uraufgeführt im Capitol, war schon wegen des Titels ein Kino-Hit. Im Mai 1948 präsentierte sich die Filmstadt auf 28 qm innerhalb der Ausstellung »Hamburg am Werk«: Die Real-Film hatte eine Dekoration nebst Kamera und Projektor aufgebaut; Verleih- und Produktionsfirmen gaben auf Schautafeln Einblick in ihre Arbeit, und auf einem Stadtplan waren die Standorte aller Hamburger Kinos eingezeichnet. Die Liste war bald überholt: Zwar führte die Währungsreform zu einem Einbruch in der Besucherstatistik, trotzdem wurden ständig zerstörte Kinos instandgesetzt oder neue Theater eröffnet. Mit Bürgermeister Brauer und dem britischen Gouverneur Berry konnte Waterloo-Direktor Heisig am 13. August sein zweites Erstaufführungskino einweihen: Das Esplanade-Theater verstand sich als »Bühne des künstlerischen Films«; hier fanden Marcel Carnés *Kinder des Olymp* oder René Clairs *Unter den Dächern von Paris* ihr Publikum und brachten es auf sieben bzw. acht Wochen Laufzeit. Das Atrium am Hauptbahnhof und die Kammer-Lichtspiele am Dammtor teilten sich am 21. Januar 1949 die Premiere von *Blockierte Signale*; der im Schieber-Milieu angesiedelte Krimi wurde im Freihafen gedreht.

Nachdem *Liebe 47* schon in Göttingen, Kiel und Itzehoe gelaufen war, kam der Liebeneiner-Film Anfang Mai auch nach Hamburg. Im Film wurde Wolfgang Borcherts Drama, ein einziger Verzweiflungsschrei, mit einer neu hinzugedichteten Liebesgeschichte kombiniert, die metaphysischen Schreckensvisionen wurden umgebogen zu einer Heimkehrer-Geschichte mit Happy End. Die Theatersammlung der Universität veranstaltete unter dem Titel »Leben als Filmstoff« einen Diskussionsabend. Liebeneiner erzählte, er habe mit dem Dichter kurz vor seinem Tod über den Film gesprochen. Das Problem sei gewesen, die Hoffnungslosigkeit zu überwinden. Auf die Frage Beckmanns habe er »keine andere ehrliche Antwort gefunden als diese: zwei Menschen zu zeigen, die gut zueinander sind und die nicht die Welt verbessern wollen, sondern sich

Anzeige aus dem Branchenblatt »Film-Echo«, 1949

selbst«. Nach der Premiere im Esplanade-Theater gab es nur lobende Kritiken. Das »Hamburger Echo« sprach von einem »Markstein in der Geschichte der neuen deutschen Filmproduktion«, fügte aber hinzu: »Die Verleiher sehen schwarz.« Sie sollten recht behalten: Die aufgesetzte positive Wendung half nichts, die Leute wollten nicht an düstere Zeiten und Heimkehrer-Schicksale erinnert werden.

Filmaktivitäten regten sich auch allerorten in den Stadtteilen. Vom Reichstheater in der Fruchtallee waren nach dem Bombenangriff in einer Julinacht 1943 nur noch die Grundmauern und ein halbes Dach übriggeblieben. Am 18. März 1949 hatte Eimsbüttel wieder ein Kino (536 Plätze, davon 202 im Rang). »Das Gestühl ist entsprechend der in weinroter Tönung gehaltenen Wandbespannung dunkelbraun gebeizt. Kleine dreiarmige Wandleuchten mit hellen Schirmen verbreiten ein angenehm gedämpftes Licht«, schwärmte das Branchenblatt »Film-Echo«. Den Namen änderte man nicht, es blieb das Reichstheater. Lizenzträger war ein Hans Maertens, früher einmal Leiter des Ufa-Palastes am Valentinskamp. Kurz darauf wurden in Barmbek die Scala-Lichtspiele wiederaufgebaut, erfolgte in Harburg die Eröffnung des Odeon. Zwar gab es hier schon sechs Filmtheater, aber sie spielten in Gasthaussälen, Turnhallen, umgebauten Büros oder im Lagerraum eines Kaufhauses. Das Odeon, errichtet auf dem Fundament des ausgebombten »Lindenhofs« in der Heimfelder Straße, brachte als Eröffnungsprogramm, siehe oben, *Morgen ist alles besser*.

Es ging aufwärts, und der – schon wegen des steuerbegünstigenden Effekts in allen Kinos gezeigte – Dokumentarfilm *Hamburg glaubt an seine Zukunft* (Drehbuch Heinrich Braune und Rudolf Kipp) sollte den Wiederaufbau-Willen der Bevölkerung stärken. Nicht verschwiegen sei jedoch ein Unfall, der sich während der Premiere von *Arzt und Dämon* am 14. Juli 1949 im Waterloo-Theater ereignete: Ein Kinoangestellter brach während der Vorstellung durch die Saaldecke und stürzte in den Zuschauerraum. Zwei im Parkett sitzende Kinobesucher wurden ebenfalls verletzt und mußten ins Krankenhaus gebracht werden.

Mit Gründung der Bundesrepublik entfiel der Registrierungszwang. Nun wurde hemmungslos gebaut, neue Kinos schossen wie Pilze aus dem Boden. Viele Filmtheater hatten bereits jetzt Rentabilitätssorgen; durch die verschärfte Konkurrenzsituation gerieten angestammte Spielstätten in Existenz-

nöte. Der Landesverband der Kinobesitzer bemühte sich vergeblich, branchenfremde Unternehmer mit nicht erkennbaren Geldquellen fernzuhalten. Gab es bei Aufhebung der Registrierung im September 1949 94 Filmtheater in Hamburg, so waren es ein Vierteljahr später schon 101. Ruinen wurden beseitigt: Das ausgebombte Theater Blumenberg in der Hoheluftchaussee wurde wieder hergerichtet; auf dem Grundstück des zerstörten Regina in der Wandsbeker Chaussee stand jetzt das Kino Eilbek. In Hamm wurde das Tivoli-Theater eröffnet, in Wellingsbüttel das Titania, in Nienstedten der elegante Palmengarten – die Kette der Neugründungen riß nicht ab. Am Jahresanfang 1951 gab es 113, am Jahresende 130 Kinos. Damit war der Vorkriegsstand nicht bloß erreicht, sondern weit überschritten.

Die Krise der Filmtheater war zum guten Teil hausgemacht. Rund ein Drittel der Hamburger Kinos – von den Gewerkschaften als sog. Notstandstheater anerkannt und deshalb bei den Tarifverhandlungen vom allgemeinen Teuerungszuschlag ausgenommen – balancierten immer am Rande der Pleite. Es kam vor, daß ein Kino viermal in einem Jahr den Besitzer wechselte. Wodurch sich meist nicht viel änderte, denn großen Spielraum besaßen die Kinobetreiber nicht: Ebenso wie die Verleihmieten unterlagen die Eintrittspreise der Preisbindung. Durchschnittlich kostete die Kinokarte 1 DM, doch die Erstaufführungstheater in der Innenstadt konnten mehr verlangen: Hier zahlte man für den besten Platz DM 3,60. Der Staat kassierte kräftig mit: DM 1,60 waren an die Steuer abzuführen. Die Vergnügungssteuer betrug in Hamburg – andernorts lagen die Sätze niedriger – 15% zuzüglich 25% Sondersteuer für Eintrittspreise bis DM 1,50 oder 33 1/3% bei teureren Plätzen. Unerträglich und existenzbedrohend, so empfand dies jedenfalls die Lobby der Filmwirtschaft, doch mit ihrer Forderung nach Steuersenkung kam sie beim Senat nicht durch. Maßnahmen, wie man die Öffentlichkeit in dieser Frage mobilisieren könnte, wurden diskutiert. Nach neunstündiger Sitzung teilte die Arbeitsgemeinschaft Hamburger Filmtheater mit: Am Montag, dem 23. Januar 1950, bleiben die Kinos geschlossen.

Stattdessen versammelte man sich im Theater am Besenbinderhof zu einer Protestkundgebung. 1000 Leute waren gekommen. Die ersten drei Reihen hielt man für den Behördenvertreter frei, doch nur Senatsdirektor Erich Lüth ließ sich blicken. Walter Koppel, Adolf Bejöhr und Heinz B. Heisig hielten kämpferische Reden; der Schauspieler Hans Söhnker trat ans Pult und erklärte sich solidarisch. Im

Anschluß an die Kundgebung formierte sich ein Demonstrationszug Richtung Gänsemarkt: Ziel war das Finanzamt. Auf den Transparenten stand »Runter mit der Kultursteuer!«, »Die überhöhte Vergnügungssteuer ist unser Ruin« oder »Die Schuld an den hohen Kinopreisen hat nur das Finanzamt«. Senator Dudek war nicht bereit, eine Delegation zu empfangen; ihm brachte der eintägige Kinostreik einen Steuerausfall von rund 20 000 Mark.

Die spektakuläre Aktion blieb nicht ohne Wirkung. In der Senatssitzung am 3. März wurde die Vergnügungssteuer auf einheitlich 30% gesenkt, außerdem wurden Ermäßigungen um 5% bei Vorführung eines Kulturfilms, 15% bei Vorführung eines künstlerisch wertvollen Films aus deutscher Produktion beschlossen. Doch die Alliierte Hohe Kommission erklärte den Senatsbeschluß für ungültig; sie sah in dem Vorzugssteuertarif für deutsche Spitzenfilme eine Diskriminierung ausländischer Filme. Diese Regelung mußte zurückgenommen werden, nur die Steuerbegünstigung für Kulturfilme blieb bestehen.

Übrigens handelten die Interessenvertreter der einzelnen Sparten selten so einmütig; meist wurde in den Gremien um Geld und Prozente gefeilscht. Anfang Dezember 1950 tagte die SPIO, die im Vorjahr wieder ins Leben gerufene Spitzenorganisation der Filmwirtschaft, im Haus Wedell. Die Produzenten favorisierten den Quota-Vorschlag, der eine Art Spielpflicht von neuen deutschen Filmen an einer bestimmten Anzahl von Tagen für alle Kinos vorsah. Die Kinobesitzer waren heftig dagegen; sie beriefen sich auf Marktwirtschaft und freie Programmwahl, und der Hamburger Landesverband entsandte eine Delegation nach Bonn, um den Gesetzentwurf zu Fall zu bringen. Oder ein anderes Beispiel: Im März 1951 wurde der »Hamburger Kinofünfer« eingeführt. Mit Billigung von Finanzbehörde und Preisbildungsstelle erhoben die Kinos auf jede Karte einen Zuschlag von fünf Pfennig, der für Instandsetzungsarbeiten und zur Abdeckung von Verbindlichkeiten bestimmt war. Auf diese Art kamen monatlich 1 000 bis 4 000 Mark pro Kino zusammen. An dieser Sondereinnahme wollten die Verleiher beteiligt werden, also strengten zehn Firmen einen Musterprozeß an und verklagten die Harvestehuder Lichtspiele. (Der Prozeß endete mit einem Vergleich.)

Doch was hatte man, von filmpolitischen Querelen abgesehen, dem Publikum zu bieten? Ende September 1950 wurde die »Woche des deutschen Films« veranstaltet. Auf einer ganzen Zeitungsseite stellten alle Hamburger Kinos ihr Programm vor,

Walter Koppels kämpferische Rede gegen die Kultursteuer

das in der Summe einen repräsentativen Querschnitt durch das nationale Filmschaffen vermitteln, außerdem »Stunden der Entspannung und der kulturellen Erbauung« ermöglichen sollte. Schon der erste Blick zeigt: Man zielte wie üblich auf die Tränendrüsen und Lachmuskeln. *Das Herz muß schweigen*, eine Edelschnulze aus dem Produktionsjahr 1944, lief in sieben Kinos; *Wenn eine Frau liebt*, Remake eines schon einmal verfilmten Schwanks, hatten sechs Filmtheater gebucht. Auf dem dritten Platz, fünfmal vertreten, die seichte Komödie *Zwei in einem Anzug* – »Liebe, Leichtsinn, Lust und Laune« versprach der Werbeslogan. Die Central-Lichtspiele Rahlstedt brachten in einer Sondervorstellung *Schleichendes Gift*. (Der Aufklärungsfilm zum Thema Geschlechtskrankheiten sorgte in diesem Jahr für Furore. Die Freiwillige Selbstkontrolle hatte zur Auflage gemacht, den Film nur getrennt nach Geschlechtern vorzuführen. In der Uhlenhorster Schauburg waren die Vorstellungen vormittags für Frauen, nachmittags für Männer reserviert. Bei Knopf's und im Altonaer Metropol hatte man eine andere Lösung gefunden: Die Frauen schickte man in den Rang, die Männer saßen im Parkett.) Filmkunst beschränkte sich auf Klassiker: *Der Postmeister* mit Heinrich George, *Dreyfus* ebenfalls mit George, Fritz Kortner und Albert Bassermann. Die einzige Uraufführung während der Filmwoche: *Das Mädchen aus der Südsee*, eine Liebes- und Verwechslungskomödie, produziert von der Hamburger Pontus-Film. Die Nachkriegsproduktion war nur mit routiniert inszenierter Dutzendware in Vorort-Kinos vertreten: In Winterhude und Farmsen stand *Der Schatten des Herrn Monitor* (Real-Film) auf dem Programm, in Harburg und Dulsberg *Die Lüge* (Junge Film-Union), in Stellingen, Sasel und Poppenbüttel *Der Mann, der sich selber sucht* (Neo-Film). Der Heimatfilm, Kassenschlager der fünfziger Jahre, kündigte sich bereits an: Das Waterloo-Theater hatte den Erfolgsfilm *Schwarzwaldmädel* verlängert, und die Waldesruh-Lichtspiele Wellingsbüttel luden ins *Tal der Liebe*. Kritische Auseinandersetzung mit Vergangenheit und Gegenwart dagegen war nicht gefragt – unter den 90 Kinoanzeigen war bezeichnenderweise nur ein Trümmerfilm: Das Esplanade Theater zeigte Käutners *Unter den Brükken*.

Die Filmverbände wurden nicht müde, auf die Bedeutung ihres Wirtschaftszweiges hinzuweisen. Das Arbeitsamt am Gerhart-Hauptmann-Platz hatte eine »Filmbörse« eingerichtet; 7 932 Schauspieler und Statisten, so die Bilanz 1950, wurden vermittelt. Am 21. Februar des Jahres kam es zu Tumulten, als die Junge Film-Union den Komparsen für eine Massenszene nur 10 DM (statt der sonst üblichen 15 DM) bezahlen wollte. Die meist stellungslosen Schauspieler protestierten gegen eine derartige Gagen-Herabsetzung und verließen die Filmbörse. Zwei Tage später standen frühmorgens um 7 Uhr zehn Streikposten vor dem Flora-Theater, in dem die Aufnahmen zu der Produktion *Die wunderschöne Galathee* stattfinden sollten.

Ein Arbeitslosen-Projekt besonderer Art war der Film *Der Weg zu Dir*. Am ersten Drehtag der No-Budget-Produktion, durch Spenden und Gagenrückstellungen finanziert, erschien bei den Außenaufnahmen am U-Bahnhof Baumwall der Kollege Werner Krauß und wünschte dem Unternehmen Glück. Tatsächlich wurde, allen Unkenrufen zum Trotz, der Film fertig und fand auch einen Verleih. Letztlich hatten die Schauspieler jedoch nichts von dem Alternativprojekt; wie so häufig kam nur der Initiator und Regisseur kurzfristig zu Medienruhm: Harald Röbbeling, der Sohn des einstigen Thalia-Direktors.

Die Nachkriegszeit ging dem Ende zu. Nach sechs Jahren und 26 Tagen wurde die Beschlagnahme des Passage-Theaters aufgehoben. Als die Spuren des Truppenkinos – nicht unerhebliche Schäden durch Zigaretten und angeklebte Kaugummis, klagte der Besitzer in der Presse – beseitigt waren, fand Ende Juni 1951 die Wiedereröffnung statt. Für Enrico Caruso reichte es nicht, aber immerhin kam aus London Operettenkönig Robert Stolz zur »Weltaufführung« seines Films *Tanz ins Glück* am 25. Oktober und dirigierte das NWDR-Orchester. Und immer noch wurden weitere Kinos eröffnet: Kurbel am Nobistor, Derby in Horn (nahe der Rennbahn), Nordlicht in Wandsbek, Pinguin in Bahrenfeld, Film-Eck in Neuenfelde usw. usf. Schräg gegenüber den Grindel-Hochhäusern nutzte man die Ruine des »Klinker«, dem früheren Versammlungslokal des Gewerbebauvereins, für einen Neubau: Im Holi, Kürzel für Hochhaus-Lichtspiele, ging Weihnachten 1951 der mit Hamburg-Motiven bemalte, noch heute zu bewundernde Vorhang hoch. Das größte Filmtheater der Stadt befand sich aber in Wandsbek: 104 Tonnen Profileisen, 200 Tonnen Gips und 750 laufende Meter Neonröhren wurden verbaut, dann stand der Kinopalast Harmonie mit 1.500 Plätzen wieder. Während der Bauarbeiten hatte man noch gelesen: »Auf den früheren Luxus wird man noch eine Weile verzichten müssen.« Davon konnte nach der Eröffnung am 19. April 1951 nicht mehr die Rede sein. Als letzten Schrei gab es Raucherlogen und im Foyer für die Damen einen Springbrunnen mit Kölnisch Wasser. Die Trümmerzeit war endgültig vorbei; das Wirtschaftswunder hatte begonnen.

»Trümmer und Träume« ist der Titel einer von Ursula Bessen zusammengestellten Dokumentation zum Nachkriegsfilm, erschienen Bochum 1989. – Für dieses Kapitel wurden die im Staatsarchiv befindlichen Quellen, u. a. der Schriftwechsel des »Beratenden Filmausschusses für die Britische Zone«, ausgewertet; benutzt wurde außerdem Willy Martins Beitrag in der SPIO-Broschüre »Wissen Sie noch?«, Wiesbaden-Biebrich 1955, S. 72-96, und Rudolf Stobbes Aufsatz »Filmstadt Hamburg. Skizze einer Nachkriegsgeschichte des Films in Hamburg«, in: Hamburger Filmgespräche, Bd. I, Hamburg 1962, S. 26-35. – Die Besprechung von »Die Todesmühlen« erschien am 3.4.1946 im »Hamburger Echo«. Erich Kästners im Februar 1946 in München gemachte Beobachtungen sind nachzulesen im Band 7 seiner »Gesammelten Schriften für Erwachsene«, München und Zürich 1969, S. 66. – Zitiert wird aus dem Artikel »Filme, die uns nicht erreichten«, in: »Hamburger Echo«, 12.8.1948. Der Briefwechsel zwischen Brauer und Balfour wurde auszugsweise gedruckt im »Spiegel«, 15.2.1947. – Eberhard von Wieses Artikel »Filmstadt Hamburg. Wünsche und Wirklichkeit« stand am 14.5.1948 in der »Hamburger Allgemeinen Zeitung«. – Peter Lorres Romanfassung von »Der Verlorene« ist, hg. von Michael Farin und Hans Schmid und mit einem umfangreichen Anhang versehen, 1996 erstmals als Buch veröffentlicht worden. – Wolfgang Liebeneiners Interpretation seines Films »Liebe 47« ist entnommen dem Bericht »Liebeneiner gibt Antwort«, veröffentlicht in: »Film-Echo«, 20.6.1949. Zum Film vgl. Gustav Meier, »Filmstadt Göttingen«, Hannover 1996, S. 54-70, sowie den Aufsatz »Kein Erfolg: ›Liebe 47‹« von Gordon Burgess im Jahresheft 1992 der Internationalen Wolfgang-Borchert-Gesellschaft, S. 37-45.*

In jenen Tagen

Die Geschichte eines Autos,
gedreht 1946 auf Hamburgs Straßen

Ein Auto spielt zwar eine große Rolle,
macht aber noch keine Karriere. Ein
Nagel kostet fast zwei Zigaretten und
ein Reifen 571 Nägel, und Rußland
liegt auf der Elbe.

Der Hauptdarsteller

Am 31. August 1946, in Roosens Weg, einer kleinen Seitenstraße in Othmarschen, wird Filmgeschichte gemacht: Erster Drehtag zu Helmut Käutners *In jenen Tagen*. Presse, Funk und die Wochenschau sind gekommen, der Regisseur spricht ein paar Worte, und dann wird die erste Klappe geschlagen: Szene 18/1, laut Drehbuch »Vor einer Kleinstadtvilla, mit sehr gepflegtem Garten.« Die Kamera richtet sich auf die Eingangspforte, ein alter Opel fährt ins Bild. Er ist der Hauptdarsteller des Films.

Auf diesen Tag hatte Käutner lange gewartet. In den letzten Kriegstagen, auf einem vor Cuxhaven kreuzenden Minensuchboot, hatte er die Geschichte geschrieben; der Kommandant hieß übrigens Ernst Schnabel und wurde Coautor des Drehbuchs. Ende 1945 – damals dachten die Briten noch gar nicht daran, Lizenzen für Filmproduktionen zu erteilen – richtete Käutner bereits im Shellhaus (Alsterufer 4/5, das heutige BATIG-Haus) ein kleines Informationsbüro ein und baute eine Adressenkartei für (die meist irgendwo in der Provinz untergeschlüpften) Schauspieler und Filmleute auf. Als es dann endlich losgehen konnte – das Drehbuch war bei der Militärbehörde einzureichen, wurde aber anstandslos genehmigt –, fehlte es an allen Ecken und Enden.

Die technische Ausrüstung mußte man zusammenpumpen oder auf halblegalem Wege organisieren. Oder – und das wurde teuer – auf dem Schwarzmarkt besorgen. Ein Nagel kostete 21 Reichsmark (zum Vergleich: eine Zigarette 14 RM). Das Auto, das im Film die Hauptrolle spielte, stellte die Firma Dello & Co zur Verfügung – ohne Reifen; für 12 000 RM waren welche aufzutreiben. »Wir hatten eine alte Kamera, die bei Außenaufnahmen der Ufa irgendwo im Distrikt liegengeblieben war«, erinnerte sich Käutner später. »Eine andere war vergraben worden, aber nicht fachgemäß – sie war nicht mehr zu gebrauchen.« Der Kamerawagen wurde

Auf dem Autofriedhof. Karl und Willi (Erich Schellow und Gert Schaefer) horchen auf: das Auto beginnt zu sprechen (die Stimme des Autos: Helmut Käutner)

von einem Stuka- Konstrukteur entworfen und bei Blohm & Voß gebaut. Die Tonapparatur stammte aus Wehrmachtsbeständen und war eigentlich nur zur Nachrichtenübermittlung tauglich. Es gab zwei oder drei Jupiter-Lampen, aber als die Glühbirnen kaputt gingen, konnte man sie nicht ersetzen: Man mußte sich mit Autoscheinwerfern behelfen. Und vor allem: Es stand kein Atelier zur Verfügung. Käutner machte aus der Not eine Tugend – er drehte auf der Straße.

»Das zerbombte Stadtviertel einer Großstadt«, so schrieb es das Drehbuch vor. Die Wirklichkeit lieferte diese Kulisse. Am Grindelberg wurde die Rahmenhandlung aufgenommen. (Hier standen nur noch Trümmer; an dieser Stelle wurden dann die Grindel-Hochhäuser errichtet.) Die Kamera schwenkt über eine Ruinenlandschaft. Ein trüber Herbstnachmittag, im Hintergrund ausgebrannte Häuser. Zwei alte Leute schleppen Reisigbündel und Feuerholz; hinter ihnen humpelt ein Kriegsinvalide. Dann kommt ein Autofriedhof ins Bild. In Overall und umgefärbter Uniform schlachten zwei Männer einen verbeulten Opel Rekord aus. Willi arbeitet konzentriert, Karl ist offenbar in Gedanken versunken. Er brütet dumpf vor sich hin, schmeißt plötzlich ein abmontiertes Teil zurück ins Auto: »Sauleben«. Willi lacht nur: »Ach so, die alte Platte: Nichts zu rauchen, nichts zu trinken, nichts zu essen. Keine Kohlen, kein richtiger Beruf, kein Geld, keine Wohnung, keine Nachricht von Susanne, keine Illusionen, keine Zukunft, keine, keine, keine.« »Keine Menschen«, murmelt Karl.

Wozu noch die Trümmer beseitigen und Ordnung schaffen – in den verfluchten Jahren habe es keine Menschen gegeben, deshalb sei man so heruntergekommen, deshalb komme man jetzt nicht wieder hoch. Da beginnt das Auto zu reden. Der tote Gegenstand widerspricht und erzählt aus seinem Leben. Das Schicksal des Autos unter wechselnden Besitzern, dargestellt in sieben Episoden, schildert der Film.

Das fabrikneue Auto ist ein Geschenk für Sybille. Peter schickt ihr den Wagen, damit sie ihn in Berlin besucht; sie fährt hin, aber nur, um das Geschenk zurückzugeben. Auf dem Weg begegnet ihr Steffen, ein anderer Bewerber um Sybilles Gunst. Er hat schon alles organisiert, will mit ihr am nächsten Morgen nach Mexiko gehen. Die stolze Frau ist erbost; sie denkt nicht daran, sich so Entscheidungen aufzwingen zu lassen. In Berlin sehen wir sie zusammen mit Peter im Auto. Sie wollen in die Oper, doch der Verkehr stockt; ein Fackelzug versperrt den Weg, sie können weder vor noch zurück. »Wo kommen bloß die ganzen Leute her«, wundert sich die ahnungslose Sybille. Peter findet die Situation gemütlich: Da stecken sie in ihrem Gehäuse, um sie herum die Menschenmassen, und »keiner geht uns was an«. Dies ist ein Glückstag für ihn, und mit Sybilles Brillantring ritzt er klein das Datum in das Wagenfenster: 30 – 1 – 33. Heute wurde Hitler zum Reichskanzler ernannt, deshalb die Aufmärsche. Sybille dämmert etwas; nun weiß sie, warum Steffen Hals über Kopf das Land verlassen muß. Sie entscheidet sich für ihn und braust mit dem Auto nach Hamburg, wo das rettende Schiff den Hafen verläßt.

Ähnlich sind auch die anderen Episoden aufgebaut: Private Dramen, die den Menschen unter dem Druck der politischen Verhältnisse Entscheidungen abverlangen. Käutner entwirft ein Zeitpanorama. Von der Machtergreifung bis zum Zusammenbruch

Aus den besseren Tagen des Autos. Winnie Markus als Sybille in der 1. Episode

In Rußland: Fritz Wagner und Hermann Speelmans

des Nationalsozialismus, dazwischen Berufsverbot für Juden und »entartete Künstler«, die antisemitischen Pogrome, Verfolgung und Widerstand. Zugleich bietet der Film einen exemplarischen Querschnitt durch die Gesellschaft: Mit jedem Besitzerwechsel sinkt das Auto eine Stufe tiefer in der sozialen Hierarchie.

Die erste Episode spielte im hochherrschaftlichen Milieu; in der dritten Geschichte gehört der Wagen dem Ehepaar Bienert, das eine kleine Bilderrahmen-Handlung betreibt. Sie sind seit 30 Jahren verheiratet, leben mehr aus Gewohnheit denn Liebe zusammen. Sie ist Jüdin, und ihr gehören formell Geschäft und Wagen. Den NS-Rassegesetzen zufolge müssen sie ihren Laden durch weiße Buchstaben kennzeichnen und das Auto abgeben. Die Frau schlägt vor, sich scheiden zu lassen, doch Wilhelm läßt sie nicht im Stich. Als sie abends heimkommen, tobt der Mob auf den Straßen: »Reichskristallnacht«. Der Mann nimmt einen Pflasterstein und schmeißt die Schaufenster seines eigenen Geschäfts ein. Am nächsten Morgen werden beide tot aufgefunden; sie haben den Gashahn aufgedreht. Das Ehepaar Bienert – diese Episode ist der eindrucksvollste Teil des Films – wurde von zwei Hamburger Theaterintendanten dargestellt: Willy Maertens (Thalia) und Ida Ehre (Kammerspiele).

Nicht immer konnte Käutner seine Idealbesetzung verwirklichen. Was nützt die beste Adressenkartei, wenn es an Transportmöglichkeiten fehlt, um einen Schauspieler an den Drehort zu bringen? Oft mußte er deshalb umbesetzen oder andere Episoden zunächst vorziehen. Wochenlange Unterbrechungen gab es, weil das Geld ausging. Oder kein Filmmaterial da war; man mußte sich hier hundert Meter, dort eine halbe Rolle zusammenbetteln.

Die technischen Unzulänglichkeiten, die primitiven Mittel hinterließen ihre Spuren im Film. Szenen im fahrenden Auto, normalerweise im Studio vor Rückpro gedreht, mußten wirklich während des Fahrens aufgenommen werden. Vor der Einstellung ließ sich Kameramann Igor Oberberg auf der Kühlerhaube des Wagens aufschnallen. »Wir entdeckten bei dieser Gelegenheit«, so Käutner in der Rückschau, »daß sich in der schräg stehenden Scheibe eines Autos eine ganze Welt spiegelt, die im Atelier nicht vorhanden ist. Später habe ich im Studio mit doppelter Rückpro gearbeitet, aber es ist nie so geworden wie damals. Natürlich verschwimmen manchmal die Gesichter, aber die Not hat uns zu Stilmitteln geführt, die man sonst nicht gefunden hätte.« Der Tonwagen, durch ein Kabel mit dem Opel verbunden, fuhr nebenher. (Das glückte nicht immer; die Tonqualität war manchmal miserabel.

Aus dem Programmheft zur Uraufführung am 13. Juni 1947

Neben Originalton enthält der Film auch Teile, die im Alster Film-Atelier nachsynchronisiert werden mußten.) Bis auf zwei Innenaufnahmen im stehenden Auto, die im Ohlstedter Studio entstanden, wurde alles unter freiem Himmel gedreht. Auch die Berliner Szenen realisierte das Film-Team in und um Hamburg, nur die fünfte Episode wurde in Hitzacker aufgenommen.

Diese Sequenz spielt in Rußland. Eine unwirtliche Straße in verschneiter Landschaft. Der Opel, nun feldgrau gespritzt, soll einen jungen Leutnant durch Partisanengebiet an die Front bringen. Winter, wie es das Drehbuch verlangte, sollten Käutner und das Team mehr als genug bekommen. Es war eisig kalt im Januar 1947; das Thermometer sank auf 26 Grad unter Null. Waren die Dreharbeiten bisher schon ein Abenteuer, so wurden sie nun zur Strapaze. Die Kamera mußte angewärmt werden, doch es war kaum möglich, durch das Autofenster zu fotografieren: Durch den Atemhauch der Schauspieler bildete sich sofort Eis. In manchen Einstellungen verschwinden die Gesichter, weil während der Aufnahme die Scheibe buchstäblich einfror. Der Regisseur hatte einen Einfall: Mit Hilfe eines englischen Schneepflugs wurde auf der zugefrorenen

Elbe ein Weg gebahnt: Die unendliche Straße im grauen russischen Niemandsland, man hätte sie mit allen technischen Raffinessen nicht besser im Studio bauen können.

Am Ende – der Wagen ist inzwischen arg ramponiert, hat seine letzten Dienste Flüchtlingen erwiesen – blendet der Film zurück auf den Autofriedhof in der Ruinenlandschaft. Das Auto zieht die Bilanz seines Lebens, und nun wird es überdeutlich: »Es hat sie gegeben, diese Menschen. Die Zeit war stärker als sie, aber ihre Menschlichkeit war stärker als die Zeit.« An der gleichen Stelle, wo anfangs die beiden Alten und der Kriegsinvalide gingen, laufen jetzt zwei lachende Kinder vorbei. Schlußeinstellung: Die Kamera zeigt das Trümmerpanorama »in einem hellen, klaren, aber harten Licht« (Regieanweisung).

Die mühseligen Dreharbeiten zogen sich fast sieben Monate hin; letzter Drehtag war der 19. April 1947. Die Uraufführung mußte – das Dach des Waterloo-Theaters hatte ein Leck – verschoben werden. Am Freitag, dem 13. Juni, war es soweit: Premiere des ersten in Hamburg gedrehten Nachkriegsfilms. Die Polizei mußte den Platz vor dem Kino absperren, dann fuhr Major Killinger R.A. Executive Officer und andere Prominenz der Besatzungsmacht vor. Der Regisseur und die Schauspieler zeig-

HANS NIELSEN · GISELA TANTAU · IDA EHRE · WILLY MAERTENS
ERICA BALQUÉ · EVA GOTTHARDT · FRITZ WAGNER · HERMANN SPEELMANNS

ten sich beim Schlußapplaus auf der Bühne. Der Hauptdarsteller blieb im Foyer: Auf geschmücktem Podest stand ein alter Opel Rekord.

Der Erfolg setzte sich ein paar Tage später in Berlin fort; dann kam *In jenen Tagen* anläßlich einer Filmwoche der französischen Zone in einem Mainzer Kino zur Aufführung. Der Verleih startete mit fünf Kopien, bei Atlantik Film in Ohlstedt in Auftrag gegeben. Ende Juni stellte Käutner seinen Film einem internationalen Publikum in Locarno vor: Als erste deutsche Produktion nach dem Krieg lief *In jenen Tagen* bei einem ausländischen Festival und wurde allgemein als Rehabilitation der deutschen Filmkunst gefeiert. Das Branchenorgan »Film-Echo« konnte »ein Gefühl des Stolzes« nicht unterdrücken, und auch »Die Zeit« jubelte: »Wir sind wieder da im Spiel der internationalen Kunstbemühungen!«

In Frankreich erkannte man in Käutners Werk ein Gegenstück zu Rossellinis Paisa, und tatsächlich lassen sich (unbeabsichtigte) Parallelen zum italienischen Neorealismus aufzeigen. Die deutsche Kritik schenkte der formalen Struktur und dem optischen Stil keine Aufmerksamkeit. Man empfand die Aussage als »illusionslosen Optimismus«, verstand den Film als konkrete Lebenshilfe in schwieriger Zeit. »Einen hochpolitischen Film« nannte Kurt W. Marek, der unter dem Pseudonym C.W. Ceram zwei

Jahre später den Sachbuch-Bestseller »Götter, Gräber und Gelehrte« publizierte, *In jenen Tagen*: Weil hier mit äußerster Zurückhaltung demonstriert werde, »daß in den zwölf Jahren jedes menschliche Schicksal ein politisches war.« Doch was leistete der Film wirklich zur Vergangenheitsbewältigung? Käutner schob die Kollektivschuld-These beiseite und machte ein Identifikationsangebot: Er zeigte die Menschen als Opfer des Nazi-Regimes. Die Verantwortlichen kamen nicht ins Bild. Der Faschismus blieb eine anonyme Macht, ein hereinbrechendes Unheil, das privates Glück und menschliche Existenz zerstörte. Diese politische Dimension des Kinoerfolges wird besonders deutlich in den Besprechungen der Provinzpresse. »Das Schicksal der Millionen Menschen ist herausgestellt, die ohnmächtig und verzweifelt dem Unentrinnbaren gegenüberstanden«, hieß es im Osnabrücker »Neuen Tageblatt«. »Der Käutner-Film gibt die Antwort: Seht, so war in allem das wahre Menschentum verborgen; es hat gelitten, hat sich gewehrt, bis über alle der erzwungene Zwang und der große Untergang kam.«

Zur Premiere von *In jenen Tagen* schrieb Käutner für das »Film-Echo« einen programmatischen Aufsatz: »Die meisten deutschen Filmschaffenden sind sich darüber klar, daß es nicht möglich oder gar erstrebenswert ist, an den geschehenen Dingen und ihren Folgen vorbeizulügen. Sie sind der Meinung, daß man die Traumfabriken endgültig demontieren muß.« (Da erntete er aber Widerspruch von den Kinobesitzern, »schließlich ist ein Filmtheater eine doch mehr der Unterhaltung und Entspannung dienende Kulturstätte«.)

Der Regisseur war sich selbst nicht ganz klar, in welche Richtung er mit seiner Produktionsgesellschaft Camera Film marschieren sollte. Im Januar 1948 kündigte die Firma ein gutes Dutzend Projekte an. Hier nur eine kleine Auswahl aus dem Programm: der Historienschinken »Anno 48«, die Trümmerfilme »Der Anfang nach dem Ende« und »Märchen im Schutt«, ein in Hamburg um 1890 angesiedeltes Melodrama »Neben Dir«, der Artistenfilm »Griff nach den Sternen«, die satirische Komödie »Elfriede auf Erden« und das musikalische Lustspiel »Ich, Du, Er, Sie, Es«. Ein Sammelsurium der verschiedensten Stoffe und Themen. Käutner gelang das Kunststück, sich am eigenen Schopf aus dem Sumpf zu ziehen. Er machte aus seinem Dilemma ein originelles Drehbuch. Erste Szene: Filmregisseur, Autor und Schauspieler diskutieren ein neues Projekt, ironisch werden alle damals aktuellen Genres inklusive Heimkehrer- und Trümmerfilm durchgespielt. In die hitzige Debatte platzt ein junges Paar vom Lande, erzählt seine Geschichte, und gleich machen sich die Filmleute daran, die Wirklichkeit effektvoll fürs Kino aufzubereiten... Diesen *Film ohne Titel* überließ Käutner seinem langjährigen Regie-Assistenten Rudolf Jugert; er selbst holte eine nicht ganz frische Kabarett-Story aus der Schublade: *Der Apfel ist ab*, am 23. November 1948 im Waterloo-Theater uraufgeführt, erwies sich als finanzielles und künstlerisches Fiasko. Die Camera Filmproduktion hatte bis 1960 ihren Sitz in Hamburg – letzte Adresse: Heinrich-Hertz-Straße 137 –, aber der Firmengründer war längst ausgestiegen. »Hamburg ist kein Pflaster für den Film«, grollte er und zog nach München.

Er hat dann später oft in Hamburg gedreht; einige seiner erfolgreichsten Werke sind im Wandsbeker Studio bei der Real-Film entstanden. Im März 1956, drei Tage vor Beginn der Dreharbeiten zu *Der Hauptmann von Köpenick*, zeigte die Gesellschaft für Filmkunde *In jenen Tagen*; anschließend diskutierte der Regisseur im Hörsaal A der Universität mit den Zuschauern. Konfrontiert mit dem zehn Jahre alten Film, bekannte Käutner: »Die Jahre 45/46, so schrecklich sie waren, es war die einzige Zeit, in der ich geglaubt habe, daß morgen etwas besser

Werbeplakat

sein würde als heute und gestern. Und dann kam die DM, und alles schnellte zurück auf das Normalmaß. Auch die Hoffnung war weg.«

Das Drehbuch von Helmut Käutner und Ernst Schnabel erschien 1947 im Christian Wolff Verlag, Flensburg und Hamburg. Auf dem Titelblatt ist vermerkt: »Von diesem Buch wurde nur eine begrenzte Auflage hergestellt«; leider verfügt keine Hamburger Bibliothek über ein Exemplar. – Die Käutner-Zitate stammen von der im Text genannten Veranstaltung der Filmkundlichen Gesellschaft 1956; eine Bandaufzeichnung gibt es (ebenso wie den eingangs erwähnten Wochenschau-Bericht »Filmstart in Hamburg«) in der Staatlichen Landesbildstelle. – Eine eher anekdotenreiche Schilderung der Dreharbeiten bietet Curt Riess im 4. Band seiner Filmgeschichte »Das gab's nur einmal«, Wien und München 1977, S. 99-126. Eine kritische Analyse des Films findet man bei Peter Pleyer, »Deutscher Nachkriegsfilm 1946-1948«, Münster 1965, S. 56-60. – Die zitierten Kritiken erschienen in: »Film-Echo«, 1947, Heft 5 (H. Steffen); »Die Zeit«, 26.7.1947 (Erika Müller); »Die Welt«, 14.6.1947 (Kurt W. Marek); »Neues Tageblatt«, Osnabrück, 29.8.1947 (Oe.). – Käutners Aufsatz »Demontage der Traumfabrik« wurde publiziert in: »Film-Echo«, 1947, Heft 5, die Erwiderung »Filmtheater kein Forum Academicum« von Gustav Zimmermann ebd., Heft 7.

REAL - FILM N° 39

"Keine Angst vor grossen Tieren"

Prod.: G. Trebitsch
Regie: U. Erfurth
Kamera: A. Benitz
Ton: W. Pohl

Nacht

Die Real-Film-Story

*Walter Koppel macht
Hamburg zur Filmstadt*

*Die Briten wollen kein neues Ufa.
Ein Huhn bekommt 25 Mark Gage,
Menschen fühlen sich in ihrer Ehre
verletzt. Zarah badet in schwarzen
Kacheln, und eine Putzfrau gibt
Auskunft.*

*Erster Film nach einjähriger Zwangspause.
Gyula Trebitsch schlägt die erste Klappe für
Heinz Rühmanns Auftritt*

ennengelernt haben sich die beiden 1946 auf einer Kulturveranstaltung des »Komitees ehemaliger politischer Gefangener«. Gyula Trebitsch war KZ-Häftling in Wöbbelin (bei Ludwigslust); nach der Befreiung mußte er mehrere Monate ins Krankenhaus und kam nach Itzehoe. Walter Koppel war nach der nationalsozialistischen Machtergreifung zunächst nach Wien geflohen, emigrierte dann über Prag und Brüssel nach Paris. Bei Kriegsausbruch wurde er interniert, konnte noch einmal fliehen; 1940 wieder verhaftet, wurde er nach Deutschland ins KZ Fuhlsbüttel gebracht. Es gelang ihm, Lähmungserscheinungen so überzeugend zu simulieren, daß er in das jüdische Krankenhaus, Schäferkampsallee 29, verlegt wurde. Diese List rettete ihm das Leben; seine Eltern, nach Theresienstadt verschleppt, hat er nie wiedergesehen.

Die beiden Männer verband nicht nur das gemeinsame Schicksal aller Nazi-Verfolgten. Sie hatten, jeder auf seine Weise, Erfahrungen im Filmgeschäft gesammelt. Trebitsch, 1914 geboren, war in Budapest aufgewachsen. 1932 hatte er als Volontär bei der dortigen Ufa-Niederlassung angefangen, mußte aber nach Erlaß der NS-Rassengesetze gehen. Er schlug sich als Kinovorführer und Cutter durch, wur-

de 1936 Produktionsleiter und Mitinhaber der ungarischen Objectiv-Film. Unter seiner Leitung entstanden zehn Filme; davon war einer (*Ich vertraue dir meine Frau an*) so erfolgreich, daß die Berliner Terra die Drehbuch-Rechte erwarb und ein Remake mit Heinz Rühmann produzierte. Koppel, acht Jahre älter, stammte aus einer jüdischen Familie in Köln. Er hatte eine kaufmännische Lehre absolviert, war schließlich Werbechef in einem Bergedorfer Kaufhaus geworden. Während der Emigrationsjahre gründete er in Wien verschiedene Verleihfirmen; »Koppel & Weinberg« wie »Max Freund & Walter Koppel« waren nicht sonderlich erfolgreich, denn sie verfügten über keine bedeutenden Filme in ihrem Programm. Aber der Kaufmann kannte die Branche, und nach Kriegsende machten die Engländer ihn zum Treuhänder (Subcustodian) für die Hamburger Ufa-Kinos und das Flora-Theater. (Erst hatten die britischen Filmoffiziere einen Beamten namens Köhler eingesetzt; später stellte sich heraus, daß der Mann PG war.) Trebitsch besaß übrigens eine Lizenz für zwei Kinos in Itzehoe. Beide waren voller Unternehmungslust und filmbesessen; sie taten sich zusammen und stellten einen Lizenzantrag für die Gründung einer Produktionsfirma.

Die Real-Film-Kompagnons Gyula Trebitsch und Walter Koppel

Der Name ihrer Firma war Programm: Real-Film. Weg vom verlogenen Kitsch der alten Traumfabrik, darüber war man sich rasch einig geworden. Sie wollten Unterhaltungsfilme drehen, dabei aber an die Nöte der Zeit anknüpfen und nicht die Sorgen des Alltags ignorieren. Die Aufgabenverteilung war klar abgegrenzt: Koppel sollte zuständig sein für die Gesamtleitung der Firma, Trebitsch als Produktionschef fungieren. Sie verstanden sich als gleichberechtigte Partner, doch unter dem Lizenzantrag stand nur der Name Walter Koppel. Die Politik der Besatzungsmacht zielte darauf, monopolartige Konzerne wie einstmals die Ufa nicht entstehen zu lassen; schon im Ansatz verboten war jede Form von Medienverbund. (Die marktbeherrschende Position der Ufa beruhte nicht zuletzt auf der geschickten Verzahnung von Produktion, Verleih und firmeneigener Filmtheaterkette.) Solange Trebitsch noch eine Kinolizenz besaß, und sei es für Itzehoe, würde er niemals eine Lizenz für die Filmproduktion bekommen. Die Taktik ging auf, im Januar 1947 wurde die Real-Film als zweites Unternehmen in der britischen Zone lizenziert.

Die neue Firma bezog ein winziges Büro in der Poststraße 31 und begann sofort mit der Planung des ersten Spielfilms. Zunächst dachte man an ein Lustspiel – irgend etwas im Theatermilieu, man könnte die Innenaufnahmen dann in der Flora drehen –, doch das Projekt ließ sich nicht realisieren. Ein Dramaturg wurde engagiert: Harald G. Petersson war ein Profi, der u.a. Filme für Pola Negri und Hans Albers geschrieben hatte. Er entwickelte eine Story, die ganz auf die eingeschränkten Möglichkeiten jener Jahre zugeschnitten war. »So was gibt es heute!« lautete der Titel seines Drehbuches. Klaus und Peter, zwei junge Männer, wohnen in einem auf Land gesetzten Kutter am Stadtrand; sie verdienen sich ihren Lebensunterhalt, indem sie mit ihrem Handwagen bei Umzügen helfen. Eines Tages rettet Klaus ein lebensmüdes Mädchen aus dem Kanal. Die beiden Männer nehmen Nora bei sich auf und verlieben sich prompt in sie. Ihr zu Ehren wird das Schiff *Arche Nora* umgetauft, dies wurde auch der endgültige Filmtitel. Die Freunde wissen nicht, daß die junge Frau verheiratet ist, überdies ein Kind erwartet... Am Ende werden alle Schwierigkeiten und Komplikationen gemeinsam überwunden, und dieses Happy End ist zugleich ein Appell ans Publikum: Demonstriert werden Hoffnung und Zuversicht trotz düsterer Zeiten. Nach der Uraufführung – sie fand am 6. Februar 1948 im Water-

loo-Theater statt – lobte selbst der sonst so kritische »Spiegel«: »Der Film sagt ohne billigen Optimismus und ohne Verniedlichung der Zeit aus der Trümmerperspektive zum Leben Ja. Ein Film ohne Phrasen und Seelenakrobatik, mit jungen Menschen, die wirklich jung sind, nicht nur so maskiert.«

80 Drehtage hatte man benötigt, für normale Verhältnisse eine lange Zeit. Aber es waren eben keine normalen Verhältnisse. Trebitsch hatte vor 20 Jahren mitgeholfen, die ungarische Filmindustrie praktisch aus dem Nichts aufzubauen; 1947 in Deutschland sah es kaum anders aus, man mußte ebenfalls improvisieren. Die Außenaufnahmen wurden in Hammerbrook gedreht: Den Wohnkahn, die Arche Nora, hatten die Filmleute an der Bille nahe der Grünen Brücke aufgebaut. Was folgte, erwies sich als weit schwieriger: In Ohlstedt, 30 Kilometer entfernt, verwandelten sie eine Gastwirtschaft in ein Behelfsatelier. Der Raum war eigentlich zu klein – sieben Meter breit, 15 Meter lang – und die Decke viel zu niedrig. In dieser Enge hatten Kameramann, Beleuchter und Tonleute kaum Bewegungsfreiheit; eine Totale konnten sie nicht drehen, sondern nur Naheinstellungen. Umbauten waren nicht möglich; man konnte immer nur eine Dekoration aufstellen.

Dreharbeiten zur Real-Film-Produktion Nr. 1 »Arche Nora«. Links Komponist Willi Kollo, neben ihm Regisseur Werner Klingler

Klaus Hofer, Edith Schneider und Harry Meyen in der »Arche Nora«, 1947

Kamerafahrten waren undenkbar, ein Perspektivenwechsel bedeutete stundenlange Unterbrechungen. Die technischen Geräte – in Hamburg waren sie nicht aufzutreiben, man lieh sie sich gegen entsprechende Bezahlung bei der DEFA aus – waren im Waschraum des Lokals untergebracht; vor dem Atelier stand ein gemieteter Zirkuswagen, der den Schauspielern als Garderobe diente. Organisationstalent war gefragt. Der Requisiteur machte seine Besorgungen auf dem Schwarzmarkt. Oder auf dem Dom: Das für die Kombüse benötigte Kaffeegeschirr war ein Hauptgewinn aus der Lotterie, und exakt 68 Lose mußten gekauft werden, bis man mit dem begehrten Stück abziehen konnte. (Die quasi nebenbei gewonnenen drei Teddybären wurden gegen Nähgarn eingetauscht.) Ein Huhn spielte in dem Film eine nicht unwichtige Rolle, doch käuflich zu erwerben war keins. Schließlich fand sich ein Schrebergärtner bereit, sein Huhn gegen 25 RM pro Tag auszuleihen. (Die Eier waren jedoch dem Hühnerhalter auszuhändigen.) Mit Bezugscheinen war wenig auszurichten; was zur Ausstattung des Schiffsinneren gebraucht wurde, mußte man sich zusammenbetteln. Die Ohlstedter betrachteten das Trei-

ben der Filmleute mit Mißtrauen und Neugier. Architekt Herbert Kirchhoff, bereits bei Käutners *In jenen Tagen dabei*, rückblickend: »Sie haben gern und herzlich geholfen, obwohl sie Hamburger waren.«

Daß Hamburg nach 1945 Filmstadt wurde, ist in erster Linie der Initiative Walter Koppels zu verdanken. Käutner gründete die Camera Film als Vehikel, um seine Projekte zu realisieren; es war eine Autorenfilm-Firma auf entsprechend schmaler Basis. Koppel und sein Partner Trebitsch, beide ohne eigene künstlerische Ambitionen, verfolgten ein anderes Ziel: Sie wollten mit der Real-Film eine kontinuierlich arbeitende Produktionsgesellschaft aufbauen. Sie bekannten sich zum »Geschäftsfilm«, doch müsse nach zwölf Jahren des Bluffs der deutsche Film wieder ehrlich werden. »Vor Verlogenheit wollen wir uns schützen«, führte Koppel als Vorsitzender des Produzentenverbandes 1947 aus, »und verlogen wäre es, in einem notleidenden Deutschland Filme mit großem Aufwand zu drehen, einem Aufwand, der zu der Realität unserer Zeit im Widerspruch steht. Es darf keine Diskrepanz bestehen zwischen der ehrlichen Möglichkeit, die wir haben, und dem, was wir zeigen wollen. Unsere Filme dürfen nicht das Produkt von Ersatz und Täuschung sein.« Das schloß professionelles Arbeiten nicht aus, im Gegenteil. Für die Filmmusik zu *Arche Nora* holte man den Komponisten Willi Kollo; aufgenommen wurde sie im NWDR-Studio, das Orchester dirigierte der Flora-Kapellmeister Willi Linow. Für Real-Film Opus No. 2, Drehbeginn 1. März 1948, ging man in die Musikhalle: *Finale* handelte von einem Pianisten, der aufgrund einer Kriegsverletzung seinen Beruf aufgeben und neuen Lebensmut finden muß. Es gab im Film viel klassische Musik, Beethoven, Tschaikowsky und Chopin – zu viel, fanden die Kinobesitzer. Anspruchsvoll, aber doch nicht recht gelungen und schon gar kein Geschäftsfilm. Doch für die Real-Film war es trotzdem ein Schritt voran. Trebitsch hatte sich in Volksdorf umgesehen und im Tanzsaal des Hotels »Stadt Hamburg« ein zweites, parallel zu nutzendes Behelfsatelier eingerichtet. 24 Einzeldekorationen (in *Arche Nora* waren es lediglich sieben), weniger als 50 Drehtage: Das war ein Fortschritt, den man sogleich der Presse mitteilte.

»Filmschaffen in der Krise«, so stand es im Mai 1948 auf Seite eins des »Film-Echos«. Koppel klagte in dem Leitartikel, daß »die Einspielergebnisse aus Inflationsmark keinerlei Überblick gestatten und Kalkulation für eine reguläre Zeit unmöglich machten«. Acht Wochen später kam die Währungsreform, und von der Umstellung profitierte die Real-Film: Sie verfügte über zwei noch mit Reichsmark hergestellte Filme, hatte außerdem für die Westzone die Verleihrechte an dem DEFA-Streifen *Ehe im Schatten* (ein mit Sondererlaubnis der Alliierten getätigtes Tauschgeschäft), konnte also Ware anbieten, die DM einbrachte. Plötzlich verfügte die Real-Film über Eigenkapital, und über den Verwendungszweck gab es keine Diskussionen: Man hatte endlich ein geeignetes Ateliergelände gefunden.

Koppel war politisch aktiv: Vorstandsmitglied im »Komitee ehemaliger politischer Gefangener«, Mitbegründer der VVN, der Vereinigung der Verfolgten des Naziregimes. In den ersten Nachkriegsjahren war dies eine parteiübergreifende, von den Behörden anerkannte Organisation, der man soziale Aufgaben zugewiesen hatte. 1948 betrieb die SPD die Spaltung, erklärte die VVN zur kommunistischen Tarnorganisation, und der Senat beschnitt immer stärker ihren Einflußbereich. Koppel und Trebitsch ließen sich nicht davon abhalten, die VVN-Tagungen zu besuchen, und dabei entdeck-

Walter Koppel mit Tochter Gabriele

ten sie eines Tages die alte Villa in Wandsbek, Tonndorfer Hauptstraße 90. Während des Krieges hatte das Haus erst als Offizierskasino, später als Lazarett gedient; danach wurde es eine Zeitlang von der VVN als Kinderheim genutzt. Nun stand die Villa leer; Grundstück und Gebäude wurden von der Oberfinanzdirektion treuhänderisch verwaltet. Anfang 1948 mietete sich die Real-Film ein und baute hier in den nächsten Jahren systematisch den Atelierkomplex auf, der notdürftige Provisorien der Nachkriegsjahre überflüssig machte.

Den dritten Spielfilm *Die letzte Nacht* produzierte man bereits im eigenen Atelier. Halle A I, 275 qm groß, war eben fertig geworden, dazu gab es Werkstätten für Tischler und Maler, eine Magnettonanlage mit Mikrophongalgen, Garderoben und Schminkräume, nicht zu vergessen die Kantine. Die Presse wurde herumgeführt und staunte nicht schlecht: Im Garten wurden Ausschachtungsarbeiten für ein Wasserdruckbecken vorgenommen. *Die letzte Nacht* hatte Autor Petersson für seine Frau Sibylle Schmitz geschrieben: Sie spielte eine Französin, die für die Résistance arbeitet, Karl John einen deutschen Offizier, der ihr aus Liebe zur Flucht verhilft. Eugen York, in Ufa-Zeiten Cutter von Walter Ruttmann, führte Regie. Eigentlich war das Drehbuch eher die Vorlage für ein Kammerspiel. Aber nun hatte man die Technik angeschafft, nun sollte sie auch benutzt werden. Also wurde schnell die Sprengung eines Staudamms ins Drehbuch hineingeschrieben, und schon fand das Wasserbassin Verwendung. Der Filmarchitekt baute die Möhnetalsperre als maßstabgerechtes Modell acht mal zweieinhalb Meter im Garten nach. Vier Kameras wurden aufgestellt, dann konnte der erste Special Effect in Hamburg-Wandsbek gedreht werden. Ganz unbeabsichtigt wurde aus einem antifaschistischen Filmstoff ein Sabotage-Reißer, doch noch in dieser Form löste Die letzte Nacht, wie eine von Axel Eggebrecht moderierte Diskussion im Esplanade-Theater zeigte, heftige Debatten über die Soldatenehre aus.

Das Unternehmen florierte, es wurde kräftig investiert, und es expandierte. 1949 wurden ein Rückpro-Atelier und das Synchron-Studio I, ein Fundusgebäude und die Trafo-Station I in Betrieb genom-

men. Acht Spielfilme drehte man in diesem Jahr. Vor allem seichte Komödien, eben die so dringend benötigten Geschäftsfilme: *Kätchen für alles*, ein Lustspiel mit Hannelore Schroth und Willy Fritsch, *Schatten der Nacht*, Melodrama mit Hilde Krahl und Carl Raddatz, *Gefährliche Gäste*, eine Kriminalparodie mit Meisterringer Hans Schwarz.

Im Hamburg der Kaiserzeit spielte das nostalgische Rührstück *Absender unbekannt*, in dem erstmals nach 20 Jahren wieder Henny Porten zu sehen war (und als sie sich bei der Premiere im Waterloo-Theater zeigte, gab es regelrechte Ovationen). Erwähnenswert ein Film von Wolfgang Staudte: *Schicksal aus zweiter Hand*, nach einem eigenen Drehbuch und mit hochkarätiger Besetzung (Wilhelm Borchert, Marianne Hoppe, Erich Ponto). Die Geschichte eines geschäftstüchtigen Wahrsagers und seines Opfers war gesellschaftskritisch angelegt, die Inszenierung kam jedoch über einen gediegenen Ausstattungsfilm (Gründerzeitpomp, Jugendstil-Interieur) nicht hinaus. Um es vorwegzunehmen: Alle wichtigen Staudte-Filme – *Die Mör-*

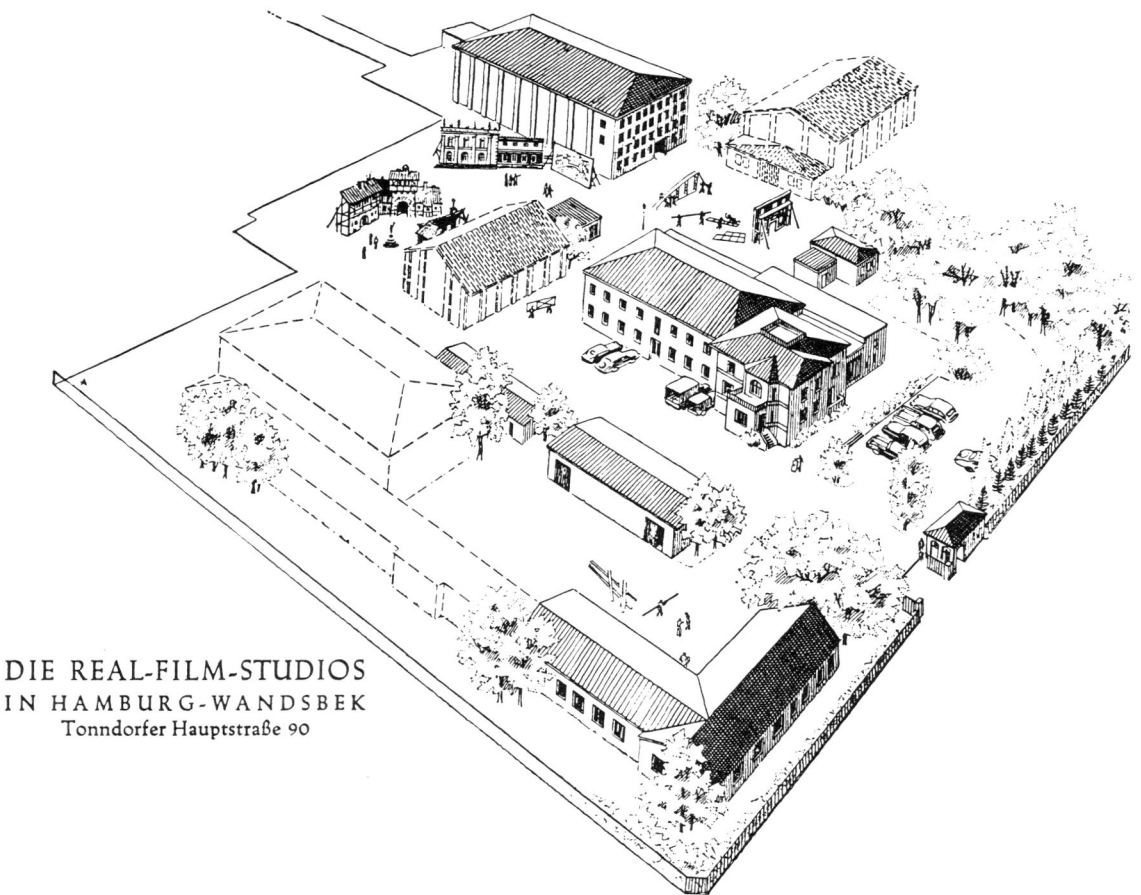

DIE REAL-FILM-STUDIOS
IN HAMBURG-WANDSBEK
Tonndorfer Hauptstraße 90

Die Real-Film-Studios 1951. Die gestrichelten Linien zeigen die Pläne für den weiteren Ausbau

der sind unter uns, Rotation und Der Untertan –
sind ausnahmslos DEFA-Produktionen. Im Westen
drehte Staudte damals vor allem, um nicht nur als
Ostzonen-Regisseur zu gelten. Koppel hielt viel von
Staudte; er hatte ihn bereits vorher mit der deutschen Episode zu dem internationalen Omnibus-
Film Fünf Mädchen und ein Mann betraut und wollte weiter mit ihm arbeiten. Über das Stadium der
Motivsuche kam das Projekt »Strandgut« jedoch
nicht hinaus; fünf Jahre später realisierte Staudte
es unter dem Titel Leuchtfeuer bei der DEFA.

Filmindustrie ist die richtige Bezeichnung für das,
was in Wandsbek betrieben wurde. Das Atelier war
ständig ausgelastet, immer waren mehrere Filme
gleichzeitig in Arbeit: Fließbandproduktion. Ende
August 1949 brachte die Real-Film an drei aufein-
anderfolgenden Tagen drei Novitäten zur Uraufführung: am 25. im Esplanade-Kino Die Freunde mei-
ner Frau, am 26. im Waterloo-Theater Hafenmelodie (Liedertexte: Günter Eich), am 27. in den Harvestehuder Lichtspielen Derby. Im Vorprogramm
hatten zwei Dokumentarfilme Premiere: Wasser für
Millionen und Gegen Not und Flammen, beide inszeniert von Bodo Menck, 23 Jahre alt und Leiter
der Abteilung Kulturfilm bei der Real.

Das damals obligatorische Beiprogramm lieferte die Produktionsfirma den Kinos gleich mit. Über
zwanzig Kurzfilme mit meist Hamburger Themen
(Gaswerke, U-Bahn, Fernmeldeamt, Feuerwehr
oder, da hatte man es nicht weit, Filmatelier) entstanden im Laufe der Jahre; heute sind die für die
jüngste Lokalhistorie interessanteren Streifen in der
Staatlichen Landesbildstelle archiviert. Schwierigkeiten gab es bei den Aufnahmen zu 01 greift ein.
Gedreht werden sollte eine Verfolgungsjagd: Ein
flüchtender Mörder fährt in eine Sackgasse, wird
von der Polizei gestellt und überwältigt. Die Scheinwerfer waren bereits aufgebaut, da hagelte es Proteste. »Bewohner am Valentinskamp fühlten sich in
ihrer Ehre verletzt«, berichtete das »Hamburger
Echo« am 15. November 1949. »Sie wollten ihre
Straße nicht ›als Kulisse zu einem Verbrechervier-
tel‹ mitwirken lassen.« Es blieb nichts anderes übrig, das Filmteam mußte sich einen neuen Drehort

»Schicksal aus zweiter Hand«: Regisseur Wolfgang Staudte und seine Hauptdarstellerin Marianne Hoppe, 1949

Premierenfeier »Gabriela« mit Komponist Michael Jary, Zarah Leander, Géza von Cziffra und Carl Raddatz

suchen. – Ärger gab es auch bei dem Kriminalfilm *Der Schatten des Herrn Monitor*. Man hatte, mit Einverständnis des Besitzers, die Außenfront einer Bierstube am Neuen Wall gefilmt. Als der Wirt den Film später im Kino sah, reichte er voller Zorn Klage ein: Die Szene in der Kneipe, im Wandsbeker Atelier gedreht, zeigte eine düstere Kaschemme und entsprach so gar nicht seinem gutbürgerlichen Lokal. Der Prozeß endete mit einem Vergleich: Der Gastwirt zog mit 550 DM Schmerzensgeld ab.

Der Filmstadt haftete immer noch Provinzgeruch an. Was man brauchte, war ein Star. Am liebsten hätte Walter Koppel Marlene Dietrich verpflichtet – entsprechende Gerüchte hielten sich hartnäckig –, doch da war nichts zu machen. Er mußte sich nach Ersatz umschauen. Die Filmdiva des Dritten Reiches, 1943 in ihre schwedische Heimat entschwunden, wurde reaktiviert. »Zarah filmt in Hamburg«, meldete die Lokalpresse, da waren die Gagenverhandlungen noch gar nicht abgeschlossen. Am 10. Januar 1950 begannen die Dreharbeiten zu *Gabriela*. Zarah Leander bezog im Hotel Alsterhof ein Luxus-Apartment (und die Journalisten wußten zu berichten, ihre Badewanne sei schwarz gekachelt). Ganz geräuschlos ging ihre Rückkehr vor deutsche Kameras aber nicht vonstatten. Als das »Hambur-

ger Abendblatt« einen leicht durchschaubaren Rechtfertigungsartikel »Wie es wirklich war« druckte, provozierte es damit eine Flut entrüsteter Leserbriefe.

Gabriela war die mit Abstand teuerste Real-Produktion; das Budget betrug 1,5 Millionen DM. Mit Géza von Cziffra (Regie und Buch) und Michael Jary (Musik) holte man zwei Routiniers, die schon während der Nazi-Zeit an Leander-Filmen mitgewirkt hatten. Die Schauspielerin hatte auf einer Mutterrolle bestanden, ansonsten war alles wie früher: Die Leander trug kostbare Brillanten und Roben, war ganz große Dame. Die »Illustrierte Film-Bühne«, für einen Groschen an der Kinokasse zu haben, brachte folgende Inhaltsangabe: »›Es gibt keine Frau, die nicht lügt...‹ Beifallsumrauscht hat die schöne Frau, die mit ihrer schönen Stimme die Menschen bezaubert, ihr Lied beendet. Für die elegante Welt der Großstadt ist diese Gabriela immer wieder eine Sensation. Über den Kassenrapporten kann sich der Direktor der intimen Revuebühne, Freddy Lambert, ein Herr von zweifelhaftem Ruf, auch heute wieder die Hände reiben. Doch hinter den Augen Gabrielas, Augen voll tiefer Melancholie, birgt sich ein Geheimnis. Und eines Tages muß sie dem Zuge ihres Herzens folgen.« Brechen wir hier ab und machen es kurz: Es geht um eine un-eheliche Tochter, und am Schluß ist Weihnachten, und alle sind wieder vereint. »Ein heller Glanz von Glück fällt über die Feier. Ein vertrauensvolles und liebendes Kind hat den Weg zur Mutter gefunden.« Das tränenreiche Kitschprodukt – das Branchenblatt »Film-Echo« ahnte schon: »Ehrenkartenempfänger haben, wie immer, auch an diesem Film eine ganze Menge auszusetzen« – wurde mit 50 Kopien gestartet und brachte es in den Kinos auf durchschnittlich sechs Wochen Laufzeit.

Der nächste Film sollte noch größer werden, noch mehr Kasse machen. Bei dem Revuefilm *Die Dritte von rechts* setzte man ganz auf Schaueffekte: Die »Original Hiller-Girls« tanzten, Helmut Zacharias geigte, sechs Badenixen und Hagenbecks Seelöwen plantschten im Wasser, und eine Rollschuh-Nummer gab es obendrein. Die dürftige Handlung war nur Vorwand, um die Bühnenmaschinerie in Gang zu setzen. Michael Jary hatte eingängige Schlager komponiert: Evelyn Künneke sang »Winke, winke«, Vera Molnar »Wenn ich will, stiehlt der Bill für mich Pferde« und Bruce Low »Leise rauscht es am Missouri«. Der Regisseur hieß wieder Géza von Cziffra. Die Spekulation ging auf. Sieben Millionen Zuschauer lockte der Revuefilm ins Kino.

Von dem ursprünglichen Konzept »Real-Film« war nichts übrig geblieben. »Das Publikum hatte Ende der vierziger Jahre die Nase voll von Problemen und Problemfilmen«, erklärt von Cziffra selbstbewußt in seinen Memoiren. »Es wollte Unterhaltung, die dann ich mit meinen Musikfilmen, die ich bei der Real-Film drehte, auch reichlich bot – sehr zum Mißvergnügen von Walter Koppel, der das Geld, das meine Filme brachten, mit einem lachenden und einem weinenden Auge kassierte. Aber er kassierte, und zwar nicht zu knapp.« Kompagnon Trebitsch sei weniger skrupulös gewesen. Der Erfolg der *Dritten von rechts* hatte übrigens zur Folge, daß ähnliche Filmchen bald den Markt überschwemmten. Wolfgang Neuss, der in jenen Jahren beim Hansa Theater auftrat, bilanzierte kurz und bündig: »Von Cziffra bis zum Trebitsch, immer der gleiche Drehkitsch.«

Zielstrebig wurde die Wandsbeker Traumfabrik ausgebaut und die Produktionskapazitäten erweitert. 1950 kamen ein zweites Fundusgebäude, eine weitere Trafo-Station, außerdem ein Filmbunker nebst Lampenpark hinzu. Am 19. Juli war Richtfest für die neue Atelierhalle A III. Unter den prominenten Gästen war auch Bürgermeister Brauer,

»Gabriela« kam 1950 in die Kinos

und seine Anwesenheit war nicht nur Geste: Der Neubau wurde ermöglicht durch einen von der Bürgerschaft bewilligten Investitionskredit über DM 750 000 (Laufzeit 15 Jahre bei einem Zinssatz von 5,5%). A III hatte eine Höhe von mehr als zwölf Metern (beim nächsten Revuefilm konnte also der Star eine noch längere Treppe hinabsteigen) und verfügte über Scheinwerfer an Laufkatzen sowie Arbeitsbrücken mit allen technischen Raffinessen. Besonders stolz war man auf die »Kameraschaukel«, die lange Fahrten über ganze Szenenkomplexe ermöglichte. Der absolute Clou jedoch war die zweieinhalb Meter tiefe Unterbühne, auch als Wasserbassin (Fassungsvermögen 400 000 Liter) zu verwenden. Dank einiger Fenster konnte man nun, ohne naß zu werden, Unterwasseraufnahmen drehen.

Trotz der Bauarbeiten lief die Produktion unvermindert auf Hochtouren. Sieben Filme wurden in diesem Jahr gedreht, und dabei beschränkte man sich nicht auf Atelieraufnahmen. Am Pinnasberg und in Speersort drehte man *Der Schatten des Herrn Monitor*, in der Gegend um den Fischmarkt *Lockende Gefahr*; ein zur Hälfte weggebombtes Haus in der Werderstraße (nahe der Rothenbaumchaussee) diente Wolfgang Liebeneiner als Kulisse für eine romantisch verspielte Trümmerkomödie mit dem Titel *Des Lebens Überfluß*. Die Fassade einer Mietskaserne war schon im Atelier aufgebaut, aber dann entschied sich Regisseur Erich Engel für die gerade bezugsfertigen Grindelhochhäuser. Die neugierigen Passanten auf der Straße wurden für *Kommen Sie am Ersten* einfach mitgefilmt und zur Zufallskomparserie erklärt.

1951 ging die Real-Film ins fünfte Jahr, und gleich am 5. Januar begannen die Dreharbeiten zu *Weh dem, der liebt*. Mit 19 Spielfilmen stand die Gesellschaft, von der staatlichen DEFA einmal abgesehen, an der Spitze aller deutschen Produktionsfirmen. Inzwischen konnte die Firma sogar eine eindrucksvolle Export-Bilanz vorlegen; vor allem *Die Dritte von rechts* – »a glamour-packed, starstudded cinemusical«, versprach man Auslandskunden – brachte Devisen. Dann kam der Paukenschlag: Produktionsstop. Zum 3. Februar wurde dem Personal vorsorglich gekündigt. »Real-Film am Ende?« lauteten die Schlagzeilen in der Hamburger Tagespresse.

Koppel beschwichtigte: ein normaler Geschäftsvorgang, notwendige kaufmännische Überlegungen. Aber es war nicht zu verheimlichen: Die Real-Film war ins Trudeln geraten. Man lebte von der Hand in den Mund, jetzt konnte nicht einmal mehr für die nächste Woche disponiert werden. Finanziert wurden die Produktionen mit Bankkrediten und mit vom Staat geleisteten Ausfallbürgschaften. Koppel hatte bisher alle Rückzahlungsverpflichtungen immer pünktlich erfüllen können, doch die Zusagen für neue Projekte aus Bonn blieben aus. Der letzte Film war schon ausschließlich mit Hamburger Mitteln gedreht worden. Langfristig konnte dies keine Lösung sein, die ein umfangreiches Produktionsprogramm gewährleistete. Ein normaler Spielfilm kostete damals rund eine Dreiviertel Million. Bei kontinuierlicher Beschäftigung und ständiger Auslastung des Ateliers, rechnete Koppel in einem für die Kulturbehörde verfaßten Memorandum vor, benötige er im Wochendurchschnitt 115.000 DM, im Jahr also knapp 6 Millionen. Die Hamburger Politiker sahen im Film einen durchaus förderungswürdigen Wirtschaftsfaktor, aber in solchen Dimensionen konnte und wollte man sich nicht engagieren. Der vorsichtige Kaufmann schaltete auf Sparflamme. Koppel gab den neuen Revuefilm *Géza von Cziffras* ab und vermietete die Wandsbeker Studios. So zog die Pontus Produktion in die Halle A III ein

Géza von Cziffra gibt Anweisungen für eine der großen Revue-Szenen: »Die Dritte von rechts«

Heinz Rühmann fährt Straßenbahn, und die Real-Film dreht wieder (»Keine Angst vor großen Tieren«)

und benutzte das Bassin für *Die verschleierte Maja*: Sie inszenierte ein Unterwasserballett.

In eigener Sache kam Koppel nicht voran. Seinen Antrag auf Bundesbürgschaft für *Engel im Abendkleid* hatte die Revisions- und Treuhand AG positiv beschieden; am 15. Februar 1951 war der erste Drehtag, doch die Bereitstellung der Mittel ließ auf sich warten. Schließlich wandte er sich an den zuständigen Referenten im Innenministerium; Dr. Lüders deutete etwas von politischen Bedenken an. Koppel bat um einen Termin und fuhr mit seinem Rechtsanwalt nach Bonn. Bei einem Gespräch am 19. März tauchten unvermutet auch Staatssekretär Ritter von Lex und Oberregierungsrat Sauer vom Verfassungsschutz auf. Neun Tage

später mußte sich der überraschte Filmproduzent vor einem interministeriellen Ausschuß – Vertreter des Innen-, Wirtschafts- und Finanzministeriums, dazu je ein Abgeordneter von SPD, FDP und CDU – einer Gesinnungsüberprüfung unterziehen lassen. Die Fragen galten seiner politischen Vergangenheit, den Beziehungen, die er, seine Frau, Teilhaber Trebitsch und die Firma Real-Film zu KPD, VVN und DEFA unterhalten, der parteipolitischen Zusammensetzung der Belegschaft und des Betriebsrates. Der Antifaschist Koppel war von 1945 bis 1947 KPD-Mitglied. Den Produktionen der Real-Film konnte man gewiß nicht vorwerfen, daß sie zur ideologischen Unterwanderung der Bundesrepublik beitrugen. Aber alle Beteuerungen und Proteste nützten nichts; die Herren in Bonn verwiesen auf ihre Erkenntnisse.

Heinz Rühmann versucht sich als Dompteur in »Keine Angst vor großen Tieren«, 1953

Aus welcher Quelle diese stammten, enthüllte der »Spiegel« am 15. August. Die Familien Koppel und Trebitsch hatten im vorigen Sommer ein Ferienhaus in der Heide gemietet, es in einem »unchristlich verschmutzten Zustand« verlassen und sich damit verdächtig gemacht. Das meinte jedenfalls die Vermieterin, eine Sekretärin im Innenministerium. Ermittlungen wurden in Gang gesetzt; ein Verfassungsschützer fragte z.B. Koppels frühere Putzfrau nach der Gesinnung ihres ehemaligen Chefs aus. Viel war dabei nicht herausgekommen. Doch die Bonner Regierung drehte einfach den Spieß um und schob Koppel die Beweislast zu. Mit Schreiben vom 24. September teilte Innenminister Lehr der Real-Film mit: »Es bedarf keiner näheren Begründung, daß und warum die Bundesregierung Bürgschaften für solche Unternehmen nicht übernehmen kann, die nicht in der Lage sind, schlüssig nachzuweisen, daß sowohl sie selbst wie auch ihre leitenden Angestellten auf dem Boden der demokratischen Grundordnung stehen.«

Hamburg aber stellte sich hinter den Filmproduzenten. Demonstrativ machte Bürgermeister Brauer am 10. November einen Besuch in der Tonndorfer Hauptstraße und ließ sich den Kulturfilm *Deutschlands Tor zur Welt* vorführen. Und man sorgte dafür, daß der nächste Film in Produktion gehen konnte: Die Landesbank gewährte einen Kredit in Höhe einer halben Million, die Freie und Hansestadt Hamburg übernahm die Bürgschaft dafür. Die Uraufführung von *Die Stimme des Anderen*, in der Barke am 10. April 1952, wurde zu einer Demonstration: Kultursenator Heinrich Landahl würdigte in einer Ansprache die Verdienste Koppels um das Hamburger Filmschaffen. Der Produzentenverband solidarisierte sich mit seinem Vorsitzenden. Die Real-Mitarbeiter verfaßten eine Resolution; prominente Schauspieler – von Willy Fritsch und Inge Meysel bis Carl Raddatz und Käthe Haack – unterschrieben. Die SPD brachte eine Kleine Anfrage im Bundestag ein. Der Innenminister verschanzte sich hinter dem Standpunkt, es gebe keinen Rechtsanspruch auf Filmbürgschaften. Für die Öffentlichkeit war der Konflikt klar: die Hamburger Sozialdemokraten gegen die Adenauer-Regierung.

Doch die damaligen Presseberichte enthalten nicht die ganze Wahrheit. In den Akten, die aus Gründen des Persönlichkeitsschutzes noch immer gesperrt sind, liegt auch ein Brief von Herbert Wehner. Er warnte in einem Schreiben vom 19. April 1951 den ebenfalls im Bundestag sitzenden Genossen Adolf Arndt. Nach ihm vorliegenden Informationen sei der Hamburger Filmkaufmann ein »Vertrauter der Zentrale der SED«: »Koppel hat nicht die Aufgabe, durch die Produktion von Filmen mit kommunistischer Tendenz zu wirken; er soll sein Unternehmen unverdächtig halten, damit er und das Unternehmen als zuverlässiger Stützpunkt für finanzielle Transaktionen und schwierige Kurieraufgaben dienen kann.«

In Bonn unternahm man alles, um die Existenz der Firma zu vernichten: Selbst Devisenanträge wurden abgelehnt. In Hamburg unterstützte man die Real-Film nach besten Kräften: die Vergabe von Landesbürgschaften war verbunden mit der Auflage, im Wandsbeker Atelier zu drehen. Die eigene Produktion lag jedoch darnieder: Das seit Monaten vorbereitete Projekt *Toxi* übertrug die Real der neu gegründeten Fono Film. Mit dem Fernsehen verhandelte man über den Verkauf des Ateliergeländes; man wurde sich nicht einig, deshalb baute der NWDR dann in Lokstedt.

Koppel hatte sich von Peter Ipsen, Professor an der Hamburger Universität und Mitglied des Oberverwaltungsgerichts, ein Gutachten erstellen lassen und erhob Klage beim Bundesverfassungsgericht. Während sich der Rechtsstreit hinzog, gab es hinter den Kulissen Versuche, die Geschichte aus der Welt zu schaffen. Im Bulletin der Bundesregierung war am 27. Februar zu lesen, es gebe keinerlei Bedenken mehr gegen die Gewährung von Bürgschaften an die Real-Film.

Koppel war rehabilitiert. Die Real-Film konnte weiterarbeiten. Vier Wochen später, der Antrag auf Bundesmittel war problemlos genehmigt worden, wurde nach einjähriger Zwangspause wieder gedreht. Heinz Rühmann spielte einen kleinen Angestellten, der um seine Selbstbehauptung kämpft. Titel des Films: *Keine Angst vor großen Tieren.*

Deutscher Delegierter im Internationalen Produzentenverband: Walter Koppel

Hingewiesen sei auf zwei grundlegende Arbeiten, eine Magisterarbeit und einen Fernsehfilm: Ralf Bögner beschäftigte sich in »Filmgeschichte – made in Wandsbek«, Münster 1987, vor allem mit der Firmengeschichte, Jochen Wolf porträtierte Walter Koppel in dem TV-Feature »Ich war nicht nur der Botenjunge zwischen Bank und Regisseur«, Erstsendung im NDR III am 10.11.1981. – Die wichtigsten Real-Filme werden dargestellt von Micaela Jary, der Tochter des Schlagerkomponisten Michael Jary, in ihrem Buch »Traumfabriken made in Germany«, Berlin 1993. Koppels Artikel »Geschäftsfilme?!« erschien im »Film-Echo«, 1947, Heft 17; sein Grundsatzreferat »Filmschaffen in der Krise« ebd., 1948, Heft 6. – Géza von Cziffra publizierte seine Memoiren »Kauf dir einen bunten Luftballon« München und Berlin 1975, dort auch der zitierte Spottvers von Wolfgang Neuss. – Das erwähnte Memorandum, unterzeichnet Walter Koppel, 5. Mai 1951, im Aktenbestand der Kulturbehörde (Staatsarchiv).

Triumph im Gerichtssaal

*Wie Veit Harlan wieder
gesellschaftsfähig wurde*

*Die Kunst wird Partei, und Künstler
ziehen alte Hüte. Ein Bundeskanzler
bedauert sich. Ein Charakter kostet
110.000 Mark, und Menschenwürde ist
geschenkt.*

Im Gerichtssaal

Ein Schauspieler, mit einer jüdischen Kollegin verheiratet, wird von den Nazis unter Druck gesetzt. Man droht ihm mit Berufsverbot und Schlimmerem, falls er sich nicht scheiden läßt. Als die Eheleute keinen Ausweg mehr wissen, gehen sie gemeinsam in den Tod. Die Geschichte war authentisch: Der Film *Ehe im Schatten* zeichnet das Schicksal Joachim und Meta Gottschalks nach, die in der Nacht zum 7. November 1941 ihrem Leben ein Ende setzten, um der Deportation nach Theresienstadt zuvorzukommen. Kurt Maetzig, Regisseur von *Ehe im Schatten*, schuf aus persönlicher Betroffenheit (seine Mutter hatte nach den Nürnberger Gesetzen Selbstmord begangen) einen erschütternden Film, der aus heutiger Distanz gewiß kritisierbar ist, damals aber sich als ungemein wirksam erwies. Ein paar Monate nach der Berliner Uraufführung kam *Ehe im Schatten* Anfang April 1948 auch in der britischen Zone heraus. Damals lief erstmals ein Film aus der Ostzone im Westen; ermöglicht hatte dies Real-Film-Chef Walter Koppel. Im Zuge eines Kompensationsgeschäfts holte er die Defa-Produktion nach Hamburg und lieferte dafür den Kinos in der sowjetischen Zone seinen Film *Arche Nora*.

Es war keine gewöhnliche Premiere. Im Foyer des Waterloo-Kinos hing das Porträt Gottschalks. Damals waren nicht bloß Regisseur, Darsteller und die übliche Branchen-Prominenz erschienen, sondern auch zahlreiche politisch und rassisch Verfolgte des Nazi-Regimes. Und – uneingeladen, doch von irgendwoher mit Ehrenkarten versehen – Veit Harlan und seine Frau Kristina Söderbaum. Empörung und Entrüstung bei den Premierengästen – daß der Regisseur des antisemitischen Hetzfilms sich hierher wagte, war eine ungeheure Provokation. Walter Koppel, der selbst fünf Jahre im KZ gesessen hatte, informierte den Kinobesitzer Heinz B. Heisig. Der ließ Harlan nach Beginn der Wochenschau herausrufen und setzte ihn kurzerhand vor die Tür.

Der Zwischenfall hatte ein Nachspiel. Harlan protestierte gegen den Rausschmiß beim Direktor des Waterloo-Theaters. Der ideologische Scharfmacher hinter der Kamera – noch 1944 drehte er im Auftrag von Goebbels den Durchhalte-Film *Kolberg* – beklagte sich über die ihm widerfahrene Demütigung und verlangte eine Entschuldigung, wie sie bei »vornehmen Menschen« üblich sei. Harlans Brief schloß: »Die Welt ist rund. Eines Tages wird meine Frau wieder auf der Leinwand sein und ich neben der Kamera – ich möchte Ihnen daher im Sinne einer weit schauenderen Vernunft den Rat geben, sich für die peinliche Szene zu entschuldigen. Der Besitzer eines Filmtheaters sollte namentlich vor dem Namen Kristina Söderbaum so viel natürliche Achtung besitzen, wie er mit diesem Namen einstmals Geld verdient hat, wenn ihn schon unsere Berufsehre nicht in einem tieferen Sinne – über den politischen Tagesskandal hinaus – mit ihm verbindet.« Dieser offen zur Schau getragene Zynismus fand eine entsprechende Antwort. Im Branchenorgan »Film-Echo« – ein paar Jahre später erschienen hier nur noch Artikel pro Harlan – entgegneten ihm Koppel und Heisig. Erich Lüth erklärte: »Es gibt Deutsche, die den Antisemitismus für eine Schande und für eine Beleidigung der Menschenwürde halten; es gibt aber auch andere, die, wie Veit Harlan, ohne Gewissensbisse Pogromhetze betrieben, sich gegen die Gesetze der Menschlichkeit vergingen und dennoch die Stirn besitzen, sich unbekümmert mitten unter die Überlebenden von Theresienstadt zu setzen, unter Menschen, die fünf, zehn oder zwanzig Familienangehörige durch die Gaskammern oder andere Mordarten der Hitlerschen

»Gerade in Hamburg, wo Regisseur Veit Harlan viele schwere Jahre verbrachte, fand er besonders begeisterte Zustimmung beim Publikum. Bei einem Presseempfang sprach er zu Fragen seines Films.« (Text und Bild: Gloria-Film, 1953)

Todesfabriken verloren haben.« Harlan, selbstgerecht und ohne eine Spur von schlechtem Gewissen, fand in Lüth einen Kontrahenten, der ihm öffentlich Paroli bot. Der Leiter der staatlichen Pressestelle war kein Opportunist, der nach dem Motto »Die Welt ist rund« sein Fähnlein nach dem Winde richtete. Er blieb bei seiner Überzeugung, *Jud Süß* sei ein abgefeimtes Machwerk und der Regisseur dieses Streifens habe sich ein für allemal als Filmkünstler disqualifiziert.

Andere hatten da keinerlei Bedenken. Bereits Ende 1945 bildete sich auf Initiative Helmut Käutners eine Interessengemeinschaft, die eine dreiseitige »Adressenliste für den Aufbau einer Spielfilmproduktion in Hamburg« herausgab: Behörden, Produktionsfirmen, Autoren, Filmschaffende. Unter der Rubrik »Künstlerinnen und Künstler« tauchten mit Anschrift und – soweit vorhanden – Telefonnummer u.a. auf: Hans Albers (Erlenkamp 29, bei Toelle), Willy Fritsch (Leinpfad 29, bei Dependorf). Werner Hinz (Andreasstraße 27, bei Schellenberg), Gustav Knuth (Altstädter Twiete 4), Grethe Weiser (Gellerstraße 51). Und Kristina Söderbaum. Als Spielfilmregisseur empfahl sich – neben Käutner, Wolfgang Liebeneiner und Harry Piel – Veit Harlan. Das Ehepaar – im März 1945, als ihnen der Boden in Berlin zu heiß wurde, waren die Harlans nach Hamburg gekommen – wohnte damals in der Sierichstraße, zog dann zwei Ecken weiter in die Scheffelstraße, ganz in Alsternähe. Ihre Telefonnummer wurde »nur in dringenden Fällen« vom Büro der Interessengemeinschaft herausgegeben (sie seien, klagte Söderbaum, von anonymen Anrufern beleidigt und grundlos schikaniert worden). Um nun aber wieder Filme drehen zu können, mußte der ehemalige Reichskultursenator und Regie-Star des Dritten Reiches erst durch das Entnazifizierungsverfahren.

Er hatte es damit eilig. »Ich versuchte nun mit großer Energie, meine Entnazifizierung zu betreiben«, schreibt Harlan in seiner Autobiographie. »Ich kannte den zweiten Bürgermeister der Stadt Hamburg. Er half mir auch.« Doch die Sache ging nicht so glatt und unauffällig über die Bühne, wie er es sich erhofft hatte. Als im Januar 1948 bekannt wurde, der Ausschuß beabsichtige, Harlan in die Kategorie V, d.h. »unbelastet«, einzustufen, sprach die Presse von einem Skandal. Der Fachausschuß 7, für den Kultur-Bereich zuständig, legte aus Protest sein Amt nieder. Die »Vereinigung der Verfolgten des Nazi-Regimes« (VVN) und die »Notgemeinschaft der durch die Nürnberger Gesetze Betroffenen« stellten bei der Staatsanwaltschaft Hamburg Strafantrag. Gegen Harlan wurde mit Bezug auf seinen Film *Jud Süß* Anklage erhoben wegen »Verbrechens gegen die Menschlichkeit«.

Erster Prozeßtag war der 3. März 1949. Vor dem Hamburger Landgericht herrschte großer Auftrieb: Presse, Funk, die Wochenschau und eine sensationsgierige Menge. Alle Plätze im Schwurgerichtssaal waren besetzt; angeblich wurden die Einlaßkarten auf dem Schwarzmarkt gehandelt. Schließlich erwartete man, das »Hamburger Abendblatt« hatte es am Tag zuvor schon angekündigt, »einen ungewöhnlich aufschlußreichen Blick hinter die Filmkulissen des Dritten Reiches«. Harlan enttäuschte sein Publikum nicht: In der fast sechs Stunden dauernden Vernehmung lieferte er Klatsch und Anekdoten für ganze Illustrierten-Serien. Goebbels' Affäre mit Lida Baarova, der er rosa getippte Liebesbriefe schrieb. Oder wie Harlan den Propagandaminister überraschte, als er auf dem Fußboden mit der elektrischen Eisenbahn spielte. Eine komische Figur, nun wurde der Angeklagte theatralisch, sei der Mann jedoch nicht gewesen, sondern ein Satan, das schlechthin Böse. »Wenn er ins Zimmer kam, hatte man das eisige Gefühl, der Tod selbst trete ein.« Warum er denn, fragte der Vorsitzende, die Begegnungen mit Hitler und Goebbels nicht vermieden, sondern gesucht habe? Harlan leistete sich ein Bonmot: »Ich möchte den Künstler sehen, der lange nach Moral fragt, wenn er den Vorzug hat, lebenden Dämonen zu begegnen! Heute würde ich den Danton besser inszenieren.« Dann kam er zum Kern seines Rechtfertigungsversuchs: Nur aus Angst vor Goebbels habe er die Regie von *Jud Süß* übernommen; den Auftrag abzulehnen wäre glatter Selbstmord gewesen. »Ich war kein Nazi, aber auch kein Kämpfer gegen die Nazis. Lebensmüde bin ich nie gewesen, meine Partei ist die Kunst, meine Politik heißt Vaterlandsliebe.« Ende des ersten Prozeßtages. Harlans Selbstdarstellung, vom Richter kaum gebremst, verfehlte nicht ihre Wirkung. Das »Abendblatt« war beeindruckt: »Kein Wort, keine Feststellung, der Harlan nicht eine scharf pointierte Spitze zu geben verstünde. Der Schauspieler spielt die größte Rolle seines Lebens. Er führt Regie in einem Schauspiel, das das Tribunal zur Szene werden läßt.« Nach Schluß der Vorstellung sah sich Ben Witter auf der Straße um. »Vor der Tür haben die Polizisten alles hübsch geordnet. In kleinen Gruppen stehen die Leute da und wollen Veit Harlan sehen. Eine Frau möchte ein Autogramm von ihm haben. Sie wartet schon seit morgens neun Uhr. Ihr

Mann macht das Essen. Ein Herr ging früher weg. Er hat Herzasthma. In Auschwitz waren die Mauern so feucht.«

Sieben Wochen lang stand dasselbe Stück auf dem Spielplan. Das Gericht bemühte sich, zunächst die Entstehungsgeschichte des Films zu erhellen. *Jud Süß* wurde bereits vorbereitet, als Harlan die Spielleitung – das Wort »Regie« war bei den Nazis verpönt – übernahm. »Ich bin also nicht schuld daran, daß *Jud Süß* gemacht wurde«, erklärte der Angeklagte, »sondern nur an der künstlerischen Gestaltung des Drehbuchs und des Films.« Am dritten Tag verlegte man die Verhandlung ins Esplanade-Theater. Polizei vorm Eingang; auf dem Gang uniformierte Wachtmeister anstelle der Platzanweiserinnen. Richter und Geschworene, Oberstaatsanwalt und Nebenkläger, Angeklagter und Verteidigung nahmen im Zuschauerraum Platz, und dann wurde das wichtigste Beweisstück vorgeführt: der Film *Jud Süß*, Produktionsjahr 1940, Prädikat »Staatspolitisch und künstlerisch besonders wertvoll«. Goebbels notierte damals in sein Tagebuch: »Ein antisemitischer Film, wie wir ihn uns nur wünschen können«, und Himmler sorgte dafür, daß die gesamte SS und Polizei in Sondervorstellungen den Film zu sehen bekam.

Harlans Prozeßstrategie lief auf die Argumentation hinaus: Nachdem er nun einmal auf Befehl Goebbels' den Film übernehmen mußte, habe er das erste, im »Stürmer«-Stil antisemitische Drehbuch so bearbeitet, daß die Juden möglichst sympathisch erscheinen. »Ich liebe diesen Jud Süß in seiner ganzen Dämonie«, rief er im Gerichtssaal aus. Und so habe er ihn auch gestaltet. Dann marschierten prominente Zeugen auf: Gustaf Gründgens, der ehemalige Reichsfilmintendant Hippler, Wolfgang Liebeneiner. Sie müssen sich recht seltsam vorgekommen sein im Zeugenstand.: Man hätte sie mit gleicher Berechtigung wie Harlan auf die Anklagebank setzen können, hatten doch auch sie eine nicht unerhebliche Rolle im Nazi-Filmwesen gespielt. Ihre Aussagen bestätigten den »Befehlsnotstand« und entlasteten den Angeklagten; ganz nebenbei hielten sie auch Plädoyers in eigener Sache. Liebeneiner, für seinen Euthanasie-Film *Ich klage an* 1943 zusammen mit Harlan mit dem Professorentitel ausgezeichnet, konnte ohne Schwierigkeiten seine Karriere fortsetzen. Nun wurde er vom Vorsitzenden als Sachverständiger vernommen: Wie hat *Jud Süß* auf Sie gewirkt? Liebeneiner: »Ich hatte das Schlimmste erwartet. Aber der Film hat eine meisterliche Form. Als Kollege muß ich den Hut ziehen. Ich hatte nicht gedacht, daß man aus einem so entsetzlichen Stoff einen solchen Film machen könnte.« Der Schauspieler Paul Henckels: »Meines Erachtens hat Harlan aus dem nun einmal tendenziösen Stoff ein Kunstwerk zu schaffen versucht.« Nur Gustav Fröhlich tanzte aus der Reihe. (Auch dafür gab es einen Grund: Harlan hatte ihn während der Dreharbeiten zu *Der große König* denunziert, anschließend wurde er an die Front beordert.) Nach seiner Aussage hätte Harlan sich, ähnlich wie Willi Forst oder Erich Engel, auf belanglose Unterhaltungsware verlegen können, doch er habe aus Ehrgeiz und Künstleregoismus Großprojekte mit nahezu unbegrenztem Etat realisieren wollen. Dafür habe Harlan bewußt die ideologische Indienstnahme durch die Faschisten in Kauf genommen. Fröhlich vor Gericht: »Es ist heute vielleicht sehr unpopulär, aber ich bin eben kein Nazi.«

Je weiter der Prozeß fortschritt, um so mehr wurde die Verhandlung zur Farce. Schauspieler, Aufnahmeleiter, Produktionschef (Alf Teichs) und Werbemenschen (Heinrich Braune) wurden vor Gericht zitiert. Keiner wollte für irgend etwas verantwortlich gewesen sein. Ein Gestrüpp wechselseitiger Beschuldigungen – nur wenn man die Schuld auf einen Toten (etwa auf den in Plötzensee hingerichteten Werbetexter der Firma) abschieben konnte, waren sich alle einig. Ob man ihn mit einem Bekenntnis zum Nationalsozialismus von 1933 oder einem von ihm nach dem 20. Juli 1944 verfaßten Denunziationsschreiben konfrontierte, für alles hatte der Angeklagte eine Erklärung und verlor nie darüber den Humor. Das »Abendblatt« klatschte ihm Beifall: »Das Publikum lachte oft bei den trockenen, witzigen Aussprüchen Harlans schallend. Ordnungsgemäß rügte es der Vorsitzende. Aber selbst die jüdischen Nebenkläger hatten es manchmal nicht leicht, ernst zu bleiben.« Mit dem Regisseur von *Jud Süß* hatte man eine Symbolfigur des Nazi-Filmwesens vor Gericht gestellt; der Prozeßverlauf und die Presseberichterstattung bekamen ebenfalls Symbolcharakter: Deutlich wurde, wie wenig ernsthaft man mit den Schreibtischtätern des Faschismus ins Gericht ging. Nach 51 Prozeßtagen erfolgte am 23. April 1949 die Urteilsverkündung: Freispruch mangels Beweisen. Im Triumphzug wurde Harlan auf den Schultern seiner Anhänger aus dem Saal getragen.

Das Urteil wurde vom Strafsenat beim Obersten Gerichtshof der britischen Zone in Köln aufgehoben, der Fall zur erneuten Verhandlung an das Schwurgericht Hamburg zurückgewiesen. Inhaltlich erbrachte das Revisionsverfahren kaum neue Erkenntnisse, doch wurde die Stimmung immer ag-

»Ich bin nicht schuld daran, daß ›Jud Süß‹ gemacht wurde, sondern nur an der künstlerischen Gestaltung des Drehbuchs und des Films.« (Veit Harlan, 1949)

gressiver: Wiederholt kam es zu Zwischenrufen und Tumulten im Zuschauerraum. Als die Journalistin Karena Niehoff, Halbjüdin und ehemalige Sekretärin des ersten Drehbuchautors, aussagte, Harlan habe den Entwurf antisemitisch verschärft, wurde sie als »Judensau« beschimpft. Der Vorsitzende ließ den Saal räumen, die Sitzung wurde unter Ausschluß der Öffentlichkeit fortgesetzt. Im Korridor wurde der Zeugin dann gedroht: »Macht doch, daß ihr aus Deutschland rauskommt!« Unter Polizeischutz, von der Menge bis zum Sievekingplatz verfolgt, verließ sie das Gerichtsgebäude. (Der Eklat ging durch die Weltpresse und wurde vom Bundeskanzler bedauert. Der Hamburger Bürgermeister beeilte sich, den Skandal als äußerst perfide Inszenierung der Kommunisten darzustellen, wobei Frau Niehoff nicht unschuldig sei – schließlich habe sie »Nazibande« zurückgerufen.) Am 29. April 1950 wurde Harlan erneut freigesprochen; allerdings war in der Urteilsbegründung ausdrücklich vermerkt, daß der Film

Jud Süß objektiv und subjektiv den Tatbestand des Verbrechens gegen die Menschlichkeit erfülle. Ein paar Monate später zog die Staatsanwaltschaft ihren Revisionsantrag zurück, somit war das Urteil rechtskräftig.

Die Branche hatte darauf nur gewartet: Harlan konnte wieder beschäftigt werden, die Dreharbeiten für seinen ersten Nachkriegsfilm waren bereits terminiert. Die Domnick-Filmproduktion begründete ihr Engagement Harlans mit dem »Bestreben nach künstlerisch anspruchsvollen Filmen«; man wolle versuchen, die »frühere künstlerische Höhe des deutschen Films wieder zu erreichen«. Daß hier eine unselige Kontinuität manifestiert wurde, schien niemanden zu stören.

Einer störte sich doch daran: Erich Lüth. Anläßlich der »Woche des deutschen Films« kamen im Presseclub Journalisten und Vertreter der Filmwirtschaft zusammen. Der Senatsdirektor nutzte die Gelegenheit für eine kurze Ansprache: »Nachdem der deutsche Film im Dritten Reich seinen moralischen Anspruch verwirkt hatte, ist allerdings ein Mann

Zweite Karriere: Kristina Söderbaum knipst für den »Stern« Curd Jürgens als »Pfarrer von St. Pauli«, 1970

am wenigsten geeignet, diesen Ruf wiederherzustellen: Das ist der Drehbuchverfasser und Regisseur des Films *Jud Süß*!« Deshalb sollten die Kinobesitzer darauf verzichten, den neuen Harlan-Film *Unsterbliche Geliebte* ins Programm zu nehmen. »Hier fordern wir von den Verleihern und Theaterbesitzern eine Haltung, die nicht ganz billig ist, die man sich aber etwas kosten lassen sollte: Charakter.« Lüth sollte bald erfahren, was diese Haltung kosten kann. Die Domnick-Filmproduktion und der Herzog-Filmverleih sahen in diesen Äußerungen unlautere Geschäftsschädigung und erwirkten beim Hamburger Landgericht eine einstweilige Verfügung, Streitwert: DM 50.000. Lüth wollte sich den Mund nicht verbieten lassen und ging in die Berufung. Wieder unterlag er. Diesmal betrug die zu entrichtende »Sicherheitsleistung« DM 110.000.

Gewerkschaften, Studenten und kritische Sozialdemokraten protestierten gegen das Urteil und solidarisierten sich mit dem Leiter der Staatlichen Pressestelle. Der Fall kam in die Bürgerschaft. Bundespräsident Heuss gab eine derart ausgewogene Erklärung ab, daß sich sowohl Harlan-Freunde wie -Gegner darauf berufen konnten. Inzwischen lief Harlans *Unsterbliche Geliebte* in den bundesdeutschen Kinos an, vielerorts begleitet von Protestaktionen. Der Verleih zog es vor, den Film in Kleinstädten zu starten; die Hamburger Premiere verlegte man nach Ahrensburg. Die »Falken« demonstrierten im Kinosaal; viermal mußte die Vorstellung unterbrochen werden und konnte erst nach Eingreifen der Polizei zu Ende geführt werden. Lüths Boykott-Aufruf provozierte die überfällige politische Auseinandersetzung.

Auch auf juristischem Feld gab er nicht klein bei. Er berief sich auf das Recht auf freie Meinungsäußerung und legte Beschwerde beim Bundesverfassungsgericht ein. Es ist bekannt, daß Entscheidungen aus Karlsruhe auf sich warten lassen. Harlan wurde langsam wieder gesellschaftsfähig; Lüths Engagement erschien bald nur noch als Privatkrieg eines Querulanten. Am 15. Januar 1958, knapp zehn Jahre nach dem Eklat im Waterloo-Theater, setzte das Urteil der Verfassungsrichter den Schlußpunkt.

Lüth erhielt recht. Aber er hatte längst verloren: Der Regisseur von *Jud Süß* hatte wieder Fuß gefaßt in der Filmindustrie, drehte soeben seinen achten Film nach 1945. Harlan-Premieren waren wieder glanzvolle Ereignisse. »Der Hamburger Film hatte eine große Premierennacht. Eine Auffahrt wie einmal vor dem Berliner Ufa-Palast. Polizei in weißen Handschuhen, dichte Spaliere von Enthusiasten, Sturm auf die Kassen. Als nach einem herrlichen Farbfilm, die Südtiroler Dolomiten zeigend, der Vorhang über die *Sternen über Colombo* aufging, begann einer jener Abende, von denen man in diesen letzten Jahren kaum noch erwarten durfte, sie von einem deutschen Film gefüllt zu sehen.« Derart ins Schwärmen geriet der »Hamburger Anzeiger«. Kristina Söderbaum – die Harlans wohnten inzwischen am Starnberger See – war nach Hamburg gekommen und sonnte sich im Applaus. »Als Willy Birgel, der Darsteller des Maharadschas, die Künstlerin anschließend an das Rampenmikrophon führte, brach ein Beifall los, der für Hamburger Verhältnisse ein Orkan genannt werden muß.« Nur Veit Harlan ließ sich nicht blicken.

Der Brief Harlans, die Antworten von Koppel und Heisig sowie Erich Lüths Kommentar sind gedruckt in: »Film-Echo«, 1948, Heft 5, S. 38ff. – Über die juristischen Aspekte und das publizistische Echo auf die verschiedenen Prozesse vgl. Siegfried Zielinski, »Veit Harlan. Analysen und Materialien zur Auseinandersetzung mit einem Film-Regisseur des deutschen Faschismus«, Frankfurt/M. 1981, sowie den Beitrag von Dietrich Kuhlbrodt in: Peter Reichel (Hrsg.), »Das Gedächtnis der Stadt. Hamburg im Umgang mit seiner nationalsozialistischen Vergangenheit, Hamburg 1997. – Ben Witters Beobachtungen vom ersten Prozeßtag 1949 erschienen in: »Die Welt«, 5.3.1949; der zitierte Premierenbericht der Hamburger Erstaufführung von »Sterne über Colombo« stand im »Hamburger Anzeiger«, 19.12.1953.

Kinos in Hamburg 1949

Alster-Lichtspiele, Alsterdorfer Straße 62/64

Alsterburg-Lichtspiele, Alsterdorfer Straße 300

Alstertal-Lichtspiele, Erdkampsweg 1/3

Alte Blumenburg, Schlankreye 24

Altenwerder-Lichtspiele, Altenwerder 68

Apollo, Langenhorner Chaussee 166

Astra-Theater, Müggenkampstraße 4

Atlantik-Theater, Steindamm 22

Atrium, Lange Reihe 29

Bach-Theater, Schweriner Straße 20

Bahrenfelder Lichtspiele, Bahrenfelder Chaussee 57

Belle-Filmtheater, Hamburger Straße 6/10

Billstedter Lichtspiele, Billstedter Weg

Blankeneser Lichtspiele, Bahnhofstraße 4

Bram-Theater, Hamburger Straße 197

Capitol-Lichtspiele, Hoheluftchaussee 52

Central-Lichtspiele, Bahnhofstraße 35

Central-Theater Eimsbüttel, Eimsbütteler Chaussee 63

Central-Theater, Kieler Straße 2

Derby-Lichtspiele, Beim Pachthof

Deutsche Lichtspiele, Adolfstraße 95

»Die Kurbel«, Beim Strohhaus 14

Eidelstedter Lichtspiele, Kieler Straße 620

Eißendorfer Lichtspiele, Friedhofstraße 10

Esplanade-Theater, Esplanade 36

Farmsener Lichtspiele, Berner Heerweg 133

Filmbühne »Volkswohl«, Bremer Straße 270/274

Filmburg, Veringstraße 60

Film-Palast, Sievekingsallee 69

Filmtheater Borsteler Jäger, Weg beim Jäger 95

Filmtheater Neugraben, Reichstraße 51

Filmtheater Stellingen, Kieler Straße 430/432

Finkenwärder Lichtspiele, Norderdeich 62

Flottbeker Lichtspiele, Ulmenstraße 15

Georgswerder Lichtspiele, Niedergeorgswerderdeich 18

Hansa-Lichtspiel-Bühne, Am Brink 13

Hansen-Lichtspiele, Schulterblatt 49

Harmonie-Lichtspiele, Schloßstraße 2h

Harvestehuder Lichtspiele, Eppendorfer Baum 35

Insel-Lichtspiele, Georg-Wilhelm-Straße 164

Kammer-Lichtspiele, Grindelallee 6/8

Kino-Palast, Bürgerstraße 68

Kirchwärder-Lichtspiele, Hausdeich

Knopf's Lichtspiele, Spielbudenplatz 19-20

Kursaal-Lichtspiele, Schulterblatt 51

Landhaus-Lichtspiele, Beseler Straße

Langenhorner Lichtspiele, Tangstedter Landstraße 182

Lessing-Theater, Gänsemarkt 46*

Lichtburg-Iserbrook, Sülldorfer Landstraße 3

Lichtburg Veddel, Schule am Slomanstieg 3

Lichtspielhaus Duvenstedt, Duvenstedter Damm

Mühlenkamp-Lichtspiele, Mühlenkamp 34

Mundsburg-Theater, Mundsburger Damm 60

Neuengammer Lichtspiele, Hausdeich 120

Niendorfer Lichtspiele »Hummel«, Niendorf

Ochsenwerder Lichtspiele, Eichholzfelderdeich 15

Odeon-Theater, Heimfelder Straße 44

Olympia-Theater, Bachstraße 72

Ose-Palast, Hamburger Straße 3/7

Ottensener Lichtspiele, Papenstraße 17

Parkhof-Lichtspiele, Langenhorner Chaussee 692

Parktheater, Vogtei 41

Polizei-Filmstelle, Viktoria-Kaserne

Passage-Theater, Mönckebergstraße 17*

Passage-Theater, Großer Schippsee 7/10

Poppenbütteler Lichtspiele, Hengststraße 23

Reform-Lichtspiele, Moordamm 101

Regina-Lichtspiele, Elbchaussee 9/21

Reichs-Theater, Fruchtallee 136

Rialto, Vogelhüttendeich 72

Rissener Lichtspiele, Wedeler Landstraße 48

Saseler Lichtspiele, Lübecker Chaussee 80

Scala-Lichtspiele, Fraenkelstraße 3

Schauburg-Rahlstedt, Wandsbeker Straße 78

Schauburg Uhlenhorst, Winterhuder Weg 106

Schützenhof-Lichtspiele, Neuenfelde 135

Thalia-Lichtspiele, Grindelallee 116

Theater am Dulsberg, Graudenzer Weg 32

Union-Theater Harburg, Wilstorfer Straße 24

Urania-Filmbühne, Fehlandtstraße 40*

Urania-Theater, Osterstraße, Ecke Heußweg

Vierländer Lichtspiele, Hamburger Straße 258

Viktoria-Lichtspiele, Lokstedter Weg 41

Volksdorfer Lichtspiele, Bahnhofsweg 8

Volkshaus-Lichtspiele, Saselheider Weg 6

Waldesruh-Lichtspiele, Hamburger Straße 56

Waterloo-Theater, Dammtorstraße 14

Weltspiegel, Alte Holstenstraße 36

Wilhelmsburger Lichtspiele, Kirchdorfer Straße 19

Winterhuder Lichtspiele, Fiefstücken 8/10

Außerdem gab es 14 Wander-Kinos, die regelmäßig in den Randbezirken spielten.

* zur Zeit Truppenkino

(Quelle: Filmadreßbuch für die britische Zone, herausgegeben vom Wirtschaftsverband der Filmtheater e.V. [Britische Zone], Hamburg 1949)

Die Sünderin im Heidedorf

Die Außenstelle des Hamburger Films in Bendestorf: Rolf Meyer und seine Junge Film-Union

Warum Schlangen-Meyer und ein Wurstfabrikant Stotter-Meyer helfen. Warum die Kirche der Sünderin auf die Beine hilft und damit einen Konkurs verhindert, und warum das Glück im Spiel umbenannt wird, obwohl es nichts nützt.

Hildegard Knef und Gustav Fröhlich spielten die Hauptrollen in dem Skandalfilm der 50er Jahre

Eine Viertelstunde Autobahn Richtung Hanno-ver, dann bei der Abfahrt Ramelsloh raus und links nach Harmstorf. Die Kleckerwaldstraße führt zum Luftkurort Bendestorf; gleich am Dorf-eingang mehrere Wegweiser, darunter »Atelier-Be-triebe« und »Filmmuseum«. Eigentlich sind die Schilder überflüssig, denn wie sollte man es ver-fehlen: Direkt in der Dorfmitte steht »Makens Huus«. Das frisch renovierte Strohdachhaus beherbergt die Gemeindeverwaltung; das Filmmuseum befindet sich auf dem ausgebauten Boden.

Warum ein Filmatelier ausgerechnet in diesem Heidedorf, fragten sich verwundert Brancheninsi-der und meinten, dies werde wohl immer das Ge-heimnis von Rolf Meyer bleiben. Dabei ist die Ant-wort ganz einfach: Reiner Zufall. Gegen Kriegsen-de hatte es den ausgebildeten Kapellmeister und erfolgreichen Filmautor nach Bendestorf verschla-gen. Die Briten machten ihn – Meyer konnte eng-lisch – zum Bürgermeister; außerdem freundete er sich mit dem Verleger der Lokalzeitung an. Der hieß Axel Springer und wurde das erste Opfer des film-verrückten Drehbuchautors. Ihre gemeinsame Fir-ma Hamburg-Film bezog ein Büro im Harvestehu-der Weg, mehr passierte jedoch nicht: Die Besat-zungsmacht erlaubte 1945 noch keine Filmproduk-tion.

Als Rolf Meyer am 1. April 1947 endlich seine Lizenz erhielt, gründete er sofort die Junge Film-Union mit Sitz in Hamburg, Berlin und Bendestorf. Der Bürgermeister ging zum Wirt des Gasthofs »Am Schlangenbaum« und überredete ihn, den großen Saal für die Dreharbeiten zu *Menschen in Gottes Hand* zur Verfügung zu stellen. Der Gastwirt war ein Namensvetter; im Dorf nannte ihn jeder Schlan-gen-Meyer, während der Filmfritze wenig schmei-chelhaft als Stotter-Meyer tituliert wurde. Natürlich konnte man das Ausflugslokal nicht ständig schlie-ßen wegen Filmproduktion. Aber Meyer eins war bereit, das angrenzende Grundstück, bisher als Fuß-ballplatz genutzt, zu verkaufen, und Meyer zwo kannte in Hamburg einen Wurstfabrikanten, der gab das Geld für den Atelierbau: zwei Hallen je 12 mal 20 Meter, dazu ein Verwaltungsgebäude, Gardero-ben und Vorführraum mit Schneidetischen. Ostern 1948 begannen die Dreharbeiten zu *Die Söhne des Herrn Gaspary*; die Innenaufnahmen konnte Re-gisseur und Produzent Meyer bereits in dem eben fertig gewordenen Bendestorfer Atelier machen.

Bald wurde die Produktion nicht mehr gebremst durch die von den englischen Dienststellen vorge-nommenen Rohfilmzuteilungen; nun konnte man Film um Film drehen: *Diese Nacht vergeß ich nie*, *Der Bagnosträfling*, *13 unter einem Hut*, *Die wun-*

Das Studiogelände in Bendestorf heute

der schöne Galathee und viele andere – die Junge
Film-Union rangierte (hinter der Real-Film) auf
Platz zwei der westdeutschen Produktionsfirmen.
In dem kleinen Heidedorf – 300 Einwohner, darunter viele Geschäftsleute aus dem nahen Hamburg –
gab die Filmprominenz sich die Türklinke in die
Hand: Paul Henckels, Käthe Dorsch, Rudolf Platte,
Sybille Schmitz, Hans Söhnker, Johannes Heesters,
Marika Rökk, Paul Dahlke, Heidemarie Hatheyer
und – von den Bendestorfern so verehrt, daß sie
gleich einen Weg nach ihm benannten – Otto Gebühr. Regisseur Albert Benitz – bisher war er nur
Kameramann, z.B. von Luis Trenker – holte für *Das
Fräulein und der Vagabund* Nachwuchsschauspieler: Hardy Krüger und Dietmar Schönherr erhielten eine Chance. Aber die kannte damals noch niemand.

Immer wenn das Drehbuch eine Großstadtkulisse verlangte, baute man die Kameras in Hamburg
auf. Das Heimkehrer-Drama *Menschen in Gottes
Hand* enthielt ein paar Szenen aus Blankenese. *Taxi-Kitty* Hannelore Schroth brachte einen Fahrgast zum
Mittelweg; Theo Lingen stellte in der Eppendorfer
Landstraße das Café Lindtner auf den Kopf und behauptete: *Hilfe, ich bin unsichtbar!* Die Konzertbesucher, die an einem Augusttag 1950 in die Musikhalle strömten, wurden für ihr Erscheinen bezahlt.
Viktor de Kowa stellte sich ans Dirigentenpult; Brigitte Horney saß am Flügel, und die Statisten im
Zuschauerraum klatschten so, wie es ihnen die Regie befahl. Schon hatte man die zentrale Szene von
Melodie des Schicksals im Kasten.

Produzent Rolf Meyer führte genau Buch, welche Gagen und Rechnungsbeträge an Hamburger
Lieferanten und Komparsen bezahlt wurden. Die
Hälfte der Herstellungskosten, dies konnte er belegen, floß unmittelbar der Wirtschaft der Hansestadt
zu. Solche Aufstellungen legte er bei, wenn er wieder einmal einen Antrag auf Ausfallbürgschaft beim
Senat einreichte.

Dort zählte man Bendestorf zur Filmstadt Hamburg, denn die Firma hatte offiziell ihren Hauptsitz
in der Heimhuder Straße 58. Warum die Hamburger die Junge Film-Union großzügig unterstützten,
ist in den Akten der Kulturbehörde nachzulesen. Ein
Referent rechnete Senator Landahl vor: »Von rund
100 Filmen, die nach Abzug der Defa-Filme für
Westdeutschland übrigbleiben, sind etwa 55 in
München-Geiselgasteig und den für Filmzwecke
umgestalteten oberbayerischen Scheunen gedreht
worden. In Hamburg einschließlich Bendestorf wur-

Kino-Anzeige 1951

»Die Sünderin« Hildegard Knef und der unheilbar kranke Maler

den 23 Filme hergestellt, der Rest verteilt sich auf Wiesbaden, Berlin, Göttingen. Von den 23 Filmen des Hamburger Raumes sind 11 in Bendestorf, 10 in Wandsbek und 2 im Bunker Heiligengeistfeld gedreht worden.« Ohne die Junge Film-Union, so die Folgerung, könnte man in der Konkurrenz zu Süddeutschland kaum bestehen. In seinem Aktenvermerk gab Oberregierungsrat Wulf zu, daß die Produktionen aus dem Landkreis Harburg »in der Regel auch noch keine Meisterwerke sind«, glaubte aber, »eine etwas höhere Qualität oder zumindest den Willen dazu« erkennen zu können. So vage und ohne rechte Überzeugung formuliert, dürfte dies kaum der wahre Grund gewesen sein, sechsstellige Summen in Bendestorf zu investieren. Gewichtiger das Argument, es gelte eine Monopolstellung im Hamburger Filmwesen zu verhindern: »Die JFU ist die einzige Firma, die ein gewisser Widerpart zur Real sein kann.« Meyer selbst hätte seine Position wohl ähnlich beschrieben – eine Fehleinschätzung mit fatalen Folgen.

Der Produzent, immer das erfolgreiche Gespann Koppel/Trebitsch vor Augen, beschloß, ebenfalls das Atelier zu vergrößern. In Rekordzeit wurde eine 1.000 qm große Halle mit Werkstättenkomplex ge-

baut. Das Richtfest feierte man im illustren Kreis: Erschienen waren, um nur einige Namen zu nennen, Grethe Weiser, Hannelore Schroth, Mathias Wiemann, Anny Ondra und Ehemann Max Schmeling. Der niedersächsische Kultusminister Voigt hielt eine Ansprache, ein Deputierter Hamburgs übermittelte Glückwünsche. Ein Dämpfer wäre eher angebracht gewesen: Wie sollte das Unternehmen den für den Bau benötigten Kredit der Landesbank in Hannover – DM 750.000 auf fünf Jahre bei einem Zinssatz von zwölf Prozent – je zurückzahlen?

Zwei Monate später, am 25. August 1950, begann Willi Forst mit den Dreharbeiten zu seinem ersten Nachkriegsfilm. Der Spezialist für Stoffe mit Wiener Charme, Operette und Jahrhundertwende hatte in Süddeutschland keine Finanzierung für sein neues Projekt »Monolog« gefunden; Rolf Meyer war eingesprungen. Das Melodrama, aufgezogen als Rückschau auf ein Leben, schilderte die Liebe einer ehemaligen Prostituierten zu einem unheilbar kranken Maler. Am Ende gibt sie dem geliebten Mann, um ihm die letzten Qualen zu ersparen, Veronal und geht dann selbst in den Tod. Hildegard Knef spielte die Hauptrolle, und Forst änderte noch einmal den Titel. *Die Sünderin* wurde der Skandalfilm der fünfziger Jahre.

Die Dirnentragödie mit viel Edelmut und einer Kürzest-Nacktszene erregte auch in Hamburg die Gemüter. Vor der Premiere im Esplanade-Theater gab Forst eine Pressekonferenz. Pastor Wilken ergriff das Wort und warf ihm eine Verherrlichung von Mord, Selbstmord, Ehebruch und Prostitution vor. Der Regisseur war empört: »Wir haben nur eine Reportage des wirklichen Lebens gegeben, Drehbuch und Rohschnitt sind den Vertretern beider Konfessionen vorgeführt worden. Ich fürchte, das Publikum wittert jetzt Schmutz, wo es gar keinen gibt.« Solche Zuschauererwartungen waren jedenfalls gut fürs Geschäft, und ohne die Kampagne der Kirchen wäre *Die Sünderin* nie ein derartiger Kassenschlager geworden: vier Millionen Besucher in drei Monaten. Auch das Esplanade konnte zufrieden sein: acht Wochen Laufzeit, immer ausverkauftes Haus. Vom Geldsegen blieb allerdings wenig übrig für die Junge Film-Union: Erstens war es nur eine Co-Produktion (mit der Deutschen Styria-Film), zweitens hatte man Forst 50 Prozent Gewinnbeteiligung zugestanden.

Von Verträgen verstand Meyer nichts, ein Kaufmann war er nicht. In jeder anderen Branche wäre dieser Traumtänzer längst abgestürzt. Nach den einfachsten Grundsätzen soliden Wirtschaftens hätte er schon im ersten Geschäftsjahr seinen Laden wie-

Marika Rökk in dem Revue-Film »Sensation in San Remo«

der schließen müssen. Stattdessen produzierte er auf Teufelkommraus und stopfte mit den Geldern für neue Projekte alte Löcher. Das ging erstaunlich lange gut: Meyer spielte Filmproduzent, und er gab eine Vorstellung, die die Industriemanager und Automobilgroßhändler überzeugte – ein bißchen Glanz und Glamour fiel auch für sie ab. Immer neue Finanzquellen erschloß er und wußte auch den Staat zu schröpfen. Anfang 1951 war die Lage der Jungen Film-Union so prekär, daß Oberregierungsrat Wulf sich mit dem dringlichen Aktenvermerk an seinen Senator wandte: »Ich habe mich gestern nacht noch persönlich davon überzeugt, daß die Firma schließen muß, wenn am Montag der Kredit nicht bewilligt wird. Diese Schließung hat jedoch andere Wirkung als bei Real-Film. Die Verpflichtungen sind z.Zt. – bis die letzten guten Kassenfilme *Taxi-Kitty, Professor Nachtfalter* und *Sünderin* eingespielt haben – so groß, daß nur eine kontinuierliche Produktion den Bestand der Firma retten kann. D.h. alle betroffenen Firmen halten still, solange sie weiterhin beschäftigt und die laufenden Verpflichtungen abgedeckt werden. Tritt jedoch eine

Produktionspause ein, werden sofort Verpflichtungen in einer Höhe fällig, die die Konkursanmeldung zur Pflicht machen. Das wäre das Ende der zweitgrößten deutschen Produktion.« Das marode Unternehmen – laut Treuhand-Bericht betrug die Überschuldung bereits weit über 1,3 Millionen DM – wurde wieder einmal mit Hilfe öffentlicher Gelder gerettet. »Glück im Spiel« hieß der Film, der nun in Produktion gehen konnte.

Die Real hatte Zarah Leander engagiert, Meyer holte für seinen Revuefilm Marika Rökk. Gespart wurde nicht. 150.000 DM Gage für das berühmte Tanzbein, 100.000 DM für den regieführenden Ehemann Georg Jacoby. Insgesamt beliefen sich die Herstellungskosten auf rund zwei Millionen. Der Film bekam einen neuen Titel und wurde als *Sensation in San Remo* mit 54 Kopien gestartet. Eine Woche später hatte der Produzent ein Plagiatsverfahren am Hals: Eine Szene – Marika tanzt auf dem Tisch vor einer Sittlichkeitskommission – sei aus dem Ballett »Der grüne Tisch« von Kurt Jooss geklaut. Die Junge Film-Union verlor den Prozeß und mußte aus allen Kopien die Szene herausschneiden. Der erwischte Drehbuchautor hieß übrigens Kurt Werner und war identisch mit Rolf Meyer.

Die juristischen Streitigkeiten häuften sich, Symptom dafür, daß es bergab ging. Meyer verklagte Hans Albers auf Schadensersatz, weil dieser trotz entsprechendem Vorvertrag nicht in Bendestorf drehte. Meyer verklagte den Verleih Nationalfilm, weil man dort seine Produktionen nicht professionell auswertete. Die Verantwortung für die schlechten Einspielergebnisse wies der Verleih kühl zurück an die Bendestorfer Filmleute: »Die haben nie Geld, geben furchtbar an und machen Filme, die nicht gehen.« Währenddessen wurde munter weiterproduziert. Marika Rökk spielte *Die Csardasfürstin*, Willi Forst ging ins Atelier mit *Es geschehen noch Wunder* (Buch: Forst und Johannes Mario Simmel). Meyer bereitete den Zirkusfilm *Königin der Arena* vor.

Zusammen mit seinem Star Maria Litto hatte er Ende November 1951 einen schweren Autounfall und mußte mehrere Wochen im Krankenhaus das Bett hüten – zu lange, denn die Gläubiger hielten nicht mehr still. Die Firma brach zusammen. Die Hamburger Corona übernahm *Königin der Arena*, und ein letztes Mal konnte Meyer in Bendestorf drehen. Das Atelier gehörte ihm da schon nicht mehr; die niedersächsische Landesbank hatte es unter Zwangsverwaltung gestellt.

Für einen Vergleich gab es keine Basis, es blieb nur der Konkurs. Die Behörden, die das unseriöse Geschäftsgebaren jahrelang gedeckt hatten, verfolgten ihn nun mit aller Strenge des Gesetzes. Rolf Meyer wurde der Prozeß gemacht. Er wurde verhaftet, freigesprochen und wieder auf die Fahndungsliste gesetzt. Am 6. August 1956 nahm die Polizei ihn in einem Rahlstedter Hotelzimmer fest, brachte ihn gegen seinen Willen in die geschlossene Abteilung des Landeskrankenhauses Lüneburg und ordnete eine Untersuchung seines Geisteszustandes an. Da hätte man konsequenterweise die halbe Filmbranche einliefern müssen. Größenwahnsinnig waren sie alle: Kaum einer verfügte über genügend Eigenkapital, und jeder hoffte, das nächste Projekt würde den Laden sanieren. Man lebte auf Kreditbasis, so lange es ging – von den 150 in der Nachkriegszeit gegründeten Produktionsfirmen machten 140 pleite. Meyer war ein Hasardeur, doch seine Mitspieler, die ihm immer wieder hohe Einsätze vorstreckten, waren zumindest mitverantwortlich. Der Prozeß vor dem Landgericht Stade verlief dann auch höchst seltsam und war eher peinlich für die Zeugen. Keiner fühlte sich geschädigt, und selbst der Herr von der Revisions- und Treuhand AG bestätigte: Meyers Finanzierungsmethoden unterschieden sich nicht so sehr von den üblichen Tricks,

Eine der letzten Produktionen der Jungen Film-Union

mit denen man damals eine Produktion auf die Beine stellte.

Heute hat man dem Film-Tycoon von Bendestorf ein Museum eingerichtet. Der Eintritt kostet zwei Mark, Kinder die Hälfte. An der Kasse sitzen zwei alte Frauen aus dem Dorf; ohne Schnack kommt man an ihnen nicht vorbei. Schließlich haben sie schon bei *Menschen in Gottes Hand* mitgewirkt: In der Szene, wo Paul Dahlke aus dem Bus aussteigt, da an der Haltestelle, das war ich. Später reisten die Komparsen ja aus Hamburg an, und überhaupt die Filmleute, wenn sie gerade Gage bekommen hatten, schmissen sie mit Geld um sich, nur die Miete haben sie nie rechtzeitig bezahlt... Schon auf der Treppe eine ganze Galerie mit Autogrammfotos der einstigen Leinwandhelden. Im Ausstellungsraum wird die Geschichte der Jungen Film-Union aufgeblättert: Plakate, Aushangfotos, Regiebücher, Dispositionslisten, Zeitungsartikel. Eine riesige Glühbirne, monströse Aufnahmeapparaturen, ein vorsintflutliches Modell von Mischpult und ein alter Schneidetisch, Scheinwerfer und Kameras. Und ein

Heimatschnulzen hatten Konjunktur

paar Dekorationsstücke: die klassische Pappmaché-
säule aus der *Wunderschönen Galathee*, die Ker-
kertür, durch die der *Bagnosträfling* flüchtete.

Übrigens war die einheimische Filmproduktion
mit dem Zusammenbruch der Jungen Film-Union
keineswegs zu Ende: Horst Fink, der in der Isestra-
ße einen Verleih für Lampen und Filmgeräte betrieb, pachtete das Ateliergebäude und vermietete
es. Die Heimatschnulze hatte Konjunktur, das kam
den Studios zugute. Hans Deppe drehte mit Barbara Rütting und Claus Holm ein Remake von *Heide-
schulmeister Uwe Karsten*. Die Geschichte der
Zeiss-Werke wurde in *Made in Germany* als leuch-
tendes Beispiel deutschen Forscher- und Unterneh-
mergeistes herausgestellt. Der Niedergang der Filmindustrie, die in den sechziger Jahren nur noch ni-
veaulose Kommerzware produzierte, ist im hinte-
ren Teil des Museums ausgestellt: der Wallace-Rei-
ßer *Die Bande des Schreckens*, *Das Freudenhaus*,
Heute blau und morgen blau, *Klein Erna auf dem*

Jungfernstieg (mit Heidi Kabel) und *Das gelbe Haus
am Pinnasberg*. In einem Extrazimmer kann man
sich die Bendestorfer Erzeugnisse auf Video anschauen: *Die Sünderin* und *Für die Hölle geboren*,
Sensation in San Remo und *Aber Jonny*. Oder Walter Giller in *Musik, Musik und nur Musik*, Peter
Alexander in *Ich zähle täglich meine Sorgen*. Ate-
lierchef Fink ging es nicht anders: Das Fernsehen,
das viele Jahre lang ihn beschäftigte, zog sich irgendwann zurück und vergab die Aufträge lieber
ans Studio Hamburg. Der letzte große Kinofilm, ein
typisches Abschreibungsobjekt, war 1978 die xte
Verfilmung von Storms *Schimmelreiter*. Gert Fröbe
spielte den Deichgrafen; in weiteren Rollen sah man
Vera Tschechowa, Lina Carstens und Werner Hinz.
Regie führte Routinier Alfred Weidenmann, der bald
30 Jahre zuvor zwei Kurzfilme für Rolf Meyer inszenierte.

Die Filmstars von heute heißen Kukident, Lang-
nese, Holsten und Mon Chérie: In dem Bendestorfer Atelier entstehen fast nur noch Werbefilme. Noch
immer ist hier eine Außenstelle für die Filmstadt
Hamburg: Im Hans-Eidig-Weg 6 hat die Twentieth
Century Fox ihre Filiale für die Verleihbezirke Ham-
burg/Düsseldorf eingerichtet. Neben Studio und
Museum die wichtigste Instution ist der »Schlangenbaum«, und jeder ordentliche Ausflug endet bei
Kaffee und Kuchen. Auch hier sind die Wände mit
Autogrammfotos geschmückt, doch natürlich hat inzwischen der Besitzer gewechselt. Trotzdem fragen
wir den Kellner nach den Filmaktivitäten. Zu den
letzten Produktionen gehörte Christoph Bölls fri-
vol-sarkastisches Remake *Sisi und der Kaiserkuß*.
»Die schrecken vor nichts zurück«, entfährt es mir,
doch das war falsch: Der Kellner ist sichtlich pi-
kiert, schließlich hatte er als Statist fünf Drehtage
und mußte sich extra einen Vollbart stehen lassen.
Da hilft nur ein reichliches Trinkgeld, und fluchtar-
tig verlassen wir Bendestorf.

*Die Öffnungszeiten des Filmmuseums: Dienstag, Donners-
tag und Freitag 9-11.30 Uhr, Dienstag außerdem 14.30-19
Uhr; Samstag 14.30-17.30 Uhr; Sonntag 10-12 Uhr. –
»Vom Trümmerfilm zur Traumfabrik« heißt Peter Stettners
Fallstudie zur Jungen Film-Union 1947-1952, erschienen
Hildesheim 1992. Die beiden zitierten Aktenvermerke, da-
tiert 1. bzw. 15.2.1951, befinden sich im Bestand der Kul-
turbehörde (Staatsarchiv). – Willi Forsts Statement zu »Die
Sünderin« während der Hamburger Pressekonferenz ist
entnommen dem »Film-Echo«, 27.1.1951.*

Eine Kaserne in Rahlstedt

Das Filmzentrum in der Sieker Landstraße

Eine Traumfabrik bleibt ein Traum. Die Welt wird bunt. Geyer kopiert das Schweigen, und das gleich 317 mal. Ausgewogen wird nach rechts. Aber was macht die Bombe auf dem Rathausmarkt?

Im Schneideraum der Deutschen Wochenschau, 1958

Der Osten Hamburgs ist militärisch besetzt: Boehm-Kaserne, Lettow-Vorbeck-Kaserne, Estorff-Kaserne, Truppenübungsplatz Höltingbaum. An der Bundesstraße 435 nach Trittau, kurz vor der Stadtgrenze, liegt die ehemalige Graf-Goltz-Kaserne. Anfang der 90er Jahre, nach der Wiedervereinigung, zog die Bundeswehr aus. Seitdem wohnen hier Asylbewerber: vor den Häusern auf dem Rasen spielende Kinderscharen, auf den Dächern ein Wald von TV-Antennen und Satellitenschüsseln. Der rechte Teil der Kaserne, mit separater Einfahrt, ist den Produzenten von Fernsehware vorbehalten. Geyer-Werke, Atlantik Film Kopierwerke, Cinecentrum, Multimedia, Deutsche Wochenschau. Nur ein einfacher Maschendraht trennt das Filmzentrum von dem Militärgelände.

Der Bau wurde 1938 begonnen, und viel Zeit hatte man nicht, denn die Kaserne wurde gebraucht: als Durchgangsstation für Marscheinheiten, die nach jeweils vierzehn Tagen ins Feld zogen. Im Juni 1945 wurde die Kaserne von den Engländern beschlagnahmt. Wieder diente sie als Durchgangsstation: für ehemalige KZ-Häftlinge, die in ihre Heimatorte zurückkehrten. Dann wurde hier die Briefzensurstelle eingerichtet. Bis zu 1.200 Deutsche waren damit beschäftigt, alle Post durchzusehen. Angehörige der dänischen Armee sorgten für die Bewachung; die Leitung hatte ein britischer Stabsoffizier. Zum 1. Oktober 1948 wurde die Zensurstelle aufgelöst, und nun stand das Gebäude leer. Kanzler Adenauer lehnte noch mit markigen Worten die Wiederbewaffnung ab, man konnte also die Kaserne der zivilen Nutzung zuführen.

Wer zuerst die Idee hatte, man könnte den Militärkomplex in eine Traumfabrik verwandeln, läßt sich nicht mehr feststellen. Sicher ist nur: Das Projekt fand Anklang, und sofort wurden große Pläne gemacht. Eine moderne, leistungsfähige Produktionsstätte incl. Hotel und Casino sollte entstehen; die erforderlichen Mittel wurden auf zunächst einmal sieben Millionen Mark geschätzt. Ein Architekt wurde mit den Entwürfen für Atelierbauten beauftragt, ein Branchenfachmann, der einstige Tobis-Chef Friedrich A. Mainz, von der Stadt engagiert, um eine Kosten/Nutzen-Analyse zu erstellen. Während der Finanzsenator mit jährlichen 17,6 Millionen DM Steuereinnahmen aus der Filmproduktion rechnete, lud die Kulturbehörde die Presseleute zur Besichtigung des künftigen Filmgeländes. Diverse Senatsvorlagen passierten erfolgreich die Bürgerschaft, blieben aber im Wirtschaftsausschuß hängen. Das Thema Rahlstedt geisterte jahrelang durch die Presse; hier eine kleine Chronik in

Schlagzeilen: »Erster Besuch in Hamburgs Filmgelände« (18. August 1948); »Filmprojekt Rahlstedt noch nicht entschieden« (14. April 1949); »Rahlstedt rückt in die Nähe von Hollywood« (30. April 1949); »Neue Senatsvorlage – Kämpfe hinter den Kulissen« (6. Juli 1949); »Das Rahlstedt-Projekt ist noch zu retten« (21. Juli 1949); »Rahlstedt-Projekt lebt wieder auf« (2. November 1949); »Filmprojekt wieder an Ausschuß überwiesen« (23. Februar 1950); »Tauziehen um das Rahlstedt-Projekt – Ein Neuer Plan: Genossenschaftliche Basis« (19. Juli 1959). Doch die Zeitungsartikel kann man alle beiseitelegen: Aus dem groß geplanten Filmzentrum wurde nichts. Es wurde so lange debattiert, bis das Projekt sang- und klanglos entschlief.

Während die Politiker noch berieten, hatten die Filmleute bereits gehandelt: Sie wanderten ab in andere Städte, oder sie fanden eigene Lösungen für ihre Probleme. Oder sie hatten sich – voreilig, wie sich zeigen sollte – schon in der Kaserne eingemietet. Der Verleih Eagle-Lion richtete sich ein Synchronstudio ein und begann im Februar 1950 mit der Arbeit; fortan wurde die deutsche Fassung für alle Rank-Filme in Rahlstedt produziert. Karl A. Geyer, dessen traditionsreiches, seit 1911 bestehendes Berliner Kopierwerk ausgebombt und demontiert war, verlegte seine Firma nach Hamburg. Die erste Kopie verließ im September 1949 das Werk. Drei Kraftfahrzeug-Hallen hatte die Real-Film besetzt und für Atelierzwecke umgebaut. 1951 mußte sie sie wieder abgeben und die ursprünglich in Rahlstedt vorgesehenen Dreharbeiten nach Geesthacht-Krümmel in die ehemalige Dynamitfabrik verlegen: Der Bundesgrenzschutz zog in die Graf-Goltz-Kaserne ein. Ben Witter kommentierte sarkastisch: »Filmateliers gibt es vorläufig genug. Aber wohin mit den Soldaten? ›Alt-Rahlstedt, magst ruhig sein...‹.« Im Juli 1956 war es soweit: Der BGS räumte seinen Platz der Bundeswehr. In der Sieker Landstraße wurde das Panzerbataillon 3 stationiert. Die Filmleute, die langfristige Mietverträge mit der Oberfinanzdirektion hatten, ließen sich jedoch nicht völlig vertreiben.

Entscheidend war, daß die Geyer-Werke im ehemaligen Stabs- und Wirtschaftsgebäude blieben; man hätte die Kopieranstalt, wo ständig mit Chemikalien hantiert wurde, auch nicht problemlos in Soldatenunterkünfte rückverwandeln können. Karl August Geyer war fast 60 Jahre alt, als er 1949 an den Neuaufbau der Firma ging. Der Chef und seine Familie bezogen die Kompagnieführer-Wohnung im Erdgeschoß; auch die nach Hamburg geholten Fachleute aus dem Berliner Betrieb, der erst Mitte der fünfziger Jahre wieder aktiviert wurde, wurden zunächst hier einquartiert. Ein halbes Jahr dauerte es, bis die Entwicklungsmaschinen montiert waren; manches mußte im Eigenbau gefertigt werden. Der Stundenlohn für die angelernten Kräfte betrug 50 Pfennig; die Rohfilmfabrik Gevaert gab einen Kredit. Die Wahl des Standorts Hamburg erwies sich von der ersten Stunde an als günstig: Von der nebenan beheimateten Rank-Film und der Wochenschau kamen regelmäßig Aufträge. Es ging rasch aufwärts: 1950 waren bereits 120 Menschen bei Geyer beschäftigt. Gut 10.000 Meter Schwarzweiß-Film wurden täglich bearbeitet und im Winter darauf erstmals ein Farbfilm (*Grün ist die Heide*) kopiert. Heute sind die Hamburger Geyer-Werke nur noch eine Holding, Dachgesellschaft für eine ganze Reihe von Firmen: Geyer-Werke Berlin und München, Bavaria-Kopierwerk, Geyer Synchron, Geyer Media, Geyer Video und Atlantik Film Kopierwerk. Letzteres war vier Jahrzehnte lang der größte Konkurrent am Ort, bis es in zwei Etappen geschluckt wurde. Das Kopierwerk in Rahlstedt wurde in Atlantik umbenannt, das bisherige Werk in Ohlstedt zum Jahresanfang 1989 geschlossen, Belegschaft und Maschinen wurden teilweise übernommen. Die Geyer-Werke befinden sich zu zwei Dritteln im Besitz der Familie Geyer, das andere Drittel hält die Bavaria Film GmbH (die wiederum dem WDR, dem Freistaat Bayern und Banken gehört) Geschäftsführer in Hamburg ist Christoph Geyer. Er hat die Erlaubnis gegeben, die interne Firmenchronik einzusehen.

Schon beim ersten Blättern wird deutlich: Anhand dieser Unterlagen ließe sich eine Geschichte des deutschen Films schreiben. Hochkonjunktur und Krisen, Kassenerfolge, Flops und Pleiten, technische Innovationen und die Entwicklung der Medien, alles findet seinen unmittelbaren Niederschlag in den Geschäftsbüchern und Bilanzen der Kopieranstalt. Die ersten Nachkriegsjahre fehlen; die Chronik setzt erst 1953 ein. In diesem Jahr wurden 1.007 Schwarzweißfilm- und 407 Farbfilm-Kopien gezogen. Spitzenreiter mit 115 Kopien war der Farbfilm *Königliche Hoheit*, eine Thomas-Mann-Verfilmung mit Dieter Borsche und Ruth Leuwerik. Von der »Neuen Deutschen Wochenschau« wurden pro Ausgabe 300 Kopien geliefert (»Welt im Bild«, das Konkurrenzunternehmen aus gleichem Hause, brachte es nur auf 170 Kopien). Besonders erwähnenswert erschien dem Chronisten der Wochenschau-Film *Ein Mann wirkt für sein Volk*, Thema:

Jeden Donnerstag die »Neue Deutsche Wochenschau«

Drehort Hamburg: Jerry Cotton in Harburg (»Die Rechnung – eiskalt serviert«)

Adenauer in Amerika; Länge 591 Meter. Erster Eintrag 1954 ist der Konkurs der National Filmgesellschaft; außerdem gab es eine Mieterhöhung und die Erlaubnis, östlich der bestehenden Lagerhallen neu zu bauen. Umbauten und Vergrößerungen, der Erwerb angrenzender Grundstücke und die notwendigen Baugenehmigungen – Themen, die jedes Jahr wieder auftauchen. Die Firma expandierte, folglich gab es Platzprobleme. Die Anbauten waren längst größer als das eigentliche Hauptgebäude, als es schließlich gelang, gegen einen Kaufpreis von rund 1,9 Millionen Mark das Kasernenareal zu erwerben.

1955 stieg die Anzahl der Wochenschau-Kopien noch einmal kräftig, aber der kommende Konkurrent, der der Aktualitäten-Berichterstattung im Kino den Garaus machen sollte, war ebenfalls schon Geyer-Kunde: das Fernsehen. Unter dem 1. April wurde festgehalten, daß die Wochenschau das Austauschabkommen mit der Tagesschau aufkündigte; als Folge stellte der NDR von 35 mm auf das heute allgemein übliche TV-Format 16 mm um. Die Wochenschau drehte nun auch farbige Sonderfilme, z.B. aus Anlaß des 25jährigen Regierungsjubiläums von Kaiser Haile Selassi; wenn Szenen aus diesen Filmen in die normale Wochenschau übernommen

wurden, mußte Geyer Schwarzweiß-Duplikate von den Farbnegativen anfertigen. Unter den Spielfilmproduzenten wurde die Real-Film, die früher beim Atlantik Film Kopierwerk arbeiten ließ, zu einem der umsatzstärksten Kunden: 1956 war Käutners *Hauptmann von Köpenick* mit 157 Kopien, im folgenden Jahr *Schinderhannes*, ebenfalls eine Zuckmayer-Verfilmung, mit 165 Kopien Spitzenreiter. 1957 wurde die 45-Stunden-Woche eingeführt; Firmengründer und Seniorchef Karl August Geyer erhielt das Bundesverdienstkreuz Erster Klasse. Der Zweiteiler *Die Buddenbrooks* war 1959 der große Kassenschlager; lediglich von dem Schmachtfetzen *Und ewig singen die Wälder* wurden mehr Kopien gezogen. Hauptschuldner am Jahresende waren der Europa-Filmverleih, die Real-Film und die Deutsche Film-Hansa. In den ersten fünf Monaten des Jahres 1961 wurden – das Gewerbe-Aufsichtsamt hatte sich danach erkundigt – noch 18 565 Meter Nitrofilm bearbeitet; damit machte das feuergefährliche Material, für dessen Lagerung spezielle Tresore gebaut wurden, gerade noch 0,17 Prozent aus. Im selben Jahr wurde das 50jährige Firmenjubiläum gefeiert; die Zahl der Beschäftigten war inzwischen auf 600 Mitarbeiter angewachsen. Doch schon bekam das Kopierwerk, an der Schnittstelle zwi-

Drehort Hamburg: Edgar Wallace in der Speicherstadt (»Die toten Augen von London«)

schen Produktion und Verleih angesiedelt, die Kinokrise zu spüren. Das Schmalfilm-Geschäft zog an, so daß Verluste aus dem Spielfilm-Bereich ausgeglichen werden konnten. Im Januar 1964 war dann noch einmal ein Rekord zu vermelden: In gut drei Monaten wurden von Ingmar Bergmans umstrittenem Film *Das Schweigen* 317 Kopien hergestellt. Klappen wir an dieser Stelle die Firmenchronik zu.

Im Gebäude gegenüber residiert die Deutsche Wochenschau und verwaltet ihre Bestände: rund 12 Millionen Filmmeter, begehrtes Material für zeitgeschichtliche Dokumentationen. Abgesehen von einem vor allem für Lateinamerika bestimmten Auslandsjournal wird hier nichts mehr produziert; eine bewegte Geschichte ist zu Ende. In der Nachkriegszeit hatten die Besatzungsmächte die Wochenschau-Produktion in eigene Regie übernommen. 1949 zogen sich die Briten aus diesem Sektor zurück und gaben den Weg frei für die Gründung einer unabhängigen deutschen Wochenschau GmbH. Das Startkapital betrug 20 000 DM. Produziert wurde in Wandsbek bei der Real-Film, kopiert in Rahlstedt bei Geyer; die Redaktion saß zunächst in der

Heilwigstraße 116, in jenem Gebäude, das sich 1926 Aby Warburg für seine Bibliothek bauen ließ. Die erste Ausgabe kam am 3. Februar 1950 heraus und brachte bereits die übliche Mischung: Stapellauf der »Lucy Essberger« in Hamburg, Wintersport in Garmisch, einen »Original-Neger-Samba« aus Uganda und ähnliche Sensationen, dazu ein bißchen politisches Weltgeschehen. Die Auswertung wurde nach dem Lesezirkel-System betrieben: In den Premierentheatern lief die jeweils neueste Wochenschau, in den Vorortkinos die Ausgabe der vorherigen Woche (kostete entsprechend weniger Verleihmiete); in der Provinz waren die 300 Filmmeter Neuigkeiten manchmal schon fünf Wochen alt. 1952 übernahm man auch die ehemals amerikanische, inzwischen privatisierte »Welt im Film«; 1956 entwickelte sich daraus die »Ufa-Wochenschau«. Vier Jahre später, als Rank Film pleite machte, zog die Redaktion in die frei werdenden Räume der Rahlstedter Kaserne. Nun waren es nur noch ein paar Schritte zum Kopierwerk.

»Mit der Wochenschau ist keine Politik zu machen«, sagte der Chefredakteur auf der Pressekonferenz zum Start. Man wollte sich absetzen von der unseligen Tradition der Propaganda-Wochenschau: Ein Beirat mit dreizehn Personen des öffentlichen

Lebens sollte die Überparteilichkeit garantieren. (Hier wurde ein Modell erprobt, das später auch bei der Einführung des Fernsehens Anwendung fand: die öffentlich-rechtliche Anstalt.) Der Bund fungierte als alleiniger Gesellschafter, gab dann jedoch seinen Mehrheitsanteil ab, um ihn bald darauf – die Bank für Gemeinwirtschaft wollte einsteigen – schnell zurückzuerwerben. Die Bundesregierung übte immer einen starken Einfluß auf die Wochenschau aus, nicht zuletzt deshalb, weil sie die Firma auch mit PR-Streifen für das Presse- und Informationsamt und die Bundeswehr beauftragte. Mit der Ausgewogenheit war es so eine Sache: Die Aktualitäten-Schau hatte immer leicht Schlagseite – im Zweifelsfall nach rechts. Sofern überhaupt jenseits von Kriegen und Staatsbesuchen Politik in ihren Blick geriet, waren prunkvolle Hochzeitsfeierlichkeiten an Königshäusern oder ein niedliches Elefanten-Baby im Zoo den Wochenschau-Leuten immer wichtiger als z.B. Lohnkämpfe oder Korruptionsaffären. Als Hans Magnus Enzensberger 1957 diverse Ausgaben einer kritischen Analyse unterzog, kam er zu dem Ergebnis: »Informationswert und Aktualität der Schau sind minimal.« Und doch werden, es wirkt wie ein später Sieg über die Kritiker von einst, heute regelmäßig alte Wochenschauen als historisches Anschauungsmaterial im Fernsehen gesendet. Für die Zeit bis Mitte der sechziger Jahre gilt: Kaum eine Dokumentation kann ohne Wochenschau-Bilder auskommen.

In den besten Zeiten beschäftigte man 120 Mitarbeiter und verfügte über 12 Kamerateams. Gnädig überließ man in den Anfangsjahren die Reste der »Tagesschau«, die keine ernstzunehmende Konkurrenz war. Das änderte sich: Mit dem Fernsehen verlor die Wochenschau ihre Existenzgrundlage. 1960 machte sich die »Bild«-Zeitung bereits zu Volkes Stimme: »Kinobesucher verärgert: Weg mit der Wochenschau«. Doch das Sterben dauerte lange, denn die Wochenschau wurde mit Subventionen der Bundesregierung (jährlich 900 000 DM) künstlich am Leben erhalten. 1956 zeigten rund 6000 Filmtheater im Vorprogramm eine Wochenschau, 1976 waren es gerade noch 462 Kinos. Die Zahl der Kopien – nachzulesen in den Geyer-Unterlagen – schrumpfte auf 10 Prozent. Ein Jahr später kam das Aus: Einstellung zum Jahresende 1977. Die Deutsche Wochenschau ist heute eine Tochtergesellschaft der Multimedia Gesellschaft für audiovisuelle Information mbH; sie verwaltet treuhänderisch das bundeseigene Wochenschau-Archiv.

Auch hier im Treppenhaus Filmplakate: *Johnny West* mit Rio Reiser, Klaus Emmerichs *Kreutzer*, *Lena Rais*, die Geschichte einer Emanzipation, von Manfred Grunert geschrieben, *Utopia* von Sohrab Saless, eine im Zuhälter-Milieu angesiedelte Parabel über Macht und Abhängigkeit, Peter Sehrs *Kaspar Hauser* und vom selben Regisseur *Obsession* mit Heike Makatsch, der letzte Kinofilm der Multimedia. Engagierte Autorenfilme, keine Kassenschlager. Die Firma, 1975 gegründet und seit 1979 in der Sieker Landstraße, stellt vor allem Fernsehspiele und Serien, Unterhaltungssendungen und Musikfilme (von Dietrich Fischer-Dieskau bis Udo Jürgens), Kultur- und Bildungsprogramme her. Darunter sind, schließlich verwaltet man das entsprechende Material, viele zeitgeschichtliche Dokumentationen für ZDF und NDR; dies besorgt die Firma Cinecentrum, eine Tochter der Deutschen Wochenschau (wodurch die Multimedia zur Großmutter wird). Sie arbeitet mit amerikanischen und australischen Partnern oder europäischen TV-Anstalten zusammen; internationale Coproduktionen sind mehr und mehr gefragt. Dafür ist *Die Bombe* von Christian Görlitz ein Beispiel: Eine Auftragsproduktion für das ZDF mit Beteiligung von ORF, SRG, dem britischen Channel Four, der schwedischen SVT und Tele Image, Paris.

Dieser Fernsehfilm machte bereits vor der Ausstrahlung Furore. Der Plot des Polit-Thrillers: Rathausmarkt am Sonntagmorgen. Kaum jemand ist unterwegs. Ein Mann im Strahlenschutzanzug stellt mitten auf dem Platz ein längliches Metallrohr ab, befestigt es und baut eine Absperrung auf. Als ein Peterwagen kommt, erklärt er, dies sei eine Atombombe mit einem elektronischen Zündmechanismus und durch nur ihm bekannte Impulse eines Steuergerätes könne die Explosion noch verhindert werden. Zunächst glaubt man an einen Bluff, aber es stellt sich heraus: Der Mann auf dem Rathausmarkt ist Sicherheitsexperte in einem Atomkraftwerk. Ein Krisenstab wird gebildet und quartiert sich in einem Hotel an den Alsterarkaden ein. Was will der Mann, ist er ein Terrorist oder ein Erpresser? Polizei und Politiker sind hilflos; die Hardliner plädieren für Zuschlagen und MEK-Einsatz. Der Bürgermeister trifft ein; demonstrativ verlegt man die Sitzungen ins Rathaus. Da reines Plutonium in Deutschland nicht verfügbar sei, könne die Bombe keinen nuklearen Sprengsatz enthalten... Doch da überbringt ein Beamter aus Bonn dem Bürgermeister eine streng vertrauliche Nachricht, und nun kann man sich um die Entscheidung nicht mehr herumdrücken: Die Stadt muß evakuiert werden. Die Aktion läuft an, zunächst sind die Problemregionen dran: Eimsbüttel, Eppendorf und die großen Krankenhäuser. Chaos und Panik im alten Elbtunnel; gespenstische Szenen auf den Monitoren im Polizeihochhaus am Berliner Tor. – Montagmorgen. Die Stadt ist leer, der Atomerpresser allein mit seiner Bombe. Groß die Fernzündung; die Digitalanzeige leuchtet auf: Drei, Zwei, Eins – Zero. Schwarzblende, Abspann.

Eigentlich sollte noch ein Bild folgen, eine Luftaufnahme: Hamburg verglüht im Atomblitz. Fünf Sekunden nur, aber das durfte nicht sein: Das Fernsehen bekam Angst vor seiner eigenen Courage. Erst wurde der Sendetermin verschoben, dann mußte der Schluß geändert werden. Trotzdem: liefen nach der Ausstrahlung die Telefone beim Sender heiß. Ex-Verfassungsschützer Christian Lochte sagte seine Meinung dem »Hamburger Abendblatt«: »Diese Story hat für mich eher mit Ochsenzoll zu tun. Die Deutschen sind offenbar hysterisch geworden.« In der »Welt« sorgte man sich um das Image der Stadt und klagte darüber, daß »unser Rathaus als Kulisse für diesen Horrorfilm« zur Verfügung gestellt wurde.«

Wolfgang Esterer, Multimedia-Geschäftsführer, läßt sich gern auf *Die Bombe* ansprechen: Für ihn ist der Film ein exemplarisches »TV Movie« – spektakuläres Thema, spektakuläre Besetzung. Herausragend Heinrich Breloers semidokumentarisches *Todesspiel* über die Schleyer-Entführung oder *Alles wird gut*, Angelina Maccarones Beitrag zur ARD-Reihe »Wilde Herzen«. Die Masse bilden Sitcoms, Soap Operas, Sketchreihen und Endlos-Serien; die Krankenhaus-Serie »Alpha-Team«, 76 Folgen abgedreht, ist z. B. eine Multimedia-Produktion. Eine medienpolitische Debatte kann man sich ersparen: Ein Auftragsproduzent stellt her, was auf dem Markt gebraucht wird. Zu den Multimedia-Gesellschaftern gehört eine Firma, deren Name ihren Zweck nicht verschleiert: die Commerzfilm (Axel Springer). Ein anderer Gesellschafter ist übrigens Studio Hamburg, wo die meisten Multimedia-Produktionen gedreht werden.

»Das modernste und leistungsfähigste Atelier des Kontinents« in der Sieker Landstraße, das blieb eine Vision auf dem Papier. Bereits 1948 dachte man daran, »Räume für den Fernsehbetrieb freizuhalten, sobald dieser gestattet sein wird«. Produktionshallen und Studios sind hier nicht entstanden, aber im März 1995 wurde in der Panzerhalle der leerstehenden Kaserne gedreht: *Der Totmacher* mit Götz George als Massenmörder Haarmann. Ein Münchner Journalist besuchte die Dreharbeiten: »Hier

Sieker Landstraße 39a

draußen im Osten Hamburgs scheint der Himmel noch höher und der Mond noch kälter zu sein als anderswo. Die riesigen Betonplatten des Schießstandes stehen wie gigantische Grabsteine im winterlichen Grau. In der Halle 29/55 weiter hinten wurden vor kurzem noch die Panzer gewartet. Am Tor hängt noch ein Schild, das auf das Fotografierverbot hinweist. Bei Verstoß, heißt es, könne das Filmmaterial sichergestellt werden.«

Neben der unveröffentlichten Firmen-Chronik wurde benutzt die Festschrift »50 Jahre Geyer-Werke«, Berlin und Hamburg 1961. Die Berliner Geschichte des Kopierwerks hat Martin Koerber dargestellt in: »Nahaufnahme Neukölln«, Berlin 1989, S. 112-153. – Hans Magnus Enzensbergers Essay »Scherbenwelt. Die Anatomie einer Wochenschau« erschien zuerst in: »Frankfurter Hefte«, 1957, Heft 4, und wurde in überarbeiteter Fassung wiederabgedruckt in seinem Buch »Einzelheiten«, Frankfurt/M. 1962. – Der Fernsehfilm »Die Bombe« wurde am 25.1.1988 vom ZDF ausgestrahlt. Das zitierte Lochte-Statement stand am selben Tag im »Hamburger Abendblatt«; Kritik an der Dreherlaubnis im Rathaus äußerte »Die Welt« am 27.1.1988 im Lokalteil. – Im Schlußabsatz wird aus den undatierten und nicht gezeichneten »Erläuterungen zum Filmprojekt Rahlstedt«, Aktenbestand der Kulturbehörde (Staatsarchiv) zitiert. Über die Dreharbeiten zu »Der Totmacher« berichtete Michael Althen in der »Süddeutschen Zeitung«, 23.3.1995.

Das Beil von Wandsbek

Arnold Zweig und die DEFA: eine
Leidensgeschichte

*Hamburg entsteht in Haifa, die
Humanität liegt irgendwo zwischen
Kopf und Kotelett, und eine Geschichte
ist wahrer als die Wahrheit.*

*Erwin Geschonneck als Schlachtermeister Teetjen in der
DEFA-Produktion von 1951*

Eine Notiz in der Exilpresse war der Auslöser. Unter der Überschrift »Selbstmord eines Henkers« berichtete die »Deutsche Volkszeitung« am 10. April 1937: »Altona. Die Hinrichtung von Jonny Detmer und drei weiteren Antifaschisten wurden seinerzeit nicht dem Hamburger Scharfrichter, sondern dem Schlächtermeister und SS-Mann Fock aus Altona übertragen. Der Schlächtermeister hatte gehofft, daß er mit den 2.000 Mark, die ihm die Hinrichtung einbrachte, sein Geschäft wieder würde in Gang bringen können. Nach und nach sickerte aber durch, daß er der Henker der vier unschuldigen Opfer des Hakenkreuzes gewesen sei. Darauf blieben immer mehr Kunden weg, und der finanzielle Zusammenbruch war unvermeidlich. In seiner Verzweiflung erschoß der Schlächtermeister zunächst seine Frau und beging dann Selbstmord.« Arnold Zweig las den kurzen Artikel, fand, das sei ein Stoff und schickte den Ausschnitt an Sigmund Freud mit der Bemerkung: »Es wäre ein wirklicher Roman, – und er müßte den im Nazismus begrabenen Menschen darstellen, der so oft vergessen und übersehen wird. Der geschändete Deutsche ist ja nicht bloß im KZ-Lager, sondern auch in seinen Henkern.« Er verlegte die Geschichte nach Wandsbek – so konnte er, Stichwort Matthias Claudius,

noch eine Auseinandersetzung mit protestantischer Ethik einbauen – und entwarf sogleich einen Aufriß: »Da ist der Schlächtermeister, SS-Mann, alter Etappensoldat des vorigen Krieges, der Gefreite Albert Teetjen. Ein durchschnittlicher Deutscher, Kleinbürger der Kriegs- und Nachkriegsgeneration, nicht böser und nicht besser. Seine Frau Stine rät ihm, an seinen alten Unteroffizier Footh zu schreiben, der jetzt ein kleiner Reeder ist, 3 Tankschiffe besitzt und im NSKK Gruppenführer. Der verschafft ihm den Job...«

Der Plan war schnell gemacht, doch bei der Ausführung gab es Schwierigkeiten. Der Emigrant Zweig saß in Haifa, und er hatte als Material eine Zeitungsmeldung von zehn Zeilen. Dazu ein paar Artikel aus der »Neuen Weltbühne« und anderen Exil-Zeitschriften, Stories, die er im Roman verarbeitete: Hitlers absurde Idee, an einer möglichst breiten Stelle der Elbe eine riesige Hochbrücke zu bauen, die Karriere eines Herrn Essberger vom Pferdedieb zum einflußreichen Reeder, das Staatsbegräbnis für General Knochenhauer. Eine schmale Basis für einen 500-Seiten-Roman, zumal das größte Handikap noch nicht erwähnt wurde: Zweig hatte nie in Hamburg gelebt, er kannte die Stadt nicht, in der sein Buch spielen sollte. Gewiß, es gab in

Dreharbeiten in Hamburg: 1981 gingen Horst Königstein und Heinrich Breloer auf Spurensuche

Haifa unter den Emigranten einige Hamburger Familien, die dem Autor bei Fragen des Lokalkolorits Auskunft geben konnten. Recherchen konnte Zweig nicht anstellen, das ließen die angeschlagene Gesundheit und seine Finanzlage nicht zu. Manchmal verzweifelte er fast. »Zu wenig Wirklichkeitsmaterial über Hamburger Strafvollzug«, klagte er dem Kollegen Lion Feuchtwanger, doch die benötigten Informationen beschaffte der Rechtsanwalt Herbert Pardo. Zweigs Studienfreund Walter A. Berendsohn, auch er ein Flüchtling, schickte aus Stockholm einen Stadtplan. (Das Geschäft Teetjens siedelte der Autor in der Wagnerstraße 17 an; die Konkurrenz, die dem Schlachtermeister das Leben schwer machte, das konnte das Kaufhaus in der Wandsbeker Chaussee sein.) Trotz solcher Hilfestellungen, es bleibt erstaunlich, wie facettenreich und genau Zweig die Hamburger Gesellschaft schildert: den Schlachtermeister und seine Frau, den Gefängnisdirektor von Fuhlsbüttel, konservative Beamte und Bildungsbürger, ehrbare und weniger ehrbare Kaufmannsleute. Der Autor im fernen Palästina tauchte ein in die hanseatische Lebenswelt, und es gelang ihm, die Atmosphäre des alltäglichen Faschismus zu gestalten. »Das Beil von Wandsbek« ist einer der zwei, drei großen Romane der Exilliteratur, auf eine Stufe zu stellen mit »Das siebte Kreuz« von Anna Seghers.

Das Manuskript war kaum abgeschlossen, da dachte Zweig bereits an eine mögliche Verfilmung. Er bat Feuchtwanger, der in seinem Auftrag mit amerikanischen Verlegern über das Buch verhandelte, doch auch einmal die Fühler nach Hollywood auszustrecken. Wenig Chancen, lautete die Antwort. Feuchtwanger kannte sich aus, er wußte, daß US-Produzenten 1944 keine Antinazi-Filme mehr wollten. »Aber es wird für den Verkauf der Filmrechte des ›Beils‹ geschehen, was irgend möglich ist; nur muß man den Filmleuten verheimlichen, worin eigentlich die Fabel besteht.«

Fünf Jahre später – Zweig war gerade in die DDR übergesiedelt, er schrieb aus dem Hotel Adlon – tauchte das Thema wieder in der Korrespondenz auf. »Eine Frage, lieber Feuchtwanger. Sie sehen doch auch keine Chance mehr für die Verfilmung in Hollywood oder London? Ich verhandele mit der DEFA, die den Film von Erich Engel produzieren lassen würde.« Im Januar 1951, der Film war bereits zur Hälfte abgedreht, deutete Zweig erstmals Schwierigkeiten an: »Ich fürchte einen langwierigen Kampf mit einer Beamtenschaft, da mein Regisseur ein

musischer und gutwilliger Mann ist, der aber nur Theater- und keine Filmerfahrungen hat. Weder Erich Engel noch einer der anderen erprobten Regisseure war plötzlich erreichbar; sie waren alle auf Westmarkarbeit nach Süddeutschland gegangen.« Auch Wolfgang Staudte hatte einen Rückzieher gemacht; von ihm und Werner Jörg Lüddecke stammte die erste Drehbuchfassung. Inzwischen war das Filmskript fünfmal umgearbeitet worden, und noch immer gab es heftige Diskussionen.

Gegen den Rat Feuchtwangers – er meinte: nicht drum kümmern, Verfilmungen sind eh Glückssache – mischte sich der Romanautor in die Dreharbeiten ein und bedrängte den DEFA-Dramaturgen so lange, bis er die Muster der bereits gedrehten Szenen zu sehen bekam. Das Ergebnis war unbefriedigend. Zweig, entschlossen, konstruktiv mitzuarbeiten, machte detaillierte Verbesserungsvorschläge. Er monierte z.B.: »Die Szene, in der Stine ganz zu Anfang das Beil in der Schublade findet, muß optisch eindrucksvoller gestaltet werden. Das Beil steht in einem schmalen Wandschrank, der wie ein Sarg aussieht.« Man müsse auch noch über die Kameraführung sprechen (»Ich möchte eindringlichere, weniger naturalistische Aufnahmen«); vielleicht würde es helfen, sich gemeinsam Filme von Pudow-

Die Altonaer Billrothstraße wurde zur Wandsbeker Wagnerstraße: Dreharbeiten 1981

kin oder Eisenstein anzusehen... Dem Brief fügte er noch ein PS an: »Daß das hamburgische Element sprachlich überhaupt keinen Anklang findet, stört mich sehr.« Die DEFA-Leute beruhigten den Dichter und hielten ihn möglichst fern vom Atelier. Zweig entging dies nicht; resigniert schrieb er Feuchtwanger: »Bei einem Besuch in Neubabelsberg sah ich ohnehin, welch ein störendes Requisit wir Verfasser sind.«

Stattdessen wurde die Presse ins Studio gebeten. »Wir gehen durch die riesigen Hallen, in denen ein Teil des Zuchthauses Fuhlsbüttel originalgetreu nachgebaut wurde. In einer anderen Halle erstand ein ganzer Wandsbeker Straßenzug, jedes Fenster, jedes Türschild, jeder Pflasterstein originalgetreu.« Undenkbar, daß in der Zeit des Kalten Krieges die DEFA ihre Kameras in Hamburg aufbaute; die Außenaufnahmen vom Hafen mußte man in Rostock drehen. Die Regie hatte der künstlerische Direktor der DEFA selbst übernommen. Falk Harnack bewies eine glückliche Hand bei der Besetzung; besonders Erwin Geschonneck als Schlachter Albert Teetjen war eine ausgesprochen gute Wahl. Der Schauspieler, KZ-Häftling in Dachau und Neuengamme, einer der wenigen Überlebenden der »Cap Arcona«, war an Ida Ehres Kammerspielen engagiert gewesen und hatte kleinere Rollen in Hamburger Nachkriegsproduktionen gespielt: einen Automechaniker in Käutners *In jenen Tagen*, einen Kriminalbeamten in Liebeneiners *Liebe 47*, kurze Auftritte in den Real-Filmen *Finale*, *Die letzte Nacht* und *Hafenmelodie*. 1949 ging er in die DDR. Seine erste Hauptrolle war der Aushilfshenker im *Beil von Wandsbek*, und Geschonneck zeigte den Mörder als Gemütsmenschen, der Schifferklavier spielt, Sinn für Geselligkeit hat und seine Frau liebt. Ein Schlachter, der sein Handwerk versteht und im Laden auf Sauberkeit hält. Dem erst Zweifel kommen, als die Kunden ausbleiben. Geschonneck spielte die Rolle zu gut, das wurde zum Problem des Films.

Noch während der Dreharbeiten wurde das Skript ständig umgeschrieben. Vorstand und Leitung der DEFA schalteten sich ein. Ein Antifa-Streifen mit eindeutiger Tendenz wurde gewünscht; es durfte bei den Zuschauern kein Mitleid mit dem Nazi-Henker aufkommen. Nach dieser Devise wurden Änderungen vorgenommen. Im Roman rücken die SS-Kameraden von Teetjen ab, weil er von seinem Extra-Verdienst nichts in ihre Kasse getan hat; im Film läßt der SA-Sturm ihn hochleben, denn der Henker ist einer der ihren. Bei Zweig wird der Boykott weitgehend von unpolitischen Motiven bestimmt – man ekelt sich einfach davor, bei dem Fleischer zu

kaufen, der mit dem Beil nicht bloß Koteletts bearbeitet, sondern Menschenköpfe vom Rumpf trennt. Im Film dagegen gibt es eine Antifaschistische Widerstandsgruppe, die Flugblätter druckt und den Boykott organisiert. Dem Roman ging es um die Frage, warum die Deutschen ohne fremde Hilfe sich nicht vom Faschismus befreien konnten (»Von innen her zerfällt das nicht«, heißt es auf den ersten Seiten); der Film verklärte den antifaschistischen Kampf und entsprach nicht der Realität. Übrigens wurden diese Szenen – der Film war schon montiert und geschnitten – nachträglich gedreht und eingefügt.

Am 11. Mai 1951 hatte *Das Beil von Wandsbek* in einem Ost-Berliner Kino Premiere. Die Kritiken waren gut bis sehr gut: »Ein beklemmendes, in seiner erlebten Wahrheit, seiner präzisen Realistik Furcht, Elend und falschen Glanz des Dritten Reiches schonungslos enthüllendes Bild« (»Berliner Zeitung«), kurz »ein Kunstwerk« (»Neues Deutschland«). Es gab auch einen Totalverriß; die »Neue Zeit« ging hart ins Gericht mit dem Film: »Er zeichnet die Nazitypen beiderlei Geschlechts sehr milde. Er schildert auch Teetjen selbst zu wenig als Nazi, was dieser doch mit Leib und Seele ist.« Beim Publikum kam der Film an; in den ersten vier Wochen sahen ihn 800.000 Besucher. Doch dann verschwand er plötzlich aus den Kinos.

Eine offizielle Begründung gab es nicht. Arnold Zweig ließ sich einen Termin beim Ministerpräsidenten Otto Grotewohl geben. Das Thema wurde in der Akademie der Künste behandelt: Zweig war Akademiepräsident, er drohte mit Rücktritt. Die Sektion »Darstellende Künste« debattierte den Fall; das Ergebnis der Sitzung laut Protokoll: »Buch und Film müssen politisch gesehen der veränderten gegenwärtigen Situation Rechnung tragen.« Inzwischen hatte das ZK der SED dem Formalismus in Kunst und Literatur den Kampf angesagt, und unter dieses Verdikt fiel nun auch *Das Beil von Wandsbek*: Die führende Rolle der Arbeiterklasse im antifaschistischen Widerstand sei nicht genügend berücksichtigt worden. Auch ging es in der Akademiesitzung wieder darum, daß die Figur Teetjen zu sympathisch gezeichnet sei. Brecht meinte: »Hinter dem Henker steht das Nichts. Darüber gibt es keine weitere Diskussion; es darf durch das seelenvolle Auge eines guten Schauspielers kein Mitleid erweckt werden.« Andererseits könnte man den Film retten, dazu seien nur einige Korrekturen notwendig. Das Sitzungsprotokoll schloß: »Herr Brecht schlägt eine kleine Arbeitsgruppe (Aktiv) vor, die eine gründliche, verantwortungsvolle Arbeit in die-

Ein Henker mit Sinn für Geselligkeit: Erwin Geschonneck in der Defa-Produktion

ser Richtung leisten sollte. Der Film müßte sobald als möglich wieder in der Öffentlichkeit erscheinen.«

Und Brecht machte sich an die Arbeit. Zunächst einmal verknappte er alle Szenen, in denen die wirtschaftliche Misere Teetjens geschildert wurde. Sarkastisch notierte er: »Besonders das kleinbürgerliche Publikum kann dem Bankrott eines kleinen Geschäfts nicht ohne tiefe Anteilnahme zusehen«,

und das genau galt es zu vermeiden. Einiges müßte nachgedreht, anderes, was schon gedreht, aber dann entfallen war, könnte wieder aufgenommen werden. Zweig erklärte sein Einverständnis mit den Änderungen, blieb aber skeptisch. »Nun wird sich zeigen, ob die DEFA-Leute ihren Job verstehen«, schrieb er Feuchtwanger. Falk Harnack stand nicht mehr zur Verfügung: Der Regisseur, die ideologischen Querelen leid, war in den Westen gegangen.

Die überarbeitete Fassung wurde im Mai 1954 den Akademiemitgliedern vorgeführt und löste blan-

Das Beil wurde ihm zum Verhängnis

kes Entsetzen aus. Das Sitzungsprotokoll hielt fest: »Die Leichtfertigkeit, mit der die Instanzen, die sich mit dem Film zu befassen hatten, ihm in seiner jetzigen Form zustimmten, hat bei den Mitgliedern großes Befremden hervorgerufen.« Der Sektionsbeschluß, *Das Beil von Wandsbek* endlich »aufführbar« zu machen, wurde an Minister Johannes R. Becher weitergeleitet. Erneut setzten sich Brecht und Zweig zusammen und beratschlagten. Neue Szenen und Sequenzen wurden entworfen, ein anderer Schluß konzipiert. Ob der Dramatiker, der seine Theaterstücke permanent änderte, wohl daran dachte, daß dies beim Film nicht so leicht möglich ist? Jedenfalls wurden nur Schnitte ausgeführt, neu gedreht wurde nichts. Nun war der Film 2.209 Meter lang (ursprünglich 3.031 Meter), doch er lagerte weiterhin im Giftschrank. Zweig wandte sich an die DEFA-Leitung, doch seine Briefe blieben unbeantwortet. Nach Brechts Tod setzte sich niemand mehr für den Film ein.

1962, der 75. Geburtstag des Dichters stand bevor, tauchte der Film wieder in den Kinos auf. »Zweig wollte es gern haben, obwohl er nur noch schlecht sehen konnte«, schreibt Erwin Geschonneck in seinen Memoiren. »Ich sah zufällig eine Vorführung und bemerkte plötzlich, daß der Schluß geschnitten war.« Teetjen feiert mit den SA-Leuten, der Sturmführer nimmt das Beil, schlägt es in den Balken an der Wand und sagt: »Der Führer kommt nach Hamburg!« Musik, Schluß, aus. Daß der Schlachter und seine Stine Selbstmord begehen, kam nicht mehr vor. Jahrelang wurde die verstümmelte Fassung gezeigt; der absurd gekürzte Film lief 1974 sogar im ZDF. Geschonneck ließ nicht locker; der vierfache Nationalpreisträger der DDR protestierte gegen die unerlaubten Eingriffe. 1981, diesmal galt es, den 75. Geburtstag des Schauspielers zu feiern, rückte die DEFA mit der Originalfassung heraus. Das Publikumsinteresse aber war gering, die Kinosäle füllten sich nicht. Genau 30 Jahre waren seit der Premiere vergangen, der Film hatte seine Zeit verpaßt.

Im selben Jahr, diesmal jedoch in Hamburg, begannen die Dreharbeiten zur zweiten Verfilmung des Romans. *Das Beil von Wandsbek* kehrte nach Altona zurück: Albert Teetjens Laden stand nun in der Billrothstraße. Spielszenen nach dem Roman verschnitten die Filmautoren Heinrich Breloer und Horst Königstein mit Erinnerungen von Zeitzeugen und ihren Recherchen nach Dokumenten. »Wir gehen mit dem Roman durch die Stadt«, hieß es einleitend, »wir lesen den Roman mit den Menschen in Hamburg, die damals in diese Geschichte verwickelt waren.« Zum Beispiel mit dem Reeder Erik Blumenfeld: Die Flotte des jüdischen Familienunternehmens wurde arisiert, d.h. konkret von Krupp übernommen. Mit Albert Speer, Hitlers Baumeister, der die Wahnidee einer Hochbrücke über die Elbe verwirklichen sollte. Mit der Mutter des von den Nazis hingerichteten 19jährigen Bruno Tesch. An ihm rächten sich die braunen Schergen für den »Altonaer Blutsonntag« im Juli 1932. Bei Zweig ist vom »Reeperbahnprozeß« die Rede. »Junge, Junge, sieh dich für. Lebst in einer gefährlichen Dschungelgegend, Hamburg genannt oder Deutschland.« Die filmische Spurensuche von Breloer/Königstein förderte einen erstaunlichen Realitätsgehalt des Romans zutage. Obwohl das Fernsehteam, wie man heute weiß, einer falschen Fährte folgte: Die Notiz in der »Deutschen Volkszeitung« war falsch, die Redakteure waren einem Gerücht aufgesessen. Den Schlachtermeister in Altona, der den Henker vertrat und anschließend in den Tod ging, hat es nie gegeben.

Die wichtigste Sekundärliteratur zu Arnold Zweigs Roman ist Hans-Albert Walters Kommentarband zur Ausgabe in der Büchergilde Gutenberg, Frankfurt/M. 1986. Der Anhang dokumentiert die von Zweig benutzten Artikel aus der Exilpresse. – Der Briefwechsel Lion Feuchtwanger/Arnold Zweig liegt in einer zweibändigen Taschenbuchausgabe, erschienen Frankfurt/M 1986, vor. – Die zitierten Kritiken zur Uraufführung des Films standen in der »Berliner Zeitung« (13.5.1951, Hans Ulrich Eylau), dem »Neuen Deutschland« (13.5.1951, H. Müller) und der »Neuen Zeit« (12.5.1951, Smolk). Der Vorbericht von den Dreharbeiten erschien unter dem Titel »Ein Stück des eigenen Erlebens« im Ost-Berliner »Nacht-Express«, 13.2.1951. – Über die Auseinandersetzungen in der DEFA-Leitung und der Akademie der Künste berichten (mit unterschiedlichen Wertungen) Regina Breitkopf und Erika Pick in: »Beiträge zur Film- und Fernsehwissenschaft«, 1984, Heft 2. S. 211-223, 224-243. Einen Nachtrag aus ihrer Sicht publizierte die Brecht-Mitarbeiterin Käthe Rülicke-Weiler, 1954 mit der Überarbeitung des Films befaßt, ebd., 1984, Heft 5, S. 176-186. – Erwin Geschonnecks Erinnerungen »Meine unruhigen Jahre«, hg. von Günter Agde, Berlin/DDR 1984, behandeln auf S. 192-195 die Schnittversion des Films. – Zu ihrem Fernsehfilm »Das Beil von Wandsbek«, Erstsendung in den III. Programmen am 16.8.1982, publizierten Heinrich Breloer und Horst Königstein den Materialienband »Blutgeld«, Köln 1982.

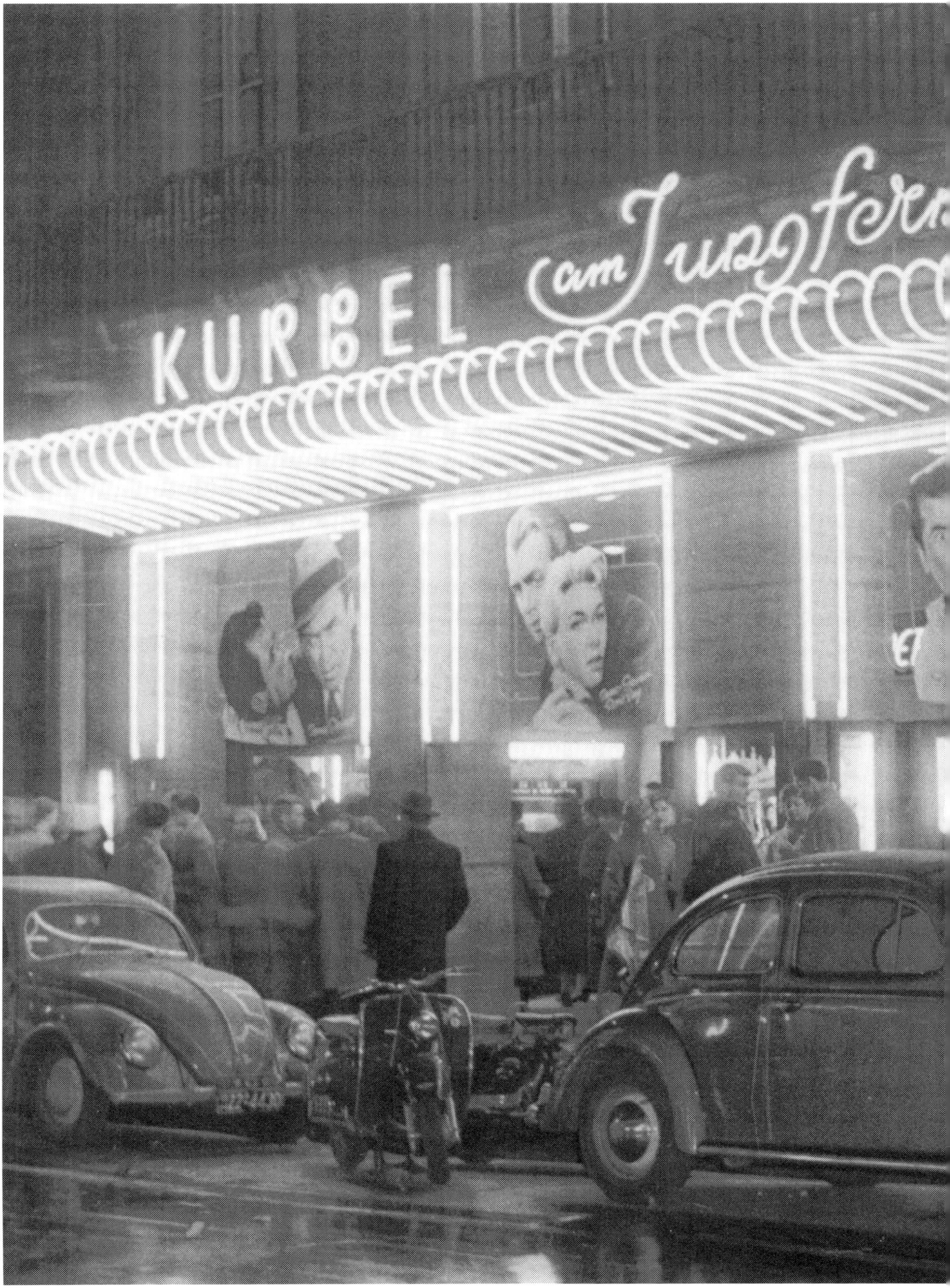
KURBEL
am

Glücksritter und Pleitegeier

Schwierige Zeiten: Die fünfziger Jahre

Kästner stellt eine falsche Frage, und Koppel gibt eine richtige Antwort. Fifi finanziert Alp- und andere Träume. Ein Beamter kann nicht lachen, ein Wasserwerfer rollt vor ein Kino, und ein Echo irrt sich.

Der Charme der Wirtschaftswunder-Jahre: Kurbel am Jungernstieg

Es war eine der üblichen Podiumsdiskussionen zum Dauerthema »Schriftsteller und Film«. Walter Koppel schilderte die Misere aus Sicht der Produzenten. Zunächst nannte er ein paar Eckdaten. Bei einem Herstellungspreis von 700.000 DM, das kostete damals ein durchschnittlicher Film, müßte man mindestens drei Millionen Zuschauer erreichen. Bis die Produktion sich amortisiert habe, habe der Fiskus allein an Umsatz- und Vergnügungssteuer bereits 830.000 DM vereinnahmt. Er würde sich lieber mit Drehbüchern als mit Kontobüchern beschäftigen, klagte Koppel, doch der Filmproduzent unterstehe dem unerbittlichen Gesetz der Rentabilität, und ein einziger geschäftlicher Mißerfolg könne heutzutage schon den Existenzverlust bedeuten. »Die chaotischen Marktverhältnisse und das ›halbe Deutschland‹ machen die Herstellung jedes neuen deutschen Films mit geliehenen Geldern zu einem für einen verantwortungsbewußten Kaufmann kaum mehr vertretbaren Risiko. Bei den meisten Filmen wird Geld verloren.« Da meldete sich Erich Kästner. Er stellte die Frage: »Warum arbeiten denn die verantwortungsbewußten Kaufleute unter den herrschenden Verhältnissen überhaupt noch, wenn sie dabei nur Geld, das sie sich noch leihen müssen, verlieren?« Koppels Antwort: »Das ist das Phänomen des deutschen Films.«

Kein Wunder, daß die Bankiers ihr Portemonnaie zuknöpften, sobald von Filmprojekten die Rede war. Die Filmindustrie rief nach staatlicher Hilfe, und die Bürgerschaft – bemüht, Hamburg als führende Produktionsstätte zu erhalten – drehte den Kredithahn auf. Im März 1950 stellte sie 3,5 Millionen Mark für Ausfallbürgschaften bereit, im Oktober 1951 wurden weitere zwei Millionen bewilligt. Erich Lüth von der Staatlichen Pressestelle schrieb gleich einen Artikel, Tenor: »Hamburg – Oase der Filmproduktion«. Die Senatspolitik zielte auf ökonomische Konsolidierung der Branche: Nicht künstlerisch wertvolle Filme wurden subventioniert, sondern es wurde Wirtschaftsförderung betrieben. Und natürlich sollte der Beitrag nur zur Verlustdeckung dienen; die eigentlichen Produktionsmittel mußten, da die meisten Filmfirmen nicht über genügend Eigenkapital verfügten, andernorts beschafft werden.

Julius de Crignis, Inhaber der Zuckerhandelsunion, und Alexander Grüter, früher Generaldirektor in der oberschlesischen Zementindustrie, hatten sich mit einem Kompensationsgeschäft gesundgestoßen: Sie lieferten Buntmetalle gegen Zucker. Mit den Gewinnen aus dem lukrativen Ost-West-Handel gründeten sie die Filmfinanzierungs GmbH, kurz Fifi genannt. Acht Monate später hatten sie bereits acht Spielfilme auf die Beine gestellt. Der erforderliche Kapitalaufwand von 4,6 Millionen Mark stammte nur zur Hälfte aus Eigenmitteln; die andere Hälfte waren Kredite der Hamburgischen Landesbank. Ein inhaltliches Konzept verfolgten die branchenfremden Finanziers nicht. Aber in einem Brief an die Wirtschaftsbehörde verriet Grüter sein Rezept: »Überprüfung des Drehbuches zwecks Vermeidung bisher üblicher Konsumware, jedoch Berücksichtigung des Publikumsgeschmackes, um Experimente auszuschalten.« Aber vom Geldverdienen verstanden die Kaufleute etwas: Sie gründeten gleich darauf die National Film und verpflichteten alle von ihnen abhängigen Produzenten, ihre Filme in diesen Verleih zu geben. Die Fifi, Schopenstehl 15, leistete gegen eine Gewinnbeteiligung von 30% die Finanzierung; die National Film, Hansastraße 5, besorgte die Auswertung, »um den Rückfluß der Kapitalien genauer kontrollieren zu können«, und kassierte vorab 25% Verleihspesen. Anders gesagt: Zucker und Zement hielten den Filmproduzenten, dem bald die Luft ausging, im Schwitzkasten.

Zu den Hausproduzenten der Fifi gehörte – neben Camera, Interlux und Junge Film-Union – die Pontus Film, eine Gründung von Regisseur Fritz Kirchhoff. Die Briten gaben ihm eine Lizenz, obwohl er in der Nazi-Zeit nicht nur unpolitische Unterhaltungsware drehte. 1938 hatte er – mit Gustav Knuth als Barkassenführer Oschi Rasmus – die Schmugglergeschichte *Schatten über St. Pauli* inszeniert. 1950 baute er wieder die Kameras auf der Reeperbahn auf: *Nur eine Nacht* spielte zwischen Wang Ah Moos Elbschloßbudike und der Geisha-Bar, dem Hippodrom und der Jungmühle (wo die Innenaufnahmen gemacht wurden). Eine melodramatische Liebesgeschichte mit Hans Söhnker und Marianne Hoppe in den Hauptrollen, die jedoch erstaunlich genau die Zeitatmosphäre kurz nach dem Zweiten Weltkrieg einfing. »Tiefgründiges Sujet, ausgefeilte Regie, lebensnahe Kamera und realistische Darstellung« urteilte das Branchenblatt »Film-Echo« und ließ gleichzeitig durchblicken: Der Kassenerfolg sei nicht sicher. *Nur eine Nacht* war Kirchhoffs letzte Regiearbeit – sein Assistent bei dieser Produktion war übrigens der 25jährige Jürgen Roland, der bekanntlich nie mehr von diesem Milieu loskam.

Kirchhoff beschränkte sich danach ganz auf die Produktion. Auch er war ein Vabanquespieler: Die Dreharbeiten zu dem Revuefilm *Die verschleierte Maja* liefen bereits auf Hochtouren, da hatte sich

Marianne Hoppe in »Nur eine Nacht« von Fritz Kirchhoff

der Kreditausschuß der Landesbank noch gar nicht abschließend mit dem Projekt befaßt. Als die Bankiers sich vertagten, wurde Kirchhoff denn doch mulmig zumute; ein paar kostspielige Szenen wurden rasch gestrichen. Trotzdem, ein negativer Bescheid hätte das Aus der Firma bedeutet, und die Real-Film, deren Wandsbeker Studios die Pontus angemietet hatte, ebenfalls in Schwierigkeiten gebracht. Es ging gut, das Geld kam, und der Film spielte sogar die Bürgschaftssumme wieder ein. Der Produzent konnte Géza von Cziffra mit der nächsten Revue beauftragen. Der ungarische Regisseur lieferte Konfektionsware; er arbeitete immer nach dem gleichen Schnittmuster. *Der bunte Traum*, Her-

stellungskosten zwei Millionen, war das Farbfilm-Remake von *Der weiße Traum* (1943). Bitte nicht verwechseln mit *Die tödlichen Träume*, einen Film um E. T. A. Hoffmann, den Paul Martin für die Pontus realisierte. Alpträume bereitete dem Produzenten seine Idee, in Klamauk-Lustspielen mit First-class-Besetzung Anspielungen auf bundesdeutsche Verhältnisse unterzubringen. Viel zu harmlos, um von politischer Satire zu sprechen – im antiken Gewand (*Die Frauen des Herrn S.*) oder in märchenhafter Verkleidung (*Die Diebin von Bagdad*) erlaubten sich die Filme ein paar Witze und neckische Anzüglichkeiten. Prompt fürchtete Bonn, die freiheitlich demokratische Grundordnung werde verächtlich gemacht. Bundesbürgschaften gab es nur unter Auflagen, und der Ausschuß behielt sich

Der Hafen als Filmthema: Willy Birgel mit Schauerleuten

das Recht vor, bedenkliche Szenen aus dem ferti-
gen Film herauszuschneiden. Tatsächlich kam in
beiden Fällen die Schere zum Einsatz.

Auch in Hamburg wurden die Drehbücher sorg-
fältig studiert. Bevor die Behörde für Wirtschaft und
Verkehr dem Kreditausschuß der Landesbank ihre
Zustimmung signalisierte, holte sie ein Gutachten
bei der Kulturbehörde ein. Filmreferent Götz-Dieter Wulf urteilte über das Filmskript *Die Diebin von
Bagdad*: »Das Buch ist eine Groteske im amerikanischen Sinne. In der Form eines orientalischen
Märchens enthält es eine völlig nebensächliche kleine Geschichte, es lebt von Situationskomik, wilden
Verfolgungsjagden, leicht schlüpfriger Haremsat-
mosphäre und versucht, durch ›beziehungsreiche
Andeutungen‹ Verbindung zu unserer Zeit zu schaffen.« Über solche Scherze – etwa über den Scheich
der Finanzen – konnte der Beamte nicht lachen.
»Einstellung 93 enthält den Vergleich mit der Bundesrepublik; unmittelbar darauf zeigt es sich, daß
alle Scheichs, die einmal selbst Minister genannt
werden, völlig korrupt sind. ›Kann man von den
Herren nicht ein paar entlassen?‹ Antwort: ›Zweck-
los, nach einem Vierteljahr tauchen sie in anderen
Ministerien doch wieder auf.‹« Diese und ähnliche
Textpassagen gingen für Wulf entschieden zu weit;
das sei »nicht witzig oder humorvoll kritisch, son-

dern ausschließlich destruktiv«. Die Kulturbehörde könne diesen Filmstoff nicht befürworten, so die
abschließende Beurteilung.

Das Manuskript mußte also umgeschrieben werden und landete dann wieder auf dem Schreibtisch
des Filmreferenten. »Das neue Buch unterscheidet
sich von dem ersten darin, daß die politischen Spitzen völlig herausgenommen sind. Insofern stellt es
eine wesentliche Verbesserung des ersten Buches
dar«, konnte Wulf mit Genugtuung konstatieren. Zufrieden war er noch nicht. »Nach Ansicht der Kulturbehörde ist jedoch weiterhin die Charakterisie-
rung des Kalifen zu beanstanden. Er ist hier ein ohn-
mächtiger schwacher, ausgesprochen unangenehm
lüsterner Pantoffelheld. Einige dieser Züge wirken
komisch und sind im Rahmen des ganzen Filmes
tragbar. Andere, wie die schlüpfrige, kraftlose und
von innen her unanständige physische Haltung des
Mannes sind zu beanstanden.« Der Beamte hatte
das Drehbuch sehr genau gelesen und wußte, was
konkret geändert werden müßte: »Die Kulturbehörde bezieht sich hierbei auf die Einstellungen 5 und
6, 264ff. und 268 bis 273, 279 bis 282, 315 bis 320
und 337. Ebenfalls plump erotische Szenen sind 78
und 142.« Folgen noch ein paar Verbesserungsvorschläge, bis endlich Wulf zum Schluß kommt: »Es
handelt sich um eine Groteske mit großem Aufwand,

zum Teil überraschender Situationskomik in publikumswirksamem Milieu. Vom kulturellen Standpunkt allein sind solche Stoffe gar nicht zu beurteilen. Es ist anzunehmen, daß der Film geschäftlich gut einschlagen wird.« In diesen Sätzen klingt Resignation an. Wulf favorisierte das Konkurrenzprojekt Toxi, das in derselben Sitzung des Kreditausschusses zur Entscheidung anstand. Da ging es, in rührselig sentimentaler Verpackung, um das Problem der farbigen »Besatzungskinder«, die Ostern 1952 gerade zur Schule kamen. Der Filmreferent kämpfte vergebens – Senator Landahl konnte Senator Schiller nicht überzeugen, die Kulturbehörde setzte sich wieder einmal nicht gegen die Wirtschaftsbehörde durch. *Die Diebin von Bagdad* wurde verbürgt, und Carl Lamac übernahm die Regie. Der Tscheche, der mehr als 100 Filme inszenierte, Entdecker und erster Ehemann Anny Ondras, war vor 16 Jahren zuletzt in Hamburg gewesen, 1935 zur Premiere seines Films *Der junge Graf* im Ufa-Palast. Dann ging er in die Emigration nach Amerika. Mit der Pontus-Klamotte, gedreht in Wandsbek, kehrte er zurück; es wurde sein letzter Film. Auch *Toxi* wurde realisiert, doch nicht von der Real; Koppel mußte den Stoff verkaufen, weil Bonn und Hamburg ihm Bürgschaften verweigerten. Die Fono engagierte R. A. Stemmle, der während des Dritten Reiches seine größten Erfolge hatte (u.a. Drehbuch zu *Der Mann, der Sherlock Holmes* war).

Ein anderes Projekt, das Autor Carl Zuckmayer und der damalige Ufa-Boß Erich Pommer bereits 1933 geplant hatten, konnte mit 20jähriger Verspätung verwirklicht werden: *Eine Liebesgeschichte*. Pommer war als amerikanischer Filmoffizier zurückgekehrt, seine Firma saß in München; aber die Produktion wurde durch eine Verleihgarantie der Deutschen London Film ermöglicht, und so kam das von Axel Eggebrecht geschriebene Drehbuch auf den Tisch des Hamburger Filmreferenten. Für die weibliche Hauptrolle war Hildegard Knef vorgesehen – was Wunder, daß Wulf sofort in Panik geriet: »Unter allen Umständen würde ich raten, eine irgendwie geartete *Sünderin*-Szene zu vermeiden.« Die Geschichte spielte in einer brandenburgischen Garnisonsstadt zur Zeit Friedrich des Großen. Der Gutachter merkte zu Recht kritisch an: »Soldaten mit klingendem Spiel unter begeisterter Anteilnahme der Bevölkerung und herzigem Kinderlachen werden in Deutschland immer mißverstanden.«

Wulf hatte einen undankbaren Job. Als er über Dritte hörte, der niedersächsische Kultusminister sei

»Die Diebin von Bagdad« sorgte in Bonn für Aufregung

befremdet, daß Hamburg die reaktionäre Burschenschaftler-Schnulze *Heidelberger Romanze* verbürge, schrieb er – persönlich, vertraulich – einen gewundenen Rechtfertigungsbrief. »Ich selbst habe es stets bedauert und auch wiederholt zum Ausdruck gebracht, daß ich es nicht für glücklich halte, wenn bei der Vergebung von Ausfallbürgschaften fast ausschließlich die wirtschaftlichen Gesichtspunkte im Vordergrund stehen, wie es zur Zeit in Hamburg geschieht. Lediglich die Verfilmung eines Militärschwanks habe ich verhindern können«, gestand er seine Machtlosigkeit ein. Gleich darauf, noch im selben Absatz, versuchte er, Hamburger Filmpolitik als durchdachte Strategie zu verkaufen: »Ich habe auch immer bei Herrn Senator Landahl vertreten, daß wir hinsichtlich der Qualität der Filme in diesem Jahr noch Konzessionen machen müssen, um, zumindest bei den beiden großen Filmgesellschaften in Norddeutschland, eine gesunde wirtschaftliche Basis zu erzielen, die es uns dann gestattet, auch kulturelle Forderungen zu erheben.« Dieses Jahr noch – das war 1951, doch von einer Anhebung des Niveaus war in den nächsten zehn Jahren nichts zu bemerken.

Von all diesen Dingen drang nichts nach außen; der Senat veröffentlichte immer nur Erfolgsstatistiken. Auch die Publikation der Bonner Bürgschafts-

»Gift im Zoo«: Carl Raddatz, Hermann Speelmans und Irene von Meyendorff

entscheidungen war ausdrücklich untersagt. Der Fall *Gift im Zoo* ließ sich jedoch nicht verheimlichen: eine Groteske aus der Zeit des Kalten Krieges. Die rätselhaften Tiermorde im Frankfurter Zoo hatten monatelang die Boulevardpresse beschäftigt. Joachim Matthes (Camera Film), immer auf der Suche nach geeigneten Stoffen, witterte eine zugkräftige Story: Die Kombination von Kriminal- und Tierfilm versprach etwas. Das Skript wurde geschrieben und umgeschrieben: die Bundesbürgschaft war bereits gesichert, die Dreharbeiten in Stellingen wurden vorbereitet. (Der gesamte Tierpark wirkte mit; Carl Heinz Hagenbeck kassierte dafür 35.000 DM.) Der erste Drehtag war auf Anfang Oktober 1951 festgelegt. Kurz zuvor erklärte das Innenministerium plötzlich, der vertraglich verpflichtete Regis-

seur Wolfgang Staudte sei untragbar; die Bürgschaftszusage wurde zurückgezogen. Der Produzent sah sein Projekt platzen und fuhr eiligst nach Bonn. Dort verwies man ihn an den Leiter des Bundeskriminalamtes, der ihm die Lösung seiner Probleme skizzierte. Matthes in einer Aktennotiz: »Um eine klare Situation zu schaffen, wünscht Dr. Hagemann, daß ich Herrn Staudte veranlassen möchte: einen deutlichen antikommunistischen Artikel zu publizieren; dem Innenministerium gegenüber eine Erklärung abzugeben, daß er – Wolfgang Staudte – in Zukunft nicht mehr bei der DEFA arbeiten wird. Darüber hinaus würde es Herr Dr. Hagemann begrüßen, wenn Herr Staudte möglichst bald einen antikommunistischen Film inszeniert.« Staudte ging natürlich auf derartige Vorschläge nicht ein. Matthes blieb nichts anderes übrig, als rasch Ersatz zu organisieren: Er holte den weithin unbekannten Regisseur Hans Müller. Während der noch das Drehbuch las und seine Regieanweisungen eintrug, begann Staudte – Schauspieler und Team waren da und kosteten Geld, auch lief die Zeit davon – schon mit ein paar Außenaufnahmen. Einige Journalisten kamen dahinter, und nun war der Teufel los. »Ein ostzonaler Würdenträger dreht in Hamburg«, empörte sich »Die Welt«. Aber auch das SPD-Blatt »Hamburger Echo« war »im Falle Staudte mit Bonn doch einer Meinung« und praktizierte Abgrenzungspolitik: »Wer sich freiwillig mit den Gewalthabern der Ostzone verbündet, hat im Westen nichts zu suchen. Wenn es stimmen sollte, daß jetzt Staudte hinter dem Strohmann Müller die Regie bei dem *Gift im Zoo*-Film in Hamburg führt, so muß man sagen: ohne uns und ohne unser Geld.« Matthes dementierte, Staudte reiste ab. Inzwischen war der Herbst vorbei, und Hagenbeck wurde im Real-Filmstudio nachgebaut. Elefantenkuh und Königskobra, Nashörner, Affen und Löwen übersiedelten nach Wandsbek. Trotz guter Schauspieler gelang Müller nur ein biederer und mäßig spannender Kriminalfilm, der seine Herstellungskosten nicht wieder einspielte.

Dieses Schicksal teilte er mit fast allen Filmen, die sich im Verleihprogramm der National befanden. Die Firma setzte auf Masse statt Klasse, doch die Rechnung ging nicht auf. Was im Zementhandel funktionierte, erwies sich nicht als richtige Verkaufsstrategie fürs Kinogewerbe. 1952 machte die Fifi bankrott. National Film ging in Konkurs. Eine Kettenreaktion wurde ausgelöst, alles brach wie ein Kartenhaus zusammen. Der Konkursverwalter sah sich um, wo noch was zu holen war. Kirchhoff bat die Gläubiger um ein Moratorium. Seine Verbindlichkeiten beliefen sich auf 1,6 Millionen Mark; die Pontus war nicht zu retten. Die Camera stand nur mit 0,6 Millionen bei der Fifi in der Kreide; die Firma wackelte, konnte sich aber noch ein paar Jahre halten. Die Junge Film-Union war bereits in Konkurs.

Die Politiker konnten nicht länger tatenlos zusehen, wie eine Pleite die nächste jagte. Am 22. Januar 1953 wurde die Norddeutsche Filmkontor GmbH gegründet. Geplant war ein unabhängiges Finanzinstitut, das 16 Produktionen im Jahr ermöglichen sollte. Geld war vorhanden: Stammkapital 2,4 Millionen, wovon die Hamburgische Landesbank 600.000 DM und die Bank für Gemeinwirtschaft knapp eine Million einbrachten. Bei der Wahl der Aufsichtsratsmitglieder schlug sich das nieder: Vorsitzender wurde der Kultur- und Schulsenator Heinrich Landahl; sein Stellvertreter Georg Reuter kam vom DGB. (Die starke Beteiligung der Gewerkschaft weckte in der Branche mancherlei Befürchtungen.) Die Globalbürgschaftssumme lag bei zwölf Millionen; davon trugen die Länder Hamburg und Niedersachsen 7,2 Mio. Der Zinssatz des Filmkontors sollte sich am Kapitalmarkt orientieren, aber nicht die sonst üblichen 15 % erreichen. Eindrucksvolle Zahlen: Die finanzielle Ausstattung ließ nichts zu wünschen übrig. Bevor die neue Institution jedoch ihre Arbeit beginnen konnte, war zunächst ein Produktionschef zu bestimmen. Und Einigkeit über den geeigneten Mann (eine Frau kam sowieso nicht in Frage) konnte nicht erzielt werden.

»Gute Nachrichten für die Filmstadt Hamburg«, frohlockte zwei Tage später das »Abendblatt«. »Aus Hollywood an die Alster kam Mr. Jules Buck. Eine Dollar-Gloriole umgibt unsichtbar den früheren Fox-Producer. (5.000 Dollar die Woche ›machte‹ er drüben, flüstert man sich zu.) Hinter Mr. Buck stehen denn auch einige interessante Dollar-Millionen. Der Einsatz einer international gemischten Kapitalgruppe ins deutsche Geschäft.« Jeder Film sollte parallel in zwei Fassungen gedreht werden, jeweils in deutscher und amerikanischer Besetzung. Erstes Projekt: die Abenteuer des »Seeteufels« Graf Luckner, dargestellt von Hans Albers bzw. (in der Version für den internationalen Kinomarkt) von Kirk Douglas. Auch der Regisseur stand fest. Robert Siodmak hatte schon zu Ufa-Zeiten mit dem blonden Hans gearbeitet, war dann ins Exil gegangen und hatte dort Karriere gemacht. In den Kinos lief gerade sein Piratenfilm *Der rote Korsar* mit Burt Lancaster. »In Frankreich und in Amerika ist Siodmak in die Spitzenklasse der Regisseure aufgerückt«, informierte die Zeitung ihre Leser. »Und er geht nun in Hamburg an die Arbeit, als ob er immer hier gewesen wäre.« Nur war alle Arbeit umsonst: Mr. Buck machte einen Rückzieher, klappte seinen Geldkoffer zu und dampfte wieder ab. (Siodmak inszenierte 1957 in Münchner Studios den vielfach preisgekrönten Film *Nachts, wenn der Teufel kam*: die auf einem Tatsachenbericht basierende Geschichte eines Massenmörders, der während der Nazi-Zeit in Hamburg sein Unwesen trieb, dessen Fall aber vertuscht wurde.)

Zehn Monate vergingen, dann war klar: Niedersachsen schied aus, es wurde nur ein Hamburger Filmkontor. Das Gesellschafterkapital, aufgebracht von einem Bankenkonsortium unter Federführung der Landesbank, betrug eine Million, die Stadt Hamburg stellte eine Verlustgarantie. Das Filmkontor finanzierte Einzelprojekte, arbeitete meist aber nach dem Staffelprinzip: Mindestens vier Filme bildeten eine Staffel, wobei Gewinne und Verluste verrechnet wurden, das Risiko also vermindert wurde. Unausgesprochen förderte man so die Konzentration im Filmwesen: Ein solches Programm konnten nur Firmen mit großem Produktionsvolumen anbieten. Oder Verleihe – sie bestimmten in den fünfziger Jahren bald ausschließlich, welche Filme mit welcher Besetzung gedreht wurden. Von der regionalen Beschränkung des Filmkontors profitierte vor allem die Real-Film: Da die Finanzierungszusage mit der Auflage Produktionsort Hamburg verbunden war, es aber keine Alternative zu den Wandsbeker Studios gab, war die Ateliervermietung für die nächsten Jahre gesichert. Koppel und Trebitsch konnten darangehen, den Atelierkomplex weiter auszubauen, und kauften ein angrenzendes Grundstück hinzu. In den zehn Jahren seines Bestehens beteiligte sich das Filmkontor an der Finanzierung von 70 Spielfilmen und vergab dafür Mittel in Höhe von 30 Millionen DM. *Geld aus der Luft* hieß der erste geförderte Film (Regisseur wiederum Géza von Cziffra).

Freddy, die Gitarre und das Meer: Schon der erste Film enthält das später nur noch geringfügig variierte Grundschema aller Freddy-Filme. Das harmlose Rührstück um einen singenden Seemann hat dank des Lokalkolorits und der Musikeinlagen – sehnsuchtsvolle Schnulzen wie »Fährt ein weißes Schiff nach Hongkong«, aber auch ein urkomischer »La Paloma Cha-cha-cha« – durchaus Kult-Qualitäten. Es folgen *Freddy unter fremden Sternen, Freddy und die Melodie der Nacht, Weit ist der Weg, Freddy und der Millionär, Freddy und das Lied der Südsee* und und – erst Mitte der sechziger Jahre riß die Serie ab.

In einem Kontorhaus am Neuen Wall (Postanschrift Adolphsbrücke 10) residierte die Standard Film. Sie engagierte den Sensationsdarsteller Arnim Dahl für ihre Kriminalposse *Klettermaxe*. Er hatte als Stuntman für die Junge Film-Union gearbeitet, war in Nebenrollen häufig bei der Real beschäftigt; Aufsehen erregte Dahl erst, als er in *Lokkende Sterne* von der fahrenden Hochbahn mit einem Salto ins Hafenbecken sprang. Auch für Klettermaxe war er eigentlich nur als artistische Einlage vorgesehen, doch Regisseur Kurt Hoffmann schrieb das Drehbuch um, damit er seine Kunststücke zeigen konnte. Diesmal stellte das Double den Hauptdarsteller in den Schatten: »An Alfred Lieven dachte niemand«, so der »Spiegel«, »wenn

die maskierte Gestalt des Einbrechers auf dem Dachfirst balancierte.« Natürlich war der Fassadenkletterer in Wahrheit kein Ganove, sondern löste auf unkonventionelle Weise Kriminalfälle, und dem Happy End – Liselotte Pulver spielte den weiblichen Part – stand nichts im Wege. Keine besonders originelle Story – Standard eben.

Das dachte auch der Referent von der Kulturbehörde. Er faßte zusammen: »Im Film ist alles das an Milieu und auch an Situationen enthalten, was das Publikum im leichten Unterhaltungsfilm sehen will: Modehaus, elegantes Hotel, Juwelierladen, Ballatmosphäre, Revue vor und hinter den Kulis-

Freddy Quinn bei Dreharbeiten zu »Heimwehr nach St. Pauli«

sen, Prügelszenen, gemeine Schieber, rührende Liebe, Sex.« Letzteres fand er zu dick aufgetragen; die Badezimmer-Spiegelszene z.B. müßte gestrichen werden. Und dann sorgte Wulf für eine inhaltliche Korrektur: Der Klettermaxe unternimmt seine waghalsigen Ausflüge mit Billigung, sogar im Auftrag der Polizei. Er ist nicht etwa ein Gesetzesbrecher, sondern ein Vertreter der Ordnung. Der Filmreferent wachte über die Einhaltung der Moral, ihm entging keine noch so harmlose Übertretung. Der Muff der 50er Jahre-Filme – er stammt zum Teil direkt aus den Beamtenstuben. Wie in fast allen Gutachten distanzierte sich Wulf abschließend, weil das Drehbuch nicht seinen bildungsbürgerlichen Ansprüchen genügte: »Vom rein kulturellen Standpunkt ist natürlich über derartige Stoffe nichts zu sagen. Sie verderben nichts, aber sie haben auch keinerlei Wert über den reinen Zerstreuungs- und Unterhaltungscharakter hinaus.« Der »Spiegel« formulierte das kürzer und weniger sauertöpfisch: »Quatsch mit Anmut und ohne Längen.«

Für den Kinostart dachte sich der Europa-Verleih einen Reklame-Gag aus: Am Premierentag fuhren nicht die Stars im Auto vor, sondern Dahl kletterte an Hochhaus-Fassaden. Die Aktion wurde in 22 Städten wiederholt; eine bessere Publicity gab es nicht. Den Europa Verleih hatte der Fama-Produzent Friedrich A. Mainz 1951 ins Leben gerufen. Nachdem sein Erfolgsfilm *Dr. Holl* von der National nicht zufriedenstellend ausgewertet wurde, griff der ehemalige Tobis-Chef zur Selbsthilfe. Von Fifi-Geldern war er nicht abhängig, er arbeitete mit ausländischen Kapitalgebern zusammen. Der Firmensitz war Hamburg, produziert wurde aber auch in Berlin und München. Mainz repräsentierte ein Stück Kontinuität im deutschen Film. Im Wandsbeker Studio drehte Josef von Baky, der Regisseur des *Münchhausen*-Films, für die Fama *Der träumende Mund*. Das Melodrama war ein Remake: 1932 spielten Elisabeth Bergner und Paul Czinner das Liebespaar, 20 Jahre später Maria Schell und O.W. Fischer. (Der vom Regisseur gewählte offene Schluß wurde vom Produzenten nachträglich geändert: Konzession an den Publikumsgeschmack.)

Es meldete sich noch ein Spätheimkehrer: Reinhold Schünzel, aufgewachsen in der Seilerstraße auf St. Pauli, hatte in den zwanziger Jahren Karriere als Regisseur und Schauspieler gemacht. Er wollte sie nicht aufgeben, als die Nazis an die Macht kamen. In der NS-Terminologie war er »Halbjude«, doch Schünzel erhielt eine Sondergenehmigung und

Remake mit dem Traumpaar Maria Schell und O.W. Fischer

bescherte der Ufa Exportschlager wie *Viktor und Viktoria* und *Amphitryon*. 1937 mißfiel die mit satirischen Spitzen versehene Operette *Land der Liebe* – »eine typische Judenmache«, tobte Goebbels und notierte im Tagebuch: »Furchtbarer Ärger mit einem Schünzel-Film, der 1,3 Millionen kostet und gänzlich unbrauchbar ist. Das hat dieser Halbjude mit Absicht gemacht.« Am nächsten Tag sah der Propagandaminister die positiven Aspekte des Falls: »Damit bin ich auch Schünzel und vor allem Mainz endgültig los.« Der eine war verantwortlich für die Produktion und wurde fristlos entlassen, der andere ging ins Exil und überlebte in Amerika.

Nun saßen sich beide bei Jacob in der Elbchaussee gegenüber und beredeten ein neues Filmprojekt. Sie kamen nicht mehr zusammen. Die Standard Film kaufte die Rechte an Schünzels Drehbuch *Wochenend im Paradies* und beauftragte Kurt Hoffmann, seinen früheren Assistenten, mit der Regie. Erich Pommer holte den Schauspieler wieder vor die Kamera, gab ihm eine Rolle in der Zuckmayer-Verfilmung *Eine Liebesgeschichte*. Schünzel hatte mehr erwartet, er fuhr enttäuscht zurück

Dekoration im Foyer der Urania Filmbühne, März 1953

nach Hollywood. Dort besuchte ihn, zwei Jahre vor seinem Tod 1954, ein Reporter des »Film-Echo«. »Etwas müde-resigniert plaudert er über den deutschen Film und seine Männer. Nicht druckreif: Schweigen ist höflicher.«

Die Wirtschaftswunder-Jahre waren auch eine Zeit der Verluste. Zum Beispiel beim Kulturfilm. Die Sparte hatte in Hamburg immer aktive Verfechter wie Hans Borgstädt oder Alfred Ehrhardt, Fürsprecher wie Dr. Lichtwarck von der Urania. Die Glanzzeit war schon vorüber, als er im Mai 1949 eine große internationale Tagung organisierte. Am 15. August 1950 verließ das FWU, das Institut für Film und Bild in Wissenschaft und Unterricht, die Hansestadt und wurde mit dem Münchner Institut für Unterrichtsfilm zusammengelegt. Für die unabhängigen Kulturfilmer wurde das Leben immer schwerer. »Es gibt Filmproduzenten, die wohlhabend werden, und solche, die Kulturfilme herstellen«, zitierte der »Spiegel« einen Betroffenen der zweiten Kategorie. Die Gea-Kulturfilm, in Bahrenfeld beheimatet, fand für ihren mit dem Deutschen Filmpreis ausgezeichneten Streifen *Kleine Nachtgespenster* keinen Verleih, der wenigstens die Herstellungskosten zahlen wollte. Gut gemeinte Unterstützungsmaßnahmen bewirkten nichts. Die SPIO verpflichtete zwar den Verleih, zu jedem Spielfilm unter 2.600 Meter Länge ein Beiprogramm zu liefern, aber die Kinos dachten nicht daran, die Kulturfilme auch zu zeigen: Vor dem Hauptfilm lief Werbung. Auch die Regelung, daß ein mit Prädikat versehener Kurzfilm sich steuerbegünstigend für das gesamte Programm auswirkte, wurde unterlaufen: Die Filmrollen blieben im Karton, Reklame-Dias wurden auf die Leinwand projiziert.

Mit dem Wegfall des Kurzfilms verschwand auch die Zeichentrick-Produktion. Die Alfa, ein Zusammenschluß von Alster-Film-Atelier und Rhymoton, brachte 1949 einen abendfüllenden Zeichentrickfilm in die Kinos: *Tobias Knopp, Abenteuer eines Junggesellen*, nach dem Bilderbogen von Wilhelm Busch, inszeniert von Wolfgang Liebeneiner; Sprecher waren Grethe Weiser, Hannelore Schroth, René Deltgen und Otto Gebühr. Im selben Jahr experi-

Ufa-Palast am Gänsemarkt, 1963

mentierte die Burg-Film in der Oberstraße mit einer Mischung aus Animations- und Realfilm. In einem Kurzfilm dieser Serie gab, was selbst eingeschworenen Fans unbekannt ist, Heinz Ehrhardt sein Filmdebüt. Ein gezeichnetes Pin-up-Girl steigt aus dem Bilderrahmen und räkelt sich lasziv auf dem Flügel. Der verwirrte Ehrhardt zum Fräulein Mabel: »Sie sind entrahmt, wenn ich so sagen darf...« Sie singen zusammen ein Duett, doch dann wird das traute Tète-a-tète gestört, und Ehrhardt steckt seine Mabel rasch in die Brieftasche.

Erst zehn Jahre später – »Ich bin eben eine frühentwickelte Spätbegabung« – durfte der Schelm Heinz Ehrhardt sein komisches Talent im Film voll ausleben. Dann aber ging es Schlag auf Schlag: *Vater, Mutter und neun Kinder* hatte am 19. Dezember 1958 Uraufführung in der Barke, *Der Haustyrann* am 29. Januar 1959 im Passage-Theater. Undsoweiter, undsofort. Die Serie der Ehrhardt-Filme wurde meistens produziert von der Deutschen

Film Hansa, die 1956 aus der Deutschen London Film hervorging. Chef-Dramaturg war Alf Teichs. In drei Jahren wurden 30 Filme hergestellt; die Palette reichte von *Haie und kleine Fische* bis *Nachtschwester Ingeborg*, von *Alt-Heidelberg* bis *Es geschah am hellichten Tag*. 1961 fusionierte die solvente Firma mit der inzwischen reprivatisierten Ufa. Das war ein Fehler: Schon im nächsten Jahr mußte die Ufa Film-Hansa GmbH Konkurs anmelden. Ein Teil des Filmstocks und der Kinokette wurde von Bertelsmann übernommen.

1958 hatte Hamburg wieder einen Ufa-Palast. Nicht am alten Platz, aber doch an traditionsreicher Stätte: Wo einstmals das Lessing-Theater stand – der gesamte Gebäudekomplex von der Büschstraße bis zum Kalkhof gehörte dem Filmkonzern –, errichtete das Nachfolgeunternehmen ein Kino mit 988 Sitzplätzen. Die Eröffnung am 26. Februar brachte trotz Eis und Schneegestöber 8.000 Fans auf die Beine. Sie konnten Autogramme sammeln: Willy Birgel, Dieter Borsche, Paul Hubschmid, Viktor de Kowa, alle Stars des deutschen Films waren

Alfred Hitchcock am Hamburger Flughafen

versammelt, und ein paar ausländische Gäste wie Produzent Dino de Laurentis kamen auch. Der »Abendblatt«-Reporter, völlig außer Atem, gab der Redaktion durch: »›Belagerungszustand‹ auf dem Gänsemarkt. Sprechchöre: ›Romy, Romy‹. Als die Sturmflut der Tausende die Polizeidämme bricht, rollt der Wasserwerfer an. Er bleibt in Reserve. Ein Glück! Den über hundert Polizisten rinnt dafür der Schweiß übers Gesicht. Autoauffahrt wie noch nie. Premiere nach Hollywood-Muster. Lautsprecher verkünden die Prominenz. 20.45 Uhr: Romy fährt vor mit Regisseur Weidenmann. Der Trubel wird frenetisch. Romy in hellblauer, paillettenglitzernder Robe (ohne Mantel) im Blitzlichtfeuer. Lächelnd, winkend. Fast drei Minuten lang. Das neue Haus? Eine riesige ovale Muschel. Sehr warm wirkend durch die Teakholz-Verkleidung. Türkisblaue und lindgrüne Sessel. Modern. Ansprechend.« Von dem Film, der an diesem Abend Premiere hatte, war kaum die Rede. *Scampolo* war – eben wie die gesamte Ufa der 50er Jahre – ein schlecht inszeniertes Remake, eine Imitation, die das glanzvolle Original nie vergessen ließ.

Der Ufa-Palast war der letzte Höhepunkt in einer ganzen Kette von Neueröffnungen. Den Anfang machte 1952 die Barke (im Barkhof zwischen Mönckeberg- und Spitaler Straße). Geboten wurden 1.400 Plätze, Klimaanlage und – als besonderer Service, um ungestörten Kinobesuch zu gewährleisten – Kindergarten und Hundezwinger. Im November nächsten Jahres reihte sich die Kurbel am Jungfernstieg in die repräsentativsten Erstaufführungstheater ein. Eröffnungsfilm war *Vom Winde verweht*, der richtige Streifen für die Panorama-Leinwand (12 mal 3,60 Meter). 30.000 Vorbestellungen lagen bereits Ende Oktober vor; die Eintrittskarte für das 230-Minuten-Epos kostete sieben Mark. Kein Zweifel, die Hamburger waren kinofreudig. Den Vorkriegsstand hatte man längst überschritten, und der Boom hielt an. 1953 wurden 30 Millionen Kinokarten verkauft, 1954 35 Millionen. Die amerikanischen Major Companies kämpften um Marktanteile, der deutsche Film war weit abgeschlagen. Metro-Goldwyn-Mayer übernahm im März 1956 das Waterloo-Theater. Die Rank Organisation zog nach, richtete sich ebenfalls ein eigenes Haus ein: Streit's eröffnete im Dezember desselben Jahres. Drei Monate später die festliche Einweihung des Savoy am Steindamm. Kinounternehmer Herbert Steppan präsentierte stolz die Vorzüge seines Hauses: eine eigene Tiefgarage mit direktem Zugang zur Kasse, Sichtfreiheit auf allen Plätzen dank steigendem Parkettboden. Und vor allem: als erstes Kino auf dem europäischen Kontinent mit dem

Tood-AO-Verfahren ausgestattet. Hier liefen die 70 mm-Filme, die monumentalen Historienschinken wie *Spartacus, Barabbas* und natürlich *Ben Hur* (zwei Jahre Laufzeit, mehr als eine Million Besucher).

Ende 1957 gab es in Hamburg 174 Kinos mit über 90.000 Sitzplätzen. Weitere Neubauten wurden geplant, immer mit der neuesten Technik. Das Grindel Filmtheater, fertiggestellt im November 1959, verfügte über Cinerama-Projektoren und die entsprechende runde Leinwand, geeignet für Superbreitwandformate...(Die Außenfassade sah damals ganz anders aus als heute. Ein freistehender Kinobau mit Kegelbahn und Restaurant; erst in den 60er Jahren wurden vier Bürogeschosse draufgesetzt). Doch der technische Fortschritt feierte sich selbst. Es gab nur einen Grund für die ins Gigantomanische getriebenen Experimente: den kleinen Bildschirm.

Nicht nur Hollywood führte einen Abwehrkampf gegen das Fernsehen. Auch hierzulande waren katastrophale Einbrüche zu verzeichnen. 1958 war noch einmal ein absolutes Rekordjahr für Hamburgs Kinobesitzer: 37,5 Millionen verkaufte Karten. Nur zwei Jahre später hatte sich die Zahl um 10,5 Millionen verringert, und die ersten Filmtheater mußten schließen.

Lange Zeit hatte die Filmindustrie das Konkurrenz-Medium nicht ernst genommen. Als der NWDR mit den Ausstrahlungen vom Bunker auf dem Heiligengeistfeld begann, überließ man den TV-Leuten gnädig ein paar Filmrollen. »Die in der letzten Woche begonnenen Fernseh-Versuchsendungen des Nordwestdeutschen Rundfunks wurden über das Wochenende erfolgreich fortgesetzt«, berichtete das »Hamburger Echo« am 20. Juni 1950. »In der ersten Hamburger Fernsehstube am Gänsemarkt wurde bei der Versuchssendung der erste Akt des Real Films *Kätchen für alles* einwandfrei empfangen. Bild und Ton waren nach einer Mitteilung von zuständiger Stelle außerordentlich gut. Der Siemens-Fernsehsender, der mit 100 Watt arbeitete, sandte völlig einwandfrei.« Fünf Jahre später waren in der gesamten Bundesrepublik gerade 100.000 Fernsehteilnehmer registriert. Doch dann ging es schnell: 1957 eine Million, 1958 zwei, 1959 drei Millionen; am 1. Juni 1960 war die Vier-Millionen-Grenze überschritten. Katzenjammer breitete sich aus. Im selben Monat ging die Real-Film eine Ehe mit dem Fernsehen ein: Gemeinsam wollte man die Studio-Anlagen in Wandsbek erweitern. Die Mel-

Cowboys am Steindamm, 1965

dung veranlaßte das »Echo« zu der Schlagzeile: »Hamburg wird die größte deutsche Filmstadt«. Ein Irrtum, wie sich bald herausstellen sollte.

Die Diskussion zwischen Koppel und Kästner nach einem Bericht im »Spiegel«, 14.3.1951. Das Zahlenmaterial stammt aus einem Vortrag Koppels, gehalten am 1.11.1951 vor der Hamburger Gesellschaft für Filmkunde (Tonbandaufzeichnung in der Landesbildstelle). – Die zitierte Selbstdarstellung der Filmfinanzierungs GmbH sowie die für die Wirtschaftsbehörde bestimmten Gutachten Götz-Dieter Wulfs befinden sich im Aktenbestand der Kulturbehörde (Staatsarchiv). – Zum Fall »Gift im Zoo« vgl. »Der Spiegel«, 12.12.1951 (dort auch die Aktennotiz von Matthes); der zitierte Artikel aus dem »Hamburger Echo« wurde am 17.10.1951 veröffentlicht. Zwei Tage später hakte die Zeitung noch einmal nach: »Mit oder ohne Staudte?« – Der »Spiegel« widmete Arnim Dahl am 7.1.1953 eine Titelgeschichte; die Kurzkritik zu »Klettermaxe« ebd., 4.6.1952. – Zu seinem 100. Geburtstag veranstaltete der CineGraph im November 1988 einen wissenschaftlichen Kongreß über den zu Unrecht vergessenen Reinhold Schünzel. Die Tagung ist dokumentiert in dem Band »Reinhold Schünzel. Schauspieler und Regisseur«, Redaktion Jörg Schöning, München 1989. Hans-Christoph Blumenberg verfilmte 1995 Schünzels Lebensgeschichte: »Beim nächsten Kuß knall ich ihn nieder!« – Eine Kopie des Trickfilms »Fräulein Mabel« mit Heinz Ehrhardt ist nicht erhalten; die Filmbeschreibung orientiert sich an dem »Spiegel«-Artikel, Neujahr 1949.

Papas Kino

Die Real-Film-Story, II. Teil

*Ein Mann laviert sich durch die
Wechseljahre. Kompromisse machen
keine Kasse. Viele Köche verderben
den Brei und Heiterkeit den schönsten
Kummer.*

*»Der Hauptmann von Köpenick« hält Einzug ins Rathaus,
oder richtiger: ins Finanzamt Am Schlump*

»Wenn es heute in Hamburg eine starke Film industrie gibt, dann ist das im wesentlichen das Verdienst Walter Koppels«, bilanzierte der Informationsdienst »Film-Telegramm«. »Innerhalb der Organisationen der deutschen Filmindustrie spielt Koppel eine entscheidende Rolle; ohne ihn wird kein Entschluß gefaßt.« Das war nicht übertrieben: Der Real-Film-Chef saß im Vorstand der SPIO und der Export-Union, er gehörte dem Präsidium des Deutschen Filmproduzentenverbandes an und war der deutsche Delegierte in der Internationalen Produzentenvereinigung. Kurz nach seinem 50. Geburtstag erhielt er am 19. Juli 1956 das Große Bundesverdienstkreuz. Bürgermeister Engelhard kam zur Feier, erinnerte in seiner Ansprache an die schwere Zeit der Nachkriegsjahre und lobte das konsolidierte Unternehmen. Fünf Jahre zuvor hatte der Innenminister bei seiner Jagd auf vermeintliche Kommunisten der Firma fast den Garaus gemacht; nun wurde derselbe Mann mit der höchsten Auszeichnung der Bundesrepublik geehrt.

1956 war für die Real-Film auch in anderer Hinsicht ein bemerkenswertes Jahr: Käutners *Hauptmann von Köpenick* brachte volle Kassen und galt als künstlerisches Ereignis, das auch international Anerkennung fand. Fünf Bundesfilmpreise, Preis der Deutschen Filmkritik und Bambi, Prädikat »besonders wertvoll«, deutscher Festival-Beitrag in Venedig, San Francisco, Edinburgh und sogar Oscar-Nominierung: Ein Lichtblick in der allgemei-

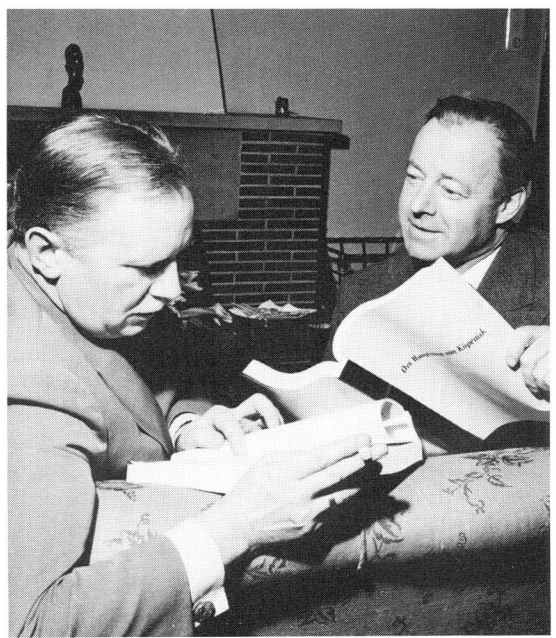

Regisseur Helmut Käutner mit seinem Hauptdarsteller

nen deutschen Filmmisere. Die Kritik bedachte die Zuckmayer-Adaption damals mit Superlativen. Aus heutiger Sicht – die Produktion wird immer noch ausgewertet, ist z.B. als Kaufcassette und CD-Video auf dem Markt – handelt es sich um eine solide Literaturverfilmung: gewiß sehenswert, doch nicht gerade ein Meilenstein der Filmgeschichte.

Den Schuster Wilhelm Voigt verkörperte Heinz Rühmann, der hier sein Rollenklischee überwand und der Figur tragikomische Züge verlieh. Er spielte eher verhalten, überzog nicht; Koppels Befürchtungen – zuletzt hatte man den Publikumsliebling als *Charley's Tante* im Kino gesehen – erwiesen sich als unbegründet. Der Regisseur ging mit inszenatorischer Sorgfalt ans Werk. Die optische Auflösung der Szenen, die soziale Definition einer Situation durch die Kameraeinstellung, dafür fand Käutner überzeugende, oft unkonventionelle Lösungen. Ansonsten hielt er sich weitgehend an die Vorlage, darüber wachte schon der Produzent. Dem mißfiel etwa ein Chanson, das satirische Anspielungen auf die Remilitarisierung enthielt und deshalb herausgeschnitten wurde. Koppel wollte mit dem Renommierstück der Real nirgendwo anecken, aktuelle Bezüge sollten nicht hergestellt werden. Noch ein anderer Eingriff des Produzenten ist erwähnenswert: Erzählt wird die Geschichte einer Uniform, die herunterkommt, und die Geschichte eines Mannes, dem es nicht anders geht. An einem Punkt treffen sich beide und haben zusammen ein Abenteuer. Käutner wollte beide Geschichten zu Ende bringen. Voigt wird begnadigt, erhält endlich seinen Paß und verläßt das Gefängnis. Auf der Straße marschieren Soldaten, doch jetzt läuft der Schuster ihnen nicht mehr nach wie zu Beginn des Films. Dann schwenkt die Kamera auf die ramponierte Uniform, die im Garten des Zuchthauses als Vogelscheuche dient. Diese Pointe wurde gekappt. (Käutner protestierte und erreichte wenigstens, daß die Schlußeinstellung an die Kopien für den Auslandsvertrieb wieder angeklebt wurde). Übrigens sind die Straßenzüge im Film nicht Studiokulissen. Die Außenaufnahmen wurden am Schlump gedreht: Das Finanzamt an der Ecke Monetastraße stellte das Rathaus von Köpenick dar: Für den Uniform-Coup aus der Kaiserzeit hätte man kein besseres Haus wählen können: Es wurde 1905 als Dienstgebäude der Militärersatzbehörde errichtet.

Fünf Monate nach der Uraufführung hatte *Der Hauptmann von Köpenick* bereits zehn Millionen Zuschauer in die Kinos gelockt. Am Ende der Saison ging der Film als eindeutiger Sieger ins Ziel; *Die Trapp-Familie* und *Sissi, die junge Kaiserin* landeten abgeschlagen auf Platz zwei und drei. International sah das Ergebnis nicht minder erfreulich aus. Vertragsabschlüsse für 53 Länder konnte Koppel melden. »Der Name Käutner bedeutet von allen deutschen Regisseur-Namen das meiste für das Auslandsgeschäft«, erklärte er dem »Spiegel«. Er hatte schon einmal mit dem Gespann Zuckmayer-Käutner Erfolge verbuchen können: Drei Jahre zuvor produzierte Real *Des Teufels General* mit Curd Jürgens in der Hauptrolle. Nun versuchte man den Hat-Trick. Curd Jürgens spielte den *Schinderhannes*, Maria Schell das Julchen; 83 Darsteller, 4000 Komparsen und ein Budget von vier Millionen DM standen zur Verfügung – es wurde eine Pleite. Aber Koppel ließ Käutner nicht fallen, engagierte ihn für weitere Produktionen.

Ein anderer Regisseur, den die Real-Film häufig beschäftigte: Arthur Maria Rabenalt. In der Weimarer Republik hatte er am Musiktheater gearbeitet; nach seiner Hindemith-Inszenierung zählte Theodor Adorno ihn zu »den ganz großen Regiebegabungen«. In der Nazizeit drehte er u.a. den als staatspolitisch wertvoll eingestuften Propagandastreifen *Achtung! Feind hört mit!*. Sein bekanntestes Werk ist *...reitet für Deutschland*. Auch das war kein harmloses Rittmeister-Drama für Pferdenarren. Bevor der von den Alliierten verbotene Film wieder freigegeben wurde, mußten zuerst einige antisemitische Passagen entfernt werden.

Die Real gab ihm sozialkritische Stoffe, ließ ihn zeitnahe Problemfilme inszenieren. »Heiße Eisen« nannte man das, und von Produzentenmut war die

Heinz Rühmann als Wilhelm Voigt und Wolfgang Neuss als sein Kumpel in »Der Hauptmann von Köpenick«

Rede. *Glücksritter – eine Geschichte von heute* war im Journalisten-Milieu angesiedelt; eine dubiose Rolle spielte der Druckerei-Besitzer, ein alter Nazi und Dunkelmann des Dritten Reiches, der inzwischen wieder Oberwasser hatte. In dem Film gab es eine Kabarett-Einlage, eine Unterrichtsstunde in Sachen Demokratie, datiert 1955. Der Lehrer fragt: »Wie nennt man die letzten zehn Jahre der deutschen Geschichte?« Gretchen meldet sich: »Die Wechseljahre.« Wieso? »Wir haben doch fleißig gewechselt – die Gesinnung, das Geld, die Uniform, die Verfassung und wieder die Gesinnung«, und der eifrige Michel ergänzt: »Aber der Kurs ist immer der alte geblieben.« Zweites Beispiel: *Die Ehe des Dr. med. Danwitz.* Ein junger Assistenzarzt weigert sich, bei einer reichen Dame aus den besseren Kreisen eine Abtreibung vorzunehmen; am Ende sitzt er mit seiner Frau in der leeren Wohnung. Seine Laufbahn ist verpfuscht, finanziell geht es ihnen dreckig. Alles bis auf das Radio wurde schon gepfändet. Aus dem Lautsprecher hört man Adenauer, die Vokabeln Wirtschaftswunder und soziale Marktwirtschaft fallen, dann wird abgedreht. Auch wenn die Story auf die Moral »arm, aber ehrlich« hinauslief, der Streifen unterschied sich schon von den üblichen Arzt-Filmen der 50er Jahre. Kurz nach der Uraufführung kam er in der DDR heraus, und das »Neue Deutschland« wertete ihn als »ein schönes Zeugnis für die Bereitschaft westdeutscher Filmschaffender, an einer realistischen deutschen Filmkunst mitzuarbeiten. Er offenbart Potenzen, die in der Lage wären, den westdeutschen Film aus seiner vieldiskutierten Krise herauszuführen.« Daß Rabenalt selbst nur ein Konjunkturritter war, fiel seltsamerweise damals niemandem auf. Nach seinen Wechseljahren bewies er dann Potenzen anderer Art. Er veröffentlichte pornographische Romane.

Das Gros der Real-Produktionen läßt sich auf die Formel bringen: bekannte Schauspieler in dürftigen Geschichten. Die Filmtitel erinnern an Groschenroman-Trivialitäten: *Die Nacht vor der Premiere*, *Drei Birken auf der Heide*, *Das Mädchen vom Moorhof*, *Ein Herz kehrt heim* (mit Maximilian Schell und Willy Birgel) oder *Herz ohne Gnade* (mit Hansjörg Felmy, Werner Hinz und Barbara Rütting). Marika Rökk wirbelte *Nachts im grünen Kakadu* übers Parkett; der katholische »Filmdienst« fand den Streifen für Jugendliche ungeeignet, aber in der jährlichen Zuschauerstatistik rangierte er auf Platz zwei. In *Zwei blaue Augen* quälten sich Marianne Koch und Claus Holm zum Happy End; das Kabarettisten-Duo Wolfgang Neuss und Wolfgang

Müller spielte in der Posse *Als geheilt entlassen*. Dank Liselotte Pulver gelang Käutner mit der *Zürcher Verlobung* wieder ein Kassenerfolg, während auch Hans Albers und Marianne Hoppe *13 kleine Esel und der Sonnenhof* nicht retten konnten. Für das Lustspiel *Geliebte Hochstaplerin* tummelten sich Nadja Tiller und Walter Giller, Dietmar Schönherr und Elke Sommer auf dem Traumschiff Hanseatic. Aber das Niveau unserer heutigen Fernsehserien ist ja auch nicht besser.

Mischkalkulation nennt man das Prinzip, wonach der gelernte Kaufmann Koppel seine Produktionsplanung machte. Gängige Unterhaltungsware sollte anspruchsvollere Filme mitfinanzieren. Fritz Kortner griff mit *Die Stadt ist voller Geheimnisse* das Thema Arbeitslosigkeit auf; Falk Harnack nahm mit *Unruhige Nacht* gegen die umstrittene Einrichtung der Militärseelsorge Stellung. Doch gerade solche Projekte, die politisches Engagement und künstlerischen Ehrgeiz verrieten, mißglückten in aller Regel. Man wird dies nicht in jedem Fall dem Regisseur anzulasten haben. Eine Ursache dürfte auch die Haltung des Produzenten sein, der dann doch wieder auf Kompromisse drängte. »Kurz vor der Verwirklichung seiner kühnen künstlerischen Wünsche«, so der Verleihfachmann Manfred Barthel, »überfiel ihn die finanzielle Sorge, und er beschwor die Autoren, doch noch Zugkräftigeres und Gängiges ins Drehbuch aufzunehmen.« Trebitsch, der ungeschminkten Kommerz auf seine Fahne geschrieben habe, sei realistischer gewesen. »Beide hatten den Wunsch, Filme zu produzieren, nur verstand jeder etwas anderes darunter.« Die Vorstellungen der Geschäftspartner entfernten sich immer weiter voneinander, bald ging jeder seinen eigenen Weg.

Der Wandsbeker Studiokomplex war voll ausgelastet, die Vermietung der Anlagen ein lukratives Geschäft. Die Planung für das Jahr 1958 sah nicht weniger als 15 Spielfilme (knapp die Hälfte Gastproduktionen) vor, dazu die Synchronisation von 23 Filmen, die Herstellung von 15 Werbefilmen und ein paar Kulturfilme. Zu den neuen Atelier-Kunden gehörte das Fernsehen. Es konnte sogar eine langfristige Zusammenarbeit vereinbart werden, womit sich neue Möglichkeiten für den Atelierausbau eröffneten. Die Real baute eine weitere, nunmehr die neunte Halle; im Gegenzug übernahm der NDR die fernsehtechnische Ausrüstung des Studios. Ein besonderer Passus des Ende 1958 geschlossenen Vertrags betonte aber ausdrücklich: Die Real werde weder für die TV-Anstalt produzieren noch ihre Filme für Sendungen zur Verfügung stellen. Der

Ein glückliches Paar: Karlheinz Böhm und Marianne Koch in »Die Ehe des Dr. med. Danwitz«

Deal hatte somit eine pikante Note, schließlich stand Koppel als Vertreter der Filmwirtschaft in vorderster Front beim Kampf gegen das Konkurrenzmedium. Vor drei Jahren hatte er noch polemisiert: »Fernsehen ist kein Fortschritt, sondern eine Belästigung.« In den Verbänden probte man den Schulterschluß. Einigkeit herrschte darüber, daß kein Produzent Spielfilme den TV-Sendern verkaufen dürfe, weil sonst die Kinos schließen müßten. Die SPIO gab die Parole aus: »Keinen Meter Film für das Fernsehen«, und Vorstandsmitglied Koppel machte sich den Satz bei jeder Gelegenheit zueigen. Inzwischen bröckelte die Front bereits – die Ufa war mit den Fernsehleuten schon ins Geschäft gekommen, die Bavaria zog nach... 1960 verschärfte sich die Krise dramatisch: Der Kinobesuch ging rapide zurück. Es wurden deutlich weniger Filme in Deutschland hergestellt; auch die Real drosselte die Produktion. Andererseits verfügte man über die größte Atelierkapazität aller bundesdeutschen Firmen. Es blieb also gar nichts anderes übrig, als sich rechtzeitig mit dem ungeliebten Fernsehen zu arrangieren.

Filmproduktion und Ateliervermietung wurden nun getrennt, zwei Gesellschaften entstanden: Real-Film KG und Real-Film-Atelierbetriebsgesellschaft. Letztere gehörte zu 80 Prozent dem Norddeutschen Werbefernsehen; die restlichen 20 Prozent hielten Koppel und Trebitsch. Doch die beiden Firmengründer arbeiteten nur noch pro forma zusammen; eine spätere Anteilsübernahme war bereits vereinbart. Der Realist Trebitsch machte sich keine Illusionen; er produzierte in Zukunft TV-Filme. 1961 wurde die Ateliergesellschaft in Studio Hamburg umbenannt, sie entwickelte sich mehr und mehr zu einem reinen Dienstleistungsbetrieb der Fernsehanstalten.

Koppel aber setzte weiterhin auf Film und Kino. Nach dem Atelierverkauf konnte er zunächst einmal den Einsatz erhöhen. Seit 1954 war die Real am Europa Filmverleih beteiligt; nun stieg er voll ein und erwarb auch noch die Anteile der ausländischen Gesellschafter, erhöhte das Stammkapital und wurde Geschäftsführer. Einige Kinounternehmer wurden an den Verleih gebunden, so daß die Vermarktungskette Produktion – Vertrieb – Abspielstätten geschlossen wurde. Die Position des Unternehmens auf dem Markt wurde erheblich gestärkt, aber gleichzeitig verfiel dieser Markt immer mehr, schlitterte die Filmindustrie immer tiefer in die Krise. Förderungsmittel aus Bonn gab es in jenen Jahren nicht; die Bürgschaftsaktion war ausgelaufen, mit einem neuen Förderungsmodell ließ man sich Zeit – Koppel legte aus Protest gegen die Filmpolitik der Bundesregierung den SPIO-Vorsitz nieder. Durch Konzentration und Einkauf ausländischer

Spitzenfilme machte er Europa neben Constantin und Gloria zum größten bundesdeutschen Verleih. Das kostete – *Lolita* z.B., Stanley Kubriks Nabokov-Verfilmung, eine glatte Million. Für das Geld hätte Koppel gut und gern einen eigenen Film produzieren können.

Auf diesem Gebiet sah es eher trübe aus. Die 50er Jahre waren vorbei, nur in Wandsbek hatte es niemand gemerkt. Noch immer drehte man Musikschnulzen (*Salem Aleikum* mit Peter Alexander), Revuefilme mit der unverwüstlichen Marika Rökk (*Heute gehn wir bummeln*), Remakes von Uralt-Schwänken (*Bei Pichler stimmt die Kasse nicht* mit Theo Lingen und Georg Thomalla). Doch die Zeiten hatten sich geändert: Die Leute gingen nicht mehr ins Kino, um sich den Real-Film *Pension Schöller* anzusehen, sondern blieben zu Hause und schauten in der Glotze die 111. Folge von *Familie Schölermann*.

Koppel fehlte ein Konzept. Er versuchte es mit Bewährtem. *Der Lügner* war ganz auf Heinz Rühmann zugeschnitten. *Das letzte Kapitel*: Knut Hamsun, verfilmt von Wolfgang Liebeneiner. John Olden inszenierte die Mietshaus-Komödie *Im sechsten Stock*. Doch auch das brachte nur Verluste. Paul Rothas Dokumentarfilm *Das Leben von Adolf Hitler* – Drehbuch Helga Koppel, Kommentar Robert Neumann – erwies sich als Fiasko: Bei der Leipziger Dokumentarfilm-Woche konnte man zwar eine Silberne Taube in Empfang nehmen, aber in die bundesdeutschen Kinos kam der Film nie. Dann verfilmte Helmut Käutner den Roman *Die Rote* von Alfred Andersch: ein Desaster (und nach dem Durchfall bei den Berliner Filmfestspielen kam es in aller Öffentlichkeit zu einem peinlichen Streit zwischen Autor, Produzent und Regisseur). »Papas Kino ist tot«, kommentierten ein paar Jungfilmer die sich häufenden Mißerfolge und Pleiten. Das Oberhausener Manifest, verabschiedet am 28. Februar 1962, schloß mit den Sätzen: »Der alte Film ist tot. Wir glauben an den neuen.« Koppel wollte so gern mitglauben, und so überließ er dem Neuen Deutschen Film das allerletzte Kapitel der Real-Film.

Die in Oberhausen versammelten Filmemacher, bisher nur durch Kurzfilme hervorgetreten, hatten größere Ambitionen: »Wir erklären unseren Anspruch, den neuen deutschen Spielfilm zu schaffen.« Bei der Real hatte man eine Idee: Einerseits sollten sich die jungen Talente mal beweisen, andererseits wollte Koppel kein zu großes Risiko eingehen und einem unbeschriebenen Blatt nicht einen ganzen Film anvertrauen. Also ein Omnibusfilm: sieben Filmautoren, ein vages Oberthema. Drei Unterzeichner des Oberhausener Manifests machten mit; die anderen Episoden inszenierten Vertreter der neuen

»Hütet Eure Töchter!«, Eberhard Hauffs Beitrag »Die Party«

Generation wie der Münchner Eberhard Hauff oder der Hamburger Wolf Hart (der allerdings seit 20 Jahren Kulturfilme drehte).

Als sie den Titel hörten, werden einige Nachwuchsfilmer zusammengezuckt sein: *Hütet Eure Töchter!* Ein reichlich kurioses Projekt: Die Söhne sollten Papas Kino einen Film liefern, der an Mütter und Väter appellierte, mehr auf die gefährdeten Töchter zu achten... Der Verleih formulierte folgenden Werbetext: »Aus dem Material einer von Journalisten, Soziologen, Psychologen und Erziehern angestellten Untersuchung sind sieben exemplarische Fälle aufgegriffen, die Gefahren schildern, denen unsere minderjährigen Töchter durch ihre sexuelle Frühreife, ihre Kontaktarmut zu den Eltern und durch zahllose ›geheime Verführer‹ ausgesetzt sind. Gefahren, von denen die Eltern zumeist keine Ahnung haben.« Nun, die wissenschaftliche Untersuchung, auf die Bezug genommen wurde, war eine Serie aus »Bild am Sonntag«, und das ganze Unternehmen wirkte wie ein früher Vorläufer des *Schulmädchen-Reports.* Doch vom Titel abgesehen, wurde den Filmemachern völlige Freiheit zugesichert. Jeder sollte für seinen Beitrag (zwölf Minuten) einen Etat von 50.000 DM erhalten, dazu ein Autoren- und Regiehonorar von jeweils 5.000 DM und eine prozentuale Gewinnbeteiligung. Es konnte losgehen – nur das Geld floß nicht. »Ärger mit Papas Kino« meldeten die Zeitungen im Februar 1963. Als Rob Houwer seine Forderungen eintreiben wollte, mußte er feststellen, daß er bestenfalls für 3.000 DM Büromöbel pfänden lassen konnte.

»Film-Riese wankt«, so die Presse-Schlagzeilen am 26. November 1962. Der Europa Verleih, inzwischen noch enger mit der Real verflochten, befand sich in akuten Zahlungsschwierigkeiten. Die ersten Wechsel platzten. Zwei Millionen waren sofort fällig; insgesamt beliefen sich die Verbindlichkeiten auf 14 Millionen DM. Das Vergleichsverfahren wurde eingeleitet; eine neu gegründete Auffanggesellschaft, Europa Filmring GmbH, wertete den Filmstock aus und verteilte die Erlöse auf die Gläubiger. Im Künstlerklub »Die Insel« stellte sich ein müder und resignierter Produzent den Fragen der Journalisten. Daß der deutsche Film beim Publikum keinen Kredit mehr habe, sei unbestreitbar. Er selbst sei ratlos und wisse keinen Ausweg. »Selbst wenn man mir 20 Millionen Mark mit der Aufforderung auf den Tisch legte, damit zwölf publikumswirksame Filme zu drehen, würde ich diesen Auftrag nicht annehmen.« Seinethalben könne man diese Bemerkung als eine persönliche Bankrott-Erklärung verstehen. Im März 1963 stellte er für die Real-Film Vergleichsantrag, zwei Jahre später ging die Firma in Konkurs.

Es gab noch ein Nachspiel. 1967 trat die Neue Realfilm auf den Plan. *Die Heiden von Kummerow* entstand als erste westdeutsche Produktion in der DDR. Gedreht wurde auf der Insel Rügen; der technische Stab – Kameramann, Cutter etc. – kam von der DEFA, die dafür die Rechte für die DDR und das sozialistische Ausland erhielt. »Unser Film soll ein heiterer Unterhaltungsfilm werden«, sagte Koppel in einem Interview. »Der Stoff bietet weder Anlaß zu Avantgardismus noch etwa zu politischer Problematik.« Tatsächlich wurden die – in Ehm Welks Roman durchaus vorhandenen – sozialkritischen Untertöne systematisch eliminiert. Der betulich inszenierte, arg nostalgische Familienstreifen wurde nur ein mäßiger Erfolg; es blieb die einzige Produktion der Neuen Realfilm.

Koppel zog sich zurück, die letzten Jahre lebte er in Marburg. Kurz vor seinem Tod porträtierte ihn das Fernsehen. Auf Hamburg kam er nicht gern zu sprechen. »Ich habe eigentlich nicht das Gefühl, daß anerkannt wird«, meinte er verbittert, »daß ich mir in dieser Stadt ein Heimatrecht erworben habe.«

Der eingangs zitierte Artikel »Sein Leben begann mit vierzig« von H. Kuntze-Just erschien im »Film-Telegramm«, 1956, Hef: 4. – Das vom Produzenten aus »Der Hauptmann von Köpenick« eliminierte Chanson sowie die Äußerungen Koppels über Käutner in: »Der Spiegel«, 19.8.1959. – Zur Person Arthur Maria Rabenalt vgl. Trude Trunk, »Gefälligkeiten und ein Mann ohne Ruhm«, in: »TheaterZeitSchrift«, 1989, Heft 30, S. 43-59. – Stefan Burgs Besprechung von »Die Ehe des Dr. med. Danwitz« stand in: »Neues Deutschland«, 28.8.1956. – Manfred Barthels Charakteristik der »Real-Film-Brothers« Koppel und Trebitsch seinem Buch »So war es wirklich. Der deutsche Nachkriegsfilm«, München und Berlin 1986, S. 124, entnommen. – Koppels Statement zur Pleite von Europa/ Real wird zitiert nach Georg Würtz, »Die schweren Sorgen des Walter Koppel«, in: »Frankfurter Rundschau«, 27.11.1962. Das Interview zu »Die Heiden von Kummerow« stand in der Münchner »Abendzeitung«, 23.8.1967.

Das Herz von St. Pauli

Uraufführung am 17. 12.
im City-Theater

Unter den Dächern von St. Pauli

Der Kiez als Filmkulisse

Die Katholische Filmkommission schätzt Stars nur in der Büchse. Der Arzt von St. Pauli wird Kommissar und Pfarrer, aber St. Pauli ist kein Wunderland, und über den Dächern ist nichts.

Die Kamera schwenkt vom Straßenschild »Große Freiheit« auf Jürgen Roland. Er sitzt auf einem Stapel Filmbüchsen; rechts und links von ihm stapeln sich weitere Filmrollen. Der Bundesfilmpreisträger von 1965 (ausgezeichnetes Werk: *Polizeirevier Davidswache*) wendet sich direkt an den Zuschauer: »In über hundert Filmbüchsen ruhen die Stars, die Ihnen als Arzt, als Kommissar, als Pfarrer, ja sogar als Engel von St. Pauli begegnet sind. Aber es gibt auch ein anderes St. Pauli. Das am Tag zum Beispiel. Nüchtern und ungeschminkt, nackt und ordinär manchmal. Oft auch mit Herz und Gefühl...« Jetzt will er uns zeigen, wie es wirklich zugeht auf dem Kiez: Der *St. Pauli-Report* rollt ab, ein Film, der kein Klischee ausläßt – hatten Sie was anderes erwartet?

St. Pauli-Filme haben mehr als nur die Kulisse gemeinsam: Sie bilden ein Genre. Entsprechend gibt es Streifen, die das Genre geradezu idealtypisch erfüllen, schwache Aufgüsse und viel Durchschnittsware. Man kann Entwicklungslinien aufzeigen: Filme, die stilbildend wirkten, die das Genre in die eine oder andere Richtung erweiterten, und natürlich Anti-St. Pauli-Filme. Der eigentliche Widerpart ist jedoch der Dokumentarfilm: Denn das Film-St. Pauli gibt es gar nicht.

»Auf der Reeperbahn nachts um halb eins«

Beim Vorsortieren der Filmbüchsen hilft uns die Katholische Filmkommission. Diese Damen und Herren sind besonders kompetent: Sie kennen jeden St. Pauli-Film, keiner ist ihnen entgangen. Sie haben *Unser Wunderland bei Nacht* besichtigt, waren im *Stundenhotel von St. Pauli* und schreckten selbst vor *Das Loch zur Welt* nicht zurück. Bevor sie ihre (immer gleich lautenden) Urteile fällen, liefern sie eine Inhaltsangabe. Die Gutachten sind oft mit Liebe zum Detail formuliert. Ein willkürlich gewähltes Beispiel: *St. Pauli Herbertstraße*, Farbfilm 1965. »Wie im buntesten Heimatfilm wandert eine Landwirtstochter durch den Wald, wo sie ein entsprungener Sträfling vergewaltigt. Kurze Zeit später wird ihr beim Spanferkelessen übel. Der Vater ruft den Arzt, der den Verdacht auf Schwangerschaft bestätigt. Sofort verstößt man sie, die Mutter erhängt sich, und Angelika sitzt einsam auf der Landstraße. Ein freundlicher dicker Monteur im VW-Bus (Kennzeichen Rastatt) liefert sie schnurstracks beim zuhälterischen Geschäftsführer eines Stripteaselokals ab.« Soweit die Exposition der Geschichte, die bei der Kommission keine Gnade fand: »Kümmerlich primitives Schunderzeugnis deutscher Produktion. Abzuraten.«

Der erste St-Pauli-Film mit Hans Albers datiert von 1931: In Richard Eichbergs *Der Draufgänger* spielte er einen Hafenpolizisten, Leonard Steckel den Inhaber des American Hippodrome. 20 Jahre später gehen in *Auf der Reeperbahn nachts um halb eins* die Geschäfte in der Galopp-Diele, die der ehemalige Matrose Pitter Breuer betreibt, nicht mehr so recht. Sein alter Kumpel Hannes kommt und bleibt an Land; mit seinem Geld wird der Laden wieder flott gemacht.

Regisseur Wolfgang Liebeneiner kopierte unverblümt *Große Freiheit Nr. 7* und legte noch eine dicke Schicht Nostalgie auf. Hans Albers zitierte sich selbst (und sang seine Hits zur Quetschkommode); Heinz Rühmann und Gustav Knuth hießen wieder seine Partner. Die dürftige Story verquickt einen Krimi-Plot (Ganoven wollen den Schatz in einem U-Boot-Wrack heben) mit rührseligem Illustrierten-Kitsch (Anni ist die Tochter von Hannes, weiß aber nichts davon). Am Ende werden die Verbrecher gefaßt, und Hannes wandert mit geschultertem Seesack zum Hafen. Nach der Uraufführung (am 16. Dezember 1954 in der Barke) bemerkte der »Spiegel«: »Die Hansestadt kommt mit allen für die Fremdenwerbung wichtigen Plätzen ins kolorierte Breitwandbild«; das Hippodrom jedoch hatte der Berliner Produzent in den Ufa-Hallen Tempelhof errichten lassen.

Der nächste Aufguß fiel, das liegt in der Natur der Sache, noch dünner aus: *Das Herz von St. Pauli*, uraufgeführt am 17. Dezember 1957 im City am Steindamm. Alles wie gehabt: Albers als Kneipenwirt und Seebär, dazu bewährte Stars wie Hansjörg Felmy und Gert Fröbe, Camilla Spira und Karin Baal. Natürlich ist das Lokal verschuldet, natürlich sind die neuen Teilhaber Schufte, natürlich geht Jonny am Schluß wieder auf große Fahrt. Auch die Katholische Filmkommission hielt sich ans Ritual: »Wegen widerwärtiger Schaudarbietungen ungenießbar – abzuraten.« Wirklich schamlos war eigentlich nur das Verhalten der Filmindustrie, die den Mythos Hans Albers auf die billigste Art ausbeutete und dem Schauspieler keine vernünftigen Rollen bot. Er wußte es selbst am besten: »Albers mit Schippermütze und 'nem Doppelten in der Faust ist eine Sache, aber es darf auch schon mal 'ne Nummer größer sein.«

Der deutsche Verleihtitel *Auf St. Pauli ist der Teufel los* täuscht: Francesco Rosis *Il magliari* ist kein Reißer. Ein junger Italiener, als Gastarbeiter in die Bundesrepublik gekommen, dann aber auf die Straße gesetzt, gerät in eine Bande von Landsleuten, die an der Haustür billigen Tand teuer verscheuern (und dabei vor Trickbetrügereien nicht zurück-

schrecken). Sie verlegen ihr Tätigkeitsfeld in die Hansestadt, wo sie für den Teppichhändler Meyer Umsatz machen sollen – Hamburg ist wie New York, schwärmt der Chef der Organisation, und schon bald lernen sie die Gesetze des Großstadtdschungels kennen: Es kommt zum Kampf mit einer konkurrierenden Bande. Der Film, in der Originalfassung zweisprachig, konfrontiert nicht ohne Witz italienische Mentalität mit den Anfängen des deutschen Wirtschaftswunders. Rosi hat die fünfziger Jahre atmosphärisch dicht eingefangen. Gedreht wurde an Originalschauplätzen, und die Aufnahmen von der Herbertstraße, auch die Bilder von der Hafenkante haben geradezu dokumentarischen Wert. An der Kamera stand ein Meister seines Fachs: Gianni di Venanzo arbeitete u.a. mit Visconti, Rosselini, Antonioni zusammen. Für diesen Film benutzte er ein hochempfindliches Negativmaterial, so daß selbst die Szenen nachts und in der Dämmerung nie in künstlichem Licht erscheinen. Neben die äußere Authentizität tritt die ästhetische Qualität: Wirklichkeitsnähe entsteht im Film nicht aus Zufall, sondern ist das Ergebnis künstlerischer Arbeit.

»Alle Geschehnisse dieses Films haben sich tatsächlich zugetragen«, versichert der Vorspann zu Jürgen Rolands *Polizeirevier Davidswache*, »eben-

Zwei Dunkelmänner (Gert Fröbe und Werner Peters) stören den Frieden in der Seemannskneipe »Das Herz von St. Pauli«. Vater und Sohn werden gespielt von Hans Albers und Hansjörg Felmy

Jürgen Roland filmt die Herbertstraße

so leben die Menschen, die Sie kennenlernen werden, wirklich – oder sie haben gelebt.« Der Anfang könnte aus einem x-beliebigen Kulturfilm stammen: Die Hamburger Flagge wird hochgezogen, Musik: »Stadt Hamburg an der Elbe Auen«, Schwenk über die Stadt, Zoom auf das Bismarck-Denkmal. Die nächste Szene spielt in der Bezirksversammlung, wo sich der Redner Sorgen über das schlechte Image des Viertels macht. Der Off-Kommentar belehrt uns, dies sei der Fraktionsvorsitzende der SPD. Überhaupt würden wir nicht nur Schauspieler zu sehen bekommen (aber im Publikum erkennt man schon Wolfgang Kieling). »Überall ein Stückchen Wirklichkeit, das wollte ich Ihnen noch verpassen«, verabschiedet sich die Stimme aus dem Off. Es handelt sich nicht um eine Dokumentation, sondern um vorgetäuschten Realismus. Rolands Methode: die nachgestellte Reportage. Im Mittelpunkt steht ein Verbrecher, der sich an einem Polizisten rächen will; dazu gibt es viele kleine Episoden und Milieu-Streiflichter. Der Regisseur setzte auf Pointen (und leistete sich einige Ausrutscher wie z.B. die üblen Scherze über Transvestiten). Die offizielle Uraufführung war am 10. September 1964 in der Barke, die eigentliche Premiere jedoch fand im Aladin auf der Reeperbahn statt: Der Kiez erkannte sich wieder und fühlte sich verstanden.

Der journalistische Ansatz von *Polizeirevier Davidswache* hatte Folgen. Nach dem »Preludin-Report« der Mopo entstand *Mädchenjagd in St. Pauli*; angeblich auf Tatsachen basierte *Wenn es nacht wird auf der Reeperbahn*. Werner Klingler ging den *Straßenbekanntschaften auf St. Pauli* nach, Alfred Weidenmann sah sich *Unter den Dächern von St. Pauli* um. Als sozialkritisches Kaleidoskop wurde *St. Pauli zwischen Nacht und Morgen* ausgegeben. Auch Roland mischte weiter mit: *Die Engel von St. Pauli* – taubstumme Nutte wird von einem impotenten Mann ermordet – und *Zinksärge für die Goldjungen* – alteingesessene Gangster gegen zugewanderte Mafia-Bande – sind routiniert inszenierte Trivialstories. Nicht verantwortlich zu machen ist er für *Das Loch zur Welt*: Produzent Hanns Eckelkamp verschnitt Teile aus *Polizeirevier Davidswache* mit neu gedrehten (teilweise mit versteckter Kamera aufgenommenen) Szenen; die Musik lieferten Floh de Cologne und Franz Josef Degenhardt. Die katholischen Gutachter waren entsetzt. Sie monierten die geschilderte »Sittenverderbnis«, »inzwischen um perverse Spielarten erheblich erweitert«, und kamen zu dem Schluß: »Der Film degradiert den Kinobesucher zu einem Voyeur für schamlose sexuelle Darbietungen in Bild und Text. Wir raten ab.«

Mißratener Thriller »Fluchtweg St. Pauli«: Heinz Reincke wird Kommissar Klaus Schwarzkopf vorgeführt

Die nach dem Rezept Sex & Crime zusammengerührten Schmuddel-Geschichten verdrängten die volkstümlichen Rührstücke von der Waterkant. *Heimweh nach St. Pauli* mit Freddy Quinn war der letzte erfolgreiche Nostalgie-Streifen. (Die Musical-Verfilmung machte bereits ein Zugeständnis an den veränderten Zeitgeschmack: Als Gast engagierte man aus Amerika das Sex-Idol Jayne Mansfield.) Die Seefahrer-Romantik verschwand und damit auch ein Motiv der Gegenwelt: die Möglichkeit, anzuheuern und hinauszufahren. Der Kiez, inzwischen nur noch gleichgesetzt mit Prostitution und Kriminalität, erschien als Slum, aus dem kein Weg herausführt. Hauptwachtmeister Glanz (in *Polizeirevier Davidswache*) gab sich skeptisch im Gespräch mit Brunos Verlobter: »Wer hier erst einmal gelandet ist... St. Pauli läßt einen so leicht nicht wieder frei, es ist wie ein Moor.«

In diesem Sumpf versanken auch renommierte Regisseure und Darsteller. Wolfgang Staudte standen für *Fluchtweg St. Pauli – Großalarm für die Davidswache* Schauspieler wie Klaus Schwarzkopf, Heinz Reincke und Bösewicht Horst Frank zur Verfügung. Doch trotz Action-Szenen zuhauf, rechte Thriller-Spannung wollte sich nicht einstellen; mit diesem Flop war Staudtes Kino-Karriere beendet, danach arbeitete er nur noch für das Fernsehen. Selbst Stars, die über Mangel an Rollenangeboten nicht klagen konnten, klebten geradezu am Milieu. Erst mimte Curd Jürgens den *Arzt von St. Pauli*, dann einen ehemaligen Fahrensmann: *Auf der Reeperbahn nachts um halb eins* war 1969 bereits der dritte Film dieses Titels. Als Kommissar sah man Jürgens wieder in *Das Stundenhotel von St. Pauli*. Schließlich durfte er als *Der Pfarrer von St. Pauli* seinen Segen in der Barockkirche St. Joseph austeilen. (Diesmal fand die Katholische Filmkommission den Film »ab 14 Jahren möglich«.) Damit nicht genug, kämpfte er sich als *Käpt' n Rauhbein aus St. Pauli* durch den südamerikanischen Urwald. Dann sah Curd Jürgens endlich ein: Er ist nun einmal nicht Hans Albers.

Das Genre glitt Anfang der 70er Jahre vollends ab in den Pornofilm. Selbst Gerda Gmelin, die Prinzipalin des Theaters im Zimmer, war sich für ›St. Pauli Nachrichten‹ – Thema Nr. 1 nicht zu schade. Peter Rühmkorf entdeckte die dichtende Hausfrau Bengta Bischoff; ihr Roman *Das gelbe Haus am Pinnasberg* schilderte in grotesker Umkehrung der Realität, die sie als Nachbarin der Pension »Com-

bifix« tagtäglich vor Augen hatte, einen gutbürgerlichen Männerpuff: »Fast jede Besucherin verkündete hinterher glückstrahlend: ›Es war eine Wohl-
tat!‹.« Hellmuth Costard, der das Buch illustrierte,
hätte vielleicht eine witzige Satire auf die Sexfilm-
Welle daraus gemacht, doch die naiv-treuherzige
Wunschphantasie fiel dem routinierten Simmel- und
Wallace-Regisseur Alfred Vohrer in die Hände (und
das einzig Komische im Film ist der Auftritt von
Bengta Bischoff). Zu sehen war der unsägliche
Streifen sowohl im Studio an der Binnenalster als
auch in der Kurbel am Nobistor: Laufzeit 15 Wochen.

Der Staatsanwalt schritt ausgerechnet bei einem
Anti-Porno ein: Er ließ im September 1974 *Dorotheas Rache* beschlagnahmen. (Nach Besichtigung
des Films hob das Landgericht Hamburg das Verbot wieder auf.) Regisseur Peter Fleischmann variierte »Alice im Wunderland«: Ein junges Mädchen
sucht auf St. Pauli die Liebe und stolpert durch ein
wahres Horrorkabinett einschlägiger Etablisse-
ments. Der mit Laien gedrehte Film wollte provo-
zieren: eine rüde Attacke auf die bürgerliche Dop-
pelmoral. In Paris lief *Dorotheas Rache* in zehn ausverkauften Kinos und wurde ein sensationeller Erfolg; die deutschen Kritiker mochten in den Jubel

nicht einstimmen. Nur Martin Walser fand, Fleischmann habe »eine Parodienschärfe erreicht, die an
Sternheim und Buñuel erinnert. Oder an George
Grosz und an Tomi Ungerer«. Das war zu hoch ge-
griffen. Das Drehbuch stammte zwar von Buñuels
Szenaristen Jean-Claude Carrière, doch dem Regisseur gelang es nicht, aus dem Sittenspiegel eine
gesellschaftskritische Parabel zu machen. Gleich-
wohl blieb das Vorgehen der Justiz absurd. (Fleisch-
manns Rache, fünf Jahre später: *Die Hamburger
Krankheit*. Die makabre Zukunftsvision spielte quer
durch die Republik, doch zuerst brach die myste-
riöse Seuche in der Hansestadt aus. Die eher ver-
worren denn bedrohlich wirkende Science-fiction-
Geschichte konnte auch die prominente Besetzung
nicht retten: Neben Schauspielern wie Helmut Gri-
en und Ulrich Wildgruber wirkten der Dramatiker
Fernando Arrabal, Exkommunarde Rainer Lang-
hans, Romy Haag u.a. mit.)

Die Flut der St. Pauli-Filme ebbte ab, versiegte
aber nie ganz. Schmuddelsex in moderner Verpak-
kung bot Reginald Puhls *Sarah*; Animierdame, Edel-
nutte, Straßenstrich und am Ende Psychiatrie, so
die Stationen in diesem spekulativen Werk. Nach
Peter Greiners Theaterstück, angereichert mit Episoden des Milieukenners Hans Eppendorfer, insze-

Verfilmtes Theaterstück: »Kiez – Aufstieg und Fall eines Luden«

nierte das Team Walter Bockmayer/Rolf Bührmann *Kiez – Aufstieg und Fall eines Luden.*

Nostalgie für die heute 50jährigen: In Horst Königsteins *Hard Days, Hard Nights* können sie den legendären Beatles-Zeiten (und der eigenen Pubertät) nachtrauern. Als Kurt aus Wilhelmsburg hatte Wigald Boning hier seinen ersten Auftritt. Der neue deutsche Film entwickelte das Genre weiter: St. Pauli erscheint in *Jimmy Orpheus* und *Supermarkt* von Roland Klick, in Christel Buschmanns *Gibbi – Westgermany,* Uwe Schraders *Mau Mau* und (mit Einschränkungen) Doris Dörries *Paradies* als sozialer Ort, der den Menschen die Lebensbedingungen diktiert: Der Kiez als geschlossenes System, in dem Auflehnung zu einer vergeblichen Geste wird. Traurige Helden kämpfen in einer kaputten Stadtlandschaft ums Überleben. Ein neuer St. Pauli-Mythos wurde geboren, den Vadim Glownas Filmtitel auf den Begriff bringt: *Desperado City.*

»Diese Geschichte ereignet sich 1980 in Hamburg«, vermerkte das Exposé kurz und bündig; das Projekt hatte damals noch den Arbeitstitel »Jeder stirbt ein Leben«. Skoda, der als Aushilfs-Taxifahrer sein Geld verdient, liebt das Mädchen Liane, das gerade im Frisiersalon seine Lehre geschmissen hat. Ihr gemeinsamer Traum: abhauen, auswandern, möglichst nach Amerika. »Warum willst du denn rüber?«, fragt ihn einmal seine Freundin, und Skoda antwortet mit der lakonischen Gegenfrage: »Was soll ich hier?«. Glowna, international renommierter Schauspieler, lieferte mit *Desperado City* sein Regiedebüt. In Hamburg aufgewachsen und mit der Gegend gut vertraut, siedelte er die Geschichte im Schnittpunkt von Altona, Eimsbüttel und St. Pauli an. »An den Berührungsflächen dieser drei Stadtteile ist eine Zone entstanden, die mit keiner der anderen sozialen Strukturen vergleichbar ist«, erklärt das Exposé. »Diese Zone ist von auffallender Trostlosigkeit und prägt die Menschen, die dort leben.« Hier herrscht ein rauhes Klima, doch unter Rohheit und Aggressivität verbirgt sich Sehnsucht nach Wärme und Zuneigung. Nur selten gerät ein kleines Stückchen Himmel ins Bild: Der Film klebt geradezu an den grauen Hinterhöfen, den zubetonierten Plätzen und den regennassen Straßen. Ein Taxifahrer kommt in der Stadt herum, und dieser Film beschränkt sich nicht auf die bekannte Ecke Reeperbahn/Hein-Hoyer-Straße: Das Arbeitsamt in der Admiralitätsstraße und das Altonaer Krankenhaus, Neuer Pferdemarkt, Juliusstraße und Moorweide, das sind nur einige der Schauplätze. Doch der Weg hinaus aus der steinernen Wüste ist ver-

Der Schauspieler erstmals als Regisseur: Vadim Glowna dreht »Desperado City«

Liane (Beate Finckh) und Skoda (Siemen Rühaak) schauen auf »Desperado City«

sperrt: Der Ausbruchversuch endet tödlich. *Desperado City* entwirft kein larmoyantes Elendspanorama, sondern ist ein melancholischer Blues, dessen Melodie den Rhythmus der Stadt aufnimmt.

Skodas Traum von Amerika stammt aus dem Kino. Seine Augen glänzen, wenn er von *Dog Day Afternoon* oder *Pat Garett and Billy the Kid* erzählt. Natürlich geht er nicht ins Abaton, Zeise oder Metropolis, sondern ins Ufa-Theater am Gänsemarkt. Aladin und Oase, Reeperbahn 89 bzw. 147, sind heruntergekommen wie so manches Etablissement auf der Meile. Lothar Behrends (Lotti), seit 20 Jahren Filmvorführer im Aladin, kennt noch die besseren Zeiten, bevor Kinokönig Heinz Riech in den Siebzigern die großen Säle teilte in vier bzw. fünf Schachtelkinos (das kleinste, Oase 4, hat 54 Pläte und eine Leinwand von gerade mal 2,1x4,6 Meter). Das Aladin ist das schmuddeligste Kino der Stadt: Es darf geraucht werden, und mangels anderer Aschenbecher benutzt man den großen – der Fußboden sieht entsprechend aus. Bis spät in die Nacht sind hier Schwarzenegger & Co. voll in Action, während in der Oase oft ein interessantes Programm geboten wird. Nirgendwo sonst lief so lange wie auf der Reeperbahn *Das Leben ist eine Baustelle*. 1994 wurde die Oase, das letzte Mittelgangkino, renoviert. Bei der Eröffnung im April 1958 legte man Wert auf großzügige Eleganz: »Das bequeme lilafarbene Polstergestühl mit seiner hellen Holz-

umrahmung kontrastiert mit der hellgrauen Holztäfelung des Raumes.« Was das Programm betraf, so wurde Erstklassiges versprochen, schließlich sollte »eine wirkliche Oase des guten internationalen Films« entstehen. 1970 klang die Werbung des Aladin schon ganz anders: »Bei einem Reeperbahnbummel finden Sie hier anregende und unterhaltende neueste Pop- und Sex- und Porno-Filme, auch mal gruselig und auch mal mit Knall.« Genauso ist St. Pauli – im Film.

Die Gutachten der Katholischen Filmkommission werden regelmäßig veröffentlicht in der Zeitschrift »Filmdienst«. – Dokumentarfilme sind hier nicht berücksichtigt. Drei herausragende Produktionen seien genannt: »Heiligabend auf St. Pauli« von Klaus Wildenhahn (1968), »Palais d'Amour« von Solange Michoulier, unter Mitarbeit von Louis Malle (1970) sowie »Wunden und Narben« von Erwin Keusch und Norbert Wiedmer (1981). – Die Bemerkung von Hans Albers wird zitiert nach: Uwe-Jens Schumann, »Hans Albers«, München 1980, S. 148. – Über »Auf St. Pauli ist der Teufel los« vgl. Rüdiger Koschnitzki u.a., »Francesco Rosi«, München 1983, S. 75f. und 89-94. – Seine Erlebnisse bei den Dreharbeiten zu »Polizeirevier Davidswache« erzählt Wolfgang Kieling in »Stationen«, Wien 1986, S. 178-183. – Bengta Bischoffs Roman »Das gelbe Haus am Pinnasberg« erschien zusammen mit »Das verliebte Lenchen« im Konkret Verlag, Hamburg 1970. – Martin Walser schrieb über »Dorotheas Rache« in: »Die Zeit«, 10.5.1974. – Vadim Glowna schildert den Produktionsprozeß seines Films in dem Buch »Desperado City. Wie ein Film entsteht«, München 1981; dort ist auch das zitierte Exposé abgedruckt.

Kinos in Hamburg 1962

Ahoi, Große Freiheit 60
Aki am Hauptbahnhof
Aladin, Reeperbahn 89
Allee, Allee 108
Alster, Alsterdorfer Straße 62
Alsterburg, Alsterdorfer Straße 300
Alstertal, Erdkampsweg 1
Altenwerder-Lichtspiele, Elbdeich 187
Anker, Marckmannstraße 127
Apollo, Langenhorner Chaussee 166
Apollo-Filmtheater, Rütersbarg 48
Astoria-Filmtheater, Neue Straße 19
Astoria-Lichtspiele, Fährstraße 41
Astra-Filmbühne, Holtenklinkerstraße 154
Astra-Theater, Müggenkampstraße 4
Atlantik-Theater, Steindamm 22
Atrium, Lange Reihe 29
Bach-Theater, Schweriner Straße 20
Bahrenfelder-Li., Bahrenfelder Ch. 57
Bali, Hamburger Straße 192
Bali, Cuxhavener Straße 128
Barberina-Lichtspiele, Kieler Straße 723
Die Barke, Spitalerstraße 7
Belle-Filmtheater, Allee 283
Berli, Wohldorfer Damm 10
Blankeneser Lichtsp., Bahnhofstraße 4
Die Blende, Fuhlsbüttler Straße 541
Blumenburg, Hoheluftchaussee 97
Borsteler Jäger, Weg beim Jäger 95
Bram-Theater, Bramfelder Chaussee 197
Capitol, Hoheluftchaussee 52
Casino, Alsterkrugchaussee 577
Central-Theater, Eimsbütteler Chaussee 63
Central-Lichtspiele, Rahlst. Bahnhofstr. 35
Central-Theater, Holst. Chaussee 272
Centrum-Lichtspiele, Alter Steinweg 42
Cinema, Steindamm 43
Cineta, Eimsb. Chaussee 63
City, Steindamm 9
Corso, Hummelsb. Landstraße 98
Filmkunsttheater Dammtor
Derby-Lichtspiele, Bauerberg 20
Deuli, Bernstorffstraße 93
Drosselhof-Lichtspiele, Drosselstraße 18
Eidelstedter-Lichtspiele, Kieler Straße 622
Eißendorfer-Lichtspiele, Friedhofstr. 10
Elektra, Voßhagen 3
Elite, Bahrenfelder-Kirchenweg 4
Emelka-Palast, Osterstraße 95
Escorial, Glashüttenstraße 115
Esplanade-Theater, Esplanade 36
Europa-Palast, Jarrestraße 45
Fama, Luruper Hauptstraße 276
Farmsener-Li., Berner Heerweg 131
Filmbühne, Andreas-Meyer-Straße 51
Filmeck, Alte Holstenstraße 50
Filmeck, Marschkamper Deich 2

Filmtheater im Streit's, Jungfernstieg 33
Filmtheater Neugraben, Bahnhofstraße 2
Filmtheater Stellingen, Kieler Straße 432
Film-Truhe, Tonndorfer Hauptstraße 112
Finkenwerder-Lichtspiele, Norderdeich 62
Fischbeker-Li., Cuxhavenerstr. 459
Flora-Filmtheater, Schulterblatt 71
Flottbeker Lichtspiele, Waitzstraße 15
Forum, Carl-Petersen-Straße 45
Fünfhauser-Lichtspiele, 5
Georgswerder-Fb., Georgswerderdeich 18
Gloria-Filmtheater, Fuhlsbüttler Straße 334
Gloria-Palast, Wilstorfer Straße 34
Gondel-Filmtheater, Sierichstraße 97
Gorch-Fock Theater, Steendiek 16
Grindel-Filmtheater, Grindelberg 7a
Ha-Li-Bü, Am Brink 13
Hansen-Lichtspiele, Schulterblatt 49
Harmonie, Wandsbeker Marktstraße 33
Holi, Schlankreye 69
Holsten-Lichtspiele, Alte Holstenstraße 19
Filmtheater im Imperial, Reeperbahn 3
Jalousie-Lichtspiele, Barmbeker Straße 79
Jüthorn-Lichtspiele, Bovestraße 46
Kammer-Lichtspiele, Grindelallee 6
Die Kasette, Steinbeker Weg 62
Knopfs Lichtspiele, Spielbudenplatz 19
Die Kogge, Wandsbeker Chaussee 63
Die Koralle, Im alten Dorfe 25
Kurbel Berliner Tor, Beim Strohhause 8
Kurbel Bergedorf, Neuer Weg 23
Kurbel Jungfernstieg, Große Bleichen 9
Kurbel Nobistor, Große Bergstraße 1
Landhaus-Lichtspiele, Kalckreuthweg 91
Langenhorner Li., Tangstedter Landstr. 182
Lichtburg, Sülldorfer Landstraße 3
Lichtburg, Slomanstieg 3
Lichtspielhaus, Duvenstedter Damm 45
Liliencron Theater, Beselerstr. 21
Luna-Lichtspiele, Georg-Wilhelm-Str. 164
Luxor, Probst-Paulsen-Straße 2
Melodie-Dehnhaide, Stuvkamp 20
Metropol Theater, Holländische Reihe 50
Millerntor-Lichtspiele, Millerntorplatz 1
Monopol Theater, Veringstraße 18
Muck-Platz-Lichtspiele, Poolstraße 22
Mühlenkamp-Lichtspiele, Mühlenkamp 34
Neuengammer Lichtspiele, Hausdeich 258
Nienstedtener-Lichtsp., Langenhegen 9
Nordlicht, Lübecker Straße 116
Nordlicht, Friedrich-Ebert-Damm 30
Oase-Filmtheater, Reeperbahn 147

Odeon-Lichtspiele, Heimfelder Straße 44
Olympia-Palast, Bachstraße 72
Operettenhaus, Spielbudenplatz 1
Osdorfer-Li., Osdorfer Landstr. 198
Ose-Palast, Billstedter Hauptstraße 8
Ottensener-Li., Ottensener Hauptstraße 39
Palmengarten-Lichtspiele, Tibarg 13
Parkhof, Langenhorner Chaussee 691
Park-Lichtspiele, Im alten Dorfe 5
Passage-Theater, Mönckebergstraße 17
Passage-Theater, Großer Schippsee 8
Poppenbütteler Lichtspiele, Hauptstraße 5
Radiant, Bramfelder Straße 42
Radiant, Bramfelder Chaussee 209
Radiant, Winsener Straße 54
Radiant, Reeperbahn 31
Die Rampe, Billstedter Brückenstraße 51
Regina-Lichtspiele, Elbchaussee 568
Regina-Palast, Kümmelstraße 6
Reichs-Theater, Fruchtallee 136
Reli, Langenhorner Chaussee 254
Rex, Wandsbeker Marktstraße 36
Rialto, Vogelhüttendeich 30
Rio-Lichtspiele, Washingtonallee 90
Rondeel, Dithmarscher Straße 31
Roxy, Fuhlsbüttler Straße
Roxy, Osterstraße 111
Roxy, Eppendorfer Landstraße 41
Roxy, Carl-Petersen-Straße 53
Savoy, Steindamm 54
Scala, Fuhlsbüttler Straße 132
Der Spiegel, Bahrenfelder Straße 175
Schauburg, Rahlstedter Straße 78
Schauburg, Winterhuder Weg 112
Schauburg, Claus-Ferck-Straße 2
Stern-Lichtspiele, Große Freiheit 39
Studio a.d. Binnenalster, Fehlandtstr.
Thalia, Grindelallee 116
Tina, Berner Heerweg 175
Tina, Saseler Chaussee 160
Titania Theater, Saseler Chaussee 30
Tivoli Theater, Eiffestraße 584
Treffpunkt, Ahrensburger Straße 121
Ufa-Palast, Gänsemarkt 45
Ufa-Dulsberg, Straßburger Platz 34
Ufa-Harvestehude, Eppendorfer Baum 35
Ufa-Mundsburg, Mundsburger Damm 60
Union-Lichtspiele, Spielbudenplatz 24
Union-Theater, Luruper Hauptstraße 88
Urania-Filmbühne, Fehlandtstraße 40
Urania-Theater, Heußweg 30
Viktoria-Lichtspiele, Lokstedter Weg 41
Volkshaus, Saselheider Weg 6
Waldesruh, Wellingsbüttler Weg 56
MGM-Waterloo, Dammtorstraße 14
Wilhelmsburger, Kirchdorfer Straße 169
Winterhuder Lichtspiele, Fiefstücken 8

(Quelle: Filmtheater Katalog 1962)

Tagesschau und Stadtgespräch

*Das Fernsehen, Studio Hamburg
und der Trebitsch-Clan*

*Fernsehen ist für die Stube und nicht
für die Straße. Die Bayern schalten ab,
und die Leute in Mümmelmannsberg
bekommen Besuch. Wilhelmsburg als
deutsche Bronx. Die Polizisten vom
Großstadtrevier haben nie Feierabend.*

*Das NDR-Tagesschaustudio in Lokstedt 1959.
Der Sprecher: Karl-Heinz Köpcke*

Jürgen Roland war schon da, als es das Fernsehen offiziell noch gar nicht gab: Mit *Was ist los in Hamburg* ging er am 9. Januar 1952 auf Sendung, einen Monat später moderierte er die erste Sportreportage (Amateurboxen in der ETV-Halle), am 7. Mai gab er *Kleine Tips für Reiselustige*. Alles noch Versuchsprogramm, ausgestrahlt vom NWDR (Nordwestdeutscher Rundfunk) im Hochhaus II auf dem Heiligengeistfeld. Am 19. Dezember, im tiefsten Schnee, war Richtfest für die NDR-Studios am Gazellenkamp. Sechs Tage später (man hatte bis zum Fest gewartet) fiel am ersten Weihnachtstag 1952 der offizielle Startschuß. Der Intendant Werner Pleister hielt eine salbungsvolle Rede an das noch spärliche Fernsehpublikum: »Wir versprechen Ihnen, uns zu bemühen, das neue geheimnisvolle Fenster in Ihrer Wohnung, das Fenster in die Welt, Ihren Fernsehempfänger, mit dem zu erfüllen, was Sie interessiert, Sie erfreut und Ihr Leben schöner macht.«

Das Fernsehen schlage Brücken von Mensch zu Mensch, verkündete der Intendant. Er dachte dabei wohl nicht an die Straßenszenen, die anderntags im »Abendblatt« geschildert wurden. »Die Hamburger drängten sich trotz der Nässe von oben und unten in dichten Trauben vor den Schaufenstern der Radiogeschäfte, der Verkehr mußte umgeleitet und manche Streiterei im Keime erstickt werden. In den Häusern – den wenigen, die über ein Gerät verfügen – holte man die Nachbarn und alle verfügbaren Stühle zusammen, und was man sah, war der Beginn eines sozusagen serienmäßigen Fernsehprogramms.« Nach dem Ende des Testphase wurde nun täglich zwei Stunden, von 20.00 bis 22.00 Uhr gesendet. »Wer vielleicht kritisierte, daß sich das Bild auf dem Schirm von der Straße aus über die Köpfe der lieben Mitmenschen hinweg und durch ein Schaufenster hindurch ein wenig klein ausnahm, der sollte bedenken, daß die Fernseherei ja für die Stube und nicht für die Straße erfunden wurde.«

Das Pantoffelkino eroberte bald die Wohnzimmer. Belehrung, Unterhaltung, Quizsendungen (bei denen *Der ideale Fernseh-Zuschauer* ermittelt wurde), Reportagen und Fernsehspiele: Das Medium erfand sich in den ersten Jahren selbst. Mit einer Liveübertragung, Schlagersänger Vico Torriani war ebenso dabei wie Fernsehkoch Clemens Wilmenrod, wurde das Studio in Lokstedt am 22. Oktober 1953 eingeweiht. In Hamburg konstituierte sich 1955 ein »Arbeitskreis für das deutsche Fernsehschaffen«, dem Literaten und Publizisten angehörten: Hans Werner Richter, Günter Weisenborn, Al-

Im abgerissenen Bunker auf dem Heiligengeistfeld richtete der NWDR 1949 ein behelfsmäßiges Fernsehstudio ein

fred Andersch, Eugen Kogon und Erwin Piscator. Die Macher waren andere. Jürgen Roland z.B. kreierte ständig neue Sendereihen, er hatte einen guten Draht zu den Freunden und Helfern in Uniform: *Achtung, Achtung! Funkstreife 12! Eine Fernseh-Reportage vom Einsatz der Polizei-Streifenwagen*, lief am 15. März 1955. Die »Tagesschau«, produziert von einem Drei-Mann-Team im Keller der Villa Heilwigstraße 116, geriet kurz darauf in arge Bedrängnis: Die Deutsche Wochenschau kündigte am 1. April den Kooperationsvertrag, nun mußten die Fernsehleute ganz schnell eine eigene Berichterstattung aufbauen.

Gyula Trebitsch war Realist, er ließ sich nicht auf einen aussichtslosen Kampf Kino gegen Fernsehen ein, sondern erkannte die Zeichen der Zeit. Das Filmgelände in der Tonndorfer Hauptstraße bekam einen neuen Besitzer: 1959 wurde die Real-Film Ateliergesellschaft gegründet – 80 Prozent gehörten dem Norddeutschen Werbefernsehen, einer NDR-Tochtergesellschaft, Trebitsch hielt die restlichen 20 Prozent –, ein Jahr später erfolgte die Umbenennung in Studio Hamburg. Trebitsch blieb als selbständiger Produzent im Geschäft: 1961 vergab das Fernsehen, das bisher nur Eigenproduktionen hergestellt hatte, erstmals einen Auftrag an eine private Firma. *Lysistrata*, Fritz Kortners Inszenierung des Aristophanes-Stückes mit Romy Schneider und Barbara Rütting, machte Fernsehgeschichte: In Bayern blieben die Bildschirme dunkel; das Fernsehspiel war, obwohl um 22.15 Uhr ausgestrahlt, den katholischen Sittenwächtern zu freizügig. Im Jahr darauf, der Stratege Trebitsch war vorausblickend mit der Ufa eine »Fernseh-Allianz« eingegangen, hatte man einen potenten Auftraggeber mehr: Das ZDF mietete sich bei Studio Hamburg ein. Branchenkenner waren verblüfft: Das Atelier gehörte indirekt dem NDR, bot sich aber als Dienstleister für die Konkurrenz an. Man fuhr gut mit dieser Politik.

Das Fernsehen war aus den Kindertagen heraus und erlebte seine stärksten Jahre. Jürgen Rolands *Stahlnetz*-Folgen waren ebenso »Straßenfeger« wie die Familienserie *Die Unverbesserlichen* mit Inge Meysel und Joseph Offenbach. Was es abends im Kasten gab, war am nächsten Morgen Gesprächsstoff im Büro. Es gab noch keine Fernbedienung, niemand konnte zwischen einem Dutzend Kanälen zappen: Die Fernsehnation war ein einig Volk. Anspruchsvolle Filme gingen nicht unter im Überangebot von seichtem Fast-food-TV. Realitätsgesättigte Fernsehspiele wie *Wilhelmsburger Freitag* von

Irene Koss, eine der ersten Fernsehansagerinnen, mit einem Aufnahmeteam im Studio Lokstedt des NWDR, 1953

Eberhard Fechners Interviewfilm »La Paloma«

Christian Geissler, Regie Egon Monk (gedreht in Farbe, obwohl es noch gar kein Farbfernsehen gab) fanden ebenso ihr Publikum wie Dokumentarfilme. Klaus Wildenhahn beobachtete *Harburg bis Ostern*: das Leben in der Johannisgemeinde von Weihnachten 1971 bis Ostern 1972. Rolf Schübel realisierte, zunächst in Zusammenarbeit mit Theo Gallehr, seine ersten Dokumentarfilme und erregte politischen Anstoß. 1977 wagten Horst Königstein und Hans Jürgen Rosenbauer ein Experiment: Für *Die Leute von Mümmelmannsberg* bezogen sie vier Monate lang eine Wohnung in der Trabantensiedlung, porträtierten die Menschen und konfrontierten sie mit ihren Fernsehlieblingen – Udo Lindenberg und Marianne Rosenberg kamen nach Mümmelmannsberg. Königstein entwickelte semidokumentarische Mischformen zu einem eigenen Genre, während Eberhard Fechner den Interviewfilm erfand: In einfühlsamen Gesprächen brachte er Lebensläufe ans Licht, montierte das Material zu eindrucksvollen Gesellschaftsstudien: *Nachrede auf Klara Heydebreck*, *Klassenphoto*, *Die Comedian Harmonists* und *La Paloma* (elf Seeleute erzählen von dem Abenteuer ihres Lebens).

Fechner war auch der Regisseur von außergewöhnlichen Fernsehverfilmungen, die auf Romanen mit zeitgeschichtlicher Dimension basierten. *Tadellöser & Wolff*, nach dem Roman von Walter Kempowski, wurde produziert von der Polyphon. 1995 feierte die Firma ihren 100. Geburtstag: Orchestrions, Sprechapparate, Schallplatten, »Stimmkamm-Schatullen«, Schreibmaschinen (den »Polygraph«), sogar Autos (das »Polymobil«) brachte die vielseitige Gesellschaft in ihrer wechselseitigen Geschichte auf den Markt, bis sie 1965 als Film- und Fernsehfirma neu gegründet wurde. (Die Anteile teilten sich Grammophon/PolyGram auf der einen, Studio Hamburg und Gyula Trebitsch auf der anderen Seite.) Ralph Giordanos Roman »Die Bertinis« war ein anderes Fechner-Projekt. Die Drehbücher waren schon fertig, als der Regisseur wegen seiner Herzkrankheit absagen mußte. Er schlug als Ersatz seinen Freund Egon Monk vor, der nahm sich jedoch die Freiheit, die Vorarbeit Fechners zu ignorieren und verfaßte eigene Drehbücher – das Ende einer Freundschaft.

Eine Familiensaga: Alf Bertini (Peter Fitz), italienischer Abstammung, ist Musiker ohne Arbeit (sein letzter Job war in den Balke-Lichtspielen, Hamburger Straße, doch dann kam der Tonfilm), seine Frau Lea (Hannelore Hoger) deutsche Jüdin. Sie haben drei Kinder durchzufüttern, über ihrem

»Die Bertinis«: Alf, Lea, Cesar, Recha Lehmberg, Rudolph Lemberg, Roman, Ludwig, Emma (Peter Fitz, Hannelore Hoger, Florian Fitz, Gisela Trowe, Robert Zimmerling, Daniel Hajdu, Holger Handtke, Elfriede Kuzmani)

alltäglichen Existenzkampf entgehen ihnen fast die politischen Veränderungen. Der Junge, in die Sexta des altehrwürdigen Johanneums gekommen, erfährt als erster den antisemitischen Terror: Er wird von »Speckrolle«, dem Nazi-Studienrat, in die Mangel genommen. Die Bertinis sind zu arm, um ins Ausland zu flüchten, doch sie ergeben sich nicht widerstandslos ihrem Schicksal: Giordanos autobiographischer Roman erzählt vom Überlebenskampf im Hamburg der Nazi-Jahre, von der staatlich organisierten Verfolgung, aber auch vom Versagen der Mitmenschen. Die Romanlandschaft ist topographisch exakt vermessen: Rübenkamp, Elbchaussee, Stadtpark, Bahrenfeld, Hamburger Straße, vor allem das Arbeiterviertel Barmbek. Egon Monk, der den dickleibigen Roman (knapp 800 Seiten) auf fünfmal 90 Minuten komprimierte, rekonstruierte akribisch das Milieu, konnte jedoch kaum an Originalschauplätzen drehen. Das Johanneum stand noch, weitere Außenaufnahmen gab es in der Rappstraße (im Film Lindenstraße); den Kaiserkeller baute man in Prag nach, die Dorfszenen entstanden in der DDR (in Nudow bei Potsdam), alles andere im Studio Hamburg. 150 Drehtage, Produktionskosten 13 Millio-

nen Mark – die aufwendige Fernsehverfilmung, zur Hälfte vom ZDF finanziert, realisierte die Objectiv Film, Firmeninhaberin: Katharina Trebitsch.

Auch dies ist eine Familiensaga, eng verknüpft mit der Geschichte des deutschen Fernsehens. 1971 verkaufte Gyula Trebitsch seinen 20-Prozent-Anteil an Studio Hamburg an das Norddeutsche Werbefernsehen, schied aber erst 1980 aus der Geschäftsführung aus. Gleichzeitig gründete er neue Produktionsgesellschaften, Tochterfirmen und Beteiligungen, die in der Trebitsch Holding zusammengefaßt wurden. Zu ihr gehört die Objectiv Film von Tochter Katharina, während Sohn Markus mit seiner Aspekt Telefilm unabhängig blieb. Beide Firmen, gut im TV-Geschäft, sitzen auf dem Gelände Tonndorfer Hauptstraße/Jenfelder Allee. Er produzierte die Serie *Zwei Münchner in Hamburg* und die Evelyn-Hamann-Specials, sie *Diese Drombuschs* und *Bella Block*. Die Geschwister sind direkte Konkurrenten – Katharina, die Erfolgreichere, spricht von einer »very friendly competition«. In hanseatischer Tradition pflegt man britisch distinguierte Umgangsformen: Gefragt nach den wichtigsten menschlichen Tugenden, antwortete die Produzentin im FAZ-Fragebogen »Diskretion«. Mögen sie sich auch die Sendeplätze und Produktionsaufträge streitig machen, vor schwierigen Entscheidungen holen beide den Rat von Vater Gyula ein.

Mit der Inflation der Fernsehbilder verloren auch die in Hamburg spielenden Serien ihre Besonderheit: Kaum ein Stadtteil, der nicht schon für eine Nullachtfuffzehn-Serie als Kulisse herhalten mußte. Leider sind es oft die immer gleichen Postkartenbilder, die für Lokalkolorit sorgen sollen. Ein Highlight im TV-Programm: *Große Freiheit* von Christian Görlitz, mit Peter Striebeck und Dominique Horwitz. Umstritten: *Einsatz Hamburg Süd*. Die Wilhelmsburger waren gar nicht begeistert, als ihr Viertel als heruntergekommener Problemvorort gezeigt wurde (tatsächlich mußte das Team, um richtig schön verwahrloste Milieubilder einzufangen, nach St. Pauli ausweichen). Auf der Fernsehmesse in Cannes verkaufte sich die Serie dagegen bestens – die Marketingexperten titelten für den Auslandsmarkt *The German Bronx* und faßten den Inhalt griffig in einem Satz zusammen: »Two young policewomen fight crime in Hamburgs worst district.« Da geht es in dem Dauerbrenner *Großstadtrevier* gemütlicher zu: ohne Mord und Totschlag, alle Probleme sind lösbar und die Kollegen nette Kumpels (eigentlich eine Familien-, keine Krimiserie). Die

erste Folge wurde 1985 ausgestrahlt, im März 1997 lief die 100. Folge, Ende nicht abzusehen. Jürgen Roland, ganz in seinem Metier, fühlte sich veranlaßt klarzustellen: »Die Serie entsteht nicht im Auftrag der Polizei-Pressestelle.«

Das Hansson Palace an der Kehrwiederspitze bietet seinen Gästen einen traumhaften Blick aufs Hafentreiben. Leider kann kein Tourist sich in dem schicken Nobelhotel einquartieren: Es handelt sich um eine Filmkulisse, eigens errichtet für die Serie *Girlfriends* von Christian Pfannenschmidt. Die beiden ersten Staffeln hatte die Objectiv-Film im Steigenberger auf der Fleetinsel gedreht, doch der Hotelchef wollte Einfluß auf die Drehbücher nehmen. Autor Pfannenschmidt ließ sich etwas einfallen, dann konnte Filmarchitekt Ulrich Schröder mit den Handwerkern von Studio Hamburg loslegen: In drei Monaten bauten sie aus Gips und Sägemehl ein Potemkinsches Hotel, in dem zwei Etagen filmgerecht eingerichtet sind.

Neben dem Trebitsch-Imperium, das 1992 von Ufa/Bertelsmann übernommen wurde, haben sich weitere Firmen in Wandsbek angesiedelt, die Kirch-Firmen NDF und Akzente Film z.B. Auch die Privatsender SAT.1 und premiere nutzen nicht bloß die

Die netten Cops aus dem »Großstadtrevier«: Jan Fedder, Andrea Lüdke, Peter Neusser und Edgar Hoppe

technischen Einrichtungen, sondern haben sich mit Büros und Sendezentren hier niedergelassen. Studio Hamburg, obwohl im öffentlich-rechtlichen Besitz, produziert eifrig RTL-Serien. Die Branche boomt, und längst ist nicht mehr alles auf dem Gelände konzentriert: Die Kapazitäten sind erschöpft. Provobis ist in die Rothenbaumchaussee verzogen. Das VAP Medienzentrum an der Ecke Hallerstraße hat einen Mieter verloren: Schwartzkopff-TV baut ein eigenes Studio – in der 1.500 qm großen Halle am Friedrich-Ebert-Damm in Wandsbek werden in Zukunft Talk-Shows für SAT.1 realisiert. Früher produzierte Peter Schwartzkopff *Willemsens Woche*, heute hat Roger Willemsen seine eigene Firma: Noa Noa, Schulterblatt 58, Haus A. In der Bramfelder Chaussee 117 residiert MME, Abkürzung für Me, Myself and Eye. Hier muß alles hip und trendy sein, schließlich werden hier *Bravo-TV* und andere Musiksendungen für die Privaten produziert.

Fernsehen hat weniger Glamour als Film, Gyula Trebitsch ist kein Hollywood-Tycoon. Sein Erfolgsrezept erläuterte er in einem Interview: »Ich habe immer alle Geschäfte nach ökonomischen, kaufmännisch vernünftigen Gesetzen betrieben. Nicht nach Showbusiness-Methoden.« Seine Nachfolger

wirtschaften mit ähnlicher Vorsicht. Aber nach dem Kinoerfolg mit *Stadtgespräch* – einem Fernsehfilm, der fürs Kino aufgeblasen wurde – haben die Kaufleute von Studio Hamburg sich entschlossen, wieder Spielfilme zu produzieren und knüpfen damit an die Real-Film-Tradition an. Im Sommer 1997 feierte man drei Tage lang das 50jährige Bestehen. Gyula Trebitsch, nunmehr seit 65 Jahren im Filmgeschäft, wurde kräftig gewürdigt, und Jürgen Roland, als Reporter mit dem Mikrophon, wieselte wie in alten Zeiten über das Gelände.

Die Rede von Werner Pleister zum Start des Fernsehprogramms wird zitiert nach dem Katalog »Der Traum vom Sehen. Zeitalter der Televisionen«, hrsg. von Peter Paul Kubitz, Dresden 1997, S. 33. Der Bericht im »Hamburger Abendblatt«: 29.12.1952. – Egon Monks Drehbuch »Die Bertinis« nach dem Roman von Ralph Giordano, mit einer Reportage von den Dreharbeiten, erschien 1988 als Fischer-Taschenbuch. – Ein Porträt des »Trebitsch-Clans« findet sich in Henno Lohmeyers Buch »Die Macher und die Mächtigen. Fernsehen in Deutschland«, Mainz ..., S. 209-221. – Die Adressen der Produktionsfirmen (von Adventures International bis Zeitfilm) sind nachzulesen im jährlich erscheinenden »Medien Handbuch Hamburg«

»Girlfriends« im Potemkinschen Hotel: Mariele Millowitsch und Tamara Rohloff

Es tut sich was im Underground

*Das Andere Kino, Abaton
und die FilmCoop*

*Marathon kann man auch sitzen.
Ein Film dauert vier Minuten.
Eine kluge Erklärung und Socken
spielen eine wichtige Rolle.*

*Teilnehmer der 1. Hamburger Filmschau, 1968: Helmut
Herbst, Theo Gallehr, Klaus Wildenhahn, Sigrun Koeppe,
Werner Grassmann, B. Larsson, Walther Seidler, A. Boll-
mann, Fritz Strohecker, Klaus Wyborny, Barbara Rieck, Ur-
sula Winzentsen, Hellmuth Costard, Franz Winzentsen,
Thomas Struck, Kurt Rosenthal*

ild« war dabei, »denn ›Bild‹ berichtet auch über spleenige Ereignisse«. Dabei hatten die Veranstalter ausdrücklich vor dem Besuch gewarnt: »Es ist überfüllt, rauchig – alles voller Gläser und Flaschen. Die vorgeführten Filme sind zumeist aus dem Untergrund von Amsterdam, London, New York, San Francisco, Tokio, Wien, Hamburg und anderen Filmmetropolen. Sie haben es schwer, sich zu orientieren... Also! Kommen Sie nicht zum großen Film-In.« Das Boulevardblatt ließ sich nicht abschrecken, es schickte einen Journalisten in Werner Grassmanns »Filmmacherei«, Brüderstraße 17. Allerdings interessierten nicht so sehr die Filme des dreitägigen Nonstop-Festivals, sondern mehr »die Folgen, die 56 Kinostunden bei einem Menschen hinterlassen. Darum hat ›Bild‹ nur einen Mann unter die ›Flimmerdusche‹ gesetzt: Gerhard Schöttke. Er ist robust und gesund. (Trotzdem ließ er sich vor seinem Ausflug an die Lichtspiel-Front noch einmal ärztlich untersuchen.)« Ob und wie Herr Schöttke das Film-In überstand, ist nicht bekannt.

Das Happening am 5. bis 7. Oktober 1967 sollte allerdings Folgen haben, von denen »Bild« nichts ahnte: Es wurde zur Geburtsstunde des »Anderen Kinos«. Der Normalkonsument konnte nur den Kopf schütteln über die Alternativproduktionen: Die Kurzfilme widersprachen allen konventionellen Sehgewohnheiten, es wurden nicht einmal ansatzweise Geschichten erzählt. Extra fürs Film-In produziert hatten Thomas Struck und Hellmuth Costard den *Andy-Warhol-Farbfilm*: Sie standen neben einem (Schwarzweiß-)Poster von Warhol und winkten über zehn Minuten dem Publikum zu. Der Streifen fiel übrigens durch – Grassmann: »Einige Herren diskutierten lebhaft die künstlerischen Absichten des Filmes, andere fühlten sich auf die Schippe genommen, die meisten fanden es zu lang. Sie hatten übersehen, daß Thomas Struck vor Lahmarmigkeit fast umfiel. Da war der Film für Überseher wohl doch zu kurz.« Irgendwann begannen die Vorführer, zwei Filme gleichzeitig laufen zu lassen: Führersgeburtstag vermischt mit Werbespots, Zeichentrick mit Pädagogik. Den meisten Beifall erhielt jedoch ein schon vor drei Jahren realisierter Animationsstreifen von Helmut Herbst: *Schwarz-weiß-rot* war – und damit aktueller denn je – ein Anti-Springer-Film.

Brüderstraße 17, das Zentrum des Hamburger Underground-Films

Rechtzeitig vor der – ein letztes Mal »Bild« – »Lichtspielorgie« erschien die erste Nummer der Zeitschrift »Filmartikel«. Im Editorial schrieb Herbst: »In Hamburg entstehen seit einiger Zeit beachtenswerte Kurzfilme. Für viele ist das eine Neuigkeit: Die Regisseure wohnen in Hamburg und nicht in München. Ohne Stützpunkte in der Leopold- oder Ainmillerstraße beschäftigen sie sich mit Filmemachen und leben in Hamburg. Das Klima dieser Stadt sorgt dafür, daß schon aus dem morgendlichen Aufstehen ein widernatürlicher Willensakt wird. Vielleicht ist das ein Grund dafür, daß alle diese Eigenbrötler ihre Filme gegen den kommerziellen Strich bürsten und nicht auf ihm gehen.« Mit dem Festival etablierte sich die Hansestadt plötzlich als Zentrum für den Underground-Film. Werner Nekes und Dore O, während der Veranstaltung zufällig in der Stadt, blieben gleich in Hamburg und zogen ein paar Häuser weiter, Brüderstraße 5, ein.

Einen Monat später präsentierte der studentische Arbeitskreis Film und Fernsehen im Amerika-Haus die neuesten Produktionen des New American Cinema: die Warhol-Filme *Harlot, Chelsa Girls* und *Nude Restaurant*, die fünfstündige *The Art of Vision* von Stan Brakhage, Werke von Kenneth Anger und anderen. Die Hamburger Cineasten waren elektrisiert – sie schlossen sich an den Stromkreis der internationalen Avantgarde an. In der zweiten »Filmartikel«-Ausgabe beschäftigten sich gleich vier Beiträge mit dem Thema, wobei nicht bloß von den ästhetischen Innovationen die Rede war. Die Filmmakers Cooperative lieferte das Modell einer alternativen Verleihorganisation: eine nicht kommerziell arbeitende Genossenschaft, die – frei von Profit und ohne Auflagen – die Werke ihrer Mitglieder vertreibt. Ausgerechnet im Schatten des übermächtigen Hollywood war der Beweis erbracht worden, daß dieses System funktionieren kann: Aus einer Utopie wurde Wirklichkeit. Auch in Hamburg führte der Traum von einer eigenen, von der Filmindustrie gänzlich unabhängigen Infrastruktur, Einzelgänger der verschiedensten Richtungen, radikale Ästheten und politische Filmemacher zusammen.

Faszinierend und befreiend wirkte zudem die stilistische Unbekümmertheit, mit der die Amerikaner experimentierten. Von den Ergebnissen waren keineswegs alle einhellig begeistert; »Godard ist doch der Größte«, fand z.B. Costard. Letztlich kam es aber gar nicht auf das spezielle, epochemachende Kunstprodukt an. »Die größte Entdeckung des New American Cinema«, führte Herbst aus, »ist das Begreifen des Films als Material, so einfach zu benutzen wie Papier und Bleistift, Leinwand und Farbe.«

Doch auch Papier und Bleistift muß man erst haben, es stellte sich also die Frage nach den Produktionsmitteln. Der Arbeitskreis an der Universität beschränkte sich nicht auf blanke Filmtheorie: Die Studenten verfügten in bescheidenem Rahmen über Kameras (zwei Arriflex ST), Tongeräte und Schneidetisch, dazu diverse Normal und Super 8-Apparate. Mit diesem Equipment drehten Costard und Bernd Upnmoor, etwas später auch Klaus Wyborny ihre ersten Filme. Eher unfreiwillig zum Filmproduzenten der neuen Szene wurde Herbst, dem (zusammen mit dem Kunsterzieher Franz Winzentsen) das Cinegrafik-Studio in Blankenese gehörte und der nun die Versuche der jungen Kollegen betreute. Die Vaterrolle, so sah er es jedenfalls später, wurde ihm aufgedrängt: Herbst war kein Anfänger, sondern Profi, ein viel beschäftigter NDR-Mitarbeiter. Für »Panorama« und die legendäre Satire-Sendung »Hallo Nachbarn« realisierte er politische Glossen; daneben entwickelte er Werbespots und Trailer, die (wie der Vorspann zum »Filmclub« im III. Programm) teilweise noch heute eingesetzt werden. Mit den Fernsehhonoraren finanzierte er seine eigenen Projekte: Poetisch-surrealistische Kurzfilme (*Abends, wenn der Mond scheint* und *Der Hut oder Mondo uovo*, Drehbuch-Coautoren: Peter Rühmkorf bzw. Peter O. Chotjewitz), didaktische Dokumentationen (*Deutschland DADA*) und – seine eigentliche Domäne – Animationsfilme. Schon der Name Cinegrafik verwies auf den Unterschied zum Trickfilm im landläufigen Sinne: Mit Witz und Kunstverstand wurden filmische Grafiken kreiert.

Eine Öffentlichkeit gab es für die neuen Filme nicht; man mußte sie selbst schaffen. Die Hamburger Filmschau 68 wurde ausgerichtet, das Andere Kino damit erstmals repräsentativ vorgestellt. Anders als bei den offiziellen Festivals waren zwei Dinge: Alle gemeldeten Filme wurden ohne Vorauswahl gezeigt, und den Preis für den besten Film vergab nicht eine Jury, sondern alle anwesenden und im Wettbewerb vertretenen Regisseure stimmten darüber ab. »Filmartikel« No. 3 enthielt neben dem Programm einen Versuch von Herbst, das Andere Kino grob zu klassifizieren: Er nannte Werke mit einem hohen Anteil an Innovationen und ungewöhnlicher Technik, denen die in traditionellen Kategorien befangenen Rezensenten hilflos gegenüberstanden, Filme, die wegen ihrer politischen System-Kritik unterdrückt wurden, sowie solche, »denen die bürgerlichen Sittengesetze gleichgültig sind«.

Helmut Herbst im Filmhaus, 1984

Unter den rund 150 gezeigten Filmen war jede Spielart vertreten. Veranstaltungsort: die Kammerlichtspiele in der Grindelallee.

Eröffnet wurde die Filmschau mit Costards *Warum hast du mich wachgeküßt?*: Zunächst ein bombastischer Titelvorspann, dann ein nacktes Mädchen, das sich im Spiegel filmt. Sie legt die laufende Kamera in eine Schublade, und nun wird das Bild dunkel und bleibt so bis zum Schluß. Zuschauererwartungen werden aufgebaut und dann enttäuscht, dieses Muster war in vielen Experimentalfilmen wiederzufinden. Formale Demonstrationen, mit strenger Konsequenz durchexerzierte Lektionen in Filmsprache dagegen Werner Nekes' *Gurtrug 1/2, Schnitte für ABABA* und, gemeinsam mit Dore O., *Jüm-Jüm*. Barbara Rieck brauchte vier Minuten für *Ich fasse mir an den Zeh*, während Herbst, wiederum in Zusammenarbeit mit Rühmkorf, in dreifacher Zeit immerhin eine *Kleine Unterweisung zum glücklichen Leben* gab. Marquard Bohm, Bruder von Hark, führte seinen Spielfilm *Na und...* vor: Ein junger Arbeitsloser stellt sich bei verschiedenen Personalchefs vor und steckt lauter Niederlagen ein. Die Hauptrolle hatte Bohm selbst übernommen, er machte das lässig und mit herbem Charme; nicht der Regisseur, sondern der Schauspieler war eine Entdeckung. Er galt bald als deutscher Belmondo, wurde von Rudolf Thome, Rainer Werner Fassbinder und Hark Bohm engagiert. Grassmann steuerte mit *Evarella*, einer Persiflage auf Roger Vadims SF-

Abenteuerstreifen *Barbarella* mit Jane Fonda, einen hintersinnigen Jux bei. Die Geschichte um einen Flaschengeist – den Bösewicht mimte der Filmemacher höchstpersönlich – spielte in mehreren Welten; entsprechend gab es Realszenen und Animationsteile (Zeichnungen: Ursula und Franz Winzentsen). Dokumentarfilmer Klaus Wildenhahn war mit *In der Fremde* vertreten. Theo Gallehr zeigte eine nicht gesendete NDR-Auftragsproduktion: *Landfriedensbruch* schilderte studentischen Alltag, Höhepunkt war der Sturz des Wissmann-Denkmals auf dem Campus. (Erst 20 Jahre später, nun als Dokument der unruhigen Apo-Zeit, wurde der Film im III. Programm ausgestrahlt.) Bei den Recherchen hatte Gallehr den SDSler Rolf Schübel kennengelernt; sie gründeten die Produktionsfirma Cinecollektiv und drehten den wichtigsten politischen Film dieser Jahre: *Rote Fahnen sieht man besser*.

Auswärtige Filmemacher waren natürlich auch zu Gast. Aus Köln kam Birgit Hein, aus Marburg Hans W. Geissendörfer, aus Ulm Jeanine Meerapfel. Die Wiener Avantgarde war stark vertreten: Peter Weibel, Hans Scheugl, Kurt Kren und Valie Export. Mit *ZZZ: Hamburg Special* verarschte Scheugl die Veranstaltung. Er ließ anstelle des Films einen Zwirnsfaden durch den Projektor laufen. Angereist aus München: Eberhard Hauff und ein gewisser Rainer Werner Fassbinder, der seine beiden überall abgelehnten Kurzfilme *Der Stadtstreicher* und *Das kleine Chaos* mitgebracht hatte. Aber die fielen nicht weiter auf – absoluter Hit der Filmschau war Costards *Besonders wertvoll*: Ein sprechender Penis in Großaufnahme, der eine Rede von Dr. Dr. Toussaint, CDU-Bundestagsabgeordneter und Streiter für die Aktion »Saubere Leinwand«, zum Besten gab. Die angeblich von Goethe stammende Sentenz: »Nur die perverse Phantasie kann uns retten« diente als Motto; am Ende spritzte das Sperma auf die Kameralinse. Das ging zu weit: Die Staatsanwaltschaft schritt ein, Strafanzeige wurde erstattet; der Kurzfilm, von der Hamburger Filmschau nach Oberhausen geschickt, sprengte fast das dortige Festival. Über Nacht wurde Costard zum Helden der Underground-Szene.

Die Filmmacher Cooperative nutzte die Gelegenheit, die neue Vertriebsorganisation zu propagieren; schon nach kurzer Zeit konnte man mehr als 100 Titel anbieten. Die nächste Filmschau im März 1969 hatte bereits größere Dimensionen: An vier Tagen volles Programm im Aladin auf der Reeperbahn, in der Kurbel am Nobistor sowie dem Starclub auf der Großen Freiheit. Der »Filmartikel Generalanzeiger« warb mit lockeren Sprüchen: »Flipper-, Pipper- und Zippermöglichkeiten durchgehend! Zwischen den Filmen findet Tee und Tanz statt! Sagen Sie nachher allen, wie nett es gewesen ist!« Sondervorführungen hatten die Organisatoren in den Beatschuppen Grünspan verlegt. Hier fand die Uraufführung von Nekes' *Kelek* statt, laut Ankündigung ein erotischer Abenteuerfilm, dessen Thema der Zuschauer selbst ist. Wim Wenders, der seine ersten Kurzfilme präsentierte, schrieb eine hymnische Kritik: »*Kelek* ist kein Experiment. *Kelek* ist ein Ergebnis. Er zeigt aufregend Erlaubtes: Sehen.« Andere Hamburger Coop-Mitglieder zeigten die Kollektivarbeit *Von der Revolte zur Revolution* (mit Aufnahmen von der Blockade des Springer-Verlags).

Die beiden Richtungen – politische Agitation auf der einen Seite, ästhetische Innovation auf der anderen – strebten immer stärker auseinander. Die Revolutionäre warfen den Cineasten vor, ihre Filme würden lediglich »individualistische Eigenschaften reproduzieren«. Im September 1970 erschien eine Spezialausgabe des Verleihkatalogs: roter Umschlag, auf der Rückseite ein Mao-Bild. Im Editorial hieß es: »Resultierend aus diesen Überlegungen und der Einsicht, daß die Filmmacher Cooperative in der jetzigen Phase aufbrechender Klassenkämpfe und der Organisierung der nichtrevisionistischen Fraktionen der sozialistischen Bewegung ein politisches Konzept erarbeiten und eine eindeu-

tige Stellung beziehen muß...« Kurzer Sinn des langen Satzes im damals üblichen Polit-Kauderwelsch: In Zukunft werde es zwei Kataloge (Das Andere Kino und Sozialistische Filmarbeit) und zwei Verleihadressen (Rosenstraße 18 und Brüderstraße 17) geben. Eine Zeitlang lebte man getrennt, dann wurde die Scheidung offiziell: Die heillos zerstrittene FilmCoop brach auseinander.

Während der Verband dahinsiechte, bekam das Andere Kino seine Spielstätte: Werner Grassmann und Winfried Fedder eröffneten Ende Oktober 1970 das Abaton: Das Kino, in einer ehemaligen Garage untergebracht, werde sich spezialisieren auf »Underground- und Fernsehstreifen«, meldete das »Hamburger Abendblatt« und setzte hinzu: »Eine eigene Programm-Redaktion wählt aus dem internationalen Angebot besonderer Filme.« Die Idee des Programm-Kinos war geboren. (Übrigens hatte Grassmann schon einmal ein Kino betrieben: Das Studio 1, in einem Hinterhof der Schmilinskystraße gelegen und mit gerade mal 25 Plätzen zurecht als »intimes Theater für Filmkunst« charakterisiert, bestand von 1953 bis 1956.) Nun fanden die Hamburger Filmschauen im Abaton statt, doch nicht mehr sehr lange: 1973 war damit vorläufig Schluß.

Zwei Jahre später stellte Grassmann in einem Statement klar, sein Kino sei weder eine unabhängige Spielstätte noch ein Filmkunst-Unternehmen. Das Programm sei pluralistisch ausgerichtet – mit Einschränkungen: »Nicht gezeigt werden sogenannte Familienfilme, egal ob anspruchsvoll oder nicht, undemokratische bzw. faschistische Filme (*Ein Mann sieht rot*) und Kriegsfilme, ganz gleich, ob pro oder anti.« Er rief 1972 die Arbeitsgemeinschaft Kino e.V. ins Leben, einen Zusammenschluß von Programmkinos, der mit der FiFiGe (Hamburgische Filmeinkaufs GmbH) über einen Verleih verfügte. Die bis 1991 jährlich veranstalteten Kinotage waren eine Art öffentliche Messe, bei der sich die AG-Mitglieder über neue Produktionen informierten (und testeten, wie die Filme beim Publikum ankamen).

Natürlich blieb Grassmann nicht der Vorwurf erspart, Kompromisse mit dem Kommerz geschlossen zu haben, letztlich aber realisierte er, was die FilmCoop nicht schaffte, eine eigenständige Infrastruktur.

Im Juli 1979 zeigte das Abaton Costards Geniestreich *Der kleine Godard an das Kuratorium junger deutscher Film*, eine Mischung aus Film-Essay, Spielszenen und Dokumentation. Die Ausgangssituation: Der neue deutsche Film und das Gremienkino haben sich etabliert, die Vertreter des Anderen

Kinos sind endgültig in die Minderheitenecke abgedrängt. Auch Costard ist wieder Einzelkämpfer. Er bastelt an einem neuen Kamerasystem, das ihm die perfekte Inszenierung von in Wahrheit unmanipuliert ablaufenden Ereignissen ermöglichen soll: »Mein Ziel ist es, Spielfilme vollkommen phantasiefrei zu drehen.« Nach dreijährigen Versuchen muß er einsehen: Mit seinen vier Super 8-Kameras läßt sich die Idee nicht verwirklichen. Also schreibt er an das Kuratorium und reicht einen Antrag auf Förderung ein. Die Ablehnung kommt prompt: Nach den Statuten könne man nur Drehbücher fördern. Dem großen Jean-Luc Godard geht es nicht anders, als er den NDR für ein Projekt gewinnen will, Thema: »Ist es möglich, heute in Deutschland Filme zu machen?« Jedenfalls nicht, wenn kein Drehbuch vorgelegt wird. Godard scheitert an der Bürokratie, denn die Fernsehgewaltigen stellen keinen Blankoscheck für Kreativität und Spontaneität aus. Auf welche Art hierzulande Filme gemacht werden, erlebt der Zuschauer auch: Costard besucht Hark Bohm, gerade mit den Dreharbeiten zu *Moritz, lieber Moritz* beschäftigt, und Fassbinder, der im Studio Hamburg *Despair* inszeniert (Budget sechs Millionen, gedreht in englischer Sprache und finanziert von einer Abschreibungsgesellschaft). Blätter aus einem filmischen Tagebuch, ironisch skizziert: Grassmann, Nekes und andere Freunde tauchen auf, hanseatische Kulturgrößen wie Ivan Nagel und Uwe M. Schneede. Am Ende besteigt Godard das Flugzeug und reist unverrichteter Dinge wieder ab. Costard bleibt zurück im Bunker auf dem Heiliggeistfeld (wo er damals wohnte); dunkle Gewitterwolken ziehen über Hamburg auf. Die Realität hatte noch eine Schlußpointe parat: *Der kleine Godard* war fertig, Costard erstellte nachträglich ein Drehbuch und schickte es ans Kuratorium. Wiederum eine Ablehnung: Bereits realisierte Projekte könne man nicht fördern...

Zwei Monate später, genauer: am 18. September 1979, Bahnhof Dammtor, 17.10 Uhr. Der Sonderzug aus München traf pünktlich ein. Film-Prominenz entstieg dem Intercity: Margarethe von Trotta, Alexander Kluge, Werner Herzog, Rainer Werner Fassbinder, Hark Bohm, Reinhard Hauff und und und. Die CSU-Politiker in der Bayern-Metropole, die sich ein Glamour-Festival wünschten, hatten die Autorenfilmer vergrault. Manfred Bissinger, damals Pressesprecher von Bürgermeister Klose, handelte sofort: Er holte im Handstreich das Festival der Filmemacher an die Elbe. Das Programm hatten sie selbst zusammengestellt. In vier Kinos liefen rund 150 Filme, darunter 18 Ur- und Erstaufführungen, z.B. *Die Patriotin* von Kluge oder Fassbinders *Die dritte Generation*. (Bei der Vorstellung dieser grimmigen Terroristen-Farce störte eine nicht identifizierte Gruppe: Im Urania wurden Stinkbomben geworfen, im Abaton die Vorführerin bedroht.) Der Medienrummel war enorm, die Publicity gewaltig: Die Presseresonanz reichte vom US-Fachblatt »Variety« bis zu »El Commercio« in Lima.

Ein Mißklang dämpfte die allgemeine Euphorie. Das »Establishment der alt gewordenen Jungfilmer« hatte, Hans-Christoph Blumenberg wies in der »Zeit« darauf hin, die Hamburger Avantgardisten ignoriert. Wohl kein Zufall: Man wollte den Stadtvätern an der Isar demonstrieren, was ihnen entgangen war. Experimentelle Arbeiten zählten da kaum. Hamburgs Bürgermeister und sein glückloser Kultursenator hofierten die Gäste; die einheimischen Filmemacher, sowieso nicht verwöhnt, fühlten sich übergangen. Auf einer Podiumsdiskussion brach der Konflikt offen aus. Wieder einmal wurde die Solidarität beschworen, da erteilte Helmut Herbst den Kollegen eine Abfuhr: »Ihr seid eben nach Hamburg gekommen und macht ein großes Familienfoto der Münchner mit dem Michel im Hintergrund. Und wir haben keine Lust, uns in den Vordergrund noch einzuschleichen.«

Kluge vermittelte, und am nächsten Tag unterzeichneten alle die »Hamburger Erklärung«. Der Kitt war kaum getrocknet, da wurde schon behauptet: »Wir lassen uns nicht auseinanderdividieren« – der Spielfilm nicht vom Dokumentarfilm, die Arrivierten nicht vom Nachwuchs, der Experimentalfilm nicht vom Erzählkino. »Die Stärke des deutschen Films ist seine Vielfalt.« Selbstbewußtsein hieß die Parole; man wollte sich nicht länger fremdbestimmen lassen. Die programmatische Erklärung, die an das Oberhausener Manifest anknüpfte, endete mit der lakonischen Aufforderung: »Wir müssen uns auf die Socken machen.«

In Hamburg kam man an, weil den Politikern endlich ein Paar Schuhe abgerungen wurden. Der eine Stiefel: Nach jahrelangem Tauziehen – Herbst und Costard hatten sich besonders engagiert – wurde mit dem Metropolis ein kommunales Kino geschaffen. Der andere Stiefel: Die kulturelle Filmförderung – und zwar in Selbstverwaltung der Filmemacher – wurde installiert.

Die Münchner reisten wieder ab. Für Werner Herzog war Hamburg »nur eine Zwischenstation«. Die Journalisten ordneten ihre Notizen und zogen die Schlußbilanz. Blumenberg resümierte: »Filmstadt Hamburg – geht das? Es ging, wenigstens sechs Tage

Der kleine Godard an seinem Simultan-Kamerasystem: Hellmuth Costard

lang...« Niemand konnte wissen, welche Langzeit-
wirkung das Fest haben sollte: Das Hamburger Filmbüro, unmittelbares Ergebnis des Festivals, gründete sich; eine neue Generation nahm die Arbeit
auf. Ein paar Jahre später hatte auch München sein
Filmfest. Nun konnten die Hamburger anreisen und
ihre Filme vorführen.

*Über das Film-In vgl. Werner Grassmann in: »Filmarti-
kel«, Heft 2, Dezember 1967, S. 2f. Die von Helma Schleif
zusammengestellte Dokumentation »Stationen der Moderne
im Film II«, Berlin 1989, enthält auf S. 295-305 Materiali-
en zur Hamburger Filmschau 68. »Das Andere Kino in
Hamburg« behandelt Dietrich Kuhlbrodt in: »Hamburger
Filmgespräche«, Bd. IV. a.a.O., S. 30-38; dort auch Beiträge von Hans-Michael Bock (über den Arbeitskreis Film und
Fernsehen), Helmut Herbst und Werner Nekes. Interviews*

*mit Franz Winzentsen und Herbst im »Eppendorfer Medi-
enbrief«, 1977, Heft 5 und 6. Weitere Informationen bei Nicolaus Schröder, »Anfangszeiten«, in der Broschüre »Hamburger Filmbüro. Zehn Jahre kulturelle Filmförderung«,
Hamburg 1989, S. 9-12. – Die Wenders-Kritik zu »Kelek«,
zuerst veröffentlicht in der »Filmkritik«, Heft 2/1969, ist
wieder abgedruckt in dem Sammelband »Emotion Pictures«, Frankfurt/M. 1986, S. 12f. – Das Statement von
Grassmann in: Hans Helmut Prinzler/Walter Seidler
(Hrsg.), »Der Katalog Nr. 2. Kinobuch 74/75«, Berlin
1975, S. 107f.; der zitierte Artikel zur Abaton-Gründung im
»Hamburger Abendblatt«, 15.7.1970. – Zum Filmfest der
Filmemacher liegt eine umfangreiche Dokumentation vor
(Redaktion Helga Bähr, Hans-Michael Bock, Klaus Geld-
macher). Die Zitate von Hans-Christoph Blumenberg aus
»Die Zeit«, 21. und 28.9.1979. Costard ging nach Berlin,
Nekes zog ins Ruhrgebiet, Herbst lebt seit einigen Jahren in
Hessen. Doch Hamburg ist auch heute noch eine Hochburg
innovativer Filmarbeit. Diese Seite kommt im Buch etwas
zu kurz: Erstens weil ein Schimmel nun einmal weiß ist und
ein nicht narrativer Film eben nicht nacherzählbar. Zweitens, weil die Beschreibung ästhetischer Machart notgedrungen abstrakt bleibt und nichts von sinnlicher Qualität
vermittelt. Filme, die vom Sehen handeln, muß man halt
sehen. Für alle, die Lust aufs Andere Kino haben, hier ein
Hinweis. Die schrägsten Hamburg-Filme – auch im wörtli-
chen Sinne, die Kameraperspektive betreffend, sind Klaus
Wybornys »Heimkehr nach St. Pauli«, »Gnade und Dinge«
(Barmbek aus der Sicht eines Radfahrers) und der wunder-
bar kaputte Heimatfilm »Am Arsch der Welt« (To have and
to be).*

Was ist verkehrt an einem Cowboy in Hamburg?

Straub und Wenders an der Alster

Ein Stadtplan lügt. Die Elbe erinnert an einen Fluß. Auf einen Hut und tausend Häuser kommt es an, und Hamburg ist auch in Amerika.

Der reiche Onkel aus Amerika und sein Neffe Karl Roßmann (Mario Adorf und Christian Heinisch) in »Klassenverhältnisse«

Tom Ripley treibt wieder einmal ein perfides Spiel, und er lockt dazu den Bilderrahmer Jonathan nach Hamburg. Der kranke Mann traut seinem Hausarzt nicht mehr, und nun bekommt er das Angebot, sich von einem Spezialisten im Eppendorfer Universitätskrankenhaus untersuchen zu lassen. Doch der Klinikbericht, der die schlimmsten Befürchtungen bestätigt, ist manipuliert: Mit diesem Trick soll der unbescholtene Jonathan gefügig gemacht werden, gegen viel Geld einen Mafioso umzulegen.

Patricia Highsmith hat für ihren Kriminalroman »Ripley's Game« die Hamburger U-Bahn als Tatort gewählt. An der Station Steinstraße steigt das Opfer aus, Jonathan folgt ihm, zieht wie in Trance den Revolver und drückt ab. Läßt die Waffe fallen und verschwindet im allgemeinen Gewühl, denn die U-Bahn-Station, so steht es im Buch, »ist ein sehr großer Bahnhof mit direkter Verbindung zum Hauptbahnhof«. Das stimmt nicht, und ein Lokaltermin erübrigt sich: Selbst in der Rush-hour ist der Bahnsteig Steinstraße kaum die rechte Kulisse, um in der Menschenmenge unterzutauchen. Kein Zweifel: Die Krimiautorin hat sich nicht vor Ort umgesehen, sondern nach dem Stadtplan gearbeitet. Sonst würde sie Jonathan nicht gerade an der Ecke Große Johannisstraße/Rathausstraße runter in die U-Bahn schicken. »Es war wie in London, Piccadilly Circus; auch hier schien die U-Bahn mindestens vier Eingänge zu haben.« Da fühlen sich die Hamburger zwar geschmeichelt, aber der arme Jonathan muß unterirdisch einen halben Kilometer laufen bis zur Station Jungfernstieg – nur dort kriegt er die richtige Linie, die U 1; steigt er Rathaus ein, erwischt er die U 3 und kommt nie zum Bahnhof Steinstraße. Der Ganove hat eine Wohnung mit Alsterblick, Jonathan besucht Hagenbecks Tierpark: Viel Mühe hat sich die Highsmith mit den Schauplätzen nicht gegeben.

Schon immer wollte Wim Wenders einen Highsmith-Roman verfilmen, doch die Rechte an keinem ihrer Bücher waren frei. So gab sie ihm das Manuskript des damals noch nicht gedruckten »Ripley's Game«. Nach der Lektüre fand der Regisseur: Das ist ein Kinostoff. Und begann, die Geschichte umzuschreiben. Die wichtigste Änderung: Er vertauschte die Schauplätze. Im Roman spielt die Geschichte in Frankreich, und Jonathan reist nach Hamburg; im Film lebt er in Hamburg und mordet in der Pariser Metro.

Der Schauspieler und sein Regisseur: Dennis Hopper und Wim Wenders bei den Dreharbeiten

Die erste Szene von *Der amerikanische Freund* spielt jedoch in New York. Tom Ripley (Dennis Hopper) sucht den greisen Maler Derwatt auf, der in der Öffentlichkeit schon lange als tot gilt. Seitdem steigen die Preise seiner Bilder; Ripley besorgt das Geschäft, neue unbekannte Derwatts auf den internationalen Kunstmarkt zu bringen. Er will das letzte Werk holen und gleich zurückfliegen. Der Maler dreht sich auf seinem Stuhl um, zielt mit dem ausgestreckten Finger auf ihn und lacht: »Trägst du den Hut auch in Hamburg?« Die Antwort ist eine Gegenfrage: »Was ist verkehrt an einem Cowboy in Hamburg?«

Tom Ripley verläßt ihn, geht über die Straße in New York City. Überblendung: Ein tristes, etwas vergammeltes Mietshaus am Fischmarkt, Hamburger Schmuddelwetter. Jonathan (Bruno Ganz) überquert mit seinem Jungen die Straße. An der Wand ein Graffiti: »BRD = Polizeistaat«. Sie gehen den Pinnasberg hinunter. Schnitt: Ripley, auf dem Bett in seiner Villa, monologisiert in den Kassettenrecorder: »Ich weiß immer weniger, wer ich bin, oder wer irgend jemand anderer ist.« Er steht auf, schaut durch die Vorhänge auf die Elbe: »Selbst dieser Fluß, auch der erinnert mich nur an einen anderen Fluß.«

Große Totale auf das Elb-Panorama. Der Mann mit dem Cowboy-Hut steht auf dem Balkon, streckt sich und singt die Ballade aus *Easy Rider*: »The river flows, it flows to the sea...«

Wie ist Wenders auf die Idee gekommen, am Fischmarkt zu drehen? Im Drehbuch stand noch: Reihenhaus in einer Vorortsiedlung. »Ich habe diese Häuser in Hamburg gesucht«, erzählt der Regisseur, »und es gab sie überall. Wir haben während der Motivsuche tausend Polaroidfotos gemacht, aber sie gefielen mir nicht. Jeden Tag, wenn wir abends ins Hotel zurückkehrten, fuhren wir am Hafen vorbei. Und da war dieses Haus, das abgerissen werden sollte. Das Haus drängte sich mit solcher Macht auf, daß ich das Drehbuch änderte: Dort sollte Jonathan leben.« Eine Wohnung im 4. Stock stand leer, so daß das Filmteam dort einziehen konnte. Heute existiert das Haus nicht mehr.

Die hochherrschaftliche Villa an der Elbchaussee, Ripley's Domizil, ist das genaue Gegenteil zu Jonathans Fischmarkt-Adresse. »Es ist ein merkwürdiges Haus, das überhaupt nicht zu Hamburg paßt«, meint Wenders. »Gegen Ende des 19. Jahrhunderts hat es sich ein Industrieller bauen lassen. Es ist die Kopie eines Hauses, das auf der Krim

Ein Cowboy in Hamburg: Dennis Hopper

Jonathan und seine Frau (Lisa Kreuzer und Bruno Ganz)

steht. Deswegen auch der Graben um das Haus, der auf der Krim dazu diente, die Grundmauern vor Feuchtigkeit zu schützen, in Hamburg aber völlig sinnlos ist. Ich fürchtete, daß es etwas zu exotisch wirkt, aber für mich entsprach es der Person Tom Ripley. Das Haus hat mir geradezu geholfen, diese Figur genauer zu definieren.« Das zweigeschossige Haus mit der Säulenloggia, Elbchaussee Nr. 186, steht unter Denkmalschutz. Bauherr war der Kaufmann und Reeder Wilhelm Brandt; später wohnten in der Villa Herrenreiter und eine Gräfin. Und während der Dreharbeiten im Oktober 1976 ein Outlaw, der sich hier in einer Trutzburg verschanzt hatte. Schauplätze sind für Wenders nicht bloß Kulissen, in denen sich Geschichten abspielen. Städte und Landschaften als Lebensraum des Menschen sind in seinen Filmen immer wichtiger als die Story (davon sprechen schon die Titel: *Paris, Texas* oder *Alice in den Städten, Der Himmel über Berlin*). Die Topographie der Hansestadt ist in *Der amerikanische Freund* kein Konstrukt, nicht – wie in so vielen Hamburg-Filmen – synthetisch zusammengesetzt. Wenn Jonathan morgens seine Wohnung am Fischmarkt verläßt, folgt ihm die Kamera. In der Langen Straße – eigentlich eher eine kurze Straße,

zwischen Pepermölen und Pinnasberg – hat er seine kleine Werkstatt. Nr. 23, an der Ecke, früher arbeitete hier Heinrich Marmann. »Der Laden gehörte einem Hutmacher«, erinnert sich Wenders, »dem einzigen Hutmacher, den es noch gab in Hamburg. Ich glaube, daß man das im Studio nie so hätte einrichten können. Der Mann hat da 40 Jahre lang gearbeitet. Wir haben zwar bis auf die Regale alles herausgenommen, aber trotzdem... irgendwie ist das Handwerk hängengeblieben. Daß Jonathan Bilderrahmer ist, ist ja schon ein Trotz gegen die Städte. Und daß er in der Hafengegend wohnt, am Fischmarkt, also eine Gegend, die am Sterben war, als wir da gedreht haben.«

Zwei Monate drehte Wenders in Hamburg. Der Regisseur und sein Kameramann Robby Müller ließen sich bei den Aufnahmen von den Bildern Edward Hoppers inspirieren. »Stärker noch als durch das Licht und die Farben wird diese Art Hyperrealismus durch den Bildausschnitt hervorgerufen«, erläutert Wenders. »Meine Lieblingsszene ist die, wo Jonathan nach dem Song der Kinks den Laden verläßt, eine Böschung hinunterrennt und man in einer großen Totale den Hafen sieht.« Letzter Drehtag war der 18. Dezember 1976, dann zog die Film-

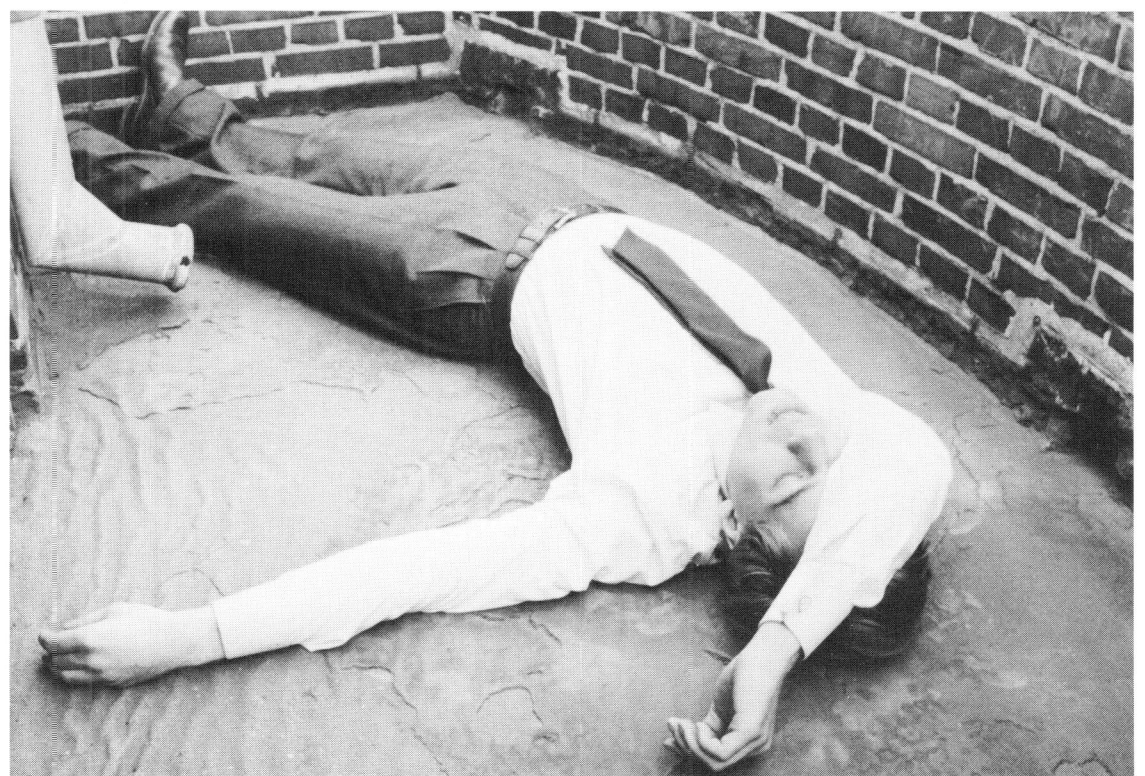

Auf dem Balkon gefangen: Christian Heinisch und Straubs Kafka-Verfilmung

crew weiter nach Paris, um die Mordsequenz aufzunehmen. Ein halbes Jahr später kamen Wenders
und sein Hauptdarsteller wieder an die Elbe. *Der
amerikanische Freund* erlebte hier seinen Kinostart,
und Bruno Ganz notierte im Presseheft: »Es war
ein schönes Abenteuer. Das Team hat bis an die
Grenzen, manchmal auch weit darüber geschuftet
(Hamburg kann sehr kalt sein).«

Jedes Wort stammt von Franz Kafka, doch wird
man *Klassenverhältnisse* nicht einfach in die Rubrik Literaturverfilmungen einordnen können. Ein
politisches Oratorium, so haben Jean-Marie Straub
und Danièle Huillet ihr Werk charakterisiert. Kein
Satz wird in realistischer Manier gesprochen; Pausen und Zäsuren sind musikalisch gesetzt, die Bilder genau komponiert und von einer statuarischen
Kamera eingefangen. Herrschaftsstrukturen, Macht-
mechanismen werden bloßgelegt: Karl Roßmann,
von den Eltern fortgeschickt, gerät immer wieder
in das »System der Abhängigkeiten«. Ohne eine
Verfehlung begangen zu haben, wird er vom reichen Onkel verstoßen, aus der Stellung gejagt, von
zwei Landstreichern drangsaliert. Kafkas frühes

Romanfragment »Der Verschollene« ist bekannter
unter dem (ihm von Max Brod gegebenen) Titel
»Amerika«. Der Dichter war nie in den Staaten; das
Land, in dem seine Geschichte angesiedelt ist, exi-
stiert nur in der Imagination. Der Film zeigt am
Anfang einmal die Freiheitsstatue, am Ende eine
Fahrt am Missouri, ansonsten: Drehort Hamburg.

Roßmann geht von Bord im Hafen von New York:
eine lange Kamerafahrt aus der Froschperspektive,
vorbei an den Speichern auf dem Brooktor- und
Sandtorkai. Die Villa Pollunder – das Schloß in Ha-
seldorf; die Tribüne auf dem Rennplatz in Clayton
– Horner Rennbahn. Auf dem Weg nach Butterford:
Roßmann trifft die zwielichtigen Kumpane Dela-
marche und Robinson auf den Elbbrücken. Die Straße und der Hinterhof, durch den er vor der Polizei
flüchtet: die Großsiedlung Veddel, genauer die Häuser Am Gleise 32 bis 40, ein Ende der zwanziger
Jahre erbautes Arbeiterquartier. Dietrich Kuhlbrodt
hat die Dreharbeiten im Sommer 1983 beobachtet,
er nennt weitere Orte: die Bismarckstraße in Eimsbüttel, die Treppenhäuser Slomanstraße 62, die
Balkons Veddeler Brückenstraße 85 und Katenwei-
de 1, die Fernfahrer-Raststätte Fetopa am Zollhaf-
fen, das Forstamt Rosengarten in den Harburger

Zwei Regisseure im Filmhaus: Vlado Kristl und Jean-Marie Straub, 1983

Bergen. An einer Hauswand Ecke Zeughausstraße/ Venusberg hing – noch lange nach Ende der Dreharbeiten, über einem Graffiti, der zur Unterstützung des Durststreiks aufruft – ein verheißungsvolles Plakat, das Künstler für das Theater von Oklahoma warb: »Jeder ist willkommen! Verflucht sei, wer uns nicht glaubt! Auf nach Clayton!«

Keine einzige Einstellung wurde im Atelier gedreht, kein Take im Studio nachsynchronisiert: Eine Kunstwelt, in der jeder Backstein und jedes Geräusch echt ist. Doch nichts ist Lokalkolorit, alles dem ästhetischen Konzept untergeordnet. Roßmann hat keine Bewegungsfreiheit, also gibt es keinen Schwenk über die Stadtlandschaft, nie weitet sich die Perspektive. Räume werden fixiert: Der Blick ist starr, die Kamera verharrt (sie folgt nicht der Person, das Bild bleibt leer). Selbst der Wald scheint Wände zu haben: ein umgrenztes Rechteck. Und doch geht von diesem asketisch streng inszenierten Werk eine suggestive Wirkung aus.

Klassenverhältnisse, ein Low-Budget-Film (er hat 800.000 DM gekostet), wurde mitfinanziert aus dem Fördertopf des Filmbüros. Ein Jahr lebte das Ehepaar Huillet/Straub in der Hansestadt, letzte Nutznießer des auslaufenden Stipendiums »Auswärtige Künstler in Hamburg«. Sie haben sich dafür bedankt. Laut Drehbuch sollte das erste Filmbild die Freiheitsstatue sein, nun steht am Anfang das Störtebeker-Denkmal (am Brooktor, bei der Magdeburger Brücke). »Das ist vorher – bevor die Erzählung beginnt«, erklärte Straub einem Interviewer. Schließlich findet die Überfahrt auf einem Schiff der Hamburg-Amerika-Linie statt, also könne Roßmann vorher im Hafen sich umgesehen und die Bronzestatue entdeckt haben. Der Interviewer war damit nicht zufrieden: Das Bismarck-Denkmal sei doch viel größer und unübersehbar. Straubs Antwort: »Aber im Sommer sieht man Gott sei Dank den Bismarck nicht so gut durch die Blätter der Bäume.« Die erste Einstellung darf man als Widmung verstehen. Amerika ist in *Klassenverhältnisse* eine Chiffre für Kapitalismus; die utopische Gegenwelt repräsentiert der alte Likedeeler.

Dem Abschnitt über »Der amerikanische Freund« liegen Gespräche mit Wim Wenders zugrunde. Das Drehbuch ist ungedruckt; über sein Verhältnis zum Highsmith-Roman vgl. Wenders, »Die Logik der Bilder«, Frankfurt/M. 1988, S. 29-31. – Über die Dreharbeiten zu »Klassenverhältnisse« berichtet Dietrich Kuhlbrodt in dem gleichnamigen, von Wolfram Schütte edierten Materialienband (Frankfurt/ M. 1984), der auch das Drehbuch sowie das abschließend zitierte Interview enthält. Eine überarbeitete Kurzfassung von Kuhlbrodts Aufsatz in der Broschüre zum zehnjährigen Bestehen des Filmbüros; weitere Interviews mit Huillet/ Straub in: »Filmkritik«, 1983, Heft 5, und 1984, Heft 9/10.

Dreharbeiten in Hamburg-Veddel: »Klassenverhältnisse«

Showdown auf der Köhl- brandbrücke

Von Filmfactories und Multiplexen

Stadtneurotiker, Pressefritzen und die Afrikaner um die Ecke. Die Wüste lebt, und Steilshoop ist der Wilde Westen. Hermine im Kreise der Lieben, die Väter der Mutter des Killers. Zwischen Gänsemarkt und Dammtor entsteht Kinopolis.

»Bandits« in Action: Jasmin Tabatabai, Katja Riemann und Nicolette Krebits geben ein sponates Konzert auf dem Dach des Hafenstraßen-Hauses

Es war einmal, vor gar nicht allzu langer Zeit. Gleich nach dem Filmfest 1979 machten sich die Filmemacher auf die Socken, suchten ein dreiviertel Jahr zwischen Barmbek und Bahrenfeld und fanden dann in Ottensen eine kürzlich pleite gegangene Schiffsschraubenfabrik. »Wir gießen, was sich gießen läßt«, wurde vor Urzeiten bei dem Richtfest von Theodor Zeises Eisengießerei pathetisch deklamiert. Das Hamburger Filmbüro zog ein, förderte ungewöhnliche Projekte und entdeckte unangepaßte Talente. Es war ein Märchen: »... es fielen auf einmal die Sterne vom Himmel und waren lauter harte blanke Taler.« Anfangs waren drei Millionen im Topf, dann hatte sich die Summe auf wundersame Weise verdoppelt.

Wie der Topf verteilt wurde, darüber entschied eine autonome Jury, während gegenüber, auf der anderen Straßenseite im Medienhaus, der Film Fonds Hamburg, der Wirtschaftsbehörde unterstellt, allein nach ökonomischen Kriterien Kredite vergab: den Standorteffekt fest im Blick. Zu den blanken Markstücken kamen bald Euro-Taler von der EG-Kommission, und die Friedensallee in Hamburg-Altona war plötzlich eine Anlaufstelle für den europäischen Film. Im Filmhaus waren die Heinzelmännchen fleißig bei der Arbeit, Produktionsfirmen siedelten sich an, in den Schneideräumen wurden Filme montiert, und für die geförderten Projekte gab es Rabatt. Das selbstverwaltete Modell funktionierte, auch wenn es zwischen den sieben Zwergen immer wieder zu Verteilungskämpfen kam. Doch es währte nicht ewiglich: Die Sternentaler regneten spärlicher, 1995 waren die märchenhaften Zeiten vorbei, und mit der neu konstituierten FilmFörderung GmbH erwachten die Filmemacher in der Realität.

Die Aufbruchstimmung von einst ist nüchterner Arbeitsatmosphäre gewichen. Die Zeisehallen sind seit 1992, als auch die großen Fertigungshallen in das Film- und Medienzentrum einbezogen wurden, eine kreative Filmfactory, in der neben Büros für Produzenten und Agenten, Buchhandlung und Bibliothek, Kneipen und Restaurants ein gutes Kino und das Institut für Theater, Musiktheater und Film beheimatet sind. Der besondere Reiz des Gebäudes ist das Nebeneinander von alten, unverputzten Backsteinwänden und modernen Holz- und Stahlkonstruktionen: Industriearchitektur mit ihrer eigenen Patina vermischt sich mit postmodernem Design. »10.000 m² for the future of cinema«, so feierte man die Zeisehallen bei der Eröffnung. Sitz der Filmförderung, Anlaufstelle für Projekte, Umschlagplatz

Zwei ehemalige Bürgermeister in einer ehemaligen Schiffsschraubenfabrik: Hans-Ulrich Klose und Klaus von Dohnanyi, die die Filmförderung in Hamburg mit auf den Weg brachten

für Ideen, Kommunikationsort für Filmemacher, z.B. beim monatlichen jour fixe an jedem ersten Donnerstag im Monat.

Hamburg-Altona – Ein starkes Stück, Dokumentarfilm von Christian Bau und Manfred Oppermann, war 1980 das erste vom Filmbüro geförderte Projekt. Viele Filmemacher, die sonst wohl keine Chance gehabt hätten, haben ihre ersten Arbeiten hier finanziert bekommen. Ein Jungbauer aus dem Holsteinischen (genauer: aus 23863 Nienwohld) leiht sich von Vadder den Diesel und fährt in die Stadt, um in einer schicken Eppendorfer Szenekneipe ein Mädchen anzubaggern: Detlev Bucks *Erst die Arbeit und dann?*, 43 Minuten kurz und mit gerade mal DM 30.000 gefördert, zeigte dem blutleeren Autorenfilm *Wir können auch anders*.

Sehnsucht nach dem ganz Anderen hieß der erste Kurzfilm von Pia Frankenberg, die mit ihren späteren Filmen bewiesen hat, daß lockere Komödien auch im drögen Klima der Hansestadt gelingen können. Martha und Alfred, zwei Stadtneurotiker, die über die Eisschollen am Elbufer staken, während er neue Methoden der Empfängnisverhütung erfindet: *Nicht nichts ohne dich* stellt selbstironisch (die Regisseurin spielt auch die Hauptrolle) die Attitüden der Intellektuellen aus, als sei's ein Stück von Woody Allen. Die feministische Ästhetik bekommt ebenso ihr Fett weg wie die schöne neue Medienwelt (Alfred Edel präsentiert Studio Hamburg als Bausatz). *Brennende Betten* (mit Ian Dury als liebenswertem Pyromanen) wurde im Schanzenviertel gedreht, aber auch die TÜV-Stelle am Ausschläger Weg und die Probenräume der Staatsoper sind Schauplätze. Dazu gibt es eine Fahrt mit dem Bus 160 (zu den Klängen aus Verdis »Macht des Schicksals«), und als mürrischer Angler auf der Alster taucht Klaus Wyborny auf.

Wunderschön fotografierte Stadtansichten (vom Planetarium bis zur City Nord) in allen Filmen von Hans-Christoph Blumenberg. Litten die ersten Spielfilme des einstigen Filmkritikers am unentwegten Zitieren von Kinomythen und der Künstlichkeit der gestylten Bilder, so hat er in den letzten Jahren mit No-Budget-Produktionen wie *Rotwang muß weg!* – ein Potpourri von Cameo-Auftritten von Brien DePalma bis Horst Tomayer – sich auf B-Movies verlegt, die in der Szene als Kultfilme gelten. Blumenbergs Produzent war früher Radiant-Film, 1977 gegründet von Michael Bittins und Wolfgang Petersen. Bei der Bavaria-Großproduktion *Das Boot* – nominiert für sieben Oscars – war Radiant Coproduzent. Für Petersen war *Das Boot* das Tik-

Vorsicht, Pyromane: Ian Dury in in Pia Frankenbergs »Brennende Betten«

Er bleibt nicht an Bord: Benno Fuhrmann in Lars Beckers »Landgang für Ringo«

ket nach Hollywood, während Bittins im Volksdorfer Weg blieb. Aber der Name taucht auch im Abspann des amerikanischen Blockbusters *Outbreak* auf. Begonnen hat alles in der Bramfelder Chaussee, wo Mitte der 50er Jahre, nur wenige hundert Meter entfernt, zwei Kinos waren, das Bram-Theater und das Radiant. »Als kleiner Junge schon übte dieser Name einen magischen Zauber auf mich aus«, erzählte Petersen in einem Interview. »Und so heißt meine Firma hier in Amerika auch Radiant Productions.«

Ohne äußere Effekte und deshalb umso eindringlicher: *40 qm Deutschland* von Tevfik Baser. Ein türkischer Gastarbeiter hält seine junge Frau in der Wohnung gefangen, weil er fürchtet, die fremde Umgebung könne sie verderben. Hamburg ist hier nur ein begrenzter Blick aus dem Zimmer: ein trister Hinterhof, ein schmaler Straßenabschnitt, auf dem eine Nutte promeniert (Drehort: Ecke Münzweg/Rosenallee). Eine beklemmende Parabel, die unter die Haut geht.

Bevor Baser sein Spielfilmdebüt realisierte, drehte er mit Hamburger Türken den Dokumentarfilm *Zwischen Gott und Erde*. Den gleichen Weg ist Jan Schütte gegangen: 1985 entstand das Dokumentarfeature *Drachenfutter*, zwei Jahre später der gleichnamige Spielfilm. Der Pakistani Shezad zieht nachts durch die Kneipen und verkauft Rosen (daher der Titel: Die Ehemänner, die abends versackt sind, wollen mit den Blumen ihren Hausdrachen besänftigen). Er freundet sich mit Xiao an, der in einem China-Lokal kellnert. Ihr gemeinsamer Traum: ein eigenes Restaurant. Doch am Tag der Eröffnung kommt die Ausländerpolizei und nimmt den Asylanten mit. *Drachenfutter* ist ein unspektakulärer Film mit Witz und Humor, menschlicher Wärme und Zärtlichkeit. Gedreht wurde an Originalschauplätzen: auf Behördenfluren, im Flüchtlingsheim, auf St. Pauli (auch der Imbiß »Scharfe Ecke« spielt eine Rolle). Die Hauptdarsteller engagierte Schütte über ein Londoner Besetzungsbüro; so war gewährleistet, daß ihr Deutsch richtig falsch klingt. Ansonsten wird Urdu, Mandarin und Suaheli gesprochen. In einer Szene fragt Monika Shezad und seinen Freund Rashid, woher sie eigentlich kommen. Antwort: »Aus Klein-Flottbek« (nämlich dem Asylantenheim Knabestraße 40).

»Hamburg kann sehr kalt sein. Besonders dort, wo die architektonische Wüste anfängt, die schweigende Landschaft zwischen Wohnblöcken und Bauhöfen, Import und Export.« Mit dieser Feststellung beginnt die »Zeit« ihre Kritik zu *Schattenboxer*. Auch Lars Becker hat zuvor Milieustudien getrieben, *Afrika um die Ecke* heißt sein Dokumentarfilm.

Auf den Kriminalfilm *Bunte Hunde* (die Verfolgungsszene, im Film in Aachen angesiedelt, wurde auf dem Parkdeck über dem Supermarkt in der Feldstraße gedreht) folgte *Landgang für Ringo* (Bekkers Arbeitstitel war »Kebab Träume«). Zwei Stunden, bevor die Fregatte ausläuft, bekommt Ringo gesteckt, daß seine Freundin Tülay, Kassiererin im Supermarkt, sich mit einem reichen Pinkel herumtreibt. Ringo nimmt sich Landurlaub (und hat bald die Feldjäger am Hals), der Kampf beginnt. Ein Vorstadt-Western, angesiedelt in der Peripherie einer Metropole: Gedreht wurde in den Hochhausschluchten und Wohnsilos von Steilshoop und Kirchdorf. Grau und trostlos? Ein lebendiger sozialer Kosmos, der gegen Spekulanten verteidigt werden will.

Wüste Film heißt die Firma, die Lars Becker zusammen mit Ralph Schwingel und Stefan Schubert 1989 gründete. Hier werden Talente gefördert und nicht gleich verheizt. Fath Akin, ein junger Hamburger Türke, drehte zunächst die Kurzfilme *Sensin – Du bist es* und *Getürkt*, dann mit Laiendarstellern seinen ersten Kinofilm *Kurz & schmerzlos*. Kleine Ganoven aus Altona, die sich mit großen Ganoven vom Kiez anlegen, die Geschichte einer Liebe, Freundschaft und Solidarität zwischen den Underdogs, lakonisch erzählt und frei vom Betroffenheitspathos früherer Gastarbeiterfilme. Wüste tritt auch als Coproduzent auf, z.B. bei Andy Bauschs – Originalfassung: luxemburgisch – *Back in Trouble*: Die Schlußszene spielt vor dem Container-Terminal der HHLA.

Das Wüste-Trio ist auseinandergebrochen, Lars Becker ist ein Haus weitergezogen, Schulterblatt 58, zu Next Film, hervorgegangen aus der Pia Frankenberg Filmproduktion. Laurens Straub und Gabriele Scheld verstehen sich als kreative Produzenten, sie entwickeln Stoffe gemeinsam mit Regisseuren und Autoren. Kinofilme wie *Das Trio* von Hermine Huntgeburth, in der Hauptrolle Götz George als schwuler Taschendieb, arte-Themenabende z.B. zu Christo oder eine Reihe mit Stummfilm-Ausgrabungen, konzipiert vom CineGraph-Forscher Hans Michael Bock, gehören zu den aktuellen Produktionen.

Hermine Huntgeburth gehört zum Josefine-Trio, in der Sternstraße 121 zuhaus. Mit ihren schwarzen Komödien *Im Kreise der Lieben* – Buch-Mitarbeit Volker Einrauch – und *Gefährliche Freundin* – Drehbuch Lothar Kurzawa – machte sie Furore: Männer sind hier höchstens als Leichen im Keller interessant, ansonsten werden sie von Frauen aus-

»Kleines Arschloch«

genommen wie eine Weihnachtsgans. Volker Einrauch (Regie) und Lothar Kurzawa (Drehbuch) realisierten in 15 Drehtagen und mit einem Mini-Budget von DM 430.000 den Schwarzweiß-Film *Die Mutter des Killers*. Zur Musik von »The Big Balls and The Great White Idiot« düst Eddie mit seinem alten Ford Granada durch Wilhelmsburg und besucht Muttern in ihrem Schrebergarten im Freihafen. »Eine der schönsten Szenen spielt unter der Köhlbrandbrücke, die aussieht, als könnte man auf ihr in den Himmel fahren«, schwärmte der Kritiker Nicolaus Schröder. Es gibt einen skurrilen Krimi-Plot, eine schmuddelige Pulp-Fiction-Variante auf Hamburgisch: Die Figuren zitieren Gesten aus Gangsterfilmen, doch wenn die Baretta zum Einsatz kommt, schießt sich der Held selbst in den Fuß. Eine Parodie zum Ablachen ist der Film nicht: Eddie ist ein Weichei, die anderen Männer, egal wie tough sie ihr Leben zu meistern suchen, sind auch nur Loser. Aber doch keine Pappnasen.

Die sind in der Bernstorffstraße gefragte Leinwandhelden: In den Bahrenfelder Studios der TFC Trickcompany sind Kassenschlager wie *Werner – Das muß kesseln* und *Das kleine Arschloch* entstanden, aber auch – weniger erfolgreich, doch von Kennern mehr geschätzt – *Der kleine Punker* und *Felidae* (mit Mario Adorf und Ulrich Tukur als Sprechern). Noch sind Kinofilme in erster Linie Handarbeit, während TV-Serien komplett am Rechner realisiert werden. Model sheet und Story boards sind die ersten Arbeitsphasen, dann kommt der Linetest am Computer, bevor die Einzelzeichnungen auf Folie kopiert, von der Rückseite her koloriert und mit entsprechenden Hintergrundszenen vervollständigt werden. Für einen Kinofilm sind rund 100.000 Einzelaufnahmen notwendig; ein Animator schafft im Monat 15 - 60 Filmsekunden. Michael Schaack, Produzent und Regisseur, mußte anfangs mit amerikanischen Zeichnern arbeiten, inzwischen hat man eine eigene Studio-Struktur aufgebaut: 35 feste Mitarbeiter, in Spitzenzeiten werden bis zu 100 Zeichner für ein Projekt engagiert. Die TFC läßt auch, aus Zeit- und Kostengründen, nach Hamburger Vorgaben in Taiwan arbeiten. Zuhause soll demnächst eine 14monatige Ausbildung zum Animations-Designer eingerichtet werden. Der Markt ist da, eigene Stoffe und internationale Koproduktionen sind in Vorbereitung. Zusammen mit der Svensk Filmindustri und der kanadischen Nelvana hat die Trickompany den Klassiker *Pippi Langstrumpf*, bisher nur als Realfilm verfilmt, in eine Zeichentrickfigur verwandelt und fand dabei sogar den Beifall von Astrid Lindgren. (Um deren Zustimmung hatte sich Disney 25 Jahre lang vergeblich bemüht.) Ein

deutscher Klassiker diente als Vorlage für eine Fernsehserie: *Max und Moritz*, von der Hamburger Filmförderung mit DM 800.000 bedacht, geliftet und mit einem modernen Outfit versehen. Wüste Kerle, nicht sonderlich sympathisch – Schaack sieht in ihnen Vorläufer von Beavis und Butt-Head.

Geradezu ein Klassiker unter den Hamburg-Filmen: *Nordsee ist Mordsee* von Hark Bohm. Der Film beginnt mit Luftaufnahmen der Elbbrücke, dann kommen die tristen Wohnblöcke von Wilhelmsburg ins Bild. Hier in »Niggertown« lebt Uwe, dessen Vater säuft und ihn schlägt. Dschingis, von den anderen als Kanake beschimpft und drangsaliert, hat eine liebevolle Mutter, deren penetrante Fürsorge wiederum auch nicht zu ertragen ist. Erst bekriegen sich die Jungen, dann hauen sie gemeinsam ab. Mit dem selbstgebauten Floß kommen sie nicht weit, also klauen sie ein Segelschiff. Später knacken sie einen Kiosk – so ein harmlos-nettes Abenteuer à la Tom Sawyer und Huckleberry Finn ist die Ausreißer-Story nicht. Die beiden übernachten auf einer Insel, am nächsten Morgen gibt es ein böses Erwachen: Ausgerechnet auf der Knastinsel Hahnöfersand sind sie gelandet, hinten tauchen schon die Gefängniswärter auf.

Der Film zeigt die brutale Steinwüste von Wilhelmsburg; vergessene Kanalecken sind die einzi-

Mit dem selbstgebauten Floß kommen sie nicht weit: Uwe und Dschingis in »Nordsee ist Mordsee«

ge, allerdings vergammelte Idylle. Und er erzählt in Bildern – weite Horizonte, Sonnenuntergang über der Niederelbe – den Traum von Freiheit. Hark Bohm kommt ohne Moral und pädagogischen Zeigefinger aus. Die Freiwillige Selbstkontrolle wollte den Film ursprünglich erst ab 16 Jahren zulassen; bei *Moritz, lieber Moritz* – mit einer Keilerei: Blankenese gegen Fischmarkt – gab es ähnliche Bedenken. Das »Deutsche Allgemeine Sonntagsblatt« war entsetzt über die »Mixtur aus Horrorszenen, Pennälersex und schönen Hamburg-Bildern«. Aber das ist zwanzig Jahre her, heute sind wir ganz anderes im Kino gewohnt.

Der Regisseur, 1977 aus der Münchner Filmszene zurückgekehrt an die Elbe, ist eine Hamburger Institution. Er hat nicht nur Freunde. Den Aufbaustudiengang Film, der Uni angegliedert, und die angeschlossene Filmwerkstatt, zur Hälfte finanziert von den in Hamburg ansässigen Produktionsfirmen und der Filmindustrie, hat er trotz mancherlei Störfeuer etablieren können. Die Professoren sind Praktiker: Alexander Mitta und Bohm lehren Regie, Michael Ballhaus Kamera, Peter Gerlach Produktionsmanagement. Wie in den Filmhochschulen in Los Angeles, Moskau oder Lodz gibt es Meisterklassen mit jeweils sechs Studenten (und bis zu 700 Bewerbungen für einen Studienplatz). Das anfangs umstrittene Modell hat, was auch Kritiker zugeben müssen, vorzeigbare Ergebnisse gebracht. Ein Absolvent der Drehbuch-Klasse, damals war noch Peter Steinbach der zuständige Professor, ist Eckhard Theophil. Ein Autor mit Lebenserfahrung: In Santa Fu hat er die Mittlere Reife nachgeholt, wurde Sozialpädagoge, studierte Film und schrieb – gemeinsam mit Detlev Buck – das Drehbuch zu *Männerpension*. Ein unbekanntes kleines Meisterwerk ist Theophils am Bohm-Institut entstandener Kurzfilm *Bismarckpolka*. Ein Penner-Abenteuer in der Silvesternacht: Jochen Nickel und Volker Kühn spielen die Hauptrollen, dazu Barbara Auer, Katharina Thalbach, Detlev Buck und Ulrike Folkerts. Außerdem wirken mit: ein Schwein, eine Hafenkneipe und das Bismarckdenkmal an den Landungsbrücken.

Ein Blick 'rüber zum Verlagsgebäude Gruner + Jahr. »Hamburg ist ja *die* deutsche Pressestadt«, zweimal fällt dieser Satz mit sarkastischem Unterton im Film, also mußte die Presseposse um die gefälschten Hitler-Tagebücher auch in Hamburg gedreht werden. *Schtonk*, Helmut Dietls Aufarbeitung der »Stern«-Blamage als böse deutsche Komödie, ist nicht im Studio entstanden: Der Genius loci, unter dem wir Lokalpatrioten uns bisher etwas Positives vorgestellt hatten, weht durch die Szenen, sei es in der Glaskuppel des postmodernen Verlags-

Zwei schräge Vögel vor der Daviswache: Jochen Nickel und Volker Kühn in »Bismarckpolka«

Götz George und Harald Juhnke im postmodernen Verlagsgebäude: »Schtonk«

gebäudes, dem Rendezvous mit der Nichte Görings im Alsterpavillon, bei der Taufe der wieder seetüchtig gemachten Yacht des Reichsmarschalls auf der Norderwerft oder der Feier im Promi-Italiener Paolino auf der Außenalster.

Schtonk ist ein Phantasiewort, das Charlie Chaplin in seinem Film *Der große Diktator* verwendete, und in seinen besten Momenten erreicht Dietl Lubitsch- und Wilder-Qualitäten: Seine Farce entlarvt, daß nur in einer Gesellschaft, die nach wie vor vom »Dämon« Hitler besessen ist, der Schwindel möglich war. Dietl holte sich für die 14,5 Millionen teure Produktion die erste Riege der deutschen Schauspielergarde: Götz George als schmieriger Journalist Hermann Willié alias Gerd Heidemann, Uwe Ochsenknecht als Fälscher Fritz Knobel alias Konrad Kujau, dazu Christiane Hörbiger, Harald Juhnke, Martin Benrath, Ulrich Mühe und Hermann Lause. Noch die kleinsten Nebenrollen sind intelligent (und mit Witz) besetzt: Wolfgang Menge spielt einen Schriftgutachter, Hark Bohm einen Pfarrer. Und Gerd Heidemann einen der Wasserschutzpolizisten, die in der Schlußszene den durchgeknallten Willié auf seiner Göring-Yacht zurück in den Heimathafen begleiten.

Am 28. Juni 1991 waren die Außenaufnahmen in Hamburg abgeschlossen, doch es gab einen nicht vorgesehenen Nachdreh. Ursprünglich hieß das Magazin im Film »Express«, doch das Kölner Boulevard-Blatt fürchtete Verwechslungsgefahr und klagte erfolgreich; die Pressekonferenz im CCH – ausgerechnet die Massenszenen, wo 500 Komparsen beschäftigt waren – mußten im Januar 1992 noch einmal gedreht werden. Der »Stern«, der die Vorlage für das Drehbuch lieferte, beschwerte sich besser nicht: Die Illustrierte brachte stattdessen ein Interview mit Dietl.

»Vier Frauen auf der Flucht: ›Bandits‹ vermutlich in Asien«, so die Schlagzeile der »Mopo«. Doch die Zeitung ist eine Fälschung für den Film (und wenn man genau hinguckt: die Ausgabe stammt von Mittwoch, 1. September 1999). Medienrummel, als Thema im Film und als Werbemaßnahme zum Filmstart: perfekt inszeniert für ihr gemeinsames Projekt *Bandits* von den drei Bandmitgliedern und Schaupielerinnen Katja Riemann, Nicolette Krebitz und Jasmin Tabatabai sowie ihrer Regisseurin Katja von Garnier. Erstmals wurde (für eineinhalb Tage) eine Drehgenehmigung für die Köhlbrandbrücke erteilt. »Unser Kamerakran ist auf einem Roadrunner befestigt und kann dadurch weit über das Brückengeländer in die Tiefe schauen. Die Darstellerinnen werden von Stuntleuten außerhalb der Brücke stehend gesichert«, berichtet Kameraassistent Olaf

Die Ur-Beatles im Kaiserkeller: Iain Softleys »Backbeat«

Wildenhaus im »Making-of«-Buch. »Die Kamera soll ihnen entgegenfliegen, dann über ihnen steil drehen und dramatisch die Höhen und Tiefen veranschaulichen. Der Kameraausleger ist kaum zu bändigen, da er immer wieder von Böen erfaßt wird. Dennoch klappt der Schwenk.« Nur stellte sich dann bei der Mustervorführung heraus, daß wegen technischer Mängel die Aufnahmen unbrauchbar waren (und nachgedreht werden konnte die Szene nicht). Der spektakuläre Sprung von der Köhlbrandbrücke wurde nicht das Highlight, da ist das Konzert auf dem Dach des Hafenstraßen-Hauses – im Hintergrund die vorbeifahrenden Schiffe als Verheißung der Freiheit – weit besser gelungen. Die Wahl dieses Schauplatzes verrät jedoch: Nichts ist authentisch an diesem Rock'n'Roll-Märchen, die rebellische Geste nur geliehen, modische Accessoires aus der bunten Videoclip-Welt.

Ist *Bandits* eigentlich nur ein Trailer für den Soundtrack, muß man *Backbeat* von Iain Softley zu den wirklichen Musikfilmen rechnen. Erzählt wird die Geschichte des fünften Beatle Stuart Sutcliffe, dem Intellektuellen in der Band, Freund und Vorbild für John Lennon. Er verliebt sich in Astrid Kirchherr, entscheidet sich für das Kunststudium

bei Edouardo Paolozzi und steigt bei den Beatles aus, gerade als die Weltkarriere winkt. Die Ballade von Stu und Astrid, eine authentische Geschichte – aber die wichtigsten Schauplätze, die inzwischen legendären Clubs auf der Reeperbahn, wo die Liverpooler Jungs ihre ersten Auftritte hatten, existieren nicht mehr. Eine Lagerhalle vor Londons Ladbroke Grove wurde in den Kaiserkeller, der Dome im Tufnell Park in den Top Ten Club verwandelt und der National Club in Kilburn umfunktioniert zum Star Club. Filmarchitekten und Produktionsdesigner orientierten sich an zeitgenössischen Fotos – Hamburg 1960, perfekt nachgebaut in Great Britain.

Daß in Hamburg-Filmen nicht immer nur dieselben Postkarten-Motive (in *Backbeat* z.B. Harry's Hafenbasar und die Speicherstadt) auftauchen, ist auch dem Location-Büro der FilmFörderung zu verdanken. Hier gibt es nicht nur Tips für mögliche Drehorte, sondern es werden Kontakte zu den Behörden (z.B. den Tiefbauämtern und der Polizei) gemacht. Dieser Service ist kostenlos. Für das Drehen auf öffentlichen Straßen und Plätzen sind in Hamburg keine Gebühren zu zahlen (etwas anderes ist es, wenn die Straße gesperrt werden muß).

Zu einer Filmstadt gehört die notwendige Infrastruktur: von der Catering-Firma »Movie Mampf«

über den riesigen Fundus der FTA (Film- und Theater-Ausstattung, Steilshooper Straße) bis zu Synchronstudios, Schneideräumen und Castingfirmen. Eine Schauspieleragentur besonderer Art: die Hamburger Tierfilmzentrale. Ob Floh oder Elefanten, rund 7.500 Tiere hat Gerd F. Kunstmann unter Vertrag. Meist sind Werbefilmer die Kunden – der Rotaugenfrosch für die Fuji-Reklame, das Schweinchen für den VW-Polo-Spot –, doch auch bei der Grass-Verfilmung *Die Rättin* kam Kunstmann gut ins Geschäft: Er lieferte die Titelheldin und jede Menge Wanderratten als Komparsen. In Hamburg sind zudem einige traditionsreiche Unternehmen zuhaus, die Cineasten wohlvertraut sind: Wer schon einmal in einem Schneideraum war, wird den Namen Steenbeck auf den Geräten gelesen haben (die Firma sitzt am Hammer Steindamm); auch ist es kaum möglich, ins Kino zu gehen, ohne eine Karte von Bekkerbillet (Am Felde 29 in Ottensen) zu erwerben.

Der Kinoboom hat auch die Hansestadt erfaßt, das Platzangebot in der Innenstadt ist strunghaft gestiegen. Die beiden Rivalen Flebbe und Ufa schicken ihre Multiplexe in die Schlacht ums zahlende Publikum. Flebbes Cinemaxx, nach fast einem Jahrzehnt Planung und Genehmigungsverfahren Anfang Oktober 1996 endlich eröffnet, kostete 60 Millionen Mark, während Konkurrent Riech bei seinem neuen Ufa-Palast am Gänsemarkt, Eröffnung Ende Februar 1997, mit 40 Millionen auskam. Beide Unternehmen können mit Superlativen aufwarten, so verfügen sie in ihrem Kino 1 über die derzeit beste Tonanlage: SRD/THX + DTS, Lautsprecher mit 100.000 Watt Power und Hochleistungs-Subwoofer. Im Ufa-Palast 4 ist, erstmals in Europa, eine JBL-Academy-Anlage installiert worden. Eine Riesenleinwand (mehr als 200 Quadratmeter) in den großen Kinos, Beinfreiheit (Reihenabstand 1,15 bzw. 1,20 m) und gute Sicht auf allen Plätzen – was Komfort und Technik angeht, stehen sich die beiden Multiplexe in nichts nach. Das Cinemaxx prunkt im blauen Neonlicht gegenüber dem Dammtor-Bahnhof, während der Ufa-Palast zum Gänsemarkt hin unscheinbar aussieht und auf der Seite zur Büschstraße eine 20 Meter hohe Glasfassade aufweist. Zu sehen sind Menschen auf Rolltreppen – ein Palast, der an die goldenen Zeiten der Kinokultur erinnert, ist das neue Flaggschiff der Ufa-Gruppe nicht. Es hat den Charme eines Einkaufszentrums, bemerkte die »taz«: »Keine schönen Materialien, kein architektonischer Einfall, keine großzügige Geste stört die plumpe Stapelung von Kinoraum.« Der Ufa-Palast ist mit 3.200 Plätzen das größte Kino Hamburgs, während das Cinemaxx mit

dem Kino 1 den größten Saal (1.001 Plätze) zu bieten hat. Das Cinemaxx bietet manchmal ein paar interessante Extras wie die Lasershow. Das Programmangebot ist in beiden Multiplexen fast identisch: amerikanische Blockbuster.

Wer nicht zu den popcornessenden Konsumenten von Mainstream-Produktionen gehört, geht nach wie vor ins Holi oder Abaton, ins Zeise-Kino (wo heftige Kämpfe um Zeise II zwischen verschiedenen Betreibern ausgefochten werden), ins 3001 (wo man, gegenüber auf der anderen Straßenseite auf dem Laue-Gelände, das 4001 plant) oder ins Alabama auf Kampnagel.

»Andere Filme – und Filme anders zeigen«, unter dieser Devise startete 1979 das Metropolis, und vielleicht muß sich das kommunale Kino am wenigsten Sorgen machen: Ihre filmhistorischen Reihen, mit Live-Musik begleitet, sind meist sehenswerte Ausgrabungen (und Heiner Roß sammelt im Metropolis-Archiv wertvolle Raritäten). Die traditionellen Erstaufführungstheater Grindel, Streit's, Passage, Savoy und Neues Cinema oder Broadway haben schwere Zeiten vor sich: Neue Multiplexe sind in Vorbereitung, es stellt sich die bange Frage: Wieviel Kino verträgt die Stadt, wer wird wegen Abwanderung des Publikums schließen müssen? Kinopolis steht vor der Tür: Filmstadt Hamburg, Fortsetzung folgt.

Die Geschichte des Filmbüros spiegelt sich in drei Beiträgen der drei Geschäftsführer: Helga Bähr, 1979-1983 im Amt, schilderte die Anfänge in: Hans Günther Pflaum (Hrsg.), »Jahrbuch Film 80/81«, München 1980, S. 116-126. Ein aufschlußreiches Interview mit ihrem Nachfolger Dieter Kosslick in: Ulrich Schreiber (Hrsg.), »Kulturpolitik in Hamburg«, Hamburg 1986, S. 160-168. Torsten Teichert, 1988-1995 Geschäftsführer, schrieb über das »Hamburger Modell« in der Broschüre zum zehnjährigen Bestehen des Filmbüros, S. 3-6. Geschäftsführerin der FilmFörderung Hamburg ist derzeit Eva Hubert. – Zur Eröffnung des erweiterten Filmzentrums erschien das Buch »Medien-Fabrik Zeisehallen«, Hamburg 1993, mit Beiträgen zur Geschichte der Schiffsschraubenfabrik, einem Gespräch mit den Architekten und einer Darstellung der komplizierten Baugeschichte von Torsten Teichert. – Der ebenfalls 1993 erschienene »Location Guide Hamburg« bringt nicht nur Motive und Adressen, sondern auch lesenswerte Aufsätze von Armin Müller-Stahl, Werner Skrentny u.a. – Wolfgang Petersens Kindheitserinnerungen sind nachzulesen in seinem Buch »Ich liebe die großen Geschichten«, Köln 1997. – Über die Dreharbeiten auf der Köhlbrandbrücke berichtet Olaf Wildenhaus in: »The Making of bandits«, München 1997. – Das »Hamburger Abendblatt« brachte 1997 den »kinoguide hamburg« von Esin Onur heraus, in dem alle Kinos ausführlich beschrieben sind. Darüberhinaus gibt es Informationen über Bildgrößen und Soundsysteme sowie Restaurant- und Late-Night-Tips für den Besuch nach den »schönen Stunden«.

Kinopolis steht vor der Tür: Filmstadt Hamburg

Kinos & Film in Hamburg

(Ausführliche Informationen sowie Restaurant- und Late-Night-Tips um die Kinos herum enthält »kinoguide hamburg«, Hamburger Abendblatt 1997)

Abaton
Allende Platz 3, 20146 Hamburg. Tel. 41 32 03 20. S-Bahn Dammtor, Bus 102. Programmkino. Drei Kinos mit Dolby Stereo SR. Das Große Kino hat 288 Plätze, das Kleine und das Obere Kino haben 96 bzw. 130 Plätze.

Alabama
Jarrestr. 20, 22303 Hamburg. Tel. 27 40 27. U- und S-Bahn Barmbek, Bus 172 und 173. Programmkino auf Kampnagel. 168 Plätze, Mono, Dolby A und SR. Neubau in Vorbereitung

Aladin
Reeperbahn 89-93, 20359 Hamburg. Tel. 314 722. U-Bahn St. Pauli, S-Bahn Reeperbahn. Kino 1 hat 283 Plätze und Dolby SR, die Kinos 2, 3 und 4 102, 112 und 98 Plätze. Raucherkinos.

Autokino drive in (Billbrook)
Moorfleeter Str. 2, 22113 Hamburg. Tel. 732 11 11. Leinwand 36 x 16 Meter. Eins der letzten Autokinos, 1976 eröffnet. 490 Autostellplätze

Blankeneser Kino
Blankeneser Bahnhofstr. 4, 22587 Hamburg. Tel. 86 24 21. S-Bahn Blankenese, Bus 187. Zwei Kinos mit jeweils 98 Plätzen.

B-Movie
Brigittenstraße 5, 20359 Hamburg. Tel. 430 58 67, Programmansage 43 59 40. U-Bahn Feldstr. oder St. Pauli

Cinemaxx
Dammtordamm 1, 20354 Hamburg. Tel. 35 55 45 55. S-Bahn Dammtor, U-Bahn Gänsemarkt. Multiplex-Kino. Kino 1 hat 1001 Sitzplätze und THX, Dolby Spectral Recording Digital, Kinos 2 bis 8 zwischen 169 und 371 Plätze.

City
Steindamm 9, 20099 Hamburg. Tel. 24 44 63. S- und U-Bahn Hauptbahnhof. Die vier Kinos sind mit Dolby SR ausgerüstet. City 1 und 2 haben 415 und 112 Plätze,. City 3 und 4 95 bzw. 158 Plätze

Docks
Spielbudenplatz 19-20, 20359 Hamburg. Tel. 317 88 30. U-Bahn St. Pauli. Programmkino. 200 Sitzplätze, Dolby SRD

3001 Kino
Schanzenstr. 75-77, 20357 Hamburg. Tel. 43 76 79. U- und S-Bahn Sternschanze. Programmkino im Hof des Montblanc-Gebäudes, Dolby Stereo, 96 Plätze. Neubau auf dem Laue-Gelände geplant

Elbe Kino
Osdorfer Landstr. 198, 22549 Hamburg. Tel. 800 44 45. S-Bahn Klein Flottbek, Bus 198. Programmkino, Dolby Stereo. 260 Plätze

Fama Lichtspielhaus
Luruper Hauptstr. 247, 22547 Hamburg. Tel. 832 54 41. S-Bahn Elbgaustraße, Bus 184. Programmkino, Dolby SR, DTS. 280 Plätze

Gloria
Lüneburger Str. 1, 21073 Hamburg. Tel. 77 52 70. S-Bahn Harburg. Fünf Kinos, zwischen 314 und 83 Plätze. Kino 1 mit Dolby SR.

Grindel UFA Palast
Grindelberg 7a, 20144 Hamburg. Tel. 44 93 33. U-Bahn Hoheluftbrücke, Bus 102. Kino 1, technisch bestens ausgestattet mit THX, Dolby Stereo Recording, Dolby Digital, DTS, verfügt über 653 Plätze. Kino 2 bis 6 haben zwischen 205 und 227 Plätzen.

Hansa Filmstudio
Alte Holstenstraße 17-19, 21031 Hamburg. Tel. 724 83 35. S-Bahn Bergedorf. Drei Kinos mit 240, 160 und 120 Plätzen, Kino 1 und 2 mit Dolby SR.

Hansa Kinocenter
Bergedorfer Str. 136, 21029 Hamburg. Tel. 724 73 01. S-Bahn Bergedorf. Drei Kinos: 185, 120 und 80 Plätze. Kino 1 mit Dolby SR.

Holi
Schlankreye 69-71, 20144 Hamburg. Tel. 422 30 40. U-Bahn Hoheluftbrücke. Das große Kino hat 420 Plätze und Dolby A, das kleine 160 Plätze.

Koralle
Im Alten Dorfe 25, 22359 Hamburg. Tel. 603 42 30. U-Bahn Volksdorf. Programmkino. 226 Plätze, Dolby Stereo

Lichtmeß
Gaußstr. 25, 22765 Hamburg, Tel. 390 76 03. S-Bahn Altona, Bus 188

Magazin
Fiefstücken 8a, 22299 Hamburg. Tel. 511 39 20. U-Bahn Lattenkamp, Bus 118. Programmkino. 400 Plätze, Dolby Stereo

Metropolis
Dammtorstr. 30a, Tel. 34 23 53. U-Bahn Gänsemarkt, Bus 102. Träger: Initiative Kommunales Kino Hamburg e. V. Vereinsmitglieder (Jahresbeitrag 24,- DM; Studenten 12,- DM) erhalten drei Mark Ermäßigung bei allen Vorführungen. 280 Plätze, Dolby SR

Movie
Rahlstedt-Center, 22143 Hamburg. Tel. 677 30 71. S-Bahn Rahlstedt. Zwei Kinos mit jeweils 145 Plätzen

Mundsburg
Hamburger Straße 7, 22083 Hamburg. U-Bahn Mundsburg. Wiedereröffnung nach Umbau (mit 9 Sälen zwischen 120 und 550 Plätzen) im Herbst 1998 vorgesehen.

Neues Broadway
Hachmannplatz 2, 20099 Hamburg. Tel. 24 58 03. U- und S-Bahn Hauptbahnhof. Drei Kinos zwischen 120 und 80 Plätzen, komfortabel wie alle Flebbe-Kinos (Holi, Neues Cinema, Passage), Dolby SR

Neues Cinema
Steindamm 45, 20099 Hamburg. Tel. 24 57 00. S-Bahn Hauptbahnhof, U-Bahn Hauptbahnhof oder Lohmühlenstraße. 320 Plätze. Dolby A

Oase
Reeperbahn 147, 20359 Hamburg. Tel. 31 40 00. S-Bahn Reeperbahn, U-Bahn St. Pauli. Fünf Kinos. Kino 1 hat 323 Plätze und Dolby SR, Dolby Digital, Kino 2 und 3 124 bzw. 132 Plätze, Kino 4 und 5 54 bzw. 73 Plätze

Passage
Mönckebergstr. 17, 20095 Hamburg. Tel. 32 41 39. U-Bahn Mönckebergstraße. Das Renommier-Theater der Flebbe-Kette, technisch perfekt und komfortabel. Das große Kino hat 520 Plätze und Dolby SR, das mittlere 280 und das kleinste gerade 40 Plätze.

Rieckhof
Rieckhofstraße 12, 21073 Hamburg, Tel. 76 62 02-0, Fax 76 62 02 10. S-Bahn Harburg.

Savoy
Steindamm 54-56, 20099 Hamburg. Tel. 24 70 70. U- und S-Bahn Hauptbahnhof. Das große Kino (588 Plätze) eignet sich für Breitwand-Filme und ist mit Dolby SR, Dolby Digital und DTS ausgerüstet. Kino 2 (134 Plätze) hat Dolby SR.

Streit's
Jungfernstieg 38, 20354 Hamburg. Tel. 34 60 51. U- und S-Bahn Jungfernstieg. Traditionshaus, 463 Plätze, Dolby SR, Dolby Digital, DTS.

Studio
Bernstorffstr. 93-95, 22767 Hamburg. Tel. 439 29 62. U-Bahn Feldstraße, Bus 111. Früher war hier das Deuli, dann stand das Gebäude 20 Jahre leer. Das 1989 eröffnete Kino (mit Galerie und Bar) hat in zwei Sälen 225 und 113 Plätze sowie Dolby SR.

UFA Palast
Gänsemarkt 45, 20354 Hamburg. Tel. 34 10 40. U-Bahn Gänsemarkt. Multiplex-Kino mit zehn Sälen, zwischen 820 und 150 Sitzplätzen. Kino 1 hat THX, Dolby SRD und DTS.

Toulouse-Institut
für ganzheitliche Kultur e.V., Friedensallee 54a, 22765 Hamburg, Tel. 390 59 91. S-Bahn Altona, Bus 37.

zeise-kinos
Friedensallee 7-9, 22765 Hamburg. Tel. 390 87 70. S-Bahn Altona. Drei Kinos in der ehemaligen Ottenser Schiffsschraubenfabrik Theodor Zeise. Zwischen 369 und 67 Sitzpläte, Kino 1 mit THX und Dolby Digital.

Verleihadressen:

Arsenal Filmverleih
Bergiusstr. 4, 22765 Hamburg, Tel. 390 84 96, Fax 390 84 97

East-West-Visions
Große Brunnenstr. 74, 22763 Hamburg, Tel. 390 67 30, Fax 390 77 88

KurzFilmAgentur
Friedensallee 7, 22765 Hamburg, Tel. 398 26 122, Fax 398 26 123

Landesfilmstelle/Filmothek
Friedensallee 7, 22765 Hamburg, Tel. 390 52 74, Fax 390 56 31
Rund 5.000 Titel zur Aus- und Fortbildung sind im Verleih: kostenlos, unbürokratisch und mit großzügigen Leihfristen.

Nova Filmverleih
Grindelallee 162, 20146 Hamburg, Tel. 44 60 96, Fax 44 61 54

PolyGram Film Entertainment
Glockengießerwall 2, 20095 Hamburg, Tel. 30 87 06, Fax 30 87 944

Silver Cine Filmverleih
Jungfrauenthal 53, 20149 Hamburg, Tel. 41 87 42, Fax 41 86 94

Theaterfilm
Schlüterstr. 64, 20146 Hamburg, Tel. 410 71 66, Fax 44 58 51

UIP – United International Pictures
Spitaler Str. 1, 20095 Hamburg, Tel. 33 19 46, Fax 32 23 54

Warner Bros. Film
Zentrale: Hans-Henny-Jahnn-Weg 35, 22085 Hamburg, Tel. 226 50 0, Fax 226 50 259; Filiale Hamburg: Hans-Henny-Jahnn-Weg 49, 22085 Hamburg, Tel. 226 50 350, Fax 226 50 349

Zentral Film
Schanzenstr. 75-77, 20357 Hamburg, Tel. 430 31 17, Fax 430 31 50

Archive, Bibliotheken, Institutionen:

Hans-Bredow-Institut
Heimhuderstr. 21, 20148 Hamburg, Tel. 44 71 78/79.
Gegründet 1950 als Stiftung von NWDR und Universität, Schwerpunkt Rundfunk und Fernsehen. Die Bibliothek führt div. Filmzeitschriften. Öffnungszeiten: Mo-Fr 9-12, 14-17 Uhr.

CineGraph – Hamburgisches Centrum für Filmforschung
Gänsemarkt 43, 20354 Hamburg. Tel 35 21 94, Fax 34 58 64.
Hier wird seit 1984 das fortlaufend ergänzte Loseblattwerk »Cine-Graph. Lexikon zum deutschsprachigen Film« erarbeitet, außerdem werden internationale Kongresse organisiert, Retrospektiven zusammengestellt etc.

Film- und Fernsehmuseum Hamburg
Kontakt: Eggert Woost, Tel. 832 03 47; Till Heidenheim, Tel. 390 56 57
Der Verein sammelt (von alten Projektoren bis zu Drehbüchern), organisiert Ausstellungen und gibt die Zeitschrift »Hamburger Flimmern« (u.a. Interviews mit Zeitzeugen) heraus

jaf (Junger Arbeitskreis Film und Video)
Bebelallee 22, 22299 Hamburg, Tel. 511 38 40
Veranstaltet »abgezoomt«, das Festival des jüngsten Films

medien und kulturarbeit
Filmhaus Friedensallee 7, 22765 Hamburg, Tel. 39 82 62 82, Fax 390 95 00. Veranstaltet Seminare zur Aus- und Weiterbildung, z.B. für Drehbuchautoren

Staatliche Landesbildstelle
Kieler Str. 171, 22525 Hamburg. Tel. 54 99 307, Fax 55 99 5051
Umfangreiche Sammlung von Filmdokumenten zur Entwicklung Hamburgs, u. a. Wochenschau-Beiträge, Amateurstreifen, auch in der Hansestadt gedrehte Spielfilme. Der älteste Streifen, Länge 6 Minuten, stammt aus dem Jahr 1906: die Enthüllung des Bismarckdenkmals. Fotosammlung und Bibliothek. Öffnungszeiten: Mo-Fr 8-15.15 Uhr

FilmFörderung Hansestadt Hamburg
Friedensallee 14-16, 22765 Hamburg
Tel. 398 37 0, Fax 398 37 10

Filmliteratur, nicht nur aus Deutschland, führen die Buchhandlungen:
HeineBuch, Grindelallee 26, 20146 Hamburg, Tel. 44 11 33 18, Fax 44 11 33 22
Helmut von der Höh, Große Bleichen 21, 20354 Hamburg, Tel. 34 63 88, Fax 34 62 72
Marissal's Corner, Gerhart-Hauptmann-Platz 48, 20095 Hamburg, Tel. 33 85 41
Sautter + Lackmann, Admiralitätsstr. 71/72, 20404 Hamburg, Tel. 37 31 96, Fax 36 54 79

Kinoplakate, Filmprogramme und Fotos:
KulturBuch, Grindelallee 83, 20146 Hamburg, Tel. 45 25 25
Play it again. Sam, Stresemannstr. 130, 22769 Hamburg, Tel. 430 15 67

Filmmusik:
Tarantula Records, Pilatuspool 7, 20355 Hamburg. Tel. 35 35 11.
Das deutsche Spezialgeschäft für Soundtracks.

Filmregister

Genannt werden Filmtitel (bei späterer Umtitelung auch der neue Titel), Regisseur, Produktionsjahr bzw. Uraufführung.

Personenregister

VSA: Hamburger Geschichte(n)

Michael Joho (Hrsg.)

Ein Stadtteil-Lese-Bilder-Buch

›Ausführliche Nachrichten von dem Heiligen Ritter Georgio‹

128 Seiten, Großform., DM 38,-; ISBN 3-87975-709-7
Hamburg St. Georg: Aus dem beschaulichen Vorort wurde innerhalb kürzester Zeit ein quirliger Stadtteil, kulturelle Drehscheibe und Zwischenstation auf dem Weg nach Altona, Wandsbek, Horn und Bergedorf. St. Georg rückte in den Mittelpunkt der Stadt und wurde zum Vergnügungsviertel und Verkehrsknotenpunkt, dessen »Krönung« die Fertigstellung von Hauptbahnhof und Deutschem Schauspielhaus war. Michael Joho hat für diesen Band Texte, Dokumente und Bilder aus 803 Jahren Stadtteilgeschichte St. Georgs zu einem liebevoll gestalteten Stadtteil-Lese-Bilder-Buch zusammengestellt.

Hans-Peter Schneekloth

Apfelsinenpudding und Rohrstock

Kindheit auf dem Hansaplatz
Jugend in St. Georg

110 Seiten, DM 24,80; ISBN 3-87975-654-6
Hans-Peter Schneekloth erzählt vom Leben im bürgerlichen und »typisch hamburgischen« St. Georg der Zeit vor dem 2. Weltkrieg. »Erinnerungen voller Geschichtchen und Anekdoten. Zahlreiche historische Fotos aus dem Album Schneekloths vollenden das 110seitige Buch.« (Hamburger Abendblatt)

Helmut Warnke
Nicht nur die schöne Marianne
Das andere Eimsbüttel
184 Seiten; DM 24,80; ISBN 3-87975-710-0

Erich Schmidt/Iris Wigger
Wohn(t)räume
75 Jahre Gemeinnützige Baugenossenschaft Hamburg-Nordost eG
144 Seiten; Großform., DM 36,-; ISBN 3-87975-700-3
Das Buch lädt ein zu einem Streifzug durch die wechselhafte politische Geschichte und den facettenreichen Alltag einer 1922 gegründeten gemeinnützigen Baugenossenschaft.

IG Metall Verwaltungsstelle Hamburg (Hrsg.)
**»Wartet nicht auf andere,
packt jetzt selbst mit an«**
Texte, Fotos und Dokumente zur Geschichte der IG Metall in Hamburg 1945 bis 1995
240 Seiten, Großf.; DM 39,80; ISBN 3-87975-658-9
Mit ihrer Schilderung der Geschichte der IG Metall geben die AutorInnen gleichzeitig Einblicke auf die Sozialgeschichte der Stadt.

Im Buchhandel oder direkt beim Verlag.
Prospekte anfordern!

VSA-Verlag
St. Georgs Kirchhof 6, 20099 Hamburg
Tel. 040/28 05 05 67, Fax 040/28 05 05 68